L-TAB

롯데그룹
온라인 조직 · 직무적합진단

시대에듀

2024 하반기 시대에듀 All-New 롯데그룹 L-TAB
온라인 조직·직무적합진단 최신기출유형 + 모의고사 3회 + 무료롯데특강

Always **with you**

사람의 인연은 길에서 우연하게 만나거나 함께 살아가는 것만을 의미하지는 않습니다.
책을 펴내는 출판사와 그 책을 읽는 독자의 만남도 소중한 인연입니다.
시대에듀는 항상 독자의 마음을 헤아리기 위해 노력하고 있습니다. 늘 독자와 함께하겠습니다.

머리말 PREFACE

롯데그룹은 글로벌 기업으로 롯데제과를 설립한 이후 40여 년 동안 식품, 유통, 관광, 화학, 건설, 금융 등으로 꾸준히 사업을 다각화하면서 국가 경제 발전과 고객의 삶의 질 향상에 기여해왔다. 또한 철저한 품질주의와 내실 경영으로 건전한 재무구조를 구축하고 핵심 사업에 역량을 효율적으로 집중하였다. 이를 통해 글로벌 경쟁력을 지속적으로 강화함으로써 세계 기업으로의 도약을 위한 기반을 다져왔다.

롯데그룹은 미래 50년 동안에도 지속가능한 성장을 이룰 수 있도록 그룹의 성장 방향을 질적 성장으로 전환하고, 이에 맞춰 새로운 비전인 「Lifetime Value Creator」를 선포하여 고객에게 전 생애주기에 걸쳐 최고의 가치를 선사하도록 노력하고 있다.

롯데그룹은 사고와 행동방식의 기준으로 'Beyond Customer Expectation', 'Challenge', 'Respect', 'Originality'라는 핵심가치와 함께 '투명 경영', '핵심 역량 강화', '가치 경영', '현장 경영'이라는 네 가지 경영방침을 제시한다. 이를 바탕으로 적극적으로 세계 시장을 개척하여 아시아를 선도하는 글로벌 기업의 꿈을 반드시 실현해 나갈 수 있도록 우수인재 확보를 위한 롯데그룹만의 인재 선발방식인 L-TAB을 실행하고 있다.

이에 시대에듀에서는 롯데그룹 온라인 조직 · 직무적합진단 L-TAB을 준비하는 수험생들이 시험에 효과적으로 대비할 수 있도록 다음과 같은 특징의 본서를 출간하게 되었다.

도서의 특징

❶ 2024년 상반기 기출복원문제를 수록하여 최근 출제경향을 한눈에 파악할 수 있도록 하였다.
❷ 영역별 대표기출유형과 기출응용문제를 통해 보다 체계적으로 학습할 수 있도록 하였다.
❸ 최종점검 모의고사와 도서 동형 온라인 실전연습 서비스를 제공하여 실전과 같은 연습이 가능하도록 하였다.
❹ 조직적합진단을 수록하여 롯데그룹의 인재상과 적합 여부를 판별할 수 있도록 하였다.
❺ 면접 유형 및 실전 대책과 면접 기출을 수록하여 롯데그룹 채용에 부족함이 없도록 하였다.

끝으로 본서를 통해 롯데그룹 입사를 준비하는 여러분 모두에게 합격의 기쁨이 있기를 진심으로 기원한다.

SDC(Sidae Data Center) 씀

◇ **미션**

> 사랑과 신뢰를 받는 제품과 서비스를 제공하여
> 인류의 풍요로운 삶에 기여한다.
>
> ·····································
>
> We enrich people's lives by providing superior products and services
> that our customers love and trust.

풍요	기여	확장
롯데가 설립 이래 지속적으로 고객에게 제공해 온 '풍요'의 가치를 강조해 타 그룹과 차별성을 나타낸다.	'고객의 사랑과 신뢰를 받고 인류의 삶에 기여'하기 위한 끊임없는 노력의 동기를 제공한다.	'제품과 서비스' 그리고 '인류'라는 포괄적인 표현으로 신규 사업영역 확장의 의지를 피력한다.

◇ **비전**

> **Lifetime Value Creator**
> '새로운 50년을 향한 다짐'
>
> ·····································
>
> 롯데는 미래 50년 동안에도 지속가능한 성장을 이룰 수 있도록 그룹의 성장 방향을 질적 성장으로 전환하고, 이에 맞춰 새로운 비전을 선포하였다. 「Lifetime Value Creator」에는 롯데의 브랜드를 통해 고객에게 전 생애주기에 걸쳐 최고의 가치를 선사하겠다는 의미가 담겨있다.

◇ **핵심가치**

Beyond Customer Expectation

우리는 고객의 요구를 충족하는 데 머무르지 않고, 고객의 기대를 뛰어넘는 가치를 창출해낸다.

Challenge	Respect	Originality
우리는 업무의 본질에 집중하며 끊임없는 도전을 통해 더 높은 수준의 목표를 달성해 나간다.	우리는 다양한 의견을 존중하며 소통하고, 원칙을 준수함으로써 신뢰에 기반한 공동체를 지향한다.	우리는 변화에 민첩하게 대응하고, 경계를 뛰어넘는 협업과 틀을 깨는 혁신을 통해 쉽게 모방할 수 없는 독창성을 만든다.

◇ **인재상**

자신의 성장과 함께 우리 사회를 보다 성숙시켜 나갈
열정과 책임감을 갖춘 글로벌 인재

실패를 두려워하지 않는 인재	실력을 키우기 위해 끊임없이 노력하는 인재	협력과 상생을 아는 인재

2024년 상반기 기출분석 ANALYSIS

총평

2024년 상반기 롯데그룹 온라인 L-TAB은 지난해 하반기 시험과 비슷한 유형 및 난도로 출제되었다. 온라인상에서 다양한 유형을 빠른 시간 내 해결해야 하는 L-TAB의 특성상 적절한 시간 관리가 필수적이었다. 자료해석 유형의 경우 복잡하지 않은 계산으로 답을 도출할 수 있었지만 여러 가지 자료를 활용해야 하는 만큼 꼼꼼함이 요구되었다. 또한 문항 수가 적지 않아 빠르고 정확하게 풀어내는 것이 관건이었다. 전반적으로 평이한 수준의 시험이었으며, 시간을 안정적으로 분배하는 것이 가장 중요했으리라 본다.

◇ 핵심 전략

롯데그룹 온라인 L-TAB의 가장 큰 특징은 일반적인 인적성검사와 달리 실제 업무 상황처럼 Outlook 메일함 혹은 자료실과 같은 환경이 주어진다는 것이다. 이메일 및 메신저를 통해 동시다발적으로 주어지는 과제를 직접 수행해야 하는 만큼 낯선 시험 형태에 당황할 수 있다. 그러나 실제 문제 풀이에 사용되는 개념은 언어적 사고의 사실적 독해, 수리적 사고의 자료해석 등 타 인적성검사와 비슷하다는 것을 인지하고 이를 활용할 수 있어야 한다.

실제 업무 환경과 유사하게 진행되는 온라인 시험이므로 필기도구 사용은 제한되며, 프로그램 내 계산기와 메모장만 사용할 수 있다. 따라서 직무적합진단 응시 전 사전검사를 필수적으로 시행하여 롯데그룹 온라인 L-TAB에 대한 이해도를 높여야 한다. 화면만 보며 문제를 푸는 일에 익숙해져야 하고, 계산기와 메모장을 빠르고 정확하게 사용할 수 있도록 충분히 연습해야 한다.

◇ 시험 진행

구분	개요	시간
조직적합진단	• 롯데그룹의 인재상에 부합하는 인재인지 평가 • 지원자 개인 성향 및 인성 위주 질문 구성	1시간
직무적합진단	• 실제 업무 상황처럼 구현된 Outlook 메일함/자료실 환경에서 이메일 및 메신저 등으로 전달된 다수의 과제 수행 • 문항에 따라 객관식, 주관식, 자료 첨부 등 다양한 형태의 답변이 가능 • 문항 수 구분은 없으나 대략적으로 하나의 상황마다 3~4문제가 주어짐	3시간 (사전 준비 1시간 포함)

※ 조직적합진단은 직무적합진단 시행 이전에 진행되며, 일반적인 인성검사와 유사하다.

※ 직무적합진단 시작 전에 1시간의 점검 및 준비 시간이 주어진다.

◇ 직무적합진단(적성검사) 형식 및 답변 방식

영역	• 3개 영역 • 언어적 사고, 수리적 사고, 문제해결
문제 형식	• 실제 업무 상황처럼 구현된 Outlook 메일함/자료실 환경에서 신입사원으로서 겪을 수 있는 다양한 과제를 해결해 가는 형식
답변 방식	• 이메일 혹은 메신저 형태로 제시된 과제에 대하여 응시자가 [이메일-회신] 혹은 [메신저-답장]을 통해 답변 등록 • 객관식, 주관식, 특정 자료 첨부 등의 여러 가지 형태로 답변 가능

◇ 필수 준비물

❶ 타인과 접촉이 없으며 원활한 네트워크 환경이 조성된 응시 장소
❷ 권장 사양에 적합한 PC 및 주변기기(웹캠, 마이크, 스피커, 키보드, 마우스)
❸ 신분증(주민등록증, 주민등록증 발급 확인서, 운전면허증, 여권, 외국인거소증 중 택 1), 휴대전화

◇ 유의사항

❶ 반기 1회 응시 결과를 해당 반기 내 활용한다(상반기 6/30, 하반기 12/31까지 유효).
❷ 사전 검사 미실시 시 본 진단에 참여할 수 없으므로 반드시 실시해야 한다.
❸ 부정행위 의심을 받을 수 있으니 문제 풀이 외의 행동을 삼간다.
❹ 준비 물품 이외의 물품은 책상 위에서 제거하도록 한다.
❺ 시험 도중 화장실에 갈 수 없으므로 주의한다.
❻ 시험을 보기 전날, 롯데그룹에서 제공하는 직무적합진단 응시자 매뉴얼을 마지막으로 숙지한다.

신입사원 채용 안내 INFORMATION

롯데그룹은 2021년부터 수시채용을 통해 계열사별로 필요한 시기와 인원을 판단하여 신입사원을 채용하고 있다. 전반적인 채용절차는 다음과 같으나, 지원 회사 및 모집 분야에 따라 세부적인 절차가 달라지므로, 정확한 절차는 개별 채용 공고를 통해 확인해야 한다.

◇ 채용절차

서류전형 — 조직·직무적합진단(L-TAB) — 면접전형 — 건강검진 — 최종합격

서류전형
▸ 롯데그룹의 미션과 비전에 공감하고 핵심가치에 부합하는 지원자를 선별하는 전형
▸ 지원자의 기본적 자질 및 가치관을 심사하고 입사지원서 기재사항에 대한 사실 여부 확인

L-TAB
▸ 지원자의 조직적응력 및 직무적합성을 판단하기 위한 기초능력 진단
▸ **조직적합진단** : 지원자의 성격과 가치관이 롯데그룹의 문화와 얼마나 부합하는지 판단
▸ **직무적합진단** : 지원자가 직무 수행을 위한 기초역량을 갖추었는지 종합적으로 판단

면접전형
▸ 지원자의 역량, 가치관 및 발전 가능성을 종합적으로 심사
▸ 다양한 방식을 하루 동안 ONE-STOP으로 진행(역량면접, 임원면접, PT면접, GD면접, 외국어 평가 등)
※ 지원하는 계열사·직무에 따라 면접유형이 상이할 수 있습니다.

건강검진 및 합격
▸ 건강검진은 계열사별로 진행하며, 안내받은 일정과 장소에 방문하여 검진 시행
▸ 최종합격자에 한하여 입사 후 그룹 및 계열사 입문교육 시행

❖ 채용절차는 채용유형, 채용직무, 채용시기 등에 따라 변동될 수 있으므로 반드시 발표되는 채용공고를 확인하기 바랍니다.

롯데그룹 온라인 L-TAB 합격기

"생소함이 최대의 적!"

취업을 본격적으로 준비하면서 자연스레 인적성검사에 관심을 갖게 되었습니다. 롯데그룹에 취업하기로 마음먹고 정보를 찾다 보니 롯데의 L-TAB은 상대적으로 쉬운 편에 속한다는 이야기를 듣고 내심 안심했었습니다. 그런데 막상 시대에듀 책을 사서 풀어보니 평소에 접했던 문제들과는 생김새가 많이 달라 당황했습니다. 특히 온라인 시험으로 전환되면서 기존의 인적성검사 문제들과는 전혀 다른 문제들이라 처음에는 어려웠지만, 시대에듀 책으로 연습하다 보니 요령이 생기면서 걱정 없이 풀 수 있었습니다.

"온라인 L-TAB을 위한 최고의 대비책"

온라인으로 응시하는 시험은 처음이라 걱정이 많았습니다. 평소 종이에 푸는 것처럼 시험을 볼 수 없다는 게 가장 큰 걱정이었어요. 그래서 이것저것 방법을 알아봤는데, 마침 시대에듀에서 롯데그룹만을 위한 수험서를 출간했더라고요. 솔직히 온라인으로 보는 시험이라 문제집을 푸는 게 맞을까 고민했어요. 하지만 걱정과는 달리 신유형의 문제들이 수록되어 있는 시대에듀의 문제집 덕분에 자신감이 생겼어요. 다양한 유형의 문제를 풀어보니 금방 적응되더라고요. 실제 시험에서도 당황하지 않을 수 있었습니다. 새로운 방식과 유형의 문제를 맞닥뜨리는 게 걱정되는 분들께 시대에듀의 책을 적극적으로 추천합니다.

주요 대기업 적중 문제 TEST CHECK

롯데

언어적 사고 ▶ 사실적 독해

2024년 적중

※ 다음 글의 내용으로 적절하지 않은 것을 고르시오. [5~8]

Hard

05

최근 국내 건설업계에서는 3D 프린팅 기술을 건설 분야와 접목하고자 노력하고 있다. 해외 건설사들도 3D 프린팅 기술을 이용한 건축 시장을 선점하기 위한 경쟁이 활발히 이루어지고 있으며 이미 미국 텍사스 지역에서 3D 프린팅 기술을 이용하여 주택 4채를 1주일 만에 완공한 바 있다. 또한 우리나라에서도 인공 조경 벽 등 건설 현장에서 3D 프린팅 건축물을 차차 도입해가고 있다.

왜 건설업계에서는 3D 프린팅 기술을 주목하게 되었을까? 3D 프린팅 건축 방식은 전통 건축 방식과 비교하여 비용을 절감할 수 있고 공사 기간이 단축되는 점을 장점으로 꼽을 수 있다. 특히 공사 기간이 짧은 점은 천재지변으로 인한 이재민 등을 위한 주거시설을 빠르게 준비할 수 있다는 점에서 호평받고 있다. 또한 전통 건축 방식으로는 구현하기 힘든 다양한 디자인을 구현할 수 있는 점과 건축 폐기물 감소 및 CO_2 배출량 감소 등 환경보호 면에서도 긍정적인 평가를 받고 있으며 각 국가 간 이해관계 충돌로 인한 직·간접적 자재 수급난을 해결할 수 있는 점도 긍정적 평가를 받는 요인이다.

어떻게 3D 프린터로 건축물을 세우는 것일까? 먼저 일반적인 3D 프린팅 과정을 알아야 한다.

수리적 사고 ▶ 경우의 수

2024년 적중

08 L사의 해외사업부, 온라인 영업부, 영업지원부에서 각각 2명, 2명, 3명이 대표로 회의에 참석하기로 하였다. 자리 배치는 원탁 테이블에 같은 부서 사람이 옆자리로 앉는다고 할 때, 7명이 앉을 수 있는 방법의 경우의 수는?

① 48가지
② 36가지
③ 27가지
④ 24가지
⑤ 16가지

문제해결 ▶ 문제해결

2024년 적중

03 L사의 D과장은 우리나라 사람들의 해외취업을 돕기 위해 박람회를 열고자 한다. 제시된 〈조건〉이 다음과 같을 때, D과장이 박람회 장소로 선택할 나라는?

조건

1. L사의 해외 EPS센터가 있는 나라여야 한다.
   - 해외 EPS센터(15개국) : 필리핀, 태국, 인도네시아, 베트남, 스리랑카, 몽골, 우즈베키스탄, 파키스탄, 캄보디아, 중국, 방글라데시, 키르기스스탄, 네팔, 미얀마, 동티모르
2. 100개 이상의 한국 기업이 진출해 있어야 한다.

〈국가별 상황〉

국가	경쟁력	비고
인도네시아	한국 기업이 100개 이상 진출해 있으며, 안정적인 정치 및 경제 구조를 가지고 있다.	두 번의 박람회를 열었으나 실제 취업까지 연결되는 성과가 미미하였다.
아랍에미리트	UAE 자유무역지역에 다양한 다국적 기업이 진출해 있다.	석유가스산업, 금융산업에는 외국 기업의 진출이 불가하다.

삼성

04 S유통에서 근무하는 W사원은 A, B작업장에서 발생하는 작업 환경의 유해 요인을 조사한 후 다음과 같이 정리하였다. 이에 대한 〈보기〉의 설명 중 옳은 것을 모두 고르면?

〈A, B작업장의 작업 환경 유해 요인〉

구분	작업 환경 유해 요인	사례 수		
		A작업장	B작업장	합계
1	소음	3	1	4
2	분진	1	2	3
3	진동	3	0	3
4	바이러스	0	5	5
5	부자연스러운 자세	5	3	8
	합계	12	11	23

02

전제1. 로맨스를 좋아하면 액션을 싫어한다.
전제2. _____
결론. 로맨스를 좋아하면 코미디를 좋아한다.

① 액션을 싫어하면 코미디를 싫어한다.
② 액션을 싫어하면 코미디를 좋아한다.
③ 코미디를 좋아하면 로맨스를 싫어한다.
④ 코미디를 좋아하면 액션을 좋아한다.
⑤ 액션을 좋아하면 코미디를 좋아한다.

Hard

04 S그룹에서 근무하는 A ~ E사원 중 한 명은 이번 주 금요일에 열리는 세미나에 참석해야 한다. 다음 A ~ E사원의 대화에서 2명이 거짓말을 하고 있다고 할 때, 다음 중 이번 주 금요일 세미나에 참석하는 사람은?(단, 거짓을 말하는 사람은 거짓만을 말한다)

A사원 : 나는 금요일 세미나에 참석하지 않아.
B사원 : 나는 금요일에 중요한 미팅이 있어. D사원이 세미나에 참석할 예정이야.
C사원 : 나와 D는 금요일에 부서 회의에 참석해야 하므로 세미나는 참석할 수 없어.
D사원 : C와 E 중 한 명이 참석할 예정이야.
E사원 : 나는 목요일부터 금요일까지 휴가라 참석할 수 없어. 그리고 C의 말은 모두 사실이야.

① A사원
② B사원
③ C사원
④ D사원
⑤ E사원

주요 대기업 적중 문제 TEST CHECK

SK

16 다음 글의 주장에 대한 반박으로 가장 적절한 것은?

> 우리는 우리가 생각한 것을 말로 나타낸다. 또 다른 사람의 말을 듣고, 그 사람이 무슨 생각을 가지고 있는가를 짐작한다. 그러므로 생각과 말은 서로 떨어질 수 없는 깊은 관계를 가지고 있다.
>
> 그러면 말과 생각이 얼마만큼 깊은 관계를 가지고 있을까? 이 문제를 놓고 사람들은 오랫동안 여러 가지 생각을 하였다. 그 가운데 가장 두드러진 것이 두 가지 있다. 그 하나는 말과 생각이 서로 꼭 달라붙은 쌍둥이인데 한 놈은 생각이 되어 속에 감추어져 있고 다른 한 놈은 말이 되어 사람 귀에 들리는 것이라는 생각이다. 다른 하나는 생각이 큰 그릇이고 말은 생각 속에 들어가는 작은 그릇이어서 생각에는 말 이외에도 다른 것이 더 있다는 생각이다.
>
> 이 두 가지 생각 가운데서 앞의 것은 조금만 깊이 생각해 보면 틀렸다는 것을 즉시 깨달을 수 있다. 우리가 생각한 것은 거의 대부분 말로 나타낼 수 있지만, 누구든지 가슴 속에 응어리진 어떤 생각이 분명히 있기는 한데 그것을 어떻게 말로 표현해야 할지 애태운 경험을 가지고 있을 것이다. 이것 한 가지만 보더라도 말과 생각이 서로 안팎을 이루는 쌍둥이가 아님은 쉽게 판명된다.
>
> 인간의 생각이라는 것은 매우 넓고 큰 것이며, 말이란 결국 생각의 일부분을 주워 담는 작은 그릇에 지나지 않는다. 그러나 아무리 인간의 생각이 말보다 범위가 넓고 큰 것이라고 하여도 그것을 가능한 한 말로 바꾸어 놓지 않으면 그 생각의 위대함이나 오묘함이 다른 사람에게 전달되지 않기 때문에 생각이 형님이요, 말이 동생이라고 할지라도 생각은 동생의 신세를 지지 않을 수가 없게 되어

02 톱니가 각각 24개, 60개인 두 톱니바퀴 A, B가 서로 맞물려 회전하고 있다. 이 두 톱니바퀴가 한 번 맞물린 후 같은 톱니에서 처음으로 다시 맞물리려면 톱니바퀴 A는 최소한 몇 바퀴 회전해야 하는가?

① 2바퀴   ② 3바퀴
③ 5바퀴   ④ 6바퀴
⑤ 8바퀴

03
> • 술을 많이 마시면 간에 무리가 간다.
> • _____
> • 스트레스를 많이 받으면 술을 많이 마신다.
> 그러므로 운동을 꾸준히 하지 않으면 간에 무리가 간다.

① 운동을 꾸준히 하지 않아도 술을 끊을 수 있다.
② 간이 건강하다면 술을 마실 수 있다.
③ 술을 마시지 않는다는 것은 스트레스를 주지 않는다는 것이다.
④ 스트레스를 많이 받지 않는다는 것은 운동을 꾸준히 했다는 것이다.
⑤ 운동을 꾸준히 한다고 해도 스트레스를 많이 받지 않는다는 것은 아니다.

포스코

2024년 적중

언어이해 ▶ 나열하기

09 다음 문단을 논리적 순서대로 바르게 나열한 것은?

(가) 다만 각자에게 느껴지는 감각질이 뒤집혀 있을 뿐이고 경험을 할 때 겉으로 드러난 행동과 하는 말은 똑같다. 예컨대 그 사람은 신호등이 있는 건널목에서 똑같이 초록 불일 때 건너고 빨간 불일 때는 멈추며, 초록 불을 보고 똑같이 "초록 불이네."라고 말한다. 그러나 그는 자신의 감각질이 뒤집혀 있는지 전혀 모른다. 감각질은 순전히 사적이며 다른 사람의 감각질과 같은지를 확인할 수 있는 방법이 없기 때문이다.

(나) 그래서 어떤 입력이 들어올 때 어떤 출력을 내보낸다는 기능적·인과적 역할로써 정신을 정의하는 기능론이 각광을 받게 되었다. 기능론에서는 정신이 물질에 의해 구현되므로 그 둘이 별개의 것은 아니라고 주장한다는 점에서 이원론과 다르면서도, 정신의 인과적 역할이 뇌의 신경세포에서든 로봇의 실리콘 칩에서든 어떤 물질에서도 구현될 수 있음을 보여 주다는 점에서

자료해석 ▶ 자료추론

03 다음은 4개 고등학교의 대학진학 희망자의 학과별 비율과 그 중 희망대로 진학한 학생의 비율을 나타낸 자료이다. 이에 대해 바르게 추론한 사람을 모두 고르면?

〈A ~ D고 진학 통계〉

고등학교		국문학과	경제학과	법학과	기타	진학 희망자 수
A	진학 희망자 비율	60%	10%	20%	10%	700명
	실제 진학 비율	20%	10%	30%	40%	
B	진학 희망자 비율	50%	20%	40%	20%	500명
	실제 진학 비율	10%	30%	30%	30%	
C	진학 희망자 비율	20%	50%	40%	60%	300명
	실제 진학 비율	35%	40%	15%	10%	

추리 ▶ 버튼도식

※ 다음 규칙을 바탕으로 〈보기〉에 제시된 도형을 변환하려 한다. 도형을 보고 이어지는 질문에 답하시오.
[5~6]

작동 버튼	기능
▮	모든 칸의 색을 바꾼다(흰색 ↔ 회색).
▲	홀수가 적힌 곳의 색을 바꾼다(흰색 ↔ 회색).
▽	모든 숫자를 1씩 뺀다(단, 1의 경우 4로 바꾼다).
○	도형을 180° 회전한다.

Easy
05 〈보기〉의 왼쪽 도형에서 버튼을 눌렀더니 오른쪽 도형으로 변형되었다. 다음 중 작동 버튼의 순서를 바르게 나열한 것은?

도서 200% 활용하기 STRUCTURES

1 최신 기출복원문제로 출제경향 파악

2024 상반기 기출복원문제

※ 정답 및 해설은 기출복원문제 바로 뒤 p.008에 있습니다.

※ L사 마케팅 부서에 재직 중인 귀하는 자사 상품의 매출 증대를 위한 기획 회의에 참석하게 되었다. 다음은 귀하가 회의에 쓰일 자료를 찾던 중 읽은 글이다. 이어지는 질문에 답하시오. [1~3]

과거 수도 시설이 보편화되기 이전에는 가정마다 수동 펌프로 물을 끌어올려 사용했는데, 펌프질만으로는 물을 끌어올리기 어려울 때 한 바가지를 넣어 펌프질을 했다. 이때 펌프에서 물이 나오게끔 도움을 주는 소량의 물이 바로 마중물이다. 이렇게 마중물과 같이 ◯◯◯◯◯ ◯◯◯◯◯ ◯◯◯ ◯◯◯◯◯ ◯◯◯ 마중물 효과라고 한다.

처음 정부의 마중물 효과는 경제 불황의 극복을 위해 ◯◯◯◯◯ ◯◯◯◯◯ ◯◯◯◯◯ 하는 등의 자극을 주어 경제 활동을 활성화시키고, 이 ◯◯◯◯◯ ◯◯◯◯◯ ◯◯◯◯◯ 마중물 효과는 정부의 경제 활성화 정책을 넘어 장차 ◯◯◯◯◯ ◯◯◯◯◯ 우리 생활 전반에까지 그 영역이 확대되었다. 특히 가 ◯◯◯◯◯ ◯◯◯◯◯ 되었다.

기업이 마중물 효과를 통해 도달해야 하는 목표는 단순 ◯◯◯◯◯ ◯◯◯◯◯ 의 마중물을 이용해 타사 제품에 비해 자사 제품이 가 ◯◯◯◯◯ ◯◯◯◯◯ 소비자의 긍정적 평가를 높이려 한다. 이를 바탕으로 ◯◯◯◯◯ ◯◯◯◯◯ 를 통해 기업의 이익이 장기적으로 지속되도록 하는 것 ◯◯◯◯◯ 중물 효과이다. 그래서 기업은 적지 않은 자금을 투입 ◯◯◯◯◯ ◯◯◯◯◯ 마케팅, 대형 마트의 시식 행사, 할인 쿠폰 제공 등 다 ◯◯◯◯◯ 소비자가 마중물을 힘들이지 않고 거저 얻은 것로 생 ◯◯◯◯◯ 다면, 기업은 더 큰 이윤 창출을 기대할 수도 있다.

하지만 기업의 마중물 마케팅이 항상 성공적인 결과를 ◯◯◯◯◯ 전달되지 못하여 마중물을 제공하지 않자 제품에 대한 ◯◯◯◯◯ 다. 이럴 때 마중물 효과는 단지 광고나 판매 촉진 활 ◯◯◯◯◯ 또한 마중물에 투입된 비용이 과도하여 매출은 증가하 ◯◯◯◯◯ 도 기업의 매출에 변화가 없어서 오히려 기업의 이윤 ◯◯◯◯◯ 소비자들에게 골고루 혜택을 주지 못하고 일부 체리피 ◯◯◯◯◯ 워질 수도 있다.

그러나 이런 위험을 알면서도 지금도 많은 기업에서는 ◯◯◯◯◯ 동원하여 이익을 극대화하는 데에 총력을 기울인다.

조삼모사(朝三暮四)식 가격 정책에 흔들리기보다는 합 ◯◯◯◯◯ 택에 집중하기보다 자신에게 꼭 필요한 상품을 필요한 ◯◯◯◯◯ 이다.

*공돈 효과 : 기대하지 않았던 이익(공돈)을 얻게 되면 전 ◯◯◯◯◯
*체리피커 : 상품의 구매 실적은 낮으면서 제공되는 다양한 ◯◯◯◯◯

2024 상반기 기출복원문제

01	02	03	04	05	06	07	08	09	10
⑤	④	①	⑤	④	④	①	①	③	④

01 정답 ⑤

첫 번째 문단에서 마중물 효과의 개념을, 두 번째에서 네 번째 문단까지는 마중물 효과 및 마중물을 활용한 마케팅의 특징에 대해 설명하고, 마중물로 인해 소비자가 과소비를 할 수 있는 위험성에 대해 언급했다. 그리고 마지막 문단에서는 이를 바탕으로 소비자에게 꼭 필요한 상품을 필요한 만큼만 구매하는 현명한 태도를 갖기를 당부하고 있다.

02 정답 ④

세 번째 문단에 따르면, 마중물 효과는 소비자에게 제공하는 마중물로 제품 자체의 가치를 홍보하여 제품에 대한 소비자의 긍정적 평가를 이끌어 내고 제품을 지속적으로 구매하게 하는 것이다. 즉, 소비자의 인식을 긍정적인 쪽으로 변화시키고 구매하고 싶은 마음을 갖게 하기에, 마중물 효과는 소비자의 심리 변화를 기반으로 발생한다고 할 수 있다.

03 정답 ①

작년 매출액을 x억 원이라고 할 때, 올해 매출액에 대한 식을 세우면 다음과 같다.

$x \times 1.0039 = 1,300$

$\rightarrow x = \dfrac{1,300}{1.0039}$

$\therefore x = 1,295$

따라서 작년 매출액은 약 1,295억 원이다.

04 정답 ⑤

미국 컬럼비아 대학교에서 만들어 낸 치즈케이크는 7겹으로, 7가지의 반죽형 식용 카트리지로 만들어졌다. 따라서 페이스트를 층층이 쌓아서 만드는 FDM 방식을 사용하여 제작하였음을 알 수 있다.

오답분석

① PBF / SLS 방식 3D 푸드 프린터는 설탕 같은 분말 형태의 재료를 접착제나 레이저로 굳혀 제작하는 것이므로 설탕케이크 장식을 제작하기에 적절한 방식이다.
② 3D 푸드 프린터는 질감을 조정하거나, 맛을 조정하여 음식을 제작할 수 있으므로 식감 등으로 발생하는 편식을 줄일 수 있다.
③ 3D 푸드 프린터는 음식을 제작할 때 개인별로 필요한 영양소를 첨가하는 등 사용자 맞춤 식단을 제공할 수 있다는 장점이 있다.
④ 네 번째 문단에서 현재 3D 푸드 프린터의 한계점을 보면 디자인적·심리적 요소로 인해 3D 푸드 프린터로 제작된 음식에 거부감이 들 수 있다고 하였다.

▶ 2024년 상반기 기출복원문제를 수록하여 최근 출제경향을 파악할 수 있도록 하였다.
▶ 기출복원문제를 바탕으로 학습을 시작하기 전에 자신의 실력을 판단할 수 있도록 하였다.

2 이론점검, 대표기출유형, 기출응용문제로 영역별 학습

CHAPTER

01 이론점검

01 논리구

논리구조에서는 주
순서를 바르게 배열
간의 역할 등을 논

1. 문장과 문장

① 상세화 관계
② 문제(제기)와
제시 → 해
③ 선후 관계 :
④ 원인과 결과
제시, 결과
⑤ 주장과 근거
거)가 되는
⑥ 전제와 결론
관계

2. 문장의 연결

① 순접 : 원인
예 그래서,
② 역접 : 앞의
예 그러나,
③ 대등·병렬
예 및, 혹은
④ 보충·첨가
예 단, 곧,
⑤ 화제 전환
⑥ 비유·예시
예 예를 들

대표기출유형

01 사실적 독해

| 유형분석 |

• 글의 내용과 선
• 제시문에 있는 내
• 오답의 근거가 되

다음 글의 내용으로

레드와인이란 포도
발효시켜 당분을
면서 레드와인은
레드와인은 원재료
질과 관련이 있다
더울수록 산도가
이렇게 만들어진
준다. 대표적인 효
능의 향상, 호흡기
이외에도 지질 산
에 도움이 되고, 사
고 있어 호흡기에

① 레드와인은 포도
② 기온이 높은 환
③ 진한 향의 레드
④ 같은 품종의 포
⑤ 심혈관질환이 있

대표기출유형 01 **기출응용문제**

※ 다음 중 글의 내용으로 적절하지 않은 것을 고르시오. [1~5]

Easy
01

골격근에서 전체 근육은 근육섬유를 뼈에 연결시키는 주변 조직인 힘줄과 결합조직을 모두 포함한다. 골격근의 근육섬유가 수축할 때 전체 근육의 길이가 항상 줄어드는 것은 아니다. 근육 수축의 종류 중 근육섬유가 수축함에 따라 전체 근육의 길이가 변화하는 것을 '등장수축'이라고 하는데, 동 장수축은 근육섬유 수축과 함께 전체 근육의 길이가 줄어드는 '동심 등장수축'과 전체 근육의 길이가 늘어나는 '편심 등장수축'으로 나뉜다.
반면에 근육섬유가 수축함에도 불구하고 전체 근육의 길이가 변하지 않는 수축을 '등척수축'이라고 한다. 예를 들어 아령을 손에 들고 팔꿈치의 각도를 일정하게 유지하고 있는 상태에서 위팔의 이두근 근육섬유는 끊임없이 수축하고 있지만, 이 근육에서 만드는 장력이 근육에 걸린 부하량, 즉 아령의 무게와 같아 전체 근육의 길이가 변하지 않기 때문에 등척수축을 하는 것이다. 등척수축은 골격근의 주변 조직과 근육섬유 내에 있는 탄력섬유의 작용에 의해 일어난다. 근육에 부하가 걸릴 때, 이 부하를 견디기 위해 탄력섬유가 늘어나기 때문에 근육섬유는 수축하지만 전체 근육의 길이는 변하지 않는 등척수축이 일어날 수 있다.

① 등장수축에서는 근육섬유가 수축할 때, 전체 근육 길이가 줄어든다.
② 등척수축에서는 근육섬유가 수축할 때, 전체 근육 길이가 변하지 않는다.
③ 등척수축은 탄력섬유의 작용에 의해 일어난다.
④ 골격근은 힘줄과 결합조직을 모두 포함한다.
⑤ 근육에 부하가 걸릴 때, 부하를 견디기 위해 탄력섬유가 늘어난다.

▶ 출제되는 영역에 대한 이론점검, 대표기출유형과 기출응용문제를 수록하였다.
▶ 최근 출제되는 유형을 체계적으로 학습하고 점검할 수 있도록 하였다.

도서 200% 활용하기 STRUCTURES

3 최종점검 모의고사 + 도서 동형 온라인 실전연습 서비스로 반복 학습

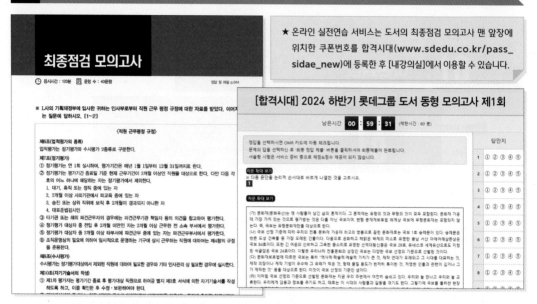

★ 온라인 실전연습 서비스는 도서의 최종점검 모의고사 맨 앞장에 위치한 쿠폰번호를 합격시대(www.sdedu.co.kr/pass_sidae_new)에 등록한 후 [내강의실]에서 이용할 수 있습니다.

▶ 실제 시험과 유사하게 구성된 최종점검 모의고사를 통해 마무리를 하도록 하였다.
▶ 이와 동일하게 구성된 온라인 실전연습 서비스로 실제 시험처럼 연습하도록 하였다.

4 조직적합진단부터 면접까지 한 권으로 대비하기

CHAPTER 01 롯데그룹 조직적합진단

01 개요

새롭게 변화한 롯데그룹 조직적합진단(이하 인성검사라 한다)은 롯데그룹의 인재상과 부합하는 인재인지 평가하는 테스트로 직무검사와 인성검사 온라인으로 진행된다. 주로 지원자의 성향이나 인성에 관한 질문으로 되어 있으며 1시간의 풀이시간이 주어진다.

02 인성검사 수검요령

인성검사는 특별한 수검요령이 없다. 다시 말하면 모범답안이 없고, 정답이 없다는 이야기이다. 국어문제처럼 말의 뜻을 풀이하는 것도 아니다. 굳이 수검요령을 말하면 진실하고 솔직한 내 생각이 최고의 답변이라고 할 수 있을 것이다.

02 인성검사 수검요령 (계속)

인성검사에서 가장 중요한 것은 첫째, 솔직한 답변이다...

CHAPTER 01 면접 유형 및 실전 대책

01 면접 주요사항

면접의 사전적 정의는 면접관이 지원자를 직접 만나보고 인품(人品)이나 언행(言行) 따위를 시험하는 일로, 흔히 필기시험 후에 최종적으로 심사하는 방법이다.

최근 주요 기업의 인사담당자들을 대상으로 채용 시 면접이 차지하는 비중을 설문조사했을 때, 50~80% 이상이라고 답한 사람이 전체 응답자의 80%를 넘었다...

▶ 조직적합진단 모의연습을 통해 롯데그룹의 인재상에 부합하는지 판별할 수 있도록 하였다.
▶ 면접 기출 질문을 통해 실제 면접에서 나오는 질문에 미리 대비할 수 있도록 하였다.

5 Easy&Hard로 난이도별 시간 분배 연습

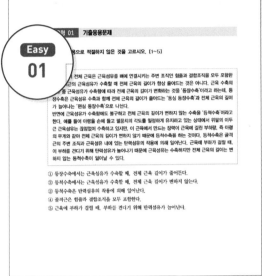

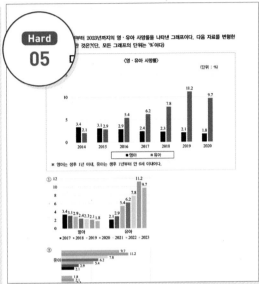

▶ Easy&Hard 표시로 문제별 난이도에 따라 시간을 적절하게 분배하여 풀이하는 연습이 가능하도록 하였다.

6 해설 및 오답분석으로 풀이까지 완벽 마무리

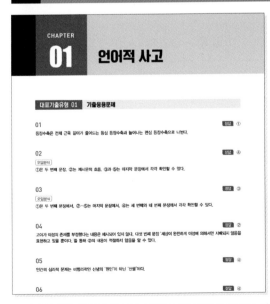

▶ 정답에 대한 상세한 해설과 오답분석을 통해 혼자서도 체계적인 학습이 가능하도록 하였다.

학습플랜 STUDY PLAN

1주 완성 학습플랜

본서에 수록된 전 영역을 단기간에 끝낼 수 있도록 구성한 학습플랜이다. 한 번에 전 영역을 공부하지 않고, 한 영역을 집중적으로 공부할 수 있도록 하였다. 인성검사 및 필기시험에 대한 기초 학습은 되어 있으나, 학습 계획 세우기에 자신이 없는 분들이나 미리 시험에 대비하지 못해 단시간에 많은 분량을 봐야 하는 수험생에게 추천한다.

ONE WEEK STUDY PLAN			
Start!	**1일 차** ☐ _____월_____일	**2일 차** ☐ _____월_____일	**3일 차** ☐ _____월_____일
4일 차 ☐ _____월_____일	**5일 차** ☐ _____월_____일	**6일 차** ☐ _____월_____일	**7일 차** ☐ _____월_____일

STUDY CHECK BOX							
구분	1일 차	2일 차	3일 차	4일 차	5일 차	6일 차	7일 차
기출복원문제							
PART 1							
최종점검 모의고사							
다회독 1회							
다회독 2회							
오답분석							

스터디 체크박스 활용법

1주 완성 학습플랜에서 계획한 학습량을 어느 정도 실천하였는지 표시하여 자신의 학습량을 효율적으로 관리한다.

구분	1일 차	2일 차	3일 차	4일 차	5일 차	6일 차	7일 차
PART 1	언어적 사고	X	X	완료			

이 책의 차례 CONTENTS

A d d + 2024년 상반기 기출복원문제 2

PART 1 대표기출유형

CHAPTER 01 언어적 사고 **4**
대표기출유형 01 사실적 독해
대표기출유형 02 추론적 독해
대표기출유형 03 비판적 독해
대표기출유형 04 주제 · 제목 찾기
대표기출유형 05 개요 수정
대표기출유형 06 내용 수정
대표기출유형 07 맞춤법
대표기출유형 08 명제
대표기출유형 09 배열하기 · 연결하기 · 묶기
대표기출유형 10 진실게임

CHAPTER 02 수리적 사고 **88**
대표기출유형 01 거리 · 속력 · 시간
대표기출유형 02 농도
대표기출유형 03 일률
대표기출유형 04 개수
대표기출유형 05 금액
대표기출유형 06 경우의 수
대표기출유형 07 확률
대표기출유형 08 자료분석
대표기출유형 09 자료계산
대표기출유형 10 자료변환
대표기출유형 11 수추리

CHAPTER 03 문제해결 **162**
대표기출유형 01 상황판단
대표기출유형 02 문제해결

PART 2 최종점검 모의고사 **176**

PART 3 조직적합진단

CHAPTER 01 롯데그룹 조직적합진단 **204**
CHAPTER 02 조직적합진단 모의연습 **206**

PART 4 면접

CHAPTER 01 면접 유형 및 실전 대책 **226**
CHAPTER 02 롯데그룹 실제 면접 **236**

별 책 정답 및 해설

PART 1 대표기출유형 **2**
PART 2 최종점검 모의고사 **44**

Add+

2024년 상반기
기출복원문제

※ 정답 및 해설은 기출복원문제 바로 뒤 p.008에 있습니다.

※ L사 마케팅 부서에 재직 중인 귀하는 자사 상품의 매출 증대를 위한 기획 회의에 참석하게 되었다. 다음은 귀하가 회의에 쓰일 자료를 찾던 중 읽은 글이다. 이어지는 질문에 답하시오. [1~3]

과거 수도 시설이 보편화되기 이전에는 가정마다 수동 펌프로 물을 끌어올려 사용했는데, 펌프질만으로는 물을 끌어올리기 어려워 물 한 바가지를 넣어 펌프질을 했다. 이때 펌프에서 물이 나오게끔 도움을 주는 소량의 물이 바로 마중물이다. 이렇게 마중물과 같이 작은 자극이 원인이 되어 더 큰 효과를 일으키는 것을 마중물 효과라고 한다.

처음 정부의 마중물 효과는 경제 불황의 극복을 위해 일시적으로 재정 지출을 확대하거나 재정 수입을 감소하는 등의 자극을 주어 경제 활동을 활성화시키고, 이로써 침체된 경기가 회복되도록 하는 것이었다. 이런 마중물 효과는 정부의 경제 활성화 정책을 넘어 장학 사업 같은 사회사업 분야 및 기업의 마케팅 활동 등 우리 생활 전반에까지 그 영역이 확대되었다. 특히 기업은 마중물 효과를 마케팅 전략으로 활발히 사용하게 되었다.

기업이 마중물 효과를 통해 도달해야 하는 목표는 단순한 단기간의 이윤 증대가 아니다. 기업은 다양한 종류의 마중물을 이용해 타사 제품에 비해 자사 제품이 가지고 있는 제품의 가치를 홍보하여 자사 제품에 대한 소비자의 긍정적 평가를 높이려 한다. 이를 바탕으로 마중물의 제공이 중단되더라도 소비자의 꾸준한 구매를 통해 기업의 이익이 장기적으로 지속되도록 하는 것이 마중물을 활용한 마케팅의 궁극적인 목표이자 마중물 효과이다. 그래서 기업은 적지 않은 자금을 투입하여 제품 체험 행사, 1개를 사면 1개를 더 주는 덤 마케팅, 대형 마트의 시식 행사, 할인 쿠폰 제공 등 다양한 형태의 마중물로 소비자의 구매를 유도한다. 이때 소비자가 마중물을 힘들이지 않고 거저 얻은 것으로 생각하여 지나친 소비 활동을 하는 공돈 효과*를 일으킨다면, 기업은 더 큰 이윤 창출을 기대할 수도 있다.

하지만 기업의 마중물 마케팅이 항상 성공적인 결과를 얻는 것은 아니다. 기업의 의도가 소비자에게 제대로 전달되지 못하여 마중물을 제공하지 않자 제품에 대한 구매가 원상태로 돌아가거나 오히려 하락할 수도 있다. 이럴 때 마중물 효과는 단지 광고나 판매 촉진 활동과 같은 일시적인 매출 증대 행위에 그치는 것이다. 또한 마중물에 투입한 비용이 과도하여 매출은 증가하였지만 이윤이 남지 않는 경우와 마중물을 투입하였는데도 기업의 매출에 변화가 없어서 오히려 기업의 이윤이 감소하는 경우가 있다. 뿐만 아니라 마중물이 일반 소비자들에게 골고루 혜택을 주지 못하고 일부 체리피커*들에게 독점된다면 기업의 이윤 창출은 더욱 어려워질 수도 있다.

그러나 이런 위험을 알면서도 지금도 많은 기업에서는 소비자의 지갑이 열리기를 기대하며 다양한 마중물을 동원하여 이익을 극대화하는 데에 총력을 기울인다. 그러므로 소비자는 할인이나 끼워주기와 같은 기업의 조삼모사(朝三暮四)식 가격 정책에 흔들리기보다는 합리적인 소비를 해야 한다. 단순하게 마중물이 주는 혜택에 집중하기보다 자신에게 꼭 필요한 상품을 필요한 만큼만 구매하는 소비자의 현명한 선택이 필요한 것이다.

*공돈 효과 : 기대하지 않았던 이익(공돈)을 얻게 되면 전보다 더 위험을 감수하려는 현상
*체리피커 : 상품의 구매 실적은 낮으면서 제공되는 다양한 부가 혜택이나 서비스를 최대한 활용하는 소비자

01 글쓴이의 의도로 가장 적절한 것은?

① 대상에 대한 통념의 반박을 통해 기업의 의식 개선을 유도하기 위해

② 효과적인 마케팅 방법의 안내를 통해 기업의 이익을 극대화하기 위해

③ 마중물 효과 이론의 변천사를 구체적 사례 제시를 통해 설명하기 위해

④ 다양한 경제 현상의 소개를 통해 경제 활동의 부작용에 대한 소비자의 관심을 촉구하기 위해

⑤ 대상이 지닌 특성을 설명함으로써 소비자가 갖추어야 할 바람직한 태도를 당부하기 위해

02 윗글을 이해한 내용으로 가장 적절한 것은?

① 마중물 효과는 기업의 마케팅 전략으로 처음 시작되었다.

② 마중물 효과로 기업이 이익을 높이는 데 체리피커들은 큰 기여를 한다.

③ 마중물로 제공되는 혜택이 크면 클수록 마중물 효과는 더욱 잘 일어난다.

④ 마중물 효과는 상품 구매에 대한 소비자의 심리 변화를 기반으로 발생한다.

⑤ 마중물 마케팅을 실시하는 기업의 최종 목표는 소비자의 현명한 소비를 촉구하는 것이다.

03 회의를 마친 귀하는 마중물 효과를 통해 올해 매출액이 작년 매출액의 2.5% 이상 상승할 것으로 전망하며 마케팅에 노력을 기울였다. 하지만 올해 매출액을 집계해 보니 작년보다 0.39%밖에 오르지 않았다. 올해 매출액이 1,300억 원일 때 작년 매출액은?(단, 천만 자리에서 반올림한다)

① 1,295억 원

② 1,296억 원

③ 1,297억 원

④ 1,298억 원

⑤ 1,299억 원

※ L사는 미래지향적 기술의 도입을 위한 전사 차원의 아이디어 공모전을 실시하기로 하였다. 다음은 기술개발부서에 재직 중인 귀하가 공모전 참여를 목적으로 작성한 글이다. 이어지는 질문에 답하시오. [4~7]

SF 영화나 드라마에서만 나오던 3D 푸드 프린터를 통해 음식을 인쇄하여 소비하는 모습은 더 이상 먼 미래의 모습이 아니게 되었다. 2023년 3월 21일 미국의 컬럼비아 대학교는 3D 푸드 프린터와 땅콩버터, 누텔라, 딸기잼 등 7가지의 반죽형 식용 카트리지로 7겹 치즈케이크를 만들었다고 국제학술지 'NPJ 식품과학'에 소개하였다. (가) 특히 이 치즈케이크는 베이킹 기능이 있는 레이저와 식물성 원료를 사용한 비건식 식용 카트리지를 통해 만들어졌다. ㉠ 그래서 이번 발표는 대체육과 같은 다른 관련 산업에서도 많은 주목을 받게 되었다.

3D 푸드 프린터는 산업 현장에서 사용되는 일반적인 3D 프린터가 사용자가 원하는 대로 3차원의 물체를 만드는 것처럼 사람이 섭취할 수 있는 페이스트, 반죽, 분말 등을 카트리지로 사용하여 사용자가 원하는 디자인으로 압출·성형하여 음식을 만들어 내는 것이다. (나) 현재 3D 푸드 프린터는 산업용 3D 프린터처럼 페이스트를 층층이 쌓아서 만드는 FDM(Fused Deposition Modeling) 방식, 분말 형태로 된 재료를 접착제로 굳혀 찍어내는 PBF(Powder Bed Fusion), 레이저로 굳혀 찍어내는 SLS(Selective Laser Sintering) 방식이 주로 사용된다.

(다) 3D 푸드 프린터는 아직 대중화되지 않았지만, 많은 장점을 가지고 있어 미래에 활용 가치가 아주 높을 것으로 예상된다. ㉡ 예를 들어 증가하는 노령인구에 맞춰 씹고 삼키는 것이 어려운 사람을 위해 질감과 맛을 조정하거나, 개인별로 필요한 영양소를 첨가하는 등 사용자의 건강관리를 수월하게 해 준다. ㉢ 또한 우주와 같이 음식을 조리하기 어려운 곳에서 평소 먹던 음식을 섭취할 수 있게 하는 등 활용도가 무궁무진하다. 특히 대체육 부분에서 주목받고 있는데, 3D 푸트 프린터로 육류를 제작하게 된다면 동물을 키우고 도살하여 고기를 얻는 것보다 환경오염을 줄일 수 있다. (라) 대체육은 식물성 원료를 소재로 하는 것이므로 일반적인 고기보다는 맛은 떨어지게 된다. 실제로 대체육 전문 기업인 리디파인 미트(Redefine Meat)에서는 대체육이 축산업에서 발생하는 일반 고기보다 환경오염을 95% 줄일 수 있다고 밝히고 있다.

㉣ 따라서 3D 푸드 프린터는 개발 초기 단계이므로 아직 개선해야 할 점이 많다. 가장 중요한 것은 맛이다. 3D 푸드 프린터에 들어가는 식용 카트리지의 주원료는 식물성 재료이므로 실제 음식의 맛을 내기까지는 아직 많은 노력이 필요하다. (마) 디자인의 영역도 간과할 수 없는데, 길쭉한 필라멘트(3D 프린터에 사용되는 플라스틱 줄) 모양으로 성형된 음식이 '인쇄'라는 인식과 함께 음식을 섭취하는 데 심리적인 거부감을 주는 것도 해결해야 하는 문제이다. ㉤ 게다가 현재 주로 사용하는 방식은 페이스트, 분말을 레이저나 압출로 성형하는 것이므로 만들 수 있는 요리의 종류가 매우 제한적이며, 전력 소모 또한 많다는 것도 해결해야 하는 문제이다.

04 다음 중 윗글의 내용에 대한 추론으로 적절하지 않은 것은?

① 설탕케이크 장식 제작은 SLS 방식의 3D 푸드 프린터가 적절하다.
② 3D 푸드 프린터는 식감 등으로 발생하는 편식을 줄일 수 있다.
③ 3D 푸드 프린터는 사용자 맞춤 식단을 제공할 수 있다.
④ 현재 3D 푸드 프린터로 제작된 음식은 거부감을 일으킬 수 있다.
⑤ 컬럼비아 대학교에서 만들어 낸 치즈케이크는 PBF 방식으로 제작되었다.

05 (가) ~ (마) 중 삭제해야 할 문장으로 가장 적절한 것은?

① (가)　　　　　　　　　　② (나)

③ (다)　　　　　　　　　　④ (라)

⑤ (마)

06 접속부사 ㉠ ~ ㉤ 중 문맥상 적절하지 않은 것은?

① ㉠　　　　　　　　　　② ㉡

③ ㉢　　　　　　　　　　④ ㉣

⑤ ㉤

07 L사에서는 귀하의 아이디어를 긍정적으로 검토하여 3D 프린터를 가동해 제품을 생산하기로 하였다. 지난달에 생산한 제품의 불량률은 10%였고, 제품 한 개당 원가 17만 원에 판매하였다. 이번 달도 지난달과 같은 양을 생산하였지만 불량률이 15%로 올랐다. 불량률이 10%일 때와 매출액을 같게 하려면 제품의 원가는 얼마로 책정해야 하는가?(단, 불량품을 제외한 생산량 전부를 판매한다)

① 18만 원　　　　　　　　② 19만 원

③ 20만 원　　　　　　　　④ 21만 원

⑤ 23만 원

※ 쿠웨이트로 현장순방을 다녀온 A대리는 다음과 같이 출장 결과보고서를 작성하였다. 이어지는 질문에
답하시오. [8~10]

〈국외출장 결과보고〉

Ⅰ. 출장 개요
- □ 출장 목적
  - • 쿠웨이트 압둘라 신도시 사업 관련 쿠웨이트 장관 등 면담 및 현장 순방
  - • 중동지역 개발 선진사례 사업지구 탐방
- □ 기간 : 2023. 3. 4.(토) ~ 3. 8.(수)
- □ 출장 국가 : 쿠웨이트, UAE
- □ 출장자 : 전략사업본부장 외 3인

Ⅱ. 출장 결과
- □ 일정

일 정		업무수행내용
3. 4.(토)	12:45 ~ 18:15	이동(인천 → UAE 두바이)
3. 5.(일)	09:00 ~ 12:30	Crystal Lagoon(인공호수) 등 견학
	13:30 ~ 15:00	Palm Jumeirah 탐방
	15:00 ~ 18:00	두바이 신도시 견학
	18:00 ~ 21:35	이동(UAE 두바이 → 쿠웨이트)
3. 6.(월)	09:00 ~ 12:00	압둘라 신도시 / 주변 신도시 현장 답사
	12:00 ~ 14:00	쿠웨이트 주택부장관, 주거복지청장 면담
	14:00 ~ 18:00	쿠웨이트 지사 방문 및 업무보고
3. 7.(화)	09:00 ~ 11:00	쿠웨이트 공원사례 방문(Al Shaheed Park)
	14:15 ~	이동(쿠웨이트 → 인천)
3. 8.(수)	10:50	인천 도착

- □ 쿠웨이트 주택부장관 면담
  - • 일시 : 2023. 3. 6.(월) 12:30 ~ 13:20
  - • 장소 : 쿠웨이트 국회의사당
  - • 참석자 : (L기업) 전략사업본부장 외 3인
    - (쿠웨이트) 주택부장관, 주거복지청장, 계획실장, 투자실장 등
    - (대사관) 정○○ 국토관
  - • 전략사업본부장
    - − L기업은 SSAC[*] 개발에 책임과 사명감을 가지고 있으며, 수익추구보다는 SSAC의 성공을 최우선으로 함
    - − 쿠웨이트 국민의 부담 가능 수준과 세계 최고 수준의 비용차이 해결 필요
    - − 쿠웨이트 국민의 니즈 충족과 압둘라 신도시 가치 상승에 대한 확신을 주어야 성공할 수 있음
  - • 주택부장관
    - − SSAC는 스마트 시티이자 친환경 도시 측면에서 기대되는 신사업이며, 쿠웨이트에서 모범이 되는 사업이 될 수 있을 것으로 생각함
    - − SSAC에서 제공하는 주택을 쿠웨이트 국민이 구매 가능토록 하는 것이 중요하며, 이에 따른 경제성 분석이 중요

□ 기타
- (선진사례 견학) Downtown Dubai 및 MBR City 내 인공호수, Palm Jumeirah 등 두바이 내 세계적 수준의 신도시 조성사례 견학
- (쿠웨이트 방문) 압둘라 신도시 사업지구 현황 파악 및 쿠웨이트 주거복지청에서 시공 분양한 Shulaibikhat 조성사례와 인공호수(Al Shaheed Park) 방문

*SSAC : 쿠웨이트 사우스 사드 알 압둘라 신도시

08 A대리가 작성한 출장 결과보고서를 이해한 내용으로 가장 적절한 것은?

① 선진사례 견학은 출장 둘째 날에 이루어졌다.
② 국외출장 일정은 총 4박 5일간 진행되었다.
③ 쿠웨이트에서 이루어진 면담에는 총 9명의 인원이 참석하였다.
④ 쿠웨이트에는 L기업이 시공한 인공호수가 있다.
⑤ 쿠웨이트 주택부장관은 SSAC 개발을 위해서 개발 비용차이의 해결이 필요하다고 보았다.

09 A대리가 보고서를 검토하던 중 시사점을 빠뜨렸다는 사실을 알고 급하게 추가하였다. 다음 중 맞춤법이 틀린 부분은 모두 몇 개인가?(단, 띄어쓰기는 무시한다)

Ⅲ. 시사점
- 쿠웨이트 주택부장관과에 면담을 통해 압둘라 신도시 성공을 위한 계발방향 공감대 형성과 신뢰관계 구축
- 압둘라 신도시를 쿠웨이트 내 모범이 돼는 선진 스마트 도시 조성 사례로 만드는 목표에 공감

① 1개
③ 3개
⑤ 5개
② 2개
④ 4개

10 A대리는 출장 경비의 $\frac{1}{3}$은 숙박비, $\frac{1}{3}$은 왕복 항공권 비용으로 사용하였다. 나머지 경비의 $\frac{1}{6}$을 교통비용으로 사용하고 남은 경비가 40만 원일 때, A대리가 받은 총경비는?

① 138만 원
③ 142만 원
⑤ 146만 원
② 140만 원
④ 144만 원

01	02	03	04	05	06	07	08	09	10
⑤	④	①	⑤	④	④	①	①	③	④

01

정답 ⑤

첫 번째 문단에서 마중물 효과의 개념을, 두 번째에서 네 번째 문단까지는 마중물 효과 및 마중물을 활용한 마케팅의 특징에 대해 설명하고, 마중물로 인해 소비자가 과소비를 할 수 있는 위험성에 대해 언급했다. 그리고 마지막 문단에서는 이를 바탕으로 소비자에게 꼭 필요한 상품을 필요한 만큼만 구매하는 현명한 태도를 갖기를 당부하고 있다.

02

정답 ④

세 번째 문단에 따르면 마중물 효과는 소비자에게 제공하는 마중물로 제품 자체의 가치를 홍보하여 제품에 대한 소비자의 긍정적 평가를 이끌어 내고 제품을 지속적으로 구매하게 하는 것이다. 즉, 소비자의 인식을 긍정적인 쪽으로 변화시키고 구매하고 싶은 마음을 갖게 하기에, 마중물 효과는 소비자의 심리 변화를 기반으로 발생한다고 할 수 있다.

03

정답 ①

작년 매출액을 x억 원이라고 할 때, 올해 매출액에 대한 식을 세우면 다음과 같다.

$x \times 1.0039 = 1,300$

$\rightarrow x = \dfrac{1,300}{1.0039}$

$\therefore x \fallingdotseq 1,295$

따라서 작년 매출액은 약 1,295억 원이다.

04

정답 ⑤

미국 컬럼비아 대학교에서 만들어 낸 치즈케이크는 7겹으로, 7가지의 반죽형 식용 카트리지로 만들어졌다. 따라서 페이스트를 층층이 쌓아서 만드는 FDM 방식을 사용하여 제작하였음을 알 수 있다.

오답분석
① PBF / SLS 방식 3D 푸드 프린터는 설탕 같은 분말 형태의 재료를 접착제나 레이저로 굳혀 제작하는 것이므로 설탕케이크 장식을 제작하기에 적절한 방식이다.
② 3D 푸드 프린터는 질감을 조정하거나, 맛을 조정하여 음식을 제작할 수 있으므로 식감 등으로 발생하는 편식을 줄일 수 있다.
③ 3D 푸드 프린터는 음식을 제작할 때 개인별로 필요한 영양소를 첨가하는 등 사용자 맞춤 식단을 제공할 수 있다는 장점이 있다.
④ 네 번째 문단에서 현재 3D 푸드 프린터의 한계점을 보면 디자인적 · 심리적 요소로 인해 3D 푸드 프린터로 제작된 음식에 거부감이 들 수 있다고 하였다.

05

정답 ④

(라) 문장이 포함된 세 번째 문단은 3D 푸드 프린터의 장점에 대해 설명하는 문단이며, 특히 대체육 프린팅의 장점에 대해 소개하고 있다. 그러나 (라) 문장은 대체육의 단점에 대해 서술하고 있으므로 네 번째 문단에서 추가로 서술하거나 삭제하는 것이 적절하다.

오답분석

① (가) 문장은 컬럼비아 대학교에서 3D 푸드 프린터로 만들어 낸 치즈케이크의 특징을 설명하는 문장이므로 적절하다.
② (나) 문장은 현재 주로 사용되는 3D 푸드 프린터의 작동 방식을 설명하는 문장이므로 적절하다.
③ (다) 문장은 3D 푸드 프린터의 장점을 소개하는 세 번째 문단의 중심내용이므로 적절하다.
⑤ (마) 문장은 3D 푸드 프린터의 한계점인 '디자인으로 인한 심리적 거부감'을 서술하고 있으므로 적절하다.

06

정답 ④

네 번째 문단은 3D 푸드 프린터의 한계 및 개선점을 설명하는 문단으로, 3D 푸드 프린터의 장점을 설명한 세 번째 문단과 역접 관계에 있다. 따라서 ②에는 접속부사 '그러나'가 들어가는 것이 적절하다.

오답분석

① ① 앞에서 서술된 치즈케이크의 특징이 대체육과 같은 다른 관련 산업에서 주목하게 된 이유가 되므로 '그래서'는 적절한 접속부사이다.
② ① 앞의 문장은 3D 푸드 프린터의 장점을 소개하는 세 번째 문단의 중심내용이고 뒤의 문장은 이에 대한 예시를 설명하고 있으므로 '예를 들어'는 적절한 접속부사이다.
③ ⓒ의 앞과 뒤는 다른 내용이지만 모두 3D 푸드 프린터의 장점을 나열한 것이므로 '또한'은 적절한 접속부사이다.
⑤ ⑩의 앞과 뒤는 다른 내용이지만 모두 3D 푸드 프린터의 단점을 나열한 것이므로 '게다가'는 적절한 접속부사이다.

07

정답 ①

불량률이 15%일 때 제품의 원가를 x원이라고 하자.
불량률이 10%일 때와 매출액이 같다면 다음과 같은 식이 성립한다.
(제품 생산량)$\times 0.85 \times x = $ (제품 생산량)$\times 0.9 \times 17$
$$\therefore \; x = \frac{17 \times 0.9}{0.85} = 18$$
따라서 불량률이 15%로 올랐을 때, 제품의 원가를 18만 원으로 책정해야 불량률이 10%일 때와 매출액이 같아진다.

08

정답 ①

'선진사례 견학'은 두바이 내 세계적 수준의 신도시 조성사례를 견학하고 온 것이고 두바이는 3월 5일 둘째 날 일정에 포함되어 있으므로 옳다.

오답분석

② 일정표를 참고하면 3월 7일부터 8일은 쿠웨이트를 출발하여 인천까지의 비행시간이므로 이는 1박으로 보지 않는다. 따라서 국외출장 일정은 모두 3박 5일간 진행되었다.
③ L기업에서 4명, 대사관에서 1명이 참석하였고 쿠웨이트 참석자는 '등'이라고 표기되었으므로 모두 몇 명이 참석하였는지 구체적인 숫자는 알 수 없다.
④ 쿠웨이트의 인공호수(Al Shaheed Park)는 SSAC 개발에 참고하기 위해 방문한 것이지 이를 L기업이 시공했는지는 알 수 없다.
⑤ L기업 전략사업본부장의 의견이다.

09

- 쿠웨이트 주택부장관과에 ~ → 쿠웨이트 주택부장관과의
- 계발방향 공감대 형성과 ~ → 개발방향 공감대 형성과
- 쿠웨이트 내 모범이 돼는 ~ → 쿠웨이트 내 모범이 되는

10

총 경비를 x원이라고 하면, $\frac{2}{3}x$원은 숙박비와 왕복 항공권 비용이므로 교통비까지 사용하고 남는 경비는 $\left(\frac{1}{3}x \times \frac{5}{6}\right)$원이다.

$$\frac{1}{3}x \times \frac{5}{6} = 40$$

$$\therefore x = 144$$

따라서 A대리가 받은 총경비는 144만 원이다.

PART 1

대표기출유형

CHAPTER 01 언어적 사고

CHAPTER 02 수리적 사고

CHAPTER 03 문제해결

CHAPTER 01
언어적 사고

합격 CHEAT KEY

| 영역 소개 |

L-TAB의 언어적 사고 영역은 지원자의 독해력과 언어적 추론 능력은 물론 어휘어법, 논리적 사고력 등 다양한 방면의 언어적 사고능력을 평가하기 위한 영역이다.

언어적 사고 영역은 과거 각 지문당 1~3개의 문제가 딸린 장문독해의 형태로 출제되거나 짧은 지문의 난이도 높고 생소한 독해 문제가 출제되었으나, 2021년 상반기 시험부터는 실제 가상 업무 상황을 부여하고 이를 다양한 방법을 이용해 해결하는 방식으로 크게 바뀌었다.

따라서 상황과 지시 사항을 보다 정확하게 파악하여 이에 대응할 수 있는 전반적인 사고 능력이 요구된다.

| 유형 소개 |

01 독해

제시문의 내용과 일치 여부를 묻는 사실적 독해, 주어진 글에 대한 반박으로 옳은 것을 고르는 비판적 독해, 지문을 읽고 추론 가능·불가능한 내용을 찾는 추론적 독해 등이 있다.

┌─┤ 학습 포인트 ├─────────────────────────────
- 경제·경영·철학·역사·예술·과학 등 다양한 분야와 관련된 글이 제시된다.
- 독해의 경우 단기간의 공부로 성적을 올릴 수 있는 부분이 아니므로 평소에 꾸준히 연습해야 한다.
- 추론하기와 비판하기의 경우 제시문을 바탕으로 정확한 근거를 판단하여 풀이하면 오답을 피할 수 있다.

02 문장구조

글의 개요나 한 편의 글에서 적절하지 못한 부분을 찾아 올바르게 수정할 수 있는지를 평가하기 위한 유형으로, 각 개요의 서론·본론·결론 및 각각의 하위 항목을 수정하거나 항목을 추가·제거하는 유형, 글의 어휘·문장호응을 수정하거나 특정 문장을 추가 및 제거하는 유형이 출제된다.

┤ 학습 포인트 ├

- 개요 수정 유형의 경우 각 항목이 전체 주제 및 소주제의 하위 항목으로 적절한지, 또는 소주제가 전체 주제의 하위 항목과 하위 항목을 포괄하는 내용으로 적절한지 확인해야 한다.
- 글의 수정은 일정 수준의 언어 기본기가 요구되는 유형으로, 비슷해 보이더라도 실제 사용되는 의미가 같은지, 글의 호응이 제대로 이루어졌는지, 글에 필요한 문장인지를 파악하는 실력이 필요하다.

03 빈칸추론

주어진 명제 또는 조건을 통한 논리적 사고력을 평가하는 유형으로, 언어추리 유형의 문제를 풀기 위해서는 삼단논법 및 명제의 역·이·대우에 대한 이해가 필요하며, 주어진 조건을 통해 경우의 수를 따지는 연습이 충분히 이루어져야 한다.

┤ 학습 포인트 ├

- 세 개 이상의 비교대상이 등장하며, '~보다', '가장' 등의 표현에 유의해 풀어야 한다.
- '어떤'과 '모든'이 나오는 명제는 벤다이어그램을 활용한다.
- 주어진 규칙과 조건을 파악한 후 이를 도식화(표, 기호 등으로 정리)하여 문제에 접근해야 한다.
- 조건에 사용된 조사의 의미와 제한사항 등을 제대로 이해해야 정답을 찾을 수 있으므로 문제와 제시된 문장을 꼼꼼히 읽는 습관을 기른다.

01 논리구조

논리구조에서는 주로 단락과 문장 간의 관계나 글 전체의 논리적 구조를 정확히 파악했는지를 묻는다. 글의 순서를 바르게 배열하는 유형이 출제되고 있다. 제시문의 전체적인 흐름을 바탕으로 각 문단의 특징, 단락 간의 역할 등을 논리적으로 구조화할 수 있는 능력을 길러야 한다.

1. 문장과 문장 간의 관계

① 상세화 관계 : 주지 → 구체적 설명(비교, 대조, 유추, 분류, 분석, 인용, 예시, 비유, 부연, 상술 등)
② 문제(제기)와 해결 관계 : 한 문장이 문제를 제기하고, 다른 문장이 그 해결책을 제시하는 관계(과제 제시 → 해결 방안, 문제 제기 → 해답 제시)
③ 선후 관계 : 한 문장이 먼저 발생한 내용을 담고, 다음 문장이 나중에 발생한 내용을 담고 있는 관계
④ 원인과 결과 관계 : 한 문장이 원인이 되고, 다른 문장이 그 결과가 되는 관계(원인 제시 → 결과 제시, 결과 제시 → 원인 제시)
⑤ 주장과 근거 관계 : 한 문장이 필자가 말하고자 하는 바(주지)가 되고, 다른 문장이 그 문장의 증거(근거)가 되는 관계(주장 제시 → 근거 제시, 의견 제안 → 의견 설명)
⑥ 전제와 결론 관계 : 앞 문장에서 조건이나 가정을 제시하고, 뒤 문장에서 이에 따른 결론을 제시하는 관계

2. 문장의 연결 방식

① 순접 : 원인과 결과, 부연 설명 등의 문장 연결에 쓰임
　예 그래서, 그리고, 그러므로 등
② 역접 : 앞글의 내용을 전면적 또는 부분적으로 부정
　예 그러나, 그렇지만, 그래도, 하지만 등
③ 대등·병렬 : 앞뒤 문장의 대비와 반복에 의한 접속
　예 및, 혹은, 또는, 이에 반하여 등
④ 보충·첨가 : 앞글의 내용을 보다 강조하거나 부족한 부분을 보충하기 위해 다른 말을 덧붙이는 문맥
　예 단, 곧, 즉, 더욱이, 게다가, 왜냐하면 등
⑤ 화제 전환 : 앞글과는 다른 새로운 내용을 이야기하기 위한 문맥
⑥ 비유·예시 : 앞글에 대해 비유적으로 다시 말하거나 구체적인 예를 보임
　예 예를 들면, 예컨대, 마치 등

3. 원리 접근법

앞뒤 문장의 중심 의미 파악	→	앞뒤 문장의 중심 내용이 어떤 관계인지 파악	→	문장 간의 접속어, 지시어의 의미와 기능	→	문장의 의미와 관계성 파악
각 문장의 의미를 어떤 관계로 연결해서 글을 전개하는지 파악해야 한다.		지문 안의 모든 문장은 서로 논리적 관계성이 있다.		접속어와 지시어를 음미하는 것은 독해의 길잡이 역할을 한다.		문단의 중심 내용을 알기 위한 기본 분석 과정이다.

02 논리적 이해

1. 전제의 추론

전제의 추론은 원칙적으로 주어진 내용의 이면에 내포되어 있는 이미 옳다고 인정된 사실을 유추하는 유형이다.
① 먼저 주장이 무엇인지 명확하게 파악해야 한다.
② 주장이 성립하기 위해서 논리적으로 필요한 요건이 무엇인지 생각해 본다.
③ 선택지 중 주장과 논리적으로 인과 관계를 형성할 수 있는 조건을 찾아낸다.

2. 결론의 추론

주어진 내용을 명확히 이해한 다음, 이를 근거로 이끌어 낼 수 있는 올바른 결론이나 관련 사항을 논리적인 관점에서 찾는 문제 유형이다. 이와 같은 문제는 평상시 비판적이고 논리적인 관점으로 글을 읽는 연습을 충분히 해두어야 유리하다고 볼 수 있다.

3. 주제의 추론

주제와 관련된 추론 문제는 적성검사에서 자주 출제되는 유형으로서, 글의 표제, 부제, 주제, 주장, 의도를 파악하는 형태의 문제와 같은 유형이다. 이러한 유형의 문제는 주제를 글의 첫 문단이나 마지막 문단을 통해서 찾을 수 있으며, 그렇지 않더라도 문단의 병렬·대등 관계를 파악하면 쉽게 찾을 수 있다. 여러 문단에서 공통된 주제를 추론할 때는, 각각의 제시문을 먼저 요약한 뒤, 핵심 키워드를 찾은 다음, 이를 토대로 주제문을 가려내어 하나의 주제를 유추하면 된다. 따라서 평소에 제시문을 읽고, 핵심 키워드를 찾아 문장을 구성하는 연습을 많이 해두어야 한다. 또한 겉으로 드러난 주제나 정보를 찾는 데 그치지 않고 글 속에 숨겨진 의도나 정보를 찾기 위해 꼼꼼히 관찰하는 태도가 필요하다.

1. 연역 추론

이미 알고 있는 판단(전제)을 근거로 새로운 판단(결론)을 유도하는 추론이다. 연역 추론은 진리일 가능성을 따지는 귀납 추론과는 달리, 명제 간의 관계와 논리적 타당성을 따진다. 즉, 연역 추론은 전제들로부터 절대적인 필연성을 가진 결론을 이끌어내는 추론이다.

(1) 직접 추론

한 개의 전제로부터 중간적 매개 없이 새로운 결론을 이끌어내는 추론이며, 대우 명제가 그 대표적인 예이다.

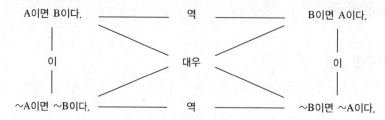

• 한국인은 모두 황인종이다.	(전제)
• 그러므로 황인종이 아닌 사람은 모두 한국인이 아니다.	(결론 1)
• 그러므로 황인종 중에는 한국인이 아닌 사람도 있다.	(결론 2)

(2) 간접 추론

둘 이상의 전제로부터 새로운 결론을 이끌어내는 추론이다. 삼단논법이 가장 대표적인 예이다.

① **정언 삼단논법** : 세 개의 정언명제로 구성된 간접추론 방식이다. 세 개의 명제 가운데 두 개의 명제는 전제이고, 나머지 한 개의 명제는 결론이다. 세 명제의 주어와 술어는 세 개의 서로 다른 개념을 표현한다.

② **가언 삼단논법** : 가언명제로 이루어진 삼단논법을 말한다. 가언명제란 두 개의 정언명제가 '만일 ~이라면'이라는 접속사에 의해 결합된 복합명제이다. 여기서 '만일'에 의해 이끌리는 명제를 전건이라고 하고, 그 뒤의 명제를 후건이라고 한다. 가언 삼단논법의 종류로는 혼합가언 삼단논법과 순수가언 삼단논법이 있다.

　㉠ **혼합가언 삼단논법** : 대전제만 가언명제로 구성된 삼단논법이다. 긍정식과 부정식 두 가지가 있으며, 긍정식은 'A면 B이다. A이다. 그러므로 B이다.'이고, 부정식은 'A면 B이다. B가 아니다. 그러므로 A가 아니다.'이다.

> • 만약 A라면 B이다.
> • B가 아니다.
> • 그러므로 A가 아니다.

ⓒ **순수가언 삼단논법** : 대전제와 소전제 및 결론까지 모두 가언명제들로 구성된 삼단논법이다.

> • 만약 A라면 B이다.
> • 만약 B라면 C이다.
> • 그러므로 만약 A라면 C이다.

③ **선언 삼단논법** : '~이거나 ~이다.'의 형식으로 표현되며 전제 속에 선언 명제를 포함하고 있는 삼단논법이다.

> • 내일은 비가 오거나 눈이 온다(A 또는 B이다).
> • 내일은 비가 오지 않는다(A가 아니다).
> • 그러므로 내일은 눈이 온다(그러므로 B이다).

④ **딜레마 논법** : 대전제는 두 개의 가언명제로, 소전제는 하나의 선언명제로 이루어진 삼단논법으로, 양도추론이라고도 한다.

> • 만일 네가 거짓말을 하면, 신이 미워할 것이다.   (대전제)
> • 만일 네가 거짓말을 하지 않으면, 사람들이 미워할 것이다.   (대전제)
> • 너는 거짓말을 하거나, 거짓말을 하지 않을 것이다.   (소전제)
> • 그러므로 너는 미움을 받게 될 것이다.   (결론)

2. 귀납 추론

특수한 또는 개별적인 사실로부터 일반적인 결론을 이끌어내는 추론을 말한다. 귀납 추론은 구체적 사실들을 기반으로 하여 결론을 이끌어내기 때문에 필연성을 따지기보다는 개연성과 유관성, 표본성 등을 중시하게 된다. 여기서 개연성이란, 관찰된 어떤 사실이 같은 조건 하에서 앞으로도 관찰될 수 있는가 하는 가능성을 말하고, 유관성은 추론에 사용된 자료가 관찰하려는 사실과 관련되어야 하는 것을 일컬으며, 표본성은 추론을 위한 자료의 표본 추출이 공정하게 이루어져야 하는 것을 가리킨다. 이러한 귀납 추론은 일상생활 속에서 많이 사용하고, 우리가 알고 있는 과학적 사실도 이와 같은 방법으로 밝혀졌다. 그러나 전제들이 참이어도 결론이 항상 참인 것은 아니다. 단 하나의 예외로 인하여 결론이 거짓이 될 수 있다.

> • 성냥불은 뜨겁다.
> • 연탄불도 뜨겁다.
> • 그러므로 모든 불은 뜨겁다.

위 예문에서 '성냥불이나 연탄불이 뜨거우므로 모든 불은 뜨겁다.'라는 결론이 나왔는데, 반딧불은 뜨겁지 않으므로 '모든 불이 뜨겁다.'라는 결론은 거짓이 된다.

(1) 완전 귀납 추론

관찰하고자 하는 집합의 전체를 다 검증함으로써 대상의 공통 특질을 밝혀내는 방법이다. 이는 예외 없는 진실을 발견할 수 있다는 장점은 있으나, 집합의 규모가 크고 속성의 변화가 다양할 경우에는 적용하기 어려운 단점이 있다.

예 1부터 10까지의 수를 다 더하여 그 합이 55임을 밝혀내는 방법

(2) 통계적 귀납 추론

통계적 귀납 추론은 관찰하고자 하는 집합의 일부에서 발견한 몇 가지 사실을 열거함으로써 그 공통점을 결론으로 이끌어내려는 방식을 가리킨다. 관찰하려는 집합의 규모가 클 때 그 일부를 표본으로 추출하여 조사하는 방식이 이에 해당하며, 표본 추출의 기준이 얼마나 적합하고 공정한가에 따라 그 결과에 대한 신뢰도가 달라진다는 단점이 있다.

예 여론조사에서 일부의 국민에 대한 설문 내용을 바탕으로, 이를 전체 국민의 여론으로 제시하는 것

(3) 인과적 귀납 추론

관찰하고자 하는 집합의 일부 원소들이 지닌 인과 관계를 인식하여 그 원인이나 결과를 이끌어내려는 방식을 말한다.

① 일치법 : 공통적인 현상을 지닌 몇 가지 사실 중에서 각기 지닌 요소 중 어느 한 가지만 일치한다면 이 요소가 공통 현상의 원인이라고 판단

　　예 마을 잔칫집에서 돼지고기를 먹은 사람들이 집단 식중독을 일으켰다. 따라서 식중독의 원인은 상한 돼지고기가 아닌가 생각한다.

② 차이법 : 어떤 현상이 나타나는 경우와 나타나지 않은 경우를 놓고 보았을 때, 각 경우의 여러 조건 중 단 하나만이 차이를 보인다면 그 차이를 보이는 조건이 원인이 된다고 판단

　　예 현수와 승재는 둘 다 지능이나 학습 시간, 학습 환경 등이 비슷한데 공부하는 태도에는 약간의 차이가 있다. 따라서 두 사람이 성적이 차이를 보이는 것은 학습 태도의 차이 때문으로 생각된다.

③ 일치·차이 병용법 : 몇 개의 공통 현상이 나타나는 경우와 몇 개의 그렇지 않은 경우를 놓고 일치법과 차이법을 병용하여 적용함으로써 그 원인을 판단

　　예 학업 능력 정도가 비슷한 두 아동 집단에 대해 처음에는 같은 분량의 과제를 부여하고 나중에는 각기 다른 분량의 과제를 부여한 결과, 많이 부여한 집단의 성적이 훨씬 높게 나타났다. 이로 보아, 과제를 많이 부여하는 것이 적게 부여하는 것보다 학생의 학업 성적 향상에 도움이 된다고 판단할 수 있다.

④ 공변법 : 관찰하는 어떤 사실의 변화에 따라 현상의 변화가 일어날 때 그 변화의 원인이 무엇인지 판단

　　예 담배를 피우는 양이 각기 다른 사람들의 집단을 조사한 결과, 담배를 많이 피울수록 폐암에 걸릴 확률이 높다는 사실이 발견되었다.

⑤ 잉여법 : 앞의 몇 가지 현상이 뒤의 몇 가지 현상의 원인이며, 선행 현상의 일부분이 후행 현상의 일부분이라면, 선행 현상의 나머지 부분이 후행 현상의 나머지 부분의 원인임을 판단

　　예 어젯밤 일어난 사건의 혐의자는 정은이와 규민이 두 사람인데, 정은이는 알리바이가 성립되어 혐의 사실이 없는 것으로 밝혀졌다. 따라서 그 사건의 범인은 규민이일 가능성이 높다.

3. 유비 추론

두 개의 대상 사이에 일련의 속성이 동일하다는 사실에 근거하여 그것들의 나머지 속성도 동일하리라는 결론을 이끌어내는 추론, 즉 이미 알고 있는 것에서 다른 유사한 점을 찾아내는 추론을 말한다. 그렇기 때문에 유비 추론은 잣대(기준)가 되는 사물이나 현상이 있어야 한다. 유비 추론은 가설을 세우는 데 유용하다. 이미 알고 있는 사례로부터 아직 알지 못하는 것을 생각해 봄으로써 쉽게 가설을 세울 수 있다. 이때 유의할 점은 이미 알고 있는 사례와 이제 알고자 하는 사례가 매우 유사하다는 확신과 증거가 있어야 한다. 그렇지 않은 상태에서 유비 추론에 의해 결론을 이끌어내면, 그것은 개연성이 거의 없고 잘못된 결론이 될 수도 있다.

- 지구에는 공기, 물, 흙, 햇빛이 있다(A는 a, b, c, d의 속성을 가지고 있다).
- 화성에는 공기, 물, 흙, 햇빛이 있다(B는 a, b, c, d의 속성을 가지고 있다).
- 지구에 생물이 살고 있다(A는 e의 속성을 가지고 있다).
- 그러므로 화성에도 생물이 살고 있을 것이다(그러므로 B도 e의 속성을 가지고 있을 것이다).

---

01 사실적 독해

| 유형분석 |

- 글의 내용과 선택지가 일치·불일치하는지를 묻는 유형이다.
- 제시문에 있는 내용을 그대로 선택지에 제시하거나 다른 표현으로 돌려서 제시한다.
- 오답의 근거가 명확한 선택지를 답으로 고른다.

다음 글의 내용으로 가장 적절한 것은?

> 레드와인이란 포도 과육을 압착하여 과즙을 만든 뒤, 여기에 포도 껍질과 씨를 넣고 양조통에서 일정시간 발효시켜 당분을 제거한 주류를 말한다. 이 과정에서 포도 껍질과 씨앗 등에 있던 탄닌 성분이 우러나게 되면서 레드와인은 특유의 떫고 신맛이 생긴다.
>
> 레드와인은 원재료인 포도의 품종에 따라 붉은색에서 보라색까지 색상에 차이가 생기며, 이는 특히 포도껍질과 관련이 있다. 또한 포도의 재배 환경에 따라서도 산도와 향, 와인 색상에도 차이가 생기는데, 날씨가 더울수록 산도가 약해지고 향은 진해진다.
>
> 이렇게 만들어진 레드와인은 적정량을 섭취하게 되면 항산화 성분을 얻을 수 있어 인체에 유익한 영향을 준다. 대표적인 효능으로는 레드와인의 섭취를 통해 얻은 항산화 성분의 영향으로 혈관질환의 개선, 인지기능의 향상, 호흡기관의 보호, 암 예방이 있다.
>
> 이외에도 지질 산화를 감소시키고 혈관 내벽을 두껍게 만들어 주기 때문에 고혈압과 관련된 심혈관계 질환에 도움이 되고, 세포의 노화를 감소시켜 치매와 세포 파괴 위험을 낮출 수 있다. 또한 소염 살균효과도 가지고 있어 호흡기에 환경 오염물질이 침투하지 않도록 보호하고, 폐에 악성 종양이 생기는 것을 예방한다.

① 레드와인은 포도에서 과육만을 추출하여 만든다.
② 기온이 높은 환경에서 재배한 포도로 만든 와인일수록 레드와인 특유의 신맛이 강해진다.
③ 진한 향의 레드와인을 선호할 경우 더운 지역의 포도로 제조한 것을 구매해야 한다.
④ 같은 품종의 포도로 만든 레드와인의 색상은 동일하다.
⑤ 심혈관질환이 있는 모든 환자에게 일정량의 레드와인 섭취는 유익한 영향을 준다.

③

포도 재배 환경의 날씨가 더울수록 향은 진해진다고 하였으므로, 진한 향의 레드와인을 원한다면 기온이 높은 지역의 포도를 사용한 와인을 구매해야 한다.

① 레드와인은 포도에서 과육뿐만 아니라 껍질과 씨를 모두 사용하여 제조한다.
② 기온이 높은 환경에서 재배한 포도로 만든 와인이 산도가 약해진다고 하였으므로, 레드와인 특유의 신맛이 강해지려면 기온이 낮은 환경에서 재배한 포도로 만들어야 한다.
④ 레드와인의 색상은 포도의 품종뿐만 아니라 포도의 재배 환경에 따라서도 영향을 받으므로, 같은 품종의 포도로 제조한 와인이라도 그 색상은 다를 수 있다.
⑤ 제시문에서 심혈관질환 중 고혈압 이외의 내용은 없으므로 모든 심혈관질환자들에게 유익한 영향을 준다고 보기는 어렵다.

30초 컷 풀이 Tip

주어진 글의 내용과 일치하는 것 또는 일치하지 않는 것을 고르는 문제의 경우, 제시문을 읽기 전에 문제와 선택지를 먼저 읽어보는 것이 좋다. 이를 통해 제시문 속에서 찾아내야 할 정보가 무엇인지를 먼저 인지한 후 글을 읽어야 문제 푸는 시간을 단축할 수 있다.

온라인 풀이 Tip

선택지를 읽고 전체적인 내용을 대략적으로 이해한 후 제시문을 읽는다. 롯데그룹의 온라인 L-TAB은 주어진 하나의 상황마다 3～4개의 문항이 출제되므로, 제시문을 두세 번 읽으면 그만큼 다른 문제의 풀이시간에 손해가 생긴다. 때문에 시험 시작 전에 화면으로 텍스트를 읽으면서 워밍업을 하는 것도 좋은 방법이다.

※ 다음 중 글의 내용으로 적절하지 않은 것을 고르시오. [1~5]

Easy

01

골격근에서 전체 근육은 근육섬유를 뼈에 연결시키는 주변 조직인 힘줄과 결합조직을 모두 포함한다. 골격근의 근육섬유가 수축할 때 전체 근육의 길이가 항상 줄어드는 것은 아니다. 근육 수축의 종류 중 근육섬유가 수축함에 따라 전체 근육의 길이가 변화하는 것을 '등장수축'이라고 하는데, 등장수축은 근육섬유 수축과 함께 전체 근육의 길이가 줄어드는 '동심 등장수축'과 전체 근육의 길이가 늘어나는 '편심 등장수축'으로 나뉜다.

반면에 근육섬유가 수축함에도 불구하고 전체 근육의 길이가 변하지 않는 수축을 '등척수축'이라고 한다. 예를 들어 아령을 손에 들고 팔꿈치의 각도를 일정하게 유지하고 있는 상태에서 위팔의 이두근 근육섬유는 끊임없이 수축하고 있지만, 이 근육에서 만드는 장력이 근육에 걸린 부하량, 즉 아령의 무게와 같아 전체 근육의 길이가 변하지 않기 때문에 등척수축을 하는 것이다. 등척수축은 골격근의 주변 조직과 근육섬유 내에 있는 탄력섬유의 작용에 의해 일어난다. 근육에 부하가 걸릴 때, 이 부하를 견디기 위해 탄력섬유가 늘어나기 때문에 근육섬유는 수축하지만 전체 근육의 길이는 변하지 않는 등척수축이 일어날 수 있다.

① 등장수축에서는 근육섬유가 수축할 때, 전체 근육 길이가 줄어든다.

② 등척수축에서는 근육섬유가 수축할 때, 전체 근육 길이가 변하지 않는다.

③ 등척수축은 탄력섬유의 작용에 의해 일어난다.

④ 골격근은 힘줄과 결합조직을 모두 포함한다.

⑤ 근육에 부하가 걸릴 때, 부하를 견디기 위해 탄력섬유가 늘어난다.

02

'갑'이라는 사람이 있다고 하자. 이때 사회가 갑에게 강제적 힘을 행사하는 것이 정당화되는 근거는 무엇일까? 그것은 갑이 다른 사람에게 미치는 해악을 방지하려는 데 있다. 특정 행위가 갑에게 도움이 될 것이라든가, 이 행위가 갑을 더욱 행복하게 할 것이라든가 또는 이 행위가 현명하다든가 혹은 옳은 것이라든가 하는 이유를 들면서 갑에게 이 행위를 강제하는 것은 정당하지 않다. 이러한 이유는 갑에게 권고하거나 이치를 이해시키거나 무엇인가를 간청하거나 할 때는 충분한 이유가 된다. 그러나 갑에게 강제를 가하는 이유 혹은 어떤 처벌을 가할 이유는 되지 않는다. 이와 같은 사회적 간섭이 정당화되기 위해서는 갑이 행하려는 행위가 다른 어떤 이에게 해악을 끼칠 것이라는 점이 충분히 예측되어야 한다. 한 사람이 행하고자 하는 행위 중에서 그가 사회에 대해 책임을 져야 할 유일한 부분은 다른 사람과 관계되는 부분이다.

① 개인에 대한 사회의 간섭은 어떤 조건이 필요하다.
② 행위 수행 혹은 행위 금지의 도덕적 이유와 법적 이유는 구분된다.
③ 한 사람의 행위는 타인에 대한 행위와 자신에 대한 행위로 구분된다.
④ 사회는 개인의 해악에 관해서는 관심이 있지만, 그 해악을 방지할 강제성의 근거는 가지고 있지 않다.
⑤ 타인과 관계되는 행위에는 사회적 책임이 따른다.

03

간디는 절대로 몽상가는 아니다. 그가 말한 것은 폭력을 통해서는 인도의 해방도, 보편적인 인간 해방도 없다는 것이었다. 민족 해방은 단지 외국 지배자의 퇴각을 의미하는 것일 수는 없다. 참다운 해방은 지배와 착취와 억압의 구조를 타파하고 그 구조에 길들여져 온 심리적 습관과 욕망을 뿌리로부터 변화시키는 일 – 다시 말하여 일체의 '칼의 교의(教義)' – 로부터의 초월을 실현하는 것이다. 간디의 관점에서 볼 때, 무엇보다 큰 폭력은 인간의 근원적인 영혼의 요구에 대해서는 조금도 고려하지 않고, 물질적 이득의 끊임없는 확대를 위해 착취와 억압의 구조를 제도화한 서양의 산업 문명이었다.

① 간디는 비폭력주의자이다.
② 간디는 산업 문명에 부정적이었다.
③ 간디는 반외세 사회주의자이다.
④ 간디는 외세가 인도를 착취하였다고 보았다.
⑤ 간디는 서양의 산업 문명을 큰 폭력이라고 보았다.

04

고야의 마녀도 리얼하다. 이는 고야가 인간과 마녀를 분명하게 구별하지 않고, 마녀가 실존하는 것처럼 그렸기 때문이다. 따라서 우리는 고야가 마녀의 존재를 믿었는지 의심할 수 있다. 그러나 그것은 중요한 문제가 아니다. 고야는 마녀를 비이성의 상징으로 그려서 세상이 완전하게 이성에 의해서만 지배되지 않음을 표현하고 있을 뿐이다. 또한 악마가 사실 인간 자신의 정신 내면에 존재하는 것임을 시사한다. 그것이 바로 가장 유명한 작품인 제43번 「이성이 잠들면 괴물이 나타난다」에서 그려진 것이다.

① 고야가 마녀의 존재를 믿었는가의 여부는 알 수 없다.
② 고야는 이성의 존재를 부정하였다.
③ 고야는 비이성이 인간 내면에 존재한다고 판단했다.
④ 고야는 세상을 이성과 비이성이 뒤섞인 상태로 이해했다.
⑤ 고야는 악마가 인간의 정신 내면에 존재하는 점을 시사하였다.

Hard
05

엘리스에 따르면 인간의 심리적 문제는 개인의 비합리적인 신념의 산물이다. 엘리스가 말하는 비합리적 신념의 공통적 특성은 다음과 같다. 첫째, 당위적 사고이다. 이러한 사고방식은 스스로에게 너무나 많은 것을 요구하게 하고, 세상이 자신의 당위에서 조금만 벗어나 있어도 그것을 참지 못하는 경직된 사고를 유발하게 한다. 둘째, 지나친 과장이다. 이는 문제 상황을 지나치게 과장함으로써 문제에 대한 차분하고 객관적인 접근을 가로막는다. 셋째, 자기 비하이다. 이러한 사고방식은 자신의 부정적인 한 측면을 기초로 자신의 인격 전체를 폄하하는 부정적 사고방식을 낳게 된다.

① 당위적 사고는 경직된 사고를 유발한다.
② 지나친 과장은 객관적 사고를 가로막는다.
③ 비합리적 신념에는 공통적 특징들이 존재한다.
④ 심리적 문제가 비합리적인 신념의 원인이 된다.
⑤ 자기 비하는 자신의 인격 전체를 폄하하는 부정적 사고방식을 낳게 된다.

Easy

06

포화지방산에서 나타나는 탄소 결합 형태는 연결된 탄소끼리 모두 단일 결합하는 모습을 띤다. 이때 각각의 탄소에는 수소가 두 개씩 결합한다. 이 결합 형태는 지방산 분자의 모양을 일자형으로 만들어 이웃하는 지방산 분자들이 조밀하게 연결될 수 있으므로, 분자 간 인력을 높여 지방산 분자들이 단단하게 뭉치게 한다. 이 인력을 느슨하게 만들려면 많은 열에너지가 필요하다. 따라서 이 지방산을 함유한 지방은 녹는점이 높아 상온에서 고체로 존재하게 된다. 그리고 이 지방산 분자에는 탄소 사슬에 수소가 충분히 결합되어 수소가 분자 내에 포화되어 있으므로 포화지방산이라고 부르며, 이것이 들어 있는 지방을 포화지방이라고 한다. 포화지방은 체내의 장기 주변에 쌓여 장기를 보호하고 체내에 저장되어 있다가 에너지로 전환되어 몸에 열량을 내는 데 이용된다. 그러나 이 지방이 저밀도 단백질과 결합하면, 콜레스테롤이 혈관 내부에 쌓여 혈액의 흐름을 방해하고 혈관 내부의 압력을 높여 심혈관계 질병을 유발하는 것으로 알려져 있다.

① 포화지방산에서 나타나는 탄소 결합은 각각의 탄소에 수소가 두 개씩 결합하므로 다중 결합한다고 할 수 있다.

② 탄소에 수소가 두 개씩 결합하는 형태는 열에너지가 많아서 지방산 분자들이 단단하게 뭉치게 된다.

③ 분자 간 인력을 느슨하게 하면 지방산 분자들의 연결이 조밀해진다.

④ 포화지방은 포화지방산이 들어 있는 지방을 가리킨다.

⑤ 포화지방이 체내에 저장되면 콜레스테롤이 혈관 내부에 쌓여 흐름을 방해하고 혈관 내부의 압력을 높여 질병을 유발하므로 몸에 좋지 않다.

한국, 중국 등 동아시아 사회에서 오랫동안 유지되었던 과거제는 세습적 권리와 무관하게 능력주의적인 시험을 통해 관료를 선발하는 제도라는 점에서 합리성을 갖추고 있었다. 정부의 관직을 두고 정기적으로 시행되는 공개 시험인 과거제가 도입되어, 높은 지위를 얻기 위해서는 신분이나 추천보다 시험 성적이 더욱 중요해졌다.

명확하고 합리적인 기준에 따른 관료 선발 제도라는 공정성을 바탕으로 과거제는 보다 많은 사람들에게 사회적 지위 획득의 기회를 줌으로써 개방성을 제고하여 사회적 유동성 역시 증대시켰다. 응시 자격에 일부 제한이 있었다 하더라도, 비교적 공정한 제도였음은 부정하기 어렵다. 시험 과정에서 익명성의 확보를 위한 여러 가지 장치를 도입한 것도 공정성 강화를 위한 노력을 보여 준다.

과거제는 여러 가지 사회적 효과를 가져왔는데, 특히 학습에 강력한 동기를 제공함으로써 교육의 확대와 지식의 보급에 크게 기여했다. 그 결과 통치에 참여할 능력을 갖춘 지식인 집단이 폭넓게 형성되었다. 시험에 필요한 고전과 유교 경전이 주가 되는 학습의 내용은 도덕적인 가치 기준에 대한 광범위한 공유를 이끌어냈다. 또한 최종 단계까지 통과하지 못한 사람들에게도 국가가 여러 특권을 부여하고, 그들이 지방 사회에 기여하도록 하여 경쟁적 선발 제도가 가져올 수 있는 부작용을 완화하고자 노력했다.

동아시아에서 과거제가 천 년이 넘게 시행된 것은 과거제의 합리성이 사회적 안정에 기여했음을 보여 준다. 과거제는 왕조의 교체와 같은 변화에도 불구하고 동질적인 엘리트층의 연속성을 가져왔다. 그리고 이러한 연속성은 관료 선발 과정뿐 아니라 관료제에 기초한 통치의 안정성에도 기여했다.

과거제를 장기간 유지한 것은 세계적으로 드문 현상이었다. 과거제에 대한 정보는 선교사들을 통해 유럽에 전해져 많은 관심을 불러일으켰다. 일군의 유럽 계몽사상가들은 학자의 지식이 귀족의 세습적 지위보다 우위에 있는 체제를 정치적인 합리성을 갖춘 것으로 보았다. 이러한 관심은 사상적 동향뿐 아니라 실질적인 사회 제도에까지 영향을 미쳐서, 관료 선발에 시험을 통한 경쟁이 도입되기도 했다.

① 계몽사상가들은 귀족의 지위가 학자의 지식보다 우위에 있는 체제가 합리적이라고 여겼다.
② 시험을 통한 관료 선발 제도는 동아시아에만 있었던 제도이다.
③ 과거제는 몇몇 상위 지식인 집단을 만들어 통치에 기여하도록 했다.
④ 과거 시험의 최종 단계까지 통과하지 못하면 국가로부터 어떤 특권도 받을 수 없었다.
⑤ 국가는 경쟁을 바탕으로 한 과거제의 부작용을 완화하고자 노력하였다.

국내에서 벤처버블이 발생한 1999 ~ 2000년 동안 한국뿐 아니라 미국, 유럽 등 전 세계 주요 국가에서 벤처버블이 나타났다. 미국 나스닥의 경우 1999년 초 이후에 주가가 급상승하여 2000년 3월을 전후해서 정점에 이르렀는데, 이는 한국의 주가 흐름과 거의 일치한다. 또한 한국에서는 1998년 5월부터 외국인의 종목별 투자한도를 완전 자유화하였는데, 외환위기 이후 해외투자를 유치하기 위한 이런 주식시장의 개방은 주가 상승에 영향을 미쳤다. 외국인 투자자들은 벤처버블이 정점에 이르렀던 1999년 12월에 벤처기업으로 구성되어 있는 코스닥 시장에서 투자금액을 이전 달의 1조 4천억 원에서 8조 원으로 늘렸으며, 투자비중도 늘렸다.

또한 벤처버블 당시 국내에서는 인터넷이 급속히 확산되고 있었다. 초고속 인터넷 서비스는 1998년 첫 해에 1만 3천 가구에 보급되었지만 1999년에는 34만 가구로 확대되었다. 또한 1997년 163만 명이던 인터넷 이용자는 1999년에 천만 명으로 폭발적으로 증가하였다. 이처럼 초고속 인터넷의 보급과 인터넷 사용인구의 급증은 뚜렷한 수익모델이 없는 업체라 할지라도 인터넷을 활용한 비즈니스를 내세우면 투자자들 사이에서 높은 잠재력을 가진 기업으로 인식되는 효과를 낳았다.

한편 1997년 8월에 시행된 「벤처기업 육성에 관한 특별조치법」은 다음과 같은 상황으로 인해 제정되었다. 법 제정 당시 우리 경제는 혁신적 기술이나 비즈니스 모델에 의한 성장보다는 설비확장에 토대한 외형성장에 주력해 왔다. 그러나 급격한 임금상승, 공장용지와 물류 및 금융 관련 비용 부담 증가, 후발국가의 추격 등은 우리 경제가 하루빨리 기술과 지식을 경쟁력의 기반으로 하는 구조로 변화해야 할 필요성을 높였다. 게다가 1997년 말 외환위기로 30대 재벌의 절반이 부도 또는 법정관리에 들어가게 되면서 재벌을 중심으로 하는 경제성장 방식의 한계가 지적되었고, 이에 따라 우리 경제는 고용창출과 경제성장을 주도할 새로운 기업군을 필요로 하게 되었다. 이로 인해 시행된 벤처기업 육성 정책은 벤처기업에 세제 혜택은 물론, 기술개발, 인력공급, 입지공급까지 다양한 지원을 제공하면서 벤처기업의 폭증에 많은 영향을 주게 되었다.

① 해외 주식시장의 주가 상승은 국내 벤처버블 발생의 주요 원인이 되었다.
② 벤처버블은 한국뿐 아니라 전 세계 모든 국가에서 거의 비슷한 시기에 발생했다.
③ 국내의 벤처기업 육성책 실행은 한국 경제구조 변화의 필요성과 관련을 맺고 있다.
④ 국내 초고속 인터넷 서비스 확대는 벤처기업을 활성화 시켰으나 대기업 침체의 요인이 되었다.
⑤ 외환위기는 새로운 기업과 일자리 창출의 필요성을 불러왔고, 해외 주식을 대규모로 매입하는 계기가 되었다.

09

특허출원이란 발명자가 자신의 발명을 개인 또는 변리사를 통해 특허출원 명세서에 기재한 후 특허청에 등록 여부 판단을 받기 위해 신청하는 행위의 전반을 의미한다. 특허출원은 주로 경쟁자로부터 자신의 제품이나 서비스를 지키기 위해 이루어진다. 그러나 선두업체로서 기술적 우위를 표시하기 위해 또는 벤처기업 등의 인증을 받기 위해 이루어지기도 한다. 단순하게 발명의 보호를 받아 타인의 도용을 막는 것뿐만 아니라 다양한 이유로 진행되고 있는 것이다.

특허출원 시에는 특허출원서와 특허명세서를 제출해야 한다. 특허출원서는 출원인 정보, 발명자 정보 등의 서지사항을 기재하는 문서이며, 특허명세서는 발명의 구체적인 내용을 기재하는 문서이다. 특허명세서에는 발명의 명칭, 발명의 효과, 발명의 실시를 위한 구체적인 내용, 청구범위, 도면 등의 항목들을 작성하는데, 이때 권리로 보호받고자 하는 사항을 기재하는 청구범위가 명세서의 가장 핵심적인 부분이 된다. 청구범위를 별도로 구분하는 이유는 특허등록 후 권리 범위가 어디까지인지 명확히 구분하기 위한 것이다. 청구범위가 존재하지 않는다면 상세한 설명으로 권리 범위를 판단해야 하는데, 권리 범위가 다양하게 해석된다면 분쟁의 원인이 될 수 있다.

특허를 출원할 때 많은 부분을 보호받고 싶은 마음에 청구범위를 넓게 설정하는 경우가 있다. 그러나 이는 다른 선행기술들과 저촉되는 일이 발생하게 되므로 특허가 거절될 가능성이 매우 높아진다. 그렇다고 특허등록 가능성을 높이기 위해 청구범위를 너무 좁게 설정해서도 안 된다. 청구범위가 좁을 경우 특허등록 가능성은 높아지지만, 보호 범위가 좁아져 제3자가 특허 범위를 회피할 가능성이 높아지게 된다. 따라서 기존에 존재하는 선행기술에 저촉되지 않는 범위 내에서 청구범위를 설정하는 것이 중요하다.

① 자신의 발명을 특허청에 등록하기 위해서는 반드시 본인이 특허출원 명세서를 기재해야 한다.
② 기업체의 특허출원은 타사로부터의 기술 도용을 방지하기 위한 것일 뿐 이를 통해 기술적 우위를 나타낼 순 없다.
③ 특허출원서는 발명의 명칭, 발명의 효과, 청구범위 등의 항목을 모두 작성하여야 한다.
④ 청구범위가 넓으면 특허 등록의 가능성이 줄어들고, 좁으면 특허등록 가능성이 커진다.
⑤ 청구범위가 넓을 경우 제3자가 특허 범위를 회피할 가능성이 높아지게 된다.

정치 갈등의 중심에는 불평등과 재분배의 문제가 자리하고 있다. 이 문제로 좌파와 우파는 오랫동안 대립해 왔다. 두 진영이 협력하여 공동의 목표를 이루려면 두 진영이 일치하지 않는 지점을 찾아 이 지점을 올바르고 정확하게 분석해야 한다. 바로 이것이 우리가 논증하고자 하는 바이다.

우파는 시장 원리, 개인 주도성, 효율성이 장기 관점에서 소득 수준과 생활환경을 실제로 개선할 수 있다고 주장한다. 따라서 정부 개입을 통한 재분배는 그 규모가 크지 않아야 한다. 이 점에서 이들은 선순환 메커니즘을 되도록 방해하지 않는 원천징수나 근로장려세 같은 조세 제도만을 사용해야 한다고 주장한다.

반면, 19세기 사회주의 이론과 노동조합 운동을 이어받은 좌파는 사회 및 정치 투쟁이 극빈자의 불행을 덜어주는 더 좋은 방법이라고 주장한다. 이들은 불평등을 누그러뜨리고 재분배를 이루려면 우파가 주장하는 조세 제도만으로는 부족하고, 생산수단을 공유화하거나 노동자의 급여 수준을 강제하는 등 보다 강력한 정부 개입이 있어야 한다고 주장한다. 정부의 개입이 생산 과정의 중심에까지 영향을 미쳐야 시장원리의 실패와 이 때문에 생긴 불평등을 해소할 수 있다는 것이다.

좌파와 우파의 대립은 두 진영이 사회정의를 바라보는 시각이 다른 데서 비롯된 것이 아니다. 오히려 불평등이 왜 생겨났으며 그것을 어떻게 해소할 것인가를 다루는 사회경제 이론이 다른 데서 비롯되었다. 사실 좌우 진영은 이미 사회정의의 몇 가지 기본 원칙에 합의했다.

행운으로 얻었거나 가족에게 물려받은 재산의 불평등은 개인이 통제할 수 없다. 개인이 통제할 수 없는 요인 때문에 생겨난 불평등을 그런 재산의 수혜자에게 책임지우는 것은 옳지 않다. 이 점에서 행운과 상속의 혜택을 받은 이들에게 이런 불평등 문제를 해결하라고 요구하는 것은 바람직하지 않다. 혜택 받지 못한 이들, 곧 매우 불리한 형편에 부닥친 이들의 처지를 개선하려고 애써야 할 당사자는 당연히 국가이다. 정의로운 국가라면 국가가 사회 구성원 모두 평등권을 되도록 폭넓게 누리도록 보장해야 한다는 정의의 원칙은 좌파와 우파 모두에게 널리 받아들여진 생각이다.

불리한 형편에 놓인 이들의 삶을 덜 나쁘게 하고 불평등을 누그러뜨려야 하는 국가의 목표를 이루는 데 두 진영이 협력하는 첫걸음이 무엇인지는 이제 거의 분명해졌다.

① 사회정의를 위한 기본 원칙에 대해 좌파와 우파는 합의하지 않는다.
② 상속으로 생겨난 재산의 불평등 문제는 상속의 혜택을 받은 이들이 해결해야 한다.
③ 우파는 불평등과 재분배의 문제에 정부의 강력한 개입이 필요하다고 주장한다.
④ 사회정의를 바라보는 시각이 다른 데서 좌파와 우파의 대립이 비롯되었다.
⑤ 좌우 진영은 모두 국가가 사회 구성원 모두의 평등권을 보장해야 한다는 데 동의한다.

02 추론적 독해

| 유형분석 |

- 글의 내용을 바탕으로 논리적으로 추론할 수 있는지를 묻는 유형이다.
- 글의 전체적인 내용과 세부적인 내용을 정확하게 알고 있어야 풀 수 있는 유형이다.
- 독해 유형 중 난이도가 높은 편에 속한다.
- 오답의 근거가 명확한 선택지부터 소거한다.

다음 글을 읽고 추론할 수 있는 내용으로 가장 적절한 것은?

사람들은 단순히 공복을 채우기 위해서가 아니라 다른 많은 이유로 '먹는다'는 행위를 행한다. 먹는다는 것에 대한 비 생리학적인 동기에 관해서 연구하고 있는 과학자들에 따르면 비만인 사람들과 표준체중인 사람들은 식사 패턴에서 꽤나 차이를 보이는 것을 알 수 있다고 한다. 한 연구에서는 비만인 사람들에 대해 식사 전에 그 식사에 대한 상세한 설명을 하면 설명을 하지 않은 경우에 비해서 식사량이 늘었지만, 표준체중인 사람들에게서는 그런 현상이 보이지 않음을 발견했다. 또한 표준체중인 사람들은 밝은 색 접시에 담긴 견과류와 어두운 색 접시에 담긴 견과류를 먹은 개수의 차가 거의 없는 것에 비해, 비만인 사람들은 밝은 색 접시에 담긴 견과류를 어두운 색 접시에 담긴 견과류보다 2배 더 많이 먹었다는 연구도 있다.

① 비만인 사람들은 표준체중인 사람들에 비해 외부 자극에 의해 식습관에 영향을 받기 쉽다.
② 표준체중인 사람들은 비만체중인 사람들에 비해 식사량이 적다.
③ 비만인 사람들은 생리학적인 필요성이라기보다 감정적 또는 심리적인 필요성에 쫓겨서 식사를 하고 있다.
④ 비만인 사람들은 표준체중인 사람들보다 감각이 예민하다.
⑤ 표준체중인 사람들은 음식에 대한 욕구를 절제할 수 있다.

정답 ①

식사에 관한 상세한 설명이 주어지거나, 요리가 담긴 접시 색이 밝을 때 비만인 사람들의 식사량이 증가했다는 내용을 통해 비만인 사람들이 외부로부터의 자극에 의해 식습관에 영향을 받기 쉽다는 것을 추론할 수 있다.

30초 컷 풀이 Tip

문제에서 제시하는 추론 유형이 어떤 형태인지 파악한다.
- 글쓴이의 주장 / 의도를 추론하는 유형 : 글에 나타난 주장, 근거, 논증 방식을 파악하는 유형으로, 주장의 타당성을 평가하여 글쓴이의 관점을 이해하며 읽는다.
- 세부적인 내용을 추론하는 유형 : 주어진 선택지를 먼저 읽고 지문을 읽으면서 답이 아닌 선택지를 지워나가는 방법이 효율적이다.

※ 다음 글을 읽고 추론할 수 있는 내용으로 가장 적절한 것을 고르시오. [1~3]

01

> 조선시대 들어 유교적 혈통률의 영향을 받아 삶의 모습은 처거제 – 부계제로 변화하였다. 이러한 체제는 조선 전기까지 대부분 유지되었다. 친척관계 자료를 수집하기 위해 마을을 방문하던 중, '처가로 장가를 든 선조가 이 마을의 입향조가 되었다.'라는 얘기를 듣곤 하는데, 이것이 바로 처거제 – 부계제의 원리가 작동한 결과라고 말할 수 있다. 거주율과 혈통률을 결합할 경우, 혼인에서는 남자의 뿌리를 뽑아서 여자의 거주지로 이전하고, 집안 계승의 측면에서는 남자 쪽을 선택하도록 한 것이다. 이를 통해 거주율에서는 여자의 입장을 유리하게 하고, 혈통률에서는 남자의 입장이 유리하도록 하는 균형적인 모습을 띠고 있음을 알 수 있다.

① 처거제는 '시집가다'와 일맥상통한다.
② 처거제 – 부계제는 조선 후기까지 대부분 유지되었다.
③ 조선 전기에 이르러 가족관계에서 남녀 간 힘의 균형이 무너졌다.
④ 조선시대 이전부터 처거제 – 부계제가 존재하였다.
⑤ 고려시대에는 조선시대에 비해 유교적 혈통률의 영향을 덜 받았다.

`Easy`

02

> 청과물의 거래 방식으로 밭떼기, 수의계약, 경매가 있고, 농가는 이 중 한 가지를 선택한다. 밭떼기는 재배 초기에 수집 상인이 산지에 와서 계약하고 대금을 지급한 다음, 수확기에 가져가 도매시장의 상인에게 파는 방식이다. 수의계약은 수확기에 농가가 도매시장 내 도매상과의 거래를 성사시킨 후 직접 수확하여 보내는 방식인데, 이때 운송책임은 농가가 진다. 경매는 농가가 수확한 청과물을 도매시장에 보내서 경매를 위임하는 방식인데, 도매시장에 도착해서 경매가 끝날 때까지 최소 하루가 걸린다.
> 같은 해 동일 품목의 경우, 수의계약의 평균거래가격과 경매의 평균거래가격은 밭떼기의 거래가격과 같다고 가정한다. 단, 생산량과 소비량의 변동으로 가격변동이 발생하는데, 도매시장에서의 가격변동 폭은 경매가 수의계약보다 크다.

① 사랑이네 가족은 농가에서 직접 배송한 귤을 먹었는데, 이러한 거래는 밭떼기이다.
② 농가가 직접 마트와 거래하는 것은 경매이다.
③ 마트 주인이 이번 연도에 팔았던 귤이 맛있어서 내년 계약을 하고 온 것은 수의계약이다.
④ 그 상품을 주기적으로 소비할 경우 경매가 더 유리하다.
⑤ 청과물의 거래방식으로 가격변동이 가장 큰 것은 밭떼기이다.

03

딸의 생일 선물을 깜빡 잊은 아빠가 "내일 우리 집보다 더 큰 곰 인형 사 올게."라고 말했을 때, 아빠가 발화한 문장은 상황에 적절한 발화인가 아닌가?

발화의 적절성 판단은 상황에 의존하고 있다. 화행(話行) 이론은 요청, 명령, 질문, 약속, 충고 등의 발화가 상황에 적절한지를 판단하는 기준으로 적절성 조건을 제시한다. 적절성 조건은 상황에 대한 배경적 정보와 관련되는 예비 조건, 그 행위에 대한 진실된 심리적 태도와 관련되는 진지성 조건, 그 행위가 본래의 취지대로 이행되도록 만드는 발화 효과와 관련되는 기본 조건으로 나뉜다. 어떤 발화가 적절한 것으로 판정되기 위해서는 이 세 가지 조건이 전부 충족되어야 한다.

적절성 조건을 요청의 경우에 적용해 보자. 청자가 그 행위를 할 능력이 있음을 화자가 믿는 것이 예비 조건, 청자가 그 행위를 하기를 화자가 원하는 것이 진지성 조건, 화자가 청자로 하여금 그 행위를 하게 하고자 하는 것이 기본 조건이다. "산타 할아버지를 만나게 해 주세요."라는 발화는, 산타클로스의 존재를 믿는 아들의 입장에서는 적절한 발화이지만 수행할 능력이 없는 부모의 입장에서는 예비 조건을 어긴 요청이 된다. "저 좀 미워해 주세요."라는 요청은, 화자가 진심으로 원하는 상황이라면 적절하지만 진심으로 원하지 않는 상황이라면 진지성 조건을 어긴 요청이 된다. "저 달좀 따다 주세요."라는 요청은, 화자가 청자로 하여금 정말로 달을 따러 가게 하지 않을 것이므로 기본 조건을 어긴 요청이 된다.

둘 이상의 조건을 어긴 발화도 있다. 앞서 예로 들었던 "저 달 좀 따다 주세요."의 경우, 화자는 청자가 달을 따다 줄 능력이 없음을 알고 있고 달을 따다 주기를 진심으로 원하지도 않으며 또 달을 따러 가게 할 생각도 없는 것이 일반적인 상황이므로, 세 조건을 전부 어기고 있다. 그런데도 이 발화가 동서고금을 막론하고 빈번히 사용되고 또 용인되는 이유는 무엇일까? 화자는 이 발화가 세 조건을 전부 어기고 있음을 알고 있지만 오히려 이를 이용해서 모종의 목적을 이루고자 하고 청자 또한 그런 점을 이해하기 때문에, 이 발화는 적절하지는 않지만 유효한 의사소통의 방법으로 용인된다.

화행 이론은 적절성 조건을 이용하여 상황에 따라 달라지는 발화의 적절성에 대해 유용한 설명을 제공한다. 그러나 발화가 이루어지는 상황은 너무나 복잡다단하여 이것만으로 발화와 상황의 상호 관계를 다 설명할 수는 없다. 이러한 한계는 발화 상황과 연관 지어 언어를 이해하고 설명하려는 언어 이론의 공통적 한계이기도 하다.

① 적절성 조건을 어긴 문장은 문법적으로도 잘못이다.
② 예비 조건은 다른 적절성 조건들보다 우선 적용된다.
③ 적절성 조건이 가장 잘 적용되는 발화 행위는 요청이다.
④ 하나의 발화도 상황에 따라 적절성 여부가 달라질 수 있다.
⑤ 적절성 조건을 어긴 발화는 그렇지 않은 발화보다 의사소통에 효과적이다.

'붕어빵'을 팔던 가게에서 붕어빵과 모양은 비슷하지만 크기가 더 큰 빵을 '잉어빵'이란 이름의 신제품으로 내놓았다고 하자. 이 잉어빵은 어떻게 만들어진 말일까? '붕어 : 붕어빵＝잉어 : ☐'과 같은 관계를 통해 잉어빵의 형성을 설명할 수 있다. 이는 붕어와 잉어의 관계를 바탕으로 붕어빵보다 크기가 큰 신제품의 이름을 잉어빵으로 지었다는 뜻이다. 붕어빵에서 잉어빵을 만들어 내듯이 기존 단어의 유사한 속성을 바탕으로 새로운 단어를 만들어 내는 것을 유추에 의한 단어 형성이라고 한다.

유추에 의해 단어가 형성되는 과정은 보통 네 가지 단계로 이루어진다. 첫째, 새로운 개념을 나타내는 어떤 단어가 필요한 경우 그것을 만들겠다고 결정한다. 둘째, 머릿속에 들어 있는 수많은 단어 가운데 근거로 이용할 만한 단어들을 찾는다. 셋째, 수집한 단어들과 만들려는 단어의 개념과 형식을 비교하여 공통성을 포착한다. 이 단계에서 근거로 삼을 단어를 확정한다. 넷째, 근거로 삼은 단어의 개념과 형식 관계를 적용해서 단어 형성을 완료한다. 이렇게 형성된 단어는 처음에는 신어(新語)로 다루어지지만 이후에 널리 쓰이게 되면 국어사전에 등재된다.

그러면 이러한 단계에 따라 '종이공'이라는 단어가 형성되는 과정을 살펴보자. 먼저 '종이로 만든 공'이라는 개념의 단어를 만들기로 결정한다. 그 다음에 근거가 되는 단어를 찾는다. 그런데 근거 단어가 될 만한 '○○공'에는 두 가지 종류가 있다. 하나는 축구공, 야구공 유형이고 다른 하나는 고무공, 가죽공 유형이다. 전자의 경우 공 앞에 오는 말이 공의 사용 종목인 반면 후자는 공의 재료라는 차이가 있다. 국어 화자는 종이공을 고무공, 가죽공보다 축구공, 야구공에 가깝다고 생각하지는 않는다. 그러므로 '종이를 할 때 쓰는 공'으로 해석하지 않고 '종이로 만든 공'으로 해석한다. 그 결과 '종이로 만든 공'을 의미하는 종이공이라는 새로운 단어가 형성된다.

유추에 의해 단어가 형성되는 과정을 잘 살펴보면 불필요한 단어를 과도하게 생성하지 않는 장치가 있다는 것을 알 수 있다. 필요에 의해 기존 단어를 본떠서 단어를 형성하므로 불필요한 단어의 생성을 최대한 억제할 수 있는 것이다. 유추에 의해 단어가 형성된다는 이론에서는 이러한 점을 포착할 수 있다는 장점이 있다.

① 유추에 의한 단어 형성이란 무엇인가?
② 유추에 의해 단어가 형성되는 과정은 무엇인가?
③ 유추에 의해 단어가 형성되는 예로는 무엇이 있는가?
④ 유추에 의한 단어 형성 외에 어떤 단어 형성 방식이 있는가?
⑤ 유추에 의해 단어가 형성되는 이론의 장점은 무엇인가?

다음 글의 내용과 상충하는 것만을 〈보기〉에서 모두 고르면?

> 벼슬에 나아감과 물러남의 도리에 밝은 옛 군자는 조금이라도 관직에 책임을 다하지 못하거나 의리의 기준으로 보아 직책을 더 이상 수행할 수 없을 경우, 반드시 몸을 이끌고 급히 물러났습니다. 그들도 임금을 사랑하는 정(情)이 있기에 차마 물러나기 어려웠을 터이나, 정 때문에 주저하여 자신이 물러나야 할 때를 놓치지는 않았으니, 이는 정보다는 의리를 지키지 않을 수 없었기 때문입니다. 임금과 어버이는 일체이므로 모두 죽음으로 섬겨야 할 대상입니다. 그러나 부자관계는 천륜이어서 자식이 어버이를 봉양하는 데 한계가 없지만, 군신관계는 의리로 합쳐진 것이라, 신하가 임금을 받드는 데 한계가 있습니다. 한계가 없는 경우에는 은혜가 항상 의리에 우선하므로 관계를 떠날 수 없지만, 한계가 있는 경우에는 때때로 의리가 은혜보다 앞서기도 하므로 떠날 수 있는 상황이 생기는 것입니다. 의리의 문제는 사람과 때에 따라 같지 않습니다. 공들의 경우는 벼슬에 나가는 것이 의리가 되지만 나에게 공들처럼 하도록 요구해서는 안 되며, 내 경우는 물러나는 것이 의리가 되니 공들에게 나처럼 하도록 바라서도 안 됩니다.

보기

㉠ 부자관계에서는 은혜가 의리보다 중요하다.
㉡ 군신관계에서 의리가 은혜에 항상 우선하는 것은 아니다.
㉢ 군신관계에서 신하들이 임금에 대해 의리를 실천하는 방식은 누구에게나 동일하다.

① ㉠
② ㉢
③ ㉠, ㉡
④ ㉡, ㉢
⑤ ㉠, ㉡, ㉢

06 다음 ㉠과 ㉡에 들어갈 말을 바르게 짝지은 것은?

이동통신이 유선통신에 비하여 어려운 점은 다중 경로에 의해 통신 채널이 계속 변화하여 통신 품질이 저하된다는 것이다. 다중 경로는 송신기에서 발생한 신호가 수신기에 어떠한 장애물을 거치지 않고 직접 도달하기도 하고 장애물을 통과하거나 반사하여 간접적으로 도달하기도 하기 때문에 발생한다. 이 다중 경로 때문에 송신기에서 발생한 신호가 안테나에 도달할 때 신호마다 시간 차이가 발생한다. 이렇게 하나의 송신 신호가 시시각각 수신기에 다르게 도달하기 때문에 이동통신 채널은 일반적으로 유선통신 채널보다 빈번히 변화한다. 일반적으로 거쳐 오는 경로가 길수록 수신되는 진폭은 작아지고 지연 시간도 길어지게 된다. 다중 경로를 통해 전파가 전송되어 오면 각 경로의 거리 및 전송 특성 등의 차이에 의해 수신기에 도달하는 시간과 신호 세기의 차이가 발생한다.

시간에 따라 변화하는 이동통신의 품질을 극복하기 위해 개발된 것이 A기술이다. 이 기술을 사용하면 하나의 송신기로부터 전송된 하나의 신호가 다중 경로를 통해 안테나에 수신된다. 이때 안테나에 수신된 신호 중 일부 경로를 통해 수신된 신호의 크기가 작더라도 나머지 다른 경로를 통해 수신된 신호의 크기가 크면 수신된 신호 중 가장 큰 것을 선택하여 안정적인 송수신을 이루려는 것이 A기술이다. A기술은 마치 한 종류의 액체를 여러 배수관에 동시에 흘려보내 가장 빨리 나오는 배수관의 액체를 선택하는 것에 비유할 수 있다. 여기서 액체는 ㉠ 에 해당하고, 배수관은 ㉡ 에 해당한다.

	㉠	㉡		㉠	㉡
①	송신기	안테나	②	신호	경로
③	신호	안테나	④	안테나	경로
⑤	안테나	신호			

07 다음 글 뒤에 이어질 내용으로 가장 적절한 것은?

테레민이라는 악기는 손을 대지 않고 연주하는 악기이다. 이 악기를 연주하기 위해 연주자는 허리 높이쯤에 위치한 상자 앞에 선다. 오른손은 상자에 수직으로 세워진 안테나 주위에서 움직인다. 오른손의 엄지와 집게손가락으로 고리를 만들고 손을 흔들면서 나머지 손가락을 하나씩 펴면 안테나에 손이 닿지 않고서도 음이 들린다. 이때 들리는 음은 피아노 건반을 눌렀을 때 나는 것처럼 정해진 음이 아니고 현악기를 연주하는 것과 같은 연속음이며, 소리는 손과 손가락의 움직임에 따라 변한다. 왼손은 손가락을 펼친 채로 상자에서 수평으로 뻗은 안테나 위에서 서서히 오르내리면서 소리를 조절한다.

오른손으로는 수직 안테나와의 거리에 따라 음고(音高)를 조절하고 왼손으로는 수평 안테나와의 거리에 따라 음량을 조절한다. 따라서 오른손과 수직 안테나는 음고를 조절하는 회로에 속하고 왼손과 수평 안테나는 음량을 조절하는 또 다른 회로에 속한다. 이 두 회로가 하나로 합쳐지면서 두 손의 움직임에 따라 음고와 음량을 변화시킬 수 있다.

어떻게 테레민에서 다른 음고의 음이 발생되는지 알아보자. 음고를 조절하는 회로는 가청주파수 범위 바깥의 주파수를 갖는 서로 다른 두 개의 음파를 발생시킨다. 이 두 개의 음파 사이에 존재하는 주파수의 차이 값에 의해 가청주파수를 갖는 새로운 진동이 발생하는데 그것으로 소리를 만든다. 가청주파수 범위 바깥의 주파수 중 하나는 고정된 주파수를 갖고 다른 하나는 연주자의 손 움직임에 따라 주파수가 바뀐다. 이렇게 발생한 주파수의 변화에 의해 진동이 발생되고 이 진동의 주파수는 가청주파수 범위 내에 있기 때문에 그 진동을 증폭시켜 스피커로 보내면 소리가 들린다.

① 수직 안테나에 손이 닿으면 소리가 발생하는 원리
② 왼손의 손가락 모양에 따라 음고가 바뀌는 원리
③ 수평 안테나와 왼손 사이의 거리에 따라 음량이 조절되는 원리
④ 음고를 조절하는 회로에서 가청주파수의 진동이 발생하는 원리
⑤ 오른손 손가락으로 가상의 피아노 건반을 눌러 음량을 변경하는 원리

08 다음 글과 상황을 근거로 판단할 때, 갑에게 가장 적절한 유연근무제는?

> 유연근무제는 획일화된 공무원의 근무형태를 개인·업무·기관별 특성에 맞게 다양화하여 일과 삶의 균형을 꾀하고 공직생산성을 향상하는 것을 목적으로 하며, 시간제근무, 탄력근무제, 원격근무제로 나눌 수 있다.
>
> 시간제근무는 다른 유연근무제와 달리 주 40시간보다 짧은 시간을 근무하는 것이다. 수시로 신청할수 있으며 보수 및 연가는 근무시간에 비례하여 적용한다.
>
> 탄력근무제에는 네 가지 유형이 있다. 시차출퇴근형은 1일 8시간 근무체제를 유지하면서 출퇴근시간을 자율적으로 조정할 수 있으며 7:00 ~ 10:00에 30분 단위로 출근시간을 스스로 조정하여 8시간 근무 후 퇴근한다. 근무시간선택형은 주 5일 근무를 준수해야 하지만 1일 8시간을 반드시 근무해야 하는 것은 아니다. 근무가능 시간대는 6:00 ~ 24:00이며 1일 최대 근무시간은 12시간이다. 집약근무형은 1일 8시간 근무체제에 구애받지 않으며, 주 3.5 ~ 4일만을 근무한다. 근무가능 시간대는 6:00 ~ 24:00이며 1일 최대 근무시간은 12시간이다. 이 경우 정액급식비 등 출퇴근을 전제로지급되는 수당은 출근하는 일수만큼만 지급한다. 재량근무형은 출퇴근 의무 없이 프로젝트 수행으로 주 40시간의 근무를 인정하는 형태이며 기관과 개인이 협의하여 수시로 산정한다.
>
> 원격근무제에는 재택근무형과 스마트워크근무형이 있는데, 시행 1주일 전까지 신청하면 된다. 재택근무형은 사무실이 아닌 자택에서 근무하는 것이며, 초과근무는 불인정된다. 스마트워크근무형은자택 인근의 스마트워크센터 등 별도 사무실에서 근무하며, 초과근무를 위해서는 사전에 부서장의승인이 필요하다.

〈상황〉

A부서의 공무원 갑은 유연근무제를 신청하고자 한다. 갑은 원격근무보다는 A부서 사무실에 출근하여 일하는 것을 원하며, 주 40시간의 근무시간은 지킬 예정이다. 이틀은 아침 7시에 출근하여 12시간씩 근무하고, 나머지 사흘은 5 ~ 6시간의 근무를 하고 일찍 퇴근하려는 계획을 세웠다.

---

① 근무시간선택형　　　　　　② 시차출퇴근형
③ 시간제근무　　　　　　　　④ 집약근무형
⑤ 재택근무형

| 유형분석 |

- 어떠한 견해에 대하여 적절한 반응을 보이거나 타당한 비판을 하는 유형이다.
- 글의 전체적인 주제를 정확히 이해하는 것이 중요하다.
- 특정한 문장에 의해 한쪽으로 치우친 판단을 하지 않는 것이 중요하다.

다음 글의 주장에 대한 비판으로 가장 적절하지 않은 것은?

> 동물실험이란 교육, 시험, 연구 및 생물학적 제제의 생산 등 과학적 목적을 위해 동물을 대상으로 실시하는 실험 또는 그 과학적 절차를 말한다. 전 세계적으로 매년 약 6억 마리의 동물들이 실험에 쓰이고 있다고 추정되며, 대부분의 동물들은 실험이 끝난 뒤 안락사를 시킨다.
>
> 동물실험은 대개 인체실험의 전 단계로 이루어지는데, 검증되지 않은 물질을 바로 사람에게 주입하여 발생하는 위험을 줄일 수 있다는 점에서 필수적인 실험이라고 말할 수 있다. 물론 살아있는 생물을 대상으로 하는 실험이기 때문에 대체(Replacement), 감소(Reduction), 개선(Refinement)으로 요약되는 3R 원칙에 입각하여 실험하는 것이 당연하다. 그러나 다른 방법이 있다면 그 방법을 채택할 것이며, 희생이 되는 동물의 수를 최대한 줄이고, 필수적인 실험 조건 외에는 자극을 주지 않아야 한다.
>
> 하지만 그럼에도 보다 안전한 결과를 도출해내기 위한 동물실험은 필요악이며, 이러한 필수적인 의약실험조차 금지하려 한다는 것은 기술 발전 속도를 늦춰 약이 필요한 누군가의 고통을 감수하자는 이기적인 주장과 같다고 할 수 있다.

① 3R 원칙과 같은 윤리적 강령이 법적인 통제력을 지니지 않은 이상 실제로 얼마나 엄격하게 지켜질 것인지는 알 수 없다.

② 화장품 업체들의 동물실험과 같은 사례를 통해 생명과 큰 연관이 없는 실험은 필요악이라고 주장할 수 없다.

③ 아무리 엄격하게 통제된 실험이라고 해도 동물 입장에서 바라본 실험이 비윤리적이며 생명체의 존엄성을 훼손하는 행위라는 사실을 벗어날 수는 없다.

④ 과거와 달리 현대에서는 인공 조직을 배양하여 실험의 대상으로 삼을 수 있으므로 동물실험 자체를 대체하는 것이 가능하다.

⑤ 동물실험에서 안전성을 검증받은 이후 인체에 피해를 준 약물의 사례가 존재한다.

제시문에서 필자는 3R 원칙을 강조하며 최저한의 필수적인 동물실험이 필요악임을 주장하고 있다. 특히 '보다 안전한 결과를 도출해 내기 위한 동물실험은 필요악이며, 이러한 필수적인 의약실험조차 금지하려 한다는 것은 기술 발전 속도를 늦춰 약이 필요한 누군가의 고통을 감수하자는 이기적인 주장'이라는 대목을 통해 약이 필요한 이들을 위한 의약실험에 초점을 맞추고 있음을 확인할 수 있다. 따라서 ②의 주장처럼 생명과 큰 관련이 없는 동물실험을 비판의 근거로 삼는 것은 적절하지 않다.

30초 컷 풀이 Tip

- 주장, 관점, 의도, 근거 등 문제를 풀기 위한 제시문의 핵심을 파악한다. 이후 제시문의 주장 및 근거의 어색한 부분을 찾아 반박할 주장과 근거를 생각해본다.
- 제시문이 지나치게 길 경우 선택지를 먼저 파악하여 홀로 제시문의 주장이 어색하거나 상반된 의견을 제시하고 있는 답은 없는지 확인한다.

온라인 풀이 Tip

비판적 독해는 결국 주제 찾기와 추론적 독해가 결합된 유형이다. 반박하는 내용으로 제시되는 선택지는 추론적 독해처럼 세세하게 제시문을 파악하지 않아도 풀이가 가능하다. 그러므로 너무 긴장하지 말고 문제에 접근하도록 한다.

※ 다음 글의 주장에 대한 반박으로 가장 적절한 것을 고르시오. [1~4]

01

> 현재 우리나라는 드론의 개인 정보 수집과 활용에 대해 '사전 규제' 방식을 적용하고 있다. 이는 개인 정보 수집과 활용을 원칙적으로 금지하면서 예외적인 경우에만 허용하는 방식으로 정보 주체의 동의 없이 개인 정보를 수집·활용하기 어려운 것이다. 이와 관련하여 개인 정보를 대부분의 경우 개인 동의 없이 활용하는 것을 허용하고, 예외적인 경우에 제한적으로 금지하는 '사후 규제' 방식을 도입해야 한다는 의견이 대두하고 있다. 그러나 나는 사전 규제 방식의 유지에 찬성한다.
> 드론은 고성능 카메라나 통신 장비 등이 장착되어 있는 경우가 많아 사전 동의 없이 개인의 초상, 성명, 주민등록 번호 등의 정보뿐만 아니라 개인의 위치 정보까지 저장할 수 있다. 또한 드론에서 수집한 정보를 검색하거나 전송하는 중에 사생활이 노출될 가능성이 높다. 더욱이 드론의 소형화, 경량화 기술이 발달하고 있어 사생활 침해의 우려가 커지고 있다. 드론은 인명 구조, 시설물 점검 등의 공공 분야뿐만 아니라 제조업, 물류 서비스 등의 민간 분야까지 활용 범위가 확대되고 있는데, 동시에 개인 정보를 수집하는 일이 많아지면서 사생활 침해 사례도 증가하고 있다.
> 헌법에서는 주거의 자유, 사생활의 비밀과 자유 등을 명시하여 개인의 사생활이 보호받도록 하고 있고, 개인 정보를 자신이 통제할 수 있는 정보의 자기 결정권을 부여하고 있다. 이와 같은 기본권이 안정적으로 보호될 때 드론 기술과 산업의 발전으로 얻게 되는 사회적 이익은 더욱 커질 것이다.

① 드론을 이용하여 개인 정보를 자유롭게 수집하게 되면 사생활 침해는 더욱 심해지고, 개인 정보의 복제, 유포, 훼손, 가공 등 의도적으로 악용하는 사례까지 증가할 것이다.

② 사전 규제를 통해 개인 정보의 수집과 활용에 제약이 생기면 개인의 기본권이 보장되어 오히려 드론을 다양한 분야에 활용할 수 있고, 드론 기술과 산업은 더욱더 빠르게 발전할 수 있다.

③ 산업적 이익을 우선시하면 개인 정보 보호에 관한 개인의 기본권을 등한시하는 결과를 초래할 수 있다.

④ 개인 정보의 복제, 유포, 위조 등으로 정보 주체에게 중대한 손실을 입힐 경우 손해액을 배상하도록 하여 엄격하게 책임을 묻는다면 사전 규제 없이도 개인 정보를 효과적으로 보호할 수 있다.

⑤ 사전 규제 방식을 유지하면서도 개인 정보 수집과 활용에 동의를 얻는 절차를 간소화하고 편의성을 높이면 정보의 활용이 용이해져 드론 기술과 산업의 발전을 도모할 수 있다.

02

최근 들어 도시의 경쟁력 향상을 위한 새로운 전략의 하나로 창조 도시에 대한 논의가 활발하게 진행되고 있다. 창조 도시는 창조적 인재들이 창의성을 발휘할 수 있는 환경을 갖춘 도시이다. 즉 창조 도시는 인재들을 위한 문화 및 거주 환경의 창조성이 풍부하며, 혁신적이고도 유연한 경제 시스템을 구비하고 있는 도시인 것이다.

창조 도시의 주된 동력을 창조 산업으로 볼 것인가 창조 계층으로 볼 것인가에 대해서는 견해가 다소 엇갈리고 있다. 창조 산업을 중시하는 관점에서는, 창조 산업이 도시에 인적·사회적·문화적·경제적 다양성을 불어넣음으로써 도시의 재구조화를 가져오고 나아가 부가가치와 고용을 창출한다고 주장한다. 창의적 기술과 재능을 소득과 고용의 원천으로 삼는 창조 산업의 예로는 광고, 디자인, 출판, 공연 예술, 컴퓨터 게임 등이 있다.

창조 계층을 중시하는 관점에서는, 개인의 창의력으로 부가가치를 창출하는 창조 계층이 모여서 인재 네트워크인 창조 자본을 형성하고, 이를 통해 도시는 경제적 부를 축적할 수 있는 자생력을 갖게 된다고 본다. 따라서 창조 계층을 끌어들이고 유지하는 것이 도시의 경쟁력을 제고하는 관건이 된다. 창조 계층에는 과학자, 기술자, 예술가, 건축가, 프로그래머, 영화 제작자 등이 포함된다.

① 창조 산업의 산출물은 그것에 대한 소비자의 수요와 가치 평가를 예측하기 어렵다.
② 창조 도시를 통해 효과적으로 인재를 육성할 수 있다.
③ 창조 산업을 통해 도시를 새롭게 구조화할 수 있다.
④ 광고 등의 산업을 중심으로 부가가치를 창출해 낼 수 있다.
⑤ 인재 네트워크 형성 역시 부가가치를 창출할 수 있는 방법 중 하나이다.

03

비타민D 결핍은 우리 몸에 심각한 건강 문제를 일으킬 수 있다. 비타민D는 칼슘이 체내에 흡수되어 뼈와 치아에 축적되는 것을 돕고 가슴뼈 뒤쪽에 위치한 흉선에서 면역세포를 생산하는 작용에 관여하는데, 비타민D가 부족할 경우 칼슘과 인의 흡수량이 줄어들고 면역력이 약해져 뼈가 약해지거나 신체 불균형이 일어날 수 있다.

비타민D는 주로 피부가 중파장 자외선에 노출될 때 형성된다. 중파장 자외선은 피부와 혈류에 포함된 7-디하이드로콜레스테롤을 비타민D로 전환시키는데, 이렇게 전환된 비타민D는 간과 신장을 통해 칼시트리올(Calcitriol)이라는 호르몬으로 활성화된다. 바로 이 칼시트리올을 통해 우리는 혈액과 뼈에 흡수될 칼슘과 인의 흡수를 조절하는 것이다.

이러한 기능을 담당하는 비타민D를 함유하고 있는 식품은 자연에서 매우 적기 때문에, 우리의 몸은 충분한 비타민D를 생성하기 위해 주기적으로 태양빛에 노출될 필요가 있다.

① 태양빛에 노출될 경우 피부암 등의 질환이 발생하여 도리어 건강이 더 악화될 수 있다.

② 비타민D 결핍으로 인해 생기는 부작용은 주기적인 칼슘과 인의 섭취를 통해 해결할 수 있다.

③ 비타민D 보충제만으로는 체내에 필요한 비타민D를 얻을 수 없다.

④ 태양빛에 직접 노출되지 않거나 자외선 차단제를 사용했음에도 체내 비타민D 수치가 정상을 유지한다는 연구결과가 있다.

⑤ 선크림 등 자외선 차단제를 사용하더라도 비타민D 생성에 충분한 중파장 자외선에 노출될 수 있다.

Easy

04

최근 불안감을 느끼는 현대인들이 점점 많아져 사회 문제가 되고 있다. 경쟁이 심화된 성과 중심의 사회에서 사람들은 직장 내 다른 사람과 자신을 비교하면서 혹시 자신이 뒤처지고 있는 것은 아닌지 불안해한다. 심지어 사람들은 일어나지도 않을 일에 대해 불안감을 느끼기도 한다. 청소년도 예외는 아니다. 성장기에 있는 청소년들은 다양한 고민을 하게 되는데, 이것이 심해져 불안감을 느끼는 원인이 되곤 한다. 특히 학업에 대한 지나친 고민으로 생긴 과도한 불안은 학업에 집중하는 것을 방해하여 학업 수행에 부정적으로 작용한다.

① 상대적 평가 방식은 청소년이 불안감을 느끼는 원인이 된다.

② 친구나 부모와의 상담을 통해 고민을 해결해야 한다.

③ 청소년기의 지나친 고민은 건강을 해칠 수 있다.

④ 시험 기간에 느끼는 약간의 불안감은 성적이 향상되는 결과를 내는 경우도 있다.

⑤ 현대인의 불안을 제때 해소하지 못한다면 더 큰 사회 문제를 초래할 수 있다.

05 다음 글에서 ㉠의 관점에서 ㉡의 관점을 비판한 것으로 가장 적절한 것은?

사람들은 누구나 정의로운 사회에 살기를 원한다. 그렇다면 정의로운 사회란 무엇일까?
㉠ 롤스는 개인의 자유를 보장하면서도 사회적 약자를 배려하는 사회가 정의로운 사회라고 말한다. 롤스는 정의로운 사회가 되기 위해서는 세 가지 조건을 만족해야 한다고 주장한다. 첫 번째 조건은 사회 원칙을 정하는 데 있어서 사회 구성원 간의 합의 과정이 있어야 한다는 것이다. 이러한 합의를 통해 정의로운 세계의 규칙 또는 기준이 만들어진다고 보았다. 두 번째 조건은 사회적 약자의 입장을 고려해야 한다는 것이다. 롤스는 인간의 출생, 신체, 지위 등에는 우연의 요소가 많은 영향을 미칠 수 있다고 본다. 따라서 누구나 우연에 의해 사회적 약자가 될 수 있기 때문에 사회적 약자를 차별하는 것은 정당하지 못한 것이 된다. 마지막 조건은 개인이 정당하게 얻은 소유일지라도 그 이익의 일부는 사회적 약자에게 돌아가야 한다는 것이다. 왜냐하면 사회적 약자가 될 가능성은 누구에게나 있으므로 자발적 기부나 사회적 제도를 통해 사회적 약자의 처지를 최대한 배려하는 것이 사회 전체로 볼 때 공정하고 정의로운 것이기 때문이다. 롤스는 개인의 자유를 중시하는 한편 사람들이 공정한 규칙에 합의하는 과정도 중시하며, 자연적·사회적 불평등을 복지를 통해 보완해야 한다고 주장한다.
공리주의자인 ㉡ 벤담은 최대 다수의 최대 행복이 정의로운 것이라 주장했다. 따라서 다수의 최대 행복이 보장된다면 소수의 불행은 정당한 것이 되고, 반대로 다수의 불행이 나타나는 상황은 정의롭지 못한 것이 된다. 벤담은 걸인과 마주치는 대다수의 사람들은 부정적 감정을 느끼기 때문에 거리에서 걸인을 사라지게 해야 한다며, 걸인들을 모두 모아 한곳에서 생활시키는 강제 수용소 설치를 제안했다.

① 다수의 처지를 배려할 때 사회 전체의 행복이 증가한다.
② 개인을 위해 다수가 희생하는 것은 정의롭지 않다.
③ 개인의 이익만을 중시하는 것은 정의롭지 않다.
④ 사회적 재화의 불균등한 분배는 정의롭지 않다.
⑤ 개인의 자유를 침해하는 것은 정의롭지 않다.

06 다음 글의 주장에 대한 비판으로 가장 적절한 것은?

고대 그리스 시대의 사람들은 신에 의해 우주가 운행된다고 믿는 결정론적 세계관 속에서 신에 대한 두려움이나 신이 야기한다고 생각되는 자연재해나 천체 현상 등에 대한 두려움을 떨치지 못했다. 에피쿠로스는 당대의 사람들이 이러한 잘못된 믿음에서 벗어나도록 하는 것이 중요하다고 보았고, 이를 위해 인간이 행복에 이를 수 있도록 자연학을 바탕으로 자신의 사상을 전개하였다.

에피쿠로스는 신의 존재는 인정하나 신의 존재 방식이 인간이 생각하는 것과는 다르다고 보고, 신은 우주들 사이의 중간 세계에 살며 인간사에 개입하지 않는다는 이신론적(理神論的) 관점을 주장한다. 그는 불사의 존재인 신이 최고로 행복한 상태이며 다른 어떤 것에게도 고통을 주지 않고, 모든 고통은 물론 분노와 호의와 같은 것으로부터 자유롭다고 말한다. 따라서 에피쿠로스는 인간의 세계가 신에 의해 결정되지 않으며, 인간의 행복도 자율적 존재인 인간 자신에 의해 완성된다고 본다.

한편 에피쿠로스는 인간의 영혼도 육체와 마찬가지로 미세한 입자로 구성된다고 본다. 영혼은 육체와 함께 생겨나고 육체와 상호작용하며 육체가 상처를 입으면 영혼도 고통을 받는다. 더 나아가 육체가 소멸하면 영혼도 함께 소멸하게 되어 인간은 사후(死後)에 신의 심판을 받지 않으므로, 살아있는 동안 인간은 사후에 심판이 있다고 생각하여 두려워 할 필요가 없게 된다. 이러한 생각은 인간이 죽음에 대한 모든 두려움에서 벗어나게 하는 근거가 된다.

① 신은 우리가 생각하는 것처럼 인간 세계에 대해 그다지 관심이 많지 않다.
② 인간은 신을 믿지 않기 때문에 두려움도 느끼지 않는다.
③ 신이 만든 인간의 육체와 영혼은 서로 분리될 수 없으므로 사후세계는 인간의 허상에 불과하다.
④ 신은 인간 세계에 개입하지 않으므로 신의 섭리에 따라 인간의 삶을 이해하려 해서는 안 된다.
⑤ 인간이 아픔 때문에 죽음에 대해 두려움을 느낀다면, 사후에 대한 두려움을 떨쳐버리는 것만으로 두려움은 해소될 수 없다.

07 다음 중 A의 주장에 대해 반박할 수 있는 내용으로 적절한 것은?

> A : 우리나라의 장기 기증률은 선진국에 비해 너무 낮아. 이게 다 부모로부터 받은 신체를 함부로 훼손해서는 안 된다는 전통적 유교 사상 때문이야.
>
> B : 맞아. 그런데 장기기증 희망자로 등록이 돼 있어도 유족들이 장기 기증을 반대하여 기증이 이뤄지지 않는 경우도 많아.
>
> A : 유족들도 결국 유교 사상으로 인해 신체 일부를 다른 사람에게 준다는 방식을 잘 이해하지 못하는 거야.
>
> B : 글쎄, 유족들이 동의해서 기증이 이뤄지더라도 보상금을 받고 '장기를 팔았다.'는 죄책감을 느끼는 유족들도 있다고 들었어. 또 아직은 장기 기증에 대한 생소함 때문일 수도 있어.

① 캠페인을 통해 장기 기증에 대한 사람들의 인식을 변화시켜야 한다.

② 유족에게 지급하는 보상금 액수가 증가하면 장기 기증률도 높아질 것이다.

③ 장기기증 희망자는 반드시 가족들의 동의를 미리 받아야 한다.

④ 장기 기증률이 낮은 이유에는 유교 사상 외에도 여러 가지 원인이 있을 수 있다.

⑤ 제도 변화만으로는 장기 기증률을 높이기 어렵다.

PART 1

08 다음 글을 읽고 인조를 비판할 수 있는 내용으로 적절하지 않은 것은?

> 1636년(인조 14년) 4월 국세를 확장한 후금의 홍타이지(태종)는 스스로 황제라 칭하고, 국호를 청으로, 수도는 심양으로 정하였다. 심양으로의 천도는 명나라를 완전히 압박하여 중원 장악의 기틀을 마련하기 위함이었다. 후금은 명 정벌에 앞서 그 배후가 될 수 있는 조선을 확실히 장악하기 위해 조선에 군신 관계를 맺을 것을 요구해 왔다. 이러한 청 태종의 요구는 인조와 조선 조정을 격분시켰다.
>
> 결국, 강화 회담의 성립으로 전쟁은 종료되었지만, 정묘호란 이후에도 후금에 대한 강경책의 목소리가 높았다. 1627년 정묘호란을 겪으면서 맺은 형제 관계조차도 무효로 하고자 하는 상황에서, 청 태종을 황제로 섬길 것을 요구하는 무례에 분노했던 것이다. 이제껏 오랑캐라고 무시했던 후금을 명나라와 동등하게 대우하여야 한다는 조처는 인조와 서인 정권의 생리에 절대 맞지가 않았다. 특히 후금이 통상적인 조건의 10배가 넘는 무역을 요구해 오자 인조의 분노는 폭발하였다.
>
> 전쟁의 여운이 어느 정도 사라진 1634년 인조는 "이기고 짐은 병가의 상사이다. 금나라 사람이 강하긴 하지만 싸울 때마다 반드시 이기지는 못할 것이며, 아군이 약하지만 싸울 때마다 반드시 패하지도 않을 것이다. 옛말에 '의지가 있는 용사는 목이 떨어질 각오를 한다.'고 하였고, 또 '군사가 교만하면 패한다.'고 하였다. 오늘날 무사들이 만약 자신을 잊고 순국한다면 이 교만한 오랑캐를 무찌르기는 어려운 일이 아니다."는 하교를 내리면서 전쟁을 결코 피하지 않을 것임을 선언하였다. 조선은 또다시 전시 체제에 돌입했다.
>
> 신흥 강국 후금에 대한 현실적인 힘을 무시하고 의리와 명분을 고집한 집권층의 닫힌 의식은 스스로 병란을 자초한 꼴이 되었다. 정묘호란 때 그렇게 당했으면서도 내부의 국방력에 대한 철저한 점검 없이 맞불 작전으로 후금에 맞서는 최악의 길을 택한 것이다.

① 오랑캐의 나라인 후금을 명나라와 동등하게 대우한다는 것은 있을 수 없습니다.
② 감정 따로 현실 따로인 법, 힘과 국력이 문제입니다. 현실을 직시해야 합니다.
③ 그들의 요구를 물리친다면 승산 없는 전쟁으로 결과는 불 보듯 뻔합니다.
④ 명분만 내세워 준비 없이 수행하는 전쟁은 더 큰 피해를 입게 될 것입니다.
⑤ 후금은 전쟁을 피해야 할 북방의 최고 강자로 성장한 나라입니다.

09 다음은 정부의 일자리 안정자금을 소개하는 기사이다. 기사를 읽고 비판할 수 있는 내용으로 가장 적절한 것은?

> 공작기계 업체에서 생산한 제품을 A/S해주는 사업으로 시작된 ○○A/S센터는 1인 기업부터 대기업까지 기계가 고장나면 업체를 방문해 수리해주며 공작기계 및 부품 등을 판매하고 있다.
> ○○A/S센터는 운영비 중 대부분이 인건비로 나가고 있으며, 이로 인해 ○○A/S센터의 김대표는 올해부터 최저임금이 대폭 인상된다는 소식에 걱정이 이만저만 아니었다. 그는 "일반 소상공인업체들은 최저임금 인상으로 부담이 큽니다. 정부에서는 8시간 기준으로 1인당 15만 원 정도 오른다고 하지만, 저희 회사는 업무 특성상 특근을 해야 하기 때문에 8시간 기준으로 적용하기 힘들어 4대 보험료와 특근 등을 포함하면 1인당 약 30만 원이나 오르게 됩니다."라고 설명했다.
> 그러던 어느 날, 김대표는 언론매체와 소상공인지원센터를 통해 정부가 추진 중인 '일자리 안정자금' 지원 사업을 알게 됐다. 고스란히 부담해야 했던 인상된 임금을 일자리 안정자금으로 지원받게 된 것이다. 현재 ○○A/S센터의 일자리안정자금 지원을 받는 직원은 모두 3명이다. 김대표는 "직원 3명이 지원을 받는 덕에 각자 13만 원씩 매달 39만 원, 연 468만 원의 부담을 덜 수 있어 다행입니다."라고 웃으며 말했다.
> 최저임금 인상은 직원들의 만족도 향상으로 이어졌고, 더불어 일자리 안정자금 지원을 받게 되면서 회사 내 분위기도 달라졌다. 직원들이 최저임금 인상으로 업무 만족도가 높아져 한곳에 정착할 수 있다는 목표를 갖게 된 것이다. ○○A/S센터 직원 최씨는 "이곳에 잘 정착해 중요한 역할을 맡고 싶습니다. 직원의 입장에서는 한곳에 정착할 수 있어 좋고, 사장님 입장에서도 직원이 자주 바뀌지 않아 업무의 효율성을 높일 수 있어 상생할 수 있다고 생각합니다."라고 말했다. 김대표도 일자리 안정자금을 지원받은 이후 직원들과 꾸준히 같이 일할 수 있어 좋아했다. 그는 "직원이 안정되어야 경영도 안정될 수 있습니다."라며 다른 소상공인들도 일자리 안정자금 지원을 받을 것을 추천했다. 김대표는 "소상공인들이 최저임금 인상으로 인해 힘들 텐데 일자리 안정자금을 신청해서 조금이나마 경영에 도움이 되길 바랍니다."라며 정부에서 지원하는 정책들을 찾아보고 도움을 받기를 바란다고 대답했다.

① 일자리 안정자금은 국회의 법안들을 심의하는 과정에 충분한 논의가 이루어지지지 않았다.
② 우리 사회에 가장 적합한 최저임금 제도에 대한 국민의 공감대가 형성이 되지 않았다.
③ 영세기업과 소상공인의 어려운 경영 여건과 지불 능력을 고려하지 않고 최저임금을 책정했다.
④ 최저임금 인상률을 책정할 때 사업의 업종·지역·규모별 구분을 적용하지 않았다.
⑤ 일자리 안정자금이 지원되더라도 최저인금 인상률을 충당할 수 없는 영세기업들이 많다.

| 유형분석 |

- 글을 읽고 말하고자 하는 주제를 파악할 수 있는지를 평가하는 유형이다.
- 단순한 설명문부터 주장, 반박문까지 다양한 성격의 지문이 제시되므로 글의 성격별 특징을 알아두는 것이 좋다.

다음 글의 제목으로 가장 적절한 것은?

반대는 필수불가결한 것이다. 지각 있는 대부분의 사람이 그러하듯 훌륭한 정치가는 항상 열렬한 지지자보다는 반대자로부터 더 많은 것을 배운다. 만약 반대자들이 위험이 있는 곳을 지적해 주지 않는다면, 그는 지지자들에 떠밀려 파멸의 길을 걷게 될 수 있기 때문이다. 따라서 현명한 정치가라면 그는 종종 친구들로부터 벗어나기를 기도할 것이다. 친구들이 자신을 파멸시킬 수도 있다는 것을 알기 때문이다. 그리고 비록 고통스럽다 할지라도 반대자 없이 홀로 남겨지는 일이 일어나지 않기를 기도할 것이다. 반대자들이 자신을 이성과 양식의 길에서 멀리 벗어나지 않도록 해준다는 사실을 알기 때문이다. 자유의지를 가진 국민의 범국가적 화합은 정부의 독단과 반대당의 혁명적 비타협성을 무력화시키는 정치권력의 충분한 균형에 의존하고 있다. 그 균형이 어떤 상황 때문에 강제로 타협하게 되지 않는 한, 그리고 모든 시민이 어떤 정책에 영향을 미칠 수는 있으나 누구도 혼자 정책을 지배할 수 없다는 것을 느끼게 되지 않는 한, 그리고 습관과 필요에 의해서 서로 조금씩 양보하지 않는 한, 자유는 유지될 수 없기 때문이다.

① 민주주의와 사회주의

② 반대의 필요성과 민주주의

③ 민주주의와 일방적인 의사소통

④ 권력을 가진 자와 혁명을 꿈꾸는 집단

⑤ 혁명의 정의

정답 ②

제시문의 핵심 내용을 보면 '반대는 필수불가결한 것이다.', '자유의지를 가진 국민의 범국가적 화합은 정부의 독단과 반대당의 혁명적 비타협성을 무력화시키는 정치권력의 충분한 균형에 의존하고 있다.', '그 균형이 더 이상 존재하지 않는다면 민주주의는 사라지고 만다.'로 요약할 수 있다. 이 내용을 토대로 주제를 찾는다면 ②와 같은 의미가 전체 내용의 핵심이라는 것을 알 수 있다.

30초 컷 풀이 Tip

- 주제가 되는 글 또는 문단의 앞과 뒤에 핵심어가 오는 경우가 있으므로 먼저 글을 읽어 핵심어를 잡아낸 뒤 중심내용을 파악할 수 있도록 한다. 또한 선택지 중 세부적인 내용을 다루고 있는 것은 정답에서 제외시킨다.
- 글의 전체적인 진행 중에 반전이 되는 내용이나 접속어가 나온다면 그 다음 내용이 중심내용인 경우가 많다. 따라서 글의 분위기가 반전되는 경우 이에 집중하여 독해한다.

※ 다음 글의 제목으로 가장 적절한 것을 고르시오. [1~4]

Easy

01

감시용으로만 사용되는 CCTV가 최근에 개발된 신기술과 융합되면서 그 용도가 점차 확대되고 있다. 대표적인 것이 인공지능(AI)과의 융합이다. CCTV가 지능을 가지게 되면 단순 행동 감지에서 벗어나 객체를 추적해 행위를 판단할 수 있게 된다. 단순히 사람의 눈을 대신하던 CCTV가 사람의 두뇌를 대신하는 형태로 진화하고 있는 셈이다.

인공지능을 장착한 CCTV는 범죄현장에서 이상 행동을 하는 사람을 선별하고, 범인을 추적하거나 도주 방향을 예측해 통합관제센터로 통보할 수 있다. 또한 수상한 사람의 행동 패턴에 따라 지속적인 추적이나 감시를 수행하고, 차량번호 및 사람 얼굴 등을 인식해 관련 정보를 분석해 제공할 수 있다. 한국전자통신연구원(ETRI)에서는 CCTV 등의 영상 데이터를 활용해 특정 인물이 어떤 행동을 할지를 사전에 예측하는 영상분석 기술을 연구 중인 것으로 알려져 있다. 인공지능 CCTV는 범인 추적뿐만 아니라 자연재해를 예측하는 데 사용할 수도 있다. 장마철이나 국지성 집중호우 때 홍수로 범람하는 하천의 수위를 감지하는 것은 물론 산이나 도로의 붕괴 예측 등 다양한 분야에 적용될 수 있기 때문이다.

① AI와 융합한 CCTV의 진화
② 범죄를 예측하는 CCTV
③ 당신을 관찰한다, CCTV의 폐해
④ CCTV와 AI의 현재와 미래
⑤ 인공지능과 사람의 공존

02

미래 사회에서는 산업 구조에 변화가 일어나고 대량 생산 방식에 변화가 일어나면서 전반적인 사회 조직의 원리도 크게 바뀔 것이다. 즉, 산업 사회에서는 대량 생산 체계를 발전시키기 위해 표준화 · 집중화 · 거대화 등의 원리에 의해 사회가 조직되었지만, 미래 사회에서는 그와는 반대로 다원화 · 분산화 · 소규모화 등이 사회조직의 원리가 된다는 것이다. 사실상 산업 사회에서 인간 소외 현상이 일어났던 것도 이러한 표준화 · 집중화 · 거대화 등의 조직 원리로 인한 것이었다면, 미래 사회의 조직 원리라고 할 수 있는 다원화 · 분산화 · 소규모화 등은 인간 소외와 비인간화 현상을 극복하는 데도 많은 도움을 줄 수 있을 것이다.

① 산업 사회와 대량 생산
② 미래 사회조직의 원리
③ 미래 사회의 산업 구조
④ 인간 소외와 비인간화 현상
⑤ 산업 사회의 미래

03

우리 민족은 처마 끝의 곡선, 버선발의 곡선 등 직선보다는 곡선을 좋아했고, 그러한 곡선의 문화가 곳곳에 배어있다. 이것은 민요의 경우도 마찬가지이다. 서양 음악에서 '도'가 한 박이면 한 박, 두 박이면 두 박, 길든 짧든 같은 음이 곧게 지속되는데 우리 음악은 '시김새'에 의해 음을 곧게 내지 않고 흔들어 낸다. 시김새는 어떤 음높이의 주변에서 맴돌며 가락에 멋을 더하는 역할의 장식음이다. 시김새란 '삭다'라는 말에서 나왔다. 그렇기 때문에 시김새라는 단어가 김치 담그는 과정에서 생겨났다고 볼 수 있다. 김치를 담글 때 무나 배추를 소금에 절여 숨을 죽이고 갖은 양념 후 일정 기간 숙성시켜 맛을 내듯, 시김새 역시 음악가가 손과 마음으로 삭여냈을 때 맛이 드는 것과 비슷하기 때문이다. 이 때문에 시김새가 '삭다'라는 말에서 나온 것으로 본다. 더욱이 같은 재료를 썼는데도 집집마다 김치 맛이 다르고, 지방에 따라 다른 김치 맛을 내듯 시김새 역시 음악 표현의 질감을 달리하는 핵심 요소이다.

① 민요에서 볼 수 있는 우리 민족의 곡선 문화
② 시김새에 의한 민요의 특징
③ 시김새의 정의와 어원
④ 시김새와 김치의 공통점
⑤ 시김새에서 김치의 역할

04

우리사회는 타의 추종을 불허할 정도로 빠르게 변화하고 있다. 가족정책도 4인 가족 중심에서 1 ~ 2인 가구 중심으로 변해야 하며, 청년실업율과 비정규직화, 독거노인의 증가를 더 이상 개인의 문제가 아닌 사회문제로 다뤄야 하는 시기이다. 여러 유형의 가구와 생애주기 변화, 다양해지는 수요에 맞춘 공동체 주택이야말로 최고의 주거복지사업이다. 공동체 주택은 공동의 목표와 가치를 가진 사람들이 커뮤니티를 이뤄 사회문제에 공동으로 대처해 나가도록 돕고, 나아가 지역사회와도 연결시키는 작업을 진행하고 있다.

임대료 부담으로 작품활동이나 생계에 어려움을 겪는 예술인을 위한 공동주택, 1인 창업과 취업을 위해 골몰하는 청년을 위한 주택, 지속적인 의료서비스가 필요한 환자나 고령자를 위한 의료안심주택은 모두 시민의 삶의 질을 높이고 선별적 복지가 아닌 복지사회를 이루기 위한 노력의 일환이다. 혼자가 아닌 '함께 가는' 길에 더 나은 삶이 있기 때문에 오늘도 공공주택은 수요자에 맞게 진화하고 있다.

① 주거난에 대비하는 주거복지 정책
② 4차 산업혁명과 주거복지
③ 선별적 복지 정책의 긍정적 결과
④ 수요자 중심의 대출규제 완화
⑤ 다양성을 수용하는 주거복지 정책

05 다음 글을 읽고 '한국인의 수면 시간'과 관련된 글을 쓴다고 할 때, 글의 주제로 가장 적절하지 않은 것은?

> 인간은 평생 3분의 1 정도를 잠으로 보낸다. 잠은 낮에 사용한 에너지를 보충하고, 피로를 회복하는 중요한 과정이다. 하지만 한국인은 잠이 부족하다. 한국인의 수면 시간은 7시간 51분밖에 되지 않으며, 2021년 기준 경제협력개발기구(OECD) 회원국 가운데 꼴찌를 차지했다. 한 조사에 따르면, 전 국민의 17% 정도가 주 3회 이상 불면 증상을 갖고 있으며, 이는 연령이 높아짐에 따라 늘어났다. 이에 따라 불면증, 기면증, 수면무호흡증 등 수면장애로 병원을 찾는 사람은 2022년 기준 109만 8,819명으로 4년 새 28.5%나 증가했다. 수면장애를 방치하면 삶의 질 저하는 물론 만성 두통, 심혈관계질환 등이 발생할 수 있다. 불면증은 수면 질환의 대명사로, 가장 흔하고 복합적인 질환이다. 불면증은 면역기능 저하, 인지 감퇴뿐만 아니라 일상생활에 장애를 초래할 수 있으며, 우울증, 인지장애 등을 유발할 수 있다.
>
> 코를 골며 자다가 몇 초에서 몇 분 동안 호흡을 멈추는 수면무호흡증도 있다. 이 역시 인지기능 저하와 심혈관계질환 등 합병증을 일으킨다. 특히 수면무호흡증은 비만과 관계가 깊고, 졸음운전의 원인이 되기도 한다.
>
> 최근 고령 인구 증가로 뇌 퇴행성 질환인 렘수면 행동장애(RBD; Rem Sleep Behavior Disorder)도 늘고 있다. 이 병은 잠자는 동안 악몽을 꾸면서 소리를 지르고, 팔다리를 움직이고, 벽을 치고, 침대에서 뛰어내리는 등 난폭한 행동을 한다. 이 병을 앓는 상당수는 파킨슨병, 치매 환자로 이어진다. 또한 잠들기 전에 다리에 이상 감각이나 통증이 생기는 하지불안증후군도 수면의 질을 떨어뜨리는 병이다. 낮 동안 졸리는 기면증(嗜眠症) 역시 일상생활에 심각한 장애를 초래한다.
>
> 한 정신건강의학과 교수는 "수면 문제는 결국 심혈관계질환, 치매와 파킨슨병 등의 퇴행성 질환, 우울증, 졸음운전의 원인이 되므로 전문적인 치료를 받아야 한다."고 했다.

① 한국인의 부족한 수면 시간

② 수면 마취제의 부작용

③ 수면장애의 종류

④ 수면장애의 심각성

⑤ 전문 치료가 필요한 수면장애

06 다음 글의 요지로 알맞은 것은?

서점에 들러 책을 꾸준히 사거나 도서관에서 계속해서 빌리는 사람들이 있다. 그들이 지금까지 사들이거나 빌린 책의 양만 본다면 겉보기에는 더할 나위 없이 훌륭한 습관처럼 보인다. 그러나 그 모든 사람이 처음부터 끝까지 책을 다 읽었고, 그 내용을 온전히 이해하고 있는지를 묻는다면 이야기는 달라진다. 한 권의 책을 사거나 빌리기 위해 우리는 돈을 지불하고, 틈틈이 도서관을 들르는 수고로움을 감수하지만, 우리가 단순히 책을 손에 쥐고 있다는 사실만으로는 그 안에 담긴 지혜를 배우는 필요 조건을 만족시키지 못하기 때문이다. 그러므로 책을 진정으로 소유하기 위해서는 책의 '소유방식'이 바뀌어야 하고, 더 정확히 말하자면 책을 대하는 방법이 바뀌어야 한다.

책을 읽는 데 가장 기본이 되는 것은 천천히, 그리고 집중해서 읽는 것이다. 보통 사람들은 책의 내용이 쉽게 읽히지 않을수록 빠르게 책장을 넘겨버리려고 하는 경향이 있다. 지겨움을 견디기 힘들기 때문이다. 그러나 속도가 빨라지면 이해하지 못하고 넘어가는 부분은 점점 더 많아지고, 급기야는 중도에 포기하는 경우가 생기고 만다. 그러므로 지루하고 이해가 가지 않을수록 천천히 읽어야 한다. 천천히 읽으면 이해되지 않던 것들이 이해되기 시작하고, 비로소 없던 흥미도 생기는 법이다. 또한, 어떤 책을 읽더라도 그것을 자신의 이야기로 읽는 것이다. 책을 남의 이야기처럼 읽어서는 결코 자신의 것으로 만들 수 없다. 다른 사람이 쓴 남의 이야기라고 할지라도, 자신과 글쓴이의 입장을 일치시키며 읽어나가야 한다. 그리하여 책을 다 읽은 후 그 내용을 자신만의 말로 설명할 수 있다면, 그것은 성공한 책 읽기라고 할 수 있을 것이다. 남의 이야기처럼 읽는 글은 어떤 흥미도, 그 글을 통해 얻어가는 지식도 있을 수 없다.

그러나 아무 책이나 이러한 방식으로 읽으라는 것은 아니다. 어떤 책을 선택하느냐 역시 책 읽는 이의 몫이기 때문이다. 좋은 책은 쉽게 읽히고, 누구나 이해할 수 있을 만큼 쉽게 설명되어 있는 책이다. 그런 책을 분별하기 어렵다면 주변으로부터 책을 추천받거나 온라인 검색을 해보는 것도 좋다. 그렇다고 해서 책이 쉽게 읽히지 않는다고 하더라도 쉽게 좌절하거나 포기해서도 안 됨은 물론이다.

현대사회에서는 더 이상 독서의 양에 따라 지식의 양을 판단할 수 없다. 지금 이 시대에 중요한 것은 얼마나 많은 지식이 나의 눈과 귀를 거쳐 가느냐가 아니라, 우리에게 필요한 것들을 얼마나 잘 찾아내어 효율적으로 습득하며, 이를 통해 나의 지식을 확장할 수 있느냐인 것이다.

① 글쓴이의 입장을 생각하며 책을 읽어야 한다.
② 책은 쉽게 읽혀야 한다.
③ 독서의 목적은 책의 내용을 온전히 소유하는 것이다.
④ 독서 이외의 다양한 정보 습득 경로를 확보해야 한다.
⑤ 같은 책을 반복적으로 읽어 내용을 완전히 이해해야 한다.

07 다음 글에 나타난 글쓴이의 주장으로 가장 적절한 것은?

> 동물들의 행동을 잘 살펴보면 동물들도 우리가 사용하는 말 못지않은 의사소통 수단을 가지고 있는
> 듯이 보인다. 즉, 동물들도 여러 가지 소리를 내거나 몸짓을 함으로써 자신들의 감정과 기분을 나타
> 낼 뿐 아니라 경우에 따라서는 인간과 다를 바 없이 의사를 교환하고 있는 듯하다. 그러나 그것은
> 단지 겉모습의 유사성에 지나지 않을 뿐이고 사람의 말과 동물의 소리에는 아주 근본적인 차이가
> 존재한다는 점을 잊어서는 안 된다. 동물들이 사용하는 소리는 단지 배고픔이나 고통 같은 생물학적
> 인 조건에 대한 반응이거나, 두려움이나 분노 같은 본능적인 감정들을 표현하기 위한 것에 지나지
> 않는다.

① 모든 동물이 다 말을 하는 것은 아니지만, 원숭이와 같이 지능이 높은 동물은 말을 할 수 있다.

② 동물들은 인간이 알아듣지 못하는 방식으로 대화할 뿐 서로 대화를 나누고 정보를 교환하며 인간
   과 같이 의사소통을 한다.

③ 사육사의 지속적인 훈련을 받는다면 동물들은 인간의 소리를 똑같은 목소리로 정확하게 따라
   할 수 있다.

④ 동물들이 내는 소리가 때때로 의사소통의 수단으로 이용된다고 해서 그것을 대화나 토론이나
   회의와 같은 언어활동이라고 할 수는 없다.

⑤ 자라면서 언어를 익히는 인간과 달리 동물들은 태어날 때부터 소리를 내고, 이를 통해 자신들의
   의사를 표현한다.

Hard

08 다음 글의 주제문으로 가장 적절한 것은?

> 소액주주의 권익을 보호하고, 기업 경영의 투명성을 높여 궁극적으로 자본시장에서 기업의 자금 조
> 달을 원활히 함으로써 기업의 중장기적인 가치를 제고해 나가기 위해 집단 소송제 도입이 필요하다.
> 즉, 집단 소송제의 도입은 국민 경제뿐만 아니라 기업 스스로의 가치 제고를 위해서도 바람직한 것
> 이다. 현재 집단 소송제를 시행하고 있는 미국의 경우 전 세계적으로 자본시장이 가장 발달되었으며
> 시장의 투명성과 공정성이 높아 기업들이 높은 투자가치를 인정받고 있다.

① 집단 소송제는 시장에 의한 기업 지배 구조 개선을 가능하게 한다.

② 집단 소송제를 도입할 경우 경영의 투명성을 높여 결국 기업에 이득이 된다.

③ 기업의 투명성과 공정성은 집단 소송제의 시행 유무에 따라 판단된다.

④ 제도를 도입함으로써 제기되는 부작용은 미국의 경험과 사례로 방지할 수 있다.

⑤ 선진국 계열에 올라서기 위해서 집단 소송제를 시행해야 한다.

검무는 칼을 들고 춘다고 해서 '칼춤'이라고 부르기도 하며, '황창랑무(黃倡郎舞)'라고도 한다. 검무의 역사적 기록은 『동경잡기(東京雜記)』의 「풍속조(風俗條)」에 나타난다. 신라의 소년 황창랑은 나라를 위하여 백제 왕궁에 들어가 왕 앞에서 칼춤을 추다 왕을 죽이고 자신도 잡혀서 죽는다. 신라 사람들이 이러한 그의 충절을 추모하여 그의 모습을 본뜬 가면을 만들어 쓰고, 그가 추던 춤을 따라 춘 것에서 검무가 시작되었다고 한다. 이처럼 민간에서 시작된 검무는 고려 시대를 거쳐 조선 시대로 이어지며 궁중으로까지 전해진다. 이때 가면이 사라지는 형식적 변화가 함께 일어난다.

조선 시대 민간의 검무는 기생을 중심으로 전승되었으며 재인들과 광대들의 판놀이로까지 이어졌다. 조선 후기에는 각 지방까지 전파되었는데, 진주검무와 통영검무가 그 대표적인 예이다. 한편 궁중의 검무는 주로 궁중의 연회 때 추는 춤으로 전해졌으며, 후기에 정착된 순조 때의 형식이 중요무형문화재로 지정되어 현재까지 보존되고 있다.

궁중에서 추던 검무의 구성은 다음과 같다. 전립을 쓰고 전복을 입은 4명의 무희가 쌍을 이루어 바닥에 놓인 단검(短劍)을 어르는 동작부터 시작한다. 그 후 칼을 주우면서 춤이 이어지고, 화려한 춤사위로 검을 빠르게 돌리는 연풍대(筵風擡)로 마무리한다.

검무의 절정인 연풍대는 조선 시대 풍속화가 신윤복의 '쌍검대무(雙劍對舞)'에서 잘 드러난다. 그림 속의 두 무용수를 통해 춤의 회전 동작을 예상할 수 있다. 즉, 이 장면에는 오른쪽에 선 무희의 자세에서 시작해 왼쪽 무희의 자세로 회전하는 동작이 나타나 있다. 이렇게 무희들이 쌍을 이루어 좌우로 이동하면서 원을 그리며 팽이처럼 빙빙 도는 동작을 연풍대라고 한다. 이 명칭은 대자리를 걷어 내는 바람처럼 날렵하게 움직이는 모습에서 비롯된 것이다.

오늘날의 검무는 검술의 정밀한 무예 동작보다 부드러운 곡선을 그리는 춤 형태로만 남아 있다. 칼을 쓰는 살벌함은 사라졌지만, 민첩하면서도 유연한 동작으로 그 아름다움을 표출하고 있는 것이다. 검무는 신라 시대부터 면면히 이어지는 고유한 문화이자 예술미가 살아 있는 몇 안 되는 소중한 우리의 전통 유산이다.

① 신라 황창랑의 의기와 춤 – 검무의 유래와 발생을 중심으로
② 역사 속에 흐르는 검빛·춤빛 – 검무의 변천 과정과 구성을 중심으로
③ 무예 동작과 아름다움의 조화 – 연풍대의 의미를 중심으로
④ 무희의 칼끝에서 펼쳐지는 바람 – 검무의 예술적 가치를 중심으로
⑤ 검과 춤의 혼합, 우리의 문화 유산 – 쌍검대무의 감상을 중심으로

05 개요 수정

| 유형분석 |

- 글의 개요의 흐름을 파악하여 부족한 부분을 추가하거나 잘못 수정한 부분을 잡아내는 유형이다.
- 글의 맥락을 이해하여 통일성에 위배되는 부분을 찾아낼 수 있도록 한다.

다음은 '우리나라 장애인 고용 정책'에 대한 글을 쓰기 위해 작성한 개요이다. 다음 빈칸에 들어갈 내용으로 가장 적절한 것은?

> Ⅰ. 서론 : 우리나라 장애인 고용 현황
>
> Ⅱ. 본론
>   1. 우리나라 장애인 고용 정책의 문제점과 원인
>   가. 장애인들의 삶을 사회가 책임져야 한다는 공감대 부족
>   나. 작업 환경 개선을 위한 정부의 재정적 지원 부족
>   2. 우리나라 장애인 고용 정책의 문제 해결 방안
>   가. _____
>   나. 장애인 고용 기업에 대한 재정적 지원 확대 정책
>
> Ⅲ. 결론
>   1. 사회적 의식 개선을 위한 홍보 활동 강화
>   2. 재정적 지원 확대를 위한 법률 마련

① 찾아가는 장애인 고충 상담 서비스   ② 기업의 장애인 채용 제도 개선
③ 장애인 지원에 대한 사회적 인식 변화   ④ 장애인에 대한 정서적 지원 확대 정책
⑤ 고용 안정을 위한 정규직 전환 실시

정답 ③

'Ⅱ - 1'에서는 우리나라 장애인 고용 정책의 문제점과 그 원인을, 'Ⅱ - 2'에서는 우리나라 장애인 고용 정책의 문제 해결 방향을 제시하고 있다. 따라서 빈칸에는 글의 논리적 흐름에 따라 'Ⅱ - 1 - 가'와 'Ⅲ - 1'을 연결하여 사회적 인식의 변화 방안을 제시하는 내용의 ③이 들어가는 것이 가장 적절하다.

30초 컷 풀이 Tip

가장 먼저 숙지해야 할 것은 서론·본론·결론의 주제의식으로, 이를 기반으로 하위 주제들과의 호환성이나 결론의 타당성을 확인할 수 있다.

01 다음은 '소비자 권익 증진'을 주제로 하는 글의 개요이다. 다음 개요를 수정·보완할 내용으로 가장 적절한 것은?

---

1. 문제 제기
2. 소비자 권익 침해의 실태와 그 원인
    (1) 실태 …… ㉠
        ㉮ 상품 선택권 제약
        ㉯ 부실한 피해 보상
    (2) 원인
        ㉮ 사업자 간 경쟁의 부재
        ㉯ 소비자 의식 교육 기회 부족
        ㉰ 불합리한 피해 보상 절차 및 제도 …… ㉡
3. 소비자 권익 증진을 위한 대책
    (1) 사업자 간 경쟁의 활성화 …… ㉢
    (2) 소비자 의식 교육 기회 확대
    (3) 소비자 구제 제도의 내실화 …… ㉣
        ㉮ 소비자 보호 기관의 역할 강화
        ㉯ 사업자 감독 기관과의 정책 연계
4. 소비자 의식 함양을 통한 소비자 권익 증진 …… ㉤

---

① 글의 완결성을 높이기 위해 ㉠의 하위 항목으로 '소비자 상품 선호도의 변화'를 추가한다.

② ㉡은 '2 – (1) – ㉯'와 중복되므로 생략한다.

③ ㉢은 주제에서 벗어난 내용이므로 '사업자 간 경쟁의 규제'로 바꾼다.

④ 논리적 일관성을 고려해 ㉣을 '소비자 피해 실태 조사를 위한 기구 설치'로 바꾼다.

⑤ 주장을 요약하여 강조하기 위해 ㉤을 '소비자 권익 증진을 위한 대책 촉구'로 바꾼다.

02 다음과 같이 '독서 심리 치료'와 관련한 개요를 작성하였다. 이에 대한 수정 · 보완으로 적절하지 않은 것은?

주제문 : _____ ㉠ _____

Ⅰ. 처음 : 독서 심리 치료에 대한 관심의 증대

Ⅱ. 중간
　1. 독서 심리 치료의 방법
　　(1) 독서 심리 치료의 유래
　　(2) 독서 심리 치료의 개념
　2. 독서 심리 치료의 이론적 기초
　　(1) 정신분석 이론
　　(2) 사회학습 이론
　3. 독서 심리 치료의 과정
　　(1) _____ ㉡ _____
　　(2) 참여자에게 필요한 정보를 제공
　　(3) 참여자의 자발적인 해결을 유도
　4. 독서 심리 치료의 효과
　　(1) 단기적 효과
　　(2) 장기적 효과

Ⅲ. 끝 : 독서 심리 치료의 활성화

① ㉠은 '독서 심리 치료를 바르게 이해하고 활성화하자.'로 한다.

② Ⅰ에서 관련 신문 기사를 인용하여 흥미를 불러일으킨다.

③ 'Ⅱ-1'은 '독서 심리 치료의 정의'로 바꾼다.

④ 'Ⅱ-2'의 하위 항목으로 '독서 심리 치료의 성공 사례'를 추가한다.

⑤ ㉡은 '참여자의 심리 상태를 진단'으로 한다.

03 C씨는 지역에서 열리고 있는 축제에 대해 조사한 뒤 '지역 축제의 문제점과 발전 방안'에 관한 보고서를 준비하고 있다. 다음 자료는 C씨가 작성한 개요이다. 다음 중 수정 계획으로 적절하지 않은 것은?

주제 : 지역 축제의 문제점과 발전 방안
Ⅰ. 지역 축제의 실태
　　가. 지역 축제에 대한 관광객의 외면
　　나. 지역 축제에 대한 지역 주민의 무관심
Ⅱ. 지역 축제의 문제점
　　가. 지역마다 유사한 내용의 축제
　　나. 관광객을 위한 편의 시설 낙후
　　다. 행사 전문 인력의 부족
　　라. 인근 지자체 협조 유도
　　마. 지역 축제 시기 집중
Ⅲ. 지역 축제 발전을 위한 방안
　　가. 지역적 특성을 보여줄 수 있는 프로그램 개발
　　나. 관광객을 위한 편의 시설 개선
　　다. 원활한 진행을 위한 자원봉사자 모집
　　라. 지자체 간 협의를 통한 축제 시기의 분산
Ⅳ. 결론 : 지역 축제가 가진 한계 극복

---

① 'Ⅱ-라. 인근 지자체 협조 유도'는 상위 항목에 해당하지 않으므로 삭제한다.

② 'Ⅲ-다. 원활한 진행을 위한 자원봉사자 모집'은 'Ⅱ-다'와 연계하여 '지역 축제에 필요한 전문 인력 양성'으로 수정한다.

③ 'Ⅳ. 결론 : 지역 축제가 가진 한계 극복'은 주제와 부합하도록 '내실 있는 지역 축제로의 변모 노력 촉구'로 수정한다.

④ 'Ⅱ-가. 지역마다 유사한 내용의 축제'는 '관광객 유치를 위한 홍보 과열'로 수정한다.

⑤ Ⅰ의 가, 나를 '지역 축제에 대한 사람들의 무관심'으로 합치고 '유명무실하거나 금방 폐지됨'을 추가한다.

04 다음 개요의 흐름을 고려할 때, ㉠에 들어갈 내용으로 가장 적절한 것은?

Ⅰ. 서론 : 재활용이 어려운 포장재 쓰레기가 늘고 있다.
Ⅱ. 본론 : 1. 포장재 쓰레기가 늘고 있는 원인
 (1) 기업들이 과도한 포장 경쟁을 벌이고 있다.
 (2) 소비자들이 호화로운 포장을 선호하는 경향이 있다.
 2. 포장재 쓰레기의 양을 줄이기 위한 방안
 (1) 기업은 과도한 포장 경쟁을 자제해야 한다.
 (2) _____㉠_____
Ⅲ. 결론 : 상품의 생산과 소비 과정에서 환경을 먼저 생각하는 자세를 지녀야 한다.

---

① 정부의 지속적인 감시와 계몽 활동이 필요하다.
② 실속을 중시하는 합리적인 소비 생활을 해야 한다.
③ 상품 판매를 위한 지나친 경쟁이 자제되어야 한다.
④ 재정 상태를 고려하여 분수에 맞는 소비를 해야 한다.
⑤ 환경 친화적인 상품 개발을 위한 투자가 있어야 한다.

Hard

05 '재래시장의 활성화 방안'에 대한 글을 쓰기 위해 다음과 같이 개요를 작성하였다. 개요의 수정 및 자료 제시 방안으로 적절하지 않은 것은?

Ⅰ. 서론 : 재래시장의 침체 실태 …… ㉠
Ⅱ. 본론
 1. 재래시장 침체의 원인 …… ㉡
 (1) 대형 유통점 및 전자상거래 중심으로의 유통 구조 변화
 (2) 상인들의 서비스 의식 미흡
 (3) 편의시설 미비 …… ㉢
 (4) 매출액 감소 및 빈 점포의 증가 …… ㉣
 2. 재래시장 활성화 방안
 (1) 접근성과 편의성을 살려 구조 및 시설 재정비
 (2) 시장 상인들을 대상으로 한 서비스 교육 실시
 (3) 지역 특산물 육성 및 지원
Ⅲ. 결론 : 재래시장 활성화를 위한 공동체 의식의 촉구 …… ㉤

---

① ㉠ : Ⅰ의 보충자료로 최근 10년간 재래시장 매출 및 점포수를 그래프로 제시한다.
② ㉡ : Ⅱ-2-(3)과의 호응을 고려하여 '소비자를 유인할 만한 특성화 상품의 부재'를 하위항목으로 추가한다.
③ ㉢ : Ⅱ-1-(1)과 내용이 중복되고 Ⅱ-2에 대응하는 항목도 없으므로 삭제한다.
④ ㉣ : 상위 항목과 일치하지 않으므로 Ⅰ의 하위항목으로 옮긴다.
⑤ ㉤ : 'Ⅱ-2'와의 논리적 일관성을 고려해야 하므로 '재래시장의 가치 강조 및 활성화 대책 촉구'로 변경한다.

06 다음은 '과소비의 문제점과 대책'이라는 제목으로 글을 쓰기 위해 작성한 개요이다. 빈칸에 들어갈 내용으로 적절하지 않은 것은?

> Ⅰ. 서론 : 현재의 과소비 실태 소개
>   가. 유명 상표 선호 현상
>   나. 고가 외제 물건 구매 현상
> Ⅱ. 본론 : 과소비의 문제점과 억제 방안 제시
>   가. 과소비의 문제점
>   _____
>   나. 과소비의 억제 방안
>   1. 근검절약의 사회 기풍 진작
>   2. 과소비에 대한 무거운 세금 부과
>   3. 건전한 소비 생활 운동 전개
> Ⅲ. 결론 : 건전한 소비문화의 정착 강조

① 소비재 산업의 기형적 발전
② 개방화에 따른 외국 상품의 범람
③ 충동구매로 인한 가계 부담의 가중
④ 외화 낭비 및 계층 간의 위화감 조성
⑤ 총수요의 증가로 인한 물가 상승

07 다음은 '의료 사각지대 해소'에 관한 글을 쓰기 위해 작성한 개요이다. 개요의 수정 · 보완 및 자료 제시 방안으로 적절하지 않은 것은?

> Ⅰ. 서론 : 의료 사각지대 문제의 심각성 …… ㉠
> Ⅱ. 본론
>   1. 의료 사각지대 발생원인 …… ㉡
>   가. 빈곤층에 대한 정책적 지원 부족
>   나. 인구 고령화 현상으로 인한 노동 인력 감소 …… ㉢
>   2. 의료 사각지대의 확대 방안 …… ㉣
>   가. 병원 접근성이 취약한 지역에 공공 병원 확충
>   나. 건강보험의 보장 수준 향상
> Ⅲ. 결론 : _____ …… ㉤

① ㉠ : 잘못된 의료 지식으로 인해 사망에 이른 사람들의 사례를 제시한다.
② ㉡ : 'Ⅱ-2-가'의 내용을 고려하여 '의료 기관의 지역 쏠림 현상'을 하위 항목으로 추가한다.
③ ㉢ : 상위 항목과 어울리지 않으므로 삭제한다.
④ ㉣ : 글의 주제를 고려하여 '의료 사각지대의 해소 방안'으로 고친다.
⑤ ㉤ : 개요의 흐름을 고려하여 '의료 공공성 강화를 통한 전 국민의 안전망이 확보된 미래 전망 제시'의 결론을 작성한다.

08 다음은 '도시 농업의 활성화 방안'에 관한 글을 쓰기 위해 작성한 개요이다. 빈칸에 들어갈 내용으로 가장 적절하지 않은 것은?

Ⅰ. 서론 : 도시 농업이란?

Ⅱ. 본론 : 도시 농업의 현황과 문제점, 그에 따른 활성화 방안

　　1. 현황

　　　　가. 도시 농업에 대한 관심 증가

　　　　나. 도시 농업 활동의 부진

　　2. 문제점 분석

　　　　가. 도시 농업에 필요한 경작 공간의 부족

　　　　나. 도시 농업 관련 연구 및 기술 부족

　　　　다. 도시 농업을 담당할 전문 인력의 부족

　　　　라. 도시 농업의 제도적 기반 미흡

　　3. 활성화 방안

　　　　_____

Ⅲ. 결론 : 도시 농업 활성화를 위한 지자체의 노력 촉구

---

① 도시 농업 전문 인력 양성 및 교육

② 도시 농업 관련 제도적 기반 구축

③ 도시 농업을 통한 안전한 먹을거리 확보

④ 도시 농업 공간 확보

⑤ 도시 농업 관련 기술 개발 및 보급 확대

09 다음과 같은 글의 개요에서 ㉠과 ㉡에 들어갈 내용으로 가장 적절한 것은?

제목 : _____㉠_____

서론 : 환경오염의 심각성이 날로 도를 더해 간다.

본론

1. 환경오염 현상에 대한 우리의 반응

   (1) 부정적 모습 : 환경오염을 남의 일인 양 생각하는 모습

   (2) 긍정적 모습 : 환경오염의 심각성을 깨닫고 적극적으로 나서는 모습

2. 환경오염의 심각성을 깨닫지 못하는 사람

   (1) 잠시의 편안함을 위해 주위 환경을 함부로 훼손하는 사람

   (2) 다른 사람의 환경오염에 대해 참견을 하려고 하지 않는 사람

3. 환경오염 방지에 적극적으로 나서는 사람

   (1) 자신부터 환경을 오염시키지 않으려는 사람

   (2) 환경오염 방지는 물론 쾌적한 환경을 위해 노력하는 사람

결론 : _____㉡_____

---

① ㉠ : 환경오염에 대한 인식

  ㉡ : 쾌적한 환경을 유지하기 위해 전 국민적인 노력이 필요하다.

② ㉠ : 환경오염 방지의 생활화

  ㉡ : 환경오염 방지를 위한 정부의 대책 마련이 시급하다.

③ ㉠ : 환경 보호의 중요성

  ㉡ : 우리가 물려받은 환경을 우리의 후손에게 물려주어야 한다.

④ ㉠ : 자연적 환경과 문화적 환경

  ㉡ : 자연적 환경뿐만 아니라 문화적 환경에 대한 중요성을 강조한다.

⑤ ㉠ : 환경오염의 원인

  ㉡ : 환경 보호를 위한 방법

06 내용 수정

| 유형분석 |

- 주어진 글에서 적절하지 못한 부분을 찾아 올바르게 수정할 수 있는지 평가하는 유형이다.
- 어휘력, 문장의 호응, 첨삭여부를 판단해야 한다.

다음 글에서 밑줄 친 ㉠～㉤의 수정 방안으로 적절하지 않은 것은?

조직문화란 조직 구성원들이 공유하는 가치체계・신념체계・사고방식의 복합체를 말한다. ㉠ 그러나 조직문화는 조직 구성원들에게 정체성과 집단적 몰입(Collective Commitment)을 가져오며, 조직체계의 안정성과 조직 구성원들의 행동을 형성하는 기능을 ㉡ 수행할 것이다.

따라서 어느 조직사회에서나 조직 구성원들에게 소속감을 부여하고 화합을 도모하여 조직생활의 활성화를 ㉢ 기하므로 여러 가지 행사를 마련하게 되는데, 예컨대 본 업무 외에 회식・야유회(MT)・체육대회・문화행사 등의 진행이 그것이다.

개인이 규범・가치・습관・태도 등에서 ㉣ 공통점이 느껴지고 동지의식을 가지며 애착・충성의 태도로 임하는 집단을 내집단(In Group)이라고 한다. 가족・친구・국가・민족 등이 이에 해당한다. 반면에 타인・타국 등 다른 문화를 가진 집단을 외집단(Out Group)이라고 부른다. 조직 구성원 간의 단합을 ㉤ 도모함으로써 조직의 정체성과 집단적 몰입을 꾀하는 조직문화는 곧 조직의 내집단 의식 고취를 목적으로 한다고 할수 있다.

① ㉠ : 문맥을 고려하여 '그리하여'로 수정한다.
② ㉡ : 미래・추측의 의미가 아니므로 '수행한다'로 수정한다.
③ ㉢ : 문맥을 고려하여 '기하기 위해'로 수정한다.
④ ㉣ : 문장 중간에 동작 표현이 바뀌어 어색하므로 '공통점을 느끼고'로 수정한다.
⑤ ㉤ : 문장의 부사어로 사용되고 있으므로 '도모함으로서'로 수정한다.

정답 ⑤

조사 '-로써'는 '~을 가지고', '~으로 인하여'라는 의미이고, '-로서'는 '지위', '신분' 등의 의미이다. 따라서 '도모함으로써'가 올바른 표현이다.

30초 컷 풀이 Tip

주로 시험에서 나오는 문제는 주어와 피동・사동 형태, 역접 기능의 접속어 존재유무 등과 맞춤법이다. 헷갈리는 문항에 매달리기보단 확실한 답을 먼저 소거해나가는 형태로 풀도록 한다.

※ 다음 글에서 ㉠ ~ ㉤의 수정 방안으로 적절하지 않은 것을 고르시오. [1~7]

01

행동경제학은 기존의 경제학과 ㉠ 다른 시선으로 인간을 바라본다. 기존의 경제학은 인간을 철저하게 합리적이고 이기적인 존재로 상정(想定)하여, 인간은 시간과 공간에 관계없이 일관된 선호를 보이며 효용을 극대화하는 방향으로 선택을 한다고 본다. ㉡ 기존의 경제학자들은 인간의 행동이 예측 가능하다는 것을 전제(前提)로 경제 이론을 발전시켜 왔다. 반면 행동경제학에서는 인간을 제한적으로 합리적이며 감성적인 존재로 보고, 처한 상황에 따라 선호가 바뀌기 때문에 그 행동을 예측하기 어렵다고 생각한다. 또한 인간은 효용을 ㉢ 극대화하기 보다는 어느 정도 만족하는 선에서 선택한다고 본다. 행동경제학은 기존의 경제학이 가정하는 인간관을 지나치게 이상적이고 비현실적이라고 비판한다. ㉣ 그러나 행동경제학은 인간이 때로는 이타적인 행동을 하고 비합리적인 행동을 하는 존재라는 점을 인정하며, 현실에 ㉤ 실제하는 인간을 연구 대상으로 한다.

① ㉠ : 문맥을 고려하여 '같은'으로 고친다.
② ㉡ : 문장을 자연스럽게 연결하기 위해 문장 앞에 '그러므로'를 추가한다.
③ ㉢ : 띄어쓰기가 올바르지 않으므로 '극대화하기보다는'으로 고친다.
④ ㉣ : 앞 문장과의 내용을 고려하여 '그래서'로 고친다.
⑤ ㉤ : 맞춤법에 어긋나므로 '실재하는'으로 고친다.

02

나전 기법은 중국에서 시작되었고 당대(唐代)에 성행하여 한국과 일본에 전해진 것으로 보인다. 중국 당대에는 주로 백색의 야광패로 두껍게 만든 자개만을 사용하였다. 이것의 영향을 받아서 한국에서도 전래 초기에는 백색의 야광패를 ㉠ 사용하였고, 후대에는 청록빛을 ㉡ 띤 오묘한 색상의 전복 껍데기를 얇게 만들어 ㉢ 부치는 방법이 발달하게 되었다. 이외에도 한국에서는 이전에 볼 수 없었던 끊음질 기법, 할패법 등의 다양한 표현 기법이 개발되어 나전 기법이 화려한 꽃을 피웠고 도리어 중국에 영향을 끼칠 정도로 성행하였다.

오늘날 중국과 일본의 나전은 쇠퇴하여 그 명맥이 끊겼지만, ㉣ 한국에서도 여전히 자개를 상감하는 나전칠기가 계속 이어져 오고 있으며, 그 섬세한 무늬와 신비스러운 빛으로 인해 ㉤ 오랜 세월 동안 우리 고유의 공예품으로 사랑받고 있다.

① ㉠ : 문맥의 흐름을 고려하여 '사용하였으나'로 고친다.
② ㉡ : 맞춤법에 어긋나므로 '띤'으로 고친다.
③ ㉢ : 문맥에 어울리지 않으므로 '붙이는'으로 고친다.
④ ㉣ : 조사의 쓰임이 적절하지 않으므로 '한국에서는'으로 고친다.
⑤ ㉤ : 띄어쓰기가 올바르지 않으므로 '오랜세월'로 고친다.

Easy

03

미세조류는 광합성을 하는 수중 단세포 생물로 '식물성 플랑크톤'으로도 불린다. 미세조류를 높은 밀도로 배양하여 처리하면 기름, 즉 바이오디젤을 얻을 수 있다. 최근 국내에서 미세조류에 관한 연구가 ㉠ 급속히 빠르게 늘고 있다. 미세조류는 성장 과정에서 많은 양의 이산화탄소를 소비하는 환경친화적인 특성을 지닌다. ㉡ 그러므로 미세조류로 만든 바이오디젤은 연소 시 석유에 비해 공해 물질을 ㉢ 적게 배출하는 환경친화적인 특성이 있다. 또 미세조류는 옥수수, 콩, 사탕수수 등 다른 바이오디젤의 원료와 달리 식용 작물이 아니어서 식량 자원을 에너지원으로 쓴다는 비판에서 벗어날 수 있다. 다만 아직까지는 미세조류로 만든 바이오디젤이 석유에 비해 ㉣ 두 배 가량 비싸다는 문제가 남아 있다. 향후 이 문제가 극복되면 미세조류를 대체 에너지원으로 ㉤ 쓰일 수 있을 것이다.

① ㉠ : 의미가 중복되므로 '빠르게'를 삭제한다.
② ㉡ : 앞 문장과의 관계를 고려하여 '그리고'로 고친다.
③ ㉢ : 문맥의 흐름을 고려하여 '작게'로 고친다.
④ ㉣ : 띄어쓰기가 올바르지 않으므로 '두 배가량'으로 고친다.
⑤ ㉤ : 목적어와 서술어의 호응 관계를 고려하여 '쓸'로 고친다.

04

근대화는 전통 사회의 생활양식에 큰 변화를 가져온다. 특히 급속한 근대화로 인해 전통 사회의 해체 과정이 빨라진 만큼 ㉠ 급격한 변화를 일으킨다. 생활양식의 급격한 변화는 전통 사회 문화의 해체 과정이라고 보아도 ㉡ 무던할 정도이다.

전통문화의 해체는 새롭게 변화하는 사회 구조에 대해서 전통적인 문화가 당면하게 되는 적합성(適合性)의 위기에서 초래되는 것이다. ㉢ 이처럼 근대화 과정에서 외래문화와 전통문화가 많은 갈등을 겪었다. ㉣ 오랫동안 생활양식으로 유지되었던 전통 사회의 문화가 사회 구조 변화의 속도에 맞먹을 정도로 신속하게 변화할 수는 없다.

㉤ 그러나 문화적 전통을 확립한다는 것은 과거의 전통문화가 고유성을 유지하면서도 현재의 변화된 사회에 적합성을 가지는 것이라 할 수 있다.

① ㉠ : 필요한 문장 성분이 생략되었으므로 '급격한' 앞에 '문화도'를 추가한다.

② ㉡ : 문맥에 어울리지 않으므로 '무방할'로 고친다.

③ ㉢ : 글의 흐름에 어긋나는 내용이므로 삭제한다.

④ ㉣ : 띄어쓰기가 올바르지 않으므로 '오랫 동안'으로 고친다.

⑤ ㉤ : 앞 문장과의 관계를 고려하여 '따라서'로 고친다.

05

한글날이 공휴일에서 ㉠ 제외된지 22년 만에 공휴일로 ㉡ 다시 재지정되었다. 그동안 학계와 관련 단체는 물론 다수의 국민들이 한글날 공휴일 재지정을 끊임없이 요구해 온 결과이다. 우리도 한글이 세계에서 가장 우수한 문자라는 사실을 자주 들어 왔다. ㉢ 따라서 우리는 한글의 고유한 특성을 이해할 필요가 있다. 이러한 한글의 우수성을 인정하여 유네스코에서는 '훈민정음'을 세계기록유산으로 ㉣ 등재되었다. 그렇지만 정작 우리나라에서는 한글날을 국경일로만 지정하고 공휴일에서는 제외하고 있었다. ㉤ 그래서 한글날 제정의 의미와 한글의 가치를 되새길 수 있는 기회가 많이 제한되었던 것이 사실이다.

① ㉠ : 띄어쓰기가 올바르지 않으므로 '제외된 지'로 고친다.

② ㉡ : 의미가 중복되므로 '다시'를 삭제한다.

③ ㉢ : 글의 흐름에 어긋나는 내용이므로 삭제한다.

④ ㉣ : 주어와 서술어의 호응 관계를 고려하여 '등재하였다'로 고친다.

⑤ ㉤ : 앞 문장과의 관계를 고려하여 '하지만'으로 고친다.

피부의 각질을 제거하기 위한 세안제나 치약 속에 들어 있는 작고 꺼끌꺼끌한 알갱이의 정체를 아십니까? 바로 '마이크로비즈(Microbeads)'라고 불리는 미세 플라스틱입니다. 작은 알갱이가 세정력을 높인다는 이유로 다양한 제품에서 이를 활용해 왔습니다. 그런데 이 미세 플라스틱이 해양 환경 오염을 일으키고, 인간에게 악영향을 미친다는 점이 밝혀져 주목이 되고 있습니다.

길이나 지름이 5mm 이하인 플라스틱을 미세 플라스틱이라고 하는데, 이렇게 크기가 작기 때문에 미세 플라스틱은 정수 처리 과정에서 ㉠ <u>거르지</u> 않고 하수구를 통해 바다로 흘러 들어가게 됩니다. 이때 폐수나 오수에 섞이면서 미세 플라스틱이 독성 물질을 흡수하게 되는데, 문제는 이를 먹이로 오인한 많은 수의 ㉡ <u>바다새들</u>과 물고기들이 미세 플라스틱을 섭취하고 있다는 점입니다. 오염된 미세 플라스틱의 섭취로 인해 자칫 해양 생물들이 죽음에 이를 수도 있기 때문에 이는 심각한 문제가 됩니다. ㉢ <u>한편</u> 먹이사슬을 통해 누적된 미세 플라스틱은 해양 생물을 섭취하는 최상위 포식자인 인간에게도 피해를 줄 수 있기 때문에 더욱 심각한 상황을 초래할 수도 있습니다.

최근 국회에서도 미세 플라스틱의 심각성을 인식하여 미세 플라스틱이 포함된 제품의 제조와 수입을 금지하는 법안이 통과되었고, 내년부터는 미세 플라스틱이 포함된 제품의 판매가 금지됩니다. 앞으로 법적 규제가 이루어진다고 ㉣ <u>할지라도</u> 바로 지금부터 미세 플라스틱이 포함된 제품을 사용하지 ㉤ <u>않음으로서</u> 독약과도 같은 미세 플라스틱으로부터 해양 생태계를 보존하고 인류를 지키려는 노력을 기울여야 할 것입니다.

① ㉠ : 주어와 서술어의 호응 관계를 고려하여 '걸러지지'로 고친다.
② ㉡ : 맞춤법에 어긋나므로 '바닷새'로 수정한다.
③ ㉢ : 문장을 자연스럽게 연결하기 위해 '또한'으로 고친다.
④ ㉣ : 띄어쓰기가 올바르지 않으므로 '할 지라도'로 수정한다.
⑤ ㉤ : 격조사의 쓰임이 적절하지 않으므로 '않음으로써'로 수정한다.

07

〈올해의 탐방 참가자 공모 신청 동기와 사전 준비 정도〉

올해의 탐방 참가자 공모를 보며 저는 가슴이 뛰었습니다. ㉠ 저를 선발해 주신다면 탐방의 성과를 공유함으로써 해외 탐방의 취지를 살릴 수 있도록 최선을 다하겠습니다. 탐방 지역으로 발표된 페루는 문화인류학에 관심 있는 제가 평소 가 보고 싶었던 지역이기 때문입니다. ㉡ 잉카 문명에 대한 제 관심은 세계사 수업을 통해 싹텄습니다.

세계사를 공부하는 과정에서 저는 여러 가지 문헌들과 사진 자료들을 살펴보고 ㉢ 잉카 문명의 매력에 매료되었습니다. 또한 탐방 예정지인 페루의 옛 도시 쿠스코와 마추픽추를 포함한 잉카 문명 유적지들은 유네스코 세계 문화유산으로 지정되어 있을 정도로 문화인류학적 가치가 큰 유적지임을 알게 되었습니다. 그래서 언젠가는 제가 직접 방문하여 당시 사람들이 남긴 유산을 살펴보고 싶다는 ㉣ 소망입니다.

저는 탐방에 대한 사전 준비도 열심히 해 왔다고 자부합니다. 저는 이미 잉카 문명의 역사와 지리에 대해 많은 자료와 문헌들을 ㉤ 조사했더니, 첨부한 계획서와 같이 이번 탐방을 통해 구체적으로 심화 학습할 주제와 탐구 계획도 정해 놓았습니다.

① 글의 제목에 어울리지 않는 내용이므로 ㉠을 삭제한다.
② 첫 번째 문단보다 둘째 문단에 어울리므로 ㉡을 두 번째 문단의 처음으로 옮긴다.
③ 의미의 중복을 피하기 위해 ㉢을 '잉카 문명에 매료되었습니다.'로 고친다.
④ 주어와의 호응을 고려해 ㉣을 '소망을 품게 되었습니다.'로 고친다.
⑤ 뒤에 이어진 문장과의 관계를 고려해 ㉤을 '조사했으므로'로 고친다.

08 글의 흐름상 필요 없는 문장은?

가을을 맞아 기획바우처 행사가 전국 곳곳에서 마련된다. (가) 기획바우처는 문화소외계층을 상대로 '모셔오거나 찾아가는' 맞춤형 예술 체험 프로그램이다. (나) 서울 지역의 '함께 하는 역사 탐방'은 독거노인을 모셔 와서 역사 현장을 찾아 연극을 관람하고 체험하는 프로그램이다. (다) 경기도에서도 가족과 함께 낭만과 여유를 즐길 수 있는 다양한 문화행사를 준비하고 있다. (라) 강원도 강릉과 영월에서는 저소득층 자녀를 대상으로 박물관 관람 프로그램을 준비하고 있다. (마) 부산 지역의 '어울림'은 방문 공연 서비스로서 지역예술가들이 가난한 동네를 돌아다니며 직접 국악, 클래식, 미술 등 재능을 기부한다.

① (가)
② (나)
③ (다)
④ (라)
⑤ (마)

09 다음 ⊙~⑩을 고쳐 쓴다고 할 때 적절한 것을 고르면?

언어가 대규모로 소멸하는 원인은 ⊙ 중첩적이다. 토착 언어 사용자들의 거주지가 파괴되고, 종족 말살과 동화(同化)교육이 이루어지며, 사용 인구가 급격히 감소하는 것 외에 '문화적 신경가스'라고 불리는 전자 매체가 확산되는 것도 그 원인이 된다. 물론 우리는 소멸을 강요하는 사회적, 정치적 움직임들을 중단시키는 한편, 토착어로 된 교육 자료나 문학작품, 텔레비전 프로그램 등을 ⓒ 개발함으로서 언어 소멸을 어느 정도 막을 수 있다. 나아가 소멸 위기에 처한 언어라도 20세기의 히브리어처럼 지속적으로 공식어로 사용할 의지만 있다면 그 언어를 부활시킬 수도 있다.

합리적으로 보자면, 우리가 지구상의 모든 동물이나 식물종들을 보존할 수 없는 것처럼 모든 언어를 보존할 수는 없으며, 어쩌면 그래서는 안 되는지도 모른다. ⓒ 여기에는 도덕적이고 현실적인 문제들이 얽혀있기 때문이다. 어떤 언어 공동체가 경제적 발전을 보장해 주는 주류 언어로 돌아설 것을 선택할 때, 그 어떤 외부 집단이 이들에게 토착 언어를 유지하도록 강요할 수 있겠는가? 또한, 한 공동체 내에서 이질적인 언어가 사용되면 사람들 사이에 심각한 분열을 초래할 수도 있다. ② 그러나 이러한 문제가 있더라도 전 세계 언어의 50% 이상이 빈사 상태에 있다면 이를 그저 바라볼 수만은 없다.

왜 우리는 위험에 처한 언어에 관심을 가져야 하나? 언어적 다양성은 인류가 지닌 언어 능력의 범위를 보여 준다. 언어는 인간의 역사와 지리를 담고 있으므로 한 언어가 소멸한다는 것은 역사적 문서를 소장한 도서관 하나가 ⑩ 통째로 불타 없어지는 것과 비슷하다. 또 언어는 한 문화에서 시, 이야기, 노래가 존재하는 기반이 되므로, 언어의 소멸이 계속되어 소수의 주류 언어만 살아남는다면 이는 인류의 문화적 다양성까지 해치는 셈이 된다.

① ⊙ : 문맥상 적절하지 않은 단어이므로 '불투명하다'로 수정한다.
② ⓒ : 행위나 방법에 해당되므로 '개발함으로써'로 수정한다.
③ ⓒ : 문맥상 상관없는 내용에 해당하므로 삭제한다.
④ ② : 앞 문장과 뒤 문장이 순접 관계이므로 '그리고'로 수정한다.
⑤ ⑩ : 맞춤법에 어긋나므로 '통채'로 수정한다.

10 다음 글은 독서반 학생이 독서 일기에 쓴 내용과 친구들이 덧붙인 의견을 옮긴 것이다. '친구들의 의견'을 읽고 떠올린 ㉠~㉢의 수정 방안으로 적절하지 않은 것은?

〈㉠ 흥부전〉

_____ ㉡ _____ ㉢ 고전을 읽는 이유는 고전이 시대를 초월하여 우리에게 다양한 의미를 준다. 흥부전은 권선징악(勸善懲惡)의 교훈만 주는 것이 아니라, 흥부와 놀부라는 인물 유형을 통해 바람직한 삶과 행복의 조건에 대해 끊임없이 재해석할 여지를 준다.

시대는 달라졌지만 고전에 나타난 문제의식은 여전히 유효하다. 현대 사회가 안고 있는 정치, 사회, 교육 등 수많은 문제들은 우리 시대만의 문제라기보다는 인류가 오랫동안 고민해 온 문제라고 할 수 있다. _____ ㉣ _____

㉤ 고전은 왜 읽는가? 컴퓨터만 켜면 수많은 정보와 지식을 손쉽게 얻을 수 있는 현실에서, 힘들여 고전을 읽는 일이 과연 왜 필요한가에 대해 의문을 품는 것도 무리는 아니다.

따라서 우리는 인류가 쌓아온 지혜의 보물 창고인 고전에서 현대 사회를 바라보는 안목과 자신의 삶에 대한 새로운 통찰을 얻을 수 있을 것이다.

친구들의 의견	영희 : 제목만 보고는 글의 내용을 짐작하기 어려웠어.
	주희 : 옛날 책은 다 고전인 거야?
	민희 : 첫 번째 문장이 어딘지 어색하지 않아?
	재희 : 난 흥부전이 고전으로서 왜 가치가 있는지 좀 더 자세히 알고 싶은데.
	경희 : 세 번째 문단이 다른 문단이랑 잘 연결되지 않는 것 같아.

---

① '영희'의 의견을 보니, 제목이 주제를 효과적으로 드러내지 못하고 있어. ㉠을 '고전의 가치 – 흥부전을 읽는 이유'로 바꿔야겠어.

② '주희'의 의견을 보니, 고전의 개념을 명확히 밝힐 필요가 있어. ㉡에 '고전은 오랜 세월을 두고 읽을 만한 좋은 책을 뜻한다.'라는 내용을 추가해야겠어.

③ '민희'의 의견을 보니, 문장 성분의 호응이 제대로 이뤄지지 않았어. ㉢을 '고전을 읽는 이유는 고전이 시대를 초월하여 우리에게 다양한 의미를 주기 때문이다.'로 바꿔야겠어.

④ '재희'의 의견을 보니, 내 생각을 뒷받침할 근거가 부족했어. 흥부전에서 현대 사회에 적용할 수 있는 구체적인 내용을 찾아 ㉣에서 제시해야겠어.

⑤ '경희'의 의견을 보니, 세 번째 문단 ㉤의 위치가 적절하지 않아. 글의 흐름이 자연스럽도록 마지막 문단으로 옮겨야겠어.

| 유형분석 |

- 의미상의 오류나 어법상의 오류를 묻는 유형이 출제된다.
- 알고 있는 어문 규정에 대한 문제라면 선택지를 읽어보고 정답 및 오답을 파악하고, 잘 모르는 규정은 평소에 익숙한 선택지를 중심으로 오답을 체크한다.

다음 중 빈칸에 들어갈 단어를 바르게 나열한 것은?

- 이번 일은 (금새 / 금세) 끝날 것이다.
- 이 사건에 대해 (일절 / 일체) 말하지 않았다.
- 새 프로젝트가 최고의 결과를 (낳았다 / 나았다).

① 금세, 일체, 낳았다
② 금새, 일체, 나았다
③ 금세, 일절, 나았다
④ 금세, 일절, 낳았다
⑤ 금새, 일절, 나았다

정답 ④

- 금세 : 지금 바로. '금시에'가 줄어든 말로 구어체에서 많이 사용된다.
- 금새 : 물건의 값. 또는 물건 값의 비싸고 싼 정도
- 일절 : 아주, 전혀, 절대로의 뜻으로, 흔히 행위를 그치게 하거나 어떤 일을 하지 않을 때에 사용된다.
- 일체 : 모든 것
- 낳았다 : 어떤 결과를 이루거나 가져오다.
- 나았다 : 감기 등의 병이 나았을 때 사용된다.

01 다음 중 빈칸에 들어갈 단어로 바르게 짝지어진 것은?

> ㉠ 매년 10만여 명의 (뇌졸중 / 뇌졸증) 환자가 발생하고 있다.
> ㉡ 그의 변명이 조금 (꺼림직 / 꺼림칙 / 꺼림칫)했으나, 한번 믿어보기로 했다.

	㉠	㉡			㉠	㉡
①	뇌졸중	꺼림칙		②	뇌졸증	꺼림직
③	뇌졸증	꺼림칫		④	뇌졸증	꺼림칫
⑤	뇌졸중	꺼림직				

PART 1

Easy

02 다음 밑줄 친 부분의 띄어쓰기가 모두 옳은 것은?

① 최선의 세계를 만들기 위해서 <u>무엇 보다</u> 이 세계에 있는 모든 대상들이 지닌 성질을 정확하게 <u>인식해야 만</u> 한다.

② 일과 여가 <u>두가지를</u> 어떻게 <u>조화시키느냐하는</u> 문제는 항상 인류의 관심대상이 되어 왔다.

③ <u>내로라하는</u> 영화배우 중 내 고향 출신도 상당수 된다. 그래서 자연스럽게 영화배우를 꿈꿨고, <u>그러다 보니</u> 영화는 내 생활의 일부가 되었다.

④ 실기시험은 까다롭게 <u>심사하는만큼</u> 준비를 철저히 해야 한다. <u>한 달 간</u> 실전처럼 연습하면서 시험에 대비하자.

⑤ 우주의 <u>삼라 만상은</u> 우리에게 온갖 경험을 제공하지만 많은 경험의 결과들이 서로 <u>모순 되는</u> 때가 많다.

03 다음 중 맞춤법에 맞도록 고친 것은?

① <u>번번히</u> 지기만 하다 보니 게임이 재미없어졌다. → 번번이

② 방문 <u>횟수</u>가 늘어날수록 얼굴에 생기가 돌기 시작했다. → 회수

③ <u>널따란</u> 마당에 낙엽이 수북이 쌓여있다. → 넓다란

④ <u>왠지</u> 예감이 좋지 않아 발걸음을 재게 놀렸다. → 웬지

⑤ 대문을 제대로 <u>잠갔는지</u> 기억이 나지 않았다. → 잠궜는지

04 다음 중 맞춤법에 어긋난 문장을 모두 고르면?

> ㉠ 시간이 있으면 제 사무실에 들리세요.
> ㉡ 나무를 꺽으면 안 됩니다.
> ㉢ 사람은 누구나 옳바른 행동을 해야 한다.
> ㉣ 좋은 물건을 고르려면 이쪽에서 고르세요.

① ㉠, ㉡   ② ㉡, ㉣

③ ㉢, ㉣   ④ ㉠, ㉢

⑤ ㉠, ㉡, ㉢

05 다음 제시된 글에서 틀린 단어의 개수는?

프랑스 리옹대학 심리학과 스테파니 마차 교수팀은 학습 시간 사이에 잠을 자면 복습 시간이 줄어들고 더 오랜동안 기억할 수 있다는 점을 발명했다고 발표했다. 마차 교수팀은 성인 40명을 두 집단으로 나누어 단어 학습과 기억력을 검사했는데, 한 집단은 오전에 1차 학습을 한 후 오후에 복습을 시켰고 다른 한 집단은 저녁에 1차 학습을 한 후 잠을 자고 다음날 오전 복습을 시킨 결과 수면 집단이 비수면 집단에 비해 획기적으로 학습 효과가 올라간 것을 볼 수 있었다. 이는 수면 집단이 상대적으로 짧은 시간에 좋은 성과를 얻은 것으로 '수면이 기억을 어떤 방식으로인가 전환한 것으로 보인다.'고 설명했다. 학령기 자녀를 둔 부모라면 수면과 학습 효과의 상관성을 더욱 관심 있게 지켜봐야 할 것 같다.

① 없음
② 1개
③ 2개
④ 3개
⑤ 4개

06 다음은 노후산업단지 재생사업 활성화 방안에 대한 글이다. 틀린 단어는 모두 몇 개인가?

〈노후산업단지 재생사업 활성화 방안〉

국내 노후산업단지의 현황 및 문제점, 해외사례 고찰을 통해 도출된 시사점을 토대로 노후산업단지 재생사업 추진 기본방양을 정리하면 다음과 같은 5가지로 분류될 수 있다.

재생사업 추진 기본방향	주요 내용
공공지원형 산업단지 재생모델 지양	산업단지 재생사업은 공공주도가 아닌 민간주도로 사업추진이 바람직
입주기업 주도형 '산업단지 살리기 모델' 지향	'산업단지형 마을 만들기 모델' – 기업 스스로 원하는 환경을 조성하기 위하여 협력하고 계획을 추진하는 모델
산업유산 보존 및 보존가치시설 재활용방안 모색	새로운 산업 육성＋산업유산 보존방안 마련 – 산업유산 보존을 통한 지역자산 활용
산업단지 장소이미지 제창출	노후화되고 정체된 노후산업단지 장소이미지 게선을 위한 사업 발굴 – 활기찬 경제공간으로의 이미지메이킹 사업 추진 – 공공서비스 디자인사업 등 활용
젊은 층 유도를 위한 정책 마련	젊은 층 유도를 통한 산업단지 공간 효율성 강화 – 새로운 기능 유치를 통한 기대효과 창출

① 1개
② 2개
③ 3개
④ 4개
⑤ 5개

07 다음 중 '데'의 쓰임이 잘못 연결된 것은?

> ㉠ 과거 어느 때에 직접 경험하여 알게 된 사실을 현재의 말하는 장면에 그대로 옮겨 와서 말함을
>   나타내는 종결 어미
> ㉡ 뒤 절에서 어떤 일을 설명하거나 묻거나 시키거나 제안하기 위하여 그 대상과 상관되는 상황을
>   미리 말할 때에 쓰는 연결 어미
> ㉢ 일정한 대답을 요구하며 물어보는 뜻을 나타내는 종결 어미

① ㉠ – 내가 어릴 때 살던 곳은 아직 그대로던데.
② ㉠ – 그 친구는 발표를 정말 잘하던데.
③ ㉡ – 그를 설득하는 데 며칠이 걸렸다.
④ ㉡ – 가게에 가는데 뭐 사다 줄까?
⑤ ㉢ – 저기 저 꽃의 이름은 뭔데?

08 다음 중 사이시옷이 잘못 쓰인 것을 고르면?

① 아랫니   ② 나뭇잎
③ 햇님   ④ 장밋빛
⑤ 곗날

09 밑줄 친 낱말이 맞춤법에 맞는 것은?

① 나는 보약을 먹어서 기운이 <u>뻗쳤다</u>.

② 가을이 되어 찬바람이 부니 몸이 <u>으시시</u> 추워진다.

③ 밤을 새우다시피 하며 시험을 <u>치루고</u> 나니 몸살이 났다.

④ 그는 항상 퇴근하기 전에 자물쇠로 서랍을 단단히 <u>잠궜다</u>.

⑤ 그의 초라한 모습이 내 호기심에 불을 <u>땅겼다</u>.

Hard

10 다음 빈칸에 들어갈 단어가 적절하게 연결된 것은?

> • 생산성 ㉠ <u>재고 / 제고</u>를 위한 대책을 마련해야 한다.
> • 문장 속에 숨겨진 ㉡ <u>함의 / 결의</u>를 살펴보고자 한다.
> • 과도한 경쟁에 대한 ㉢ <u>지향 / 지양</u>을 당부했다.

	㉠	㉡	㉢
①	재고	결의	지향
②	재고	함의	지양
③	제고	함의	지양
④	제고	함의	지향
⑤	제고	결의	지향

08 명제

| 유형분석 |

- 명제 간의 관계를 정확히 알고 이를 활용할 수 있는지를 평가하는 유형이다.
- 역, 이, 대우의 개념을 정확하게 숙지하고 있어야 한다.
- 'A○ → B×'와 같이 명제를 단순화하여 정리하면서 풀어야 한다.

제시된 명제가 모두 참일 때, 빈칸에 들어갈 명제로 가장 적절한 것은?

- 과학자들 가운데 미신을 따르는 사람은 아무도 없다.
- 돼지꿈을 꾼 다음 날 복권을 사는 사람들은 모두가 미신을 따르는 사람들이다.
- 그러므로 _____

① 미신을 따르는 사람들은 모두 돼지꿈을 꾼 다음 날 복권을 산다.

② 미신을 따르지 않는 사람 중 돼지꿈을 꾼 다음 날 복권을 사는 사람이 있다.

③ 과학자가 아닌 사람들은 모두 미신을 따른다.

④ 돼지꿈을 꾼 다음 날 복권을 사는 사람이라면 과학자가 아니다.

⑤ 돼지꿈을 꾼 다음날 복권을 사지 않는다면 미신을 따르는 사람이 아니다.

정답 ④

돼지꿈을 꾼 다음 날 복권을 사는 사람들은 모두가 미신을 따르는 사람들이고, 미신을 따르는 사람 중 과학자는 없다. 즉, 돼지꿈을 꾼 다음 날 복권을 사는 사람이라면 과학자가 아니다.

30초 컷 풀이 Tip

명제 문제를 풀 때는 각 명제들을 간단하게 기호화한 다음 관계에 맞게 순서대로 도식화하면 깔끔한 풀이를 할 수 있어 시간단축이 가능하다. 참인 명제의 대우 명제도 반드시 참이라는 점을 가장 먼저 활용한다.

※ 다음 명제를 통해 얻을 수 있는 결론으로 가장 적절한 것을 고르시오. [1~6]

Easy

01

- 연필을 좋아하는 사람은 지우개를 좋아한다.
- 볼펜을 좋아하는 사람은 수정테이프를 좋아한다.
- 지우개를 좋아하는 사람은 샤프를 좋아한다.
- 성준이는 볼펜을 좋아한다.

① 볼펜을 좋아하는 사람은 연필을 좋아한다.
② 지우개를 좋아하는 사람은 볼펜을 좋아한다.
③ 성준이는 수정테이프를 좋아한다.
④ 연필을 좋아하는 사람은 수정테이프를 좋아한다.
⑤ 샤프를 좋아하는 사람은 볼펜을 좋아한다.

02

- 어떤 남자는 경제학을 좋아한다.
- 경제학을 좋아하는 모든 남자는 국문학을 좋아한다.
- 국문학을 좋아하는 모든 남자는 영문학을 좋아한다.

① 경제학을 좋아하는 어떤 남자는 국문학을 싫어한다.
② 영문학을 좋아하는 사람은 모두 남자이다.
③ 어떤 남자는 영문학을 좋아한다.
④ 국문학을 좋아하는 모든 남자는 경제학을 좋아한다.
⑤ 국문학을 좋아하는 사람은 남자이다.

03

> • 모든 철학자는 천재다. 모든 천재는 공처가다.
> • 모든 조개는 공처가다. 모든 공처가는 거북이다.

① 모든 거북이는 천재다.
② 모든 공처가는 천재다.
③ 모든 조개는 거북이다.
④ 어떤 철학자는 거북이가 아니다.
⑤ 어떤 공처가는 거북이가 아니다.

Hard
04

> • 액션영화를 보면 팝콘을 먹는다.
> • 커피를 마시지 않으면 콜라를 마시지 않는다.
> • 콜라를 마시지 않으면 액션영화를 본다.
> • 팝콘을 먹으면 나초를 먹지 않는다.
> • 애니메이션을 보면 커피를 마시지 않는다.

① 커피를 마시면 액션영화를 본다.
② 액션영화를 보면 애니메이션을 본다.
③ 나초를 먹으면 액션영화를 본다.
④ 애니메이션을 보면 팝콘을 먹는다.
⑤ 콜라를 마시면 나초도 먹는다.

05

> • 사탕을 좋아하는 사람은 밥을 좋아한다.
> • 초밥을 좋아하는 사람은 짬뽕을 좋아한다.
> • 밥을 좋아하지 않는 사람은 짬뽕을 좋아하지 않는다.

① 사탕을 좋아하지 않는 사람은 짬뽕을 좋아한다.
② 밥을 좋아하는 사람은 짬뽕을 좋아하지 않는다.
③ 짬뽕을 좋아하는 사람은 사탕을 좋아하지 않는다.
④ 초밥을 좋아하는 사람은 밥을 좋아한다.
⑤ 초밥을 좋아하는 사람은 사탕을 좋아하지 않는다.

`Easy`

06

> • 컴퓨터를 잘하는 사람은 사탕을 좋아한다.
> • 커피를 좋아하는 사람은 책을 좋아한다.
> • 수학을 잘하는 사람은 컴퓨터를 잘한다.

① 사탕을 좋아하는 사람은 수학을 못한다.
② 컴퓨터를 잘하는 사람은 커피를 좋아한다.
③ 책을 좋아하는 사람은 모두 커피를 좋아한다.
④ 커피를 좋아하는 사람은 컴퓨터를 잘한다.
⑤ 수학을 잘하는 사람은 사탕을 좋아한다.

07

- 아이스크림을 좋아하면 피자를 좋아하지 않는다.
- 갈비탕을 좋아하지 않으면 피자를 좋아한다.
- _____
그러므로 아이스크림을 좋아하면 짜장면을 좋아한다.

① 피자를 좋아하면 짜장면을 좋아한다.
② 짜장면을 좋아하면 갈비탕을 좋아한다.
③ 갈비탕을 좋아하면 짜장면을 좋아한다.
④ 짜장면을 좋아하지 않으면 피자를 좋아하지 않는다.
⑤ 피자와 갈비탕을 좋아하면 짜장면을 좋아한다.

08

- 철수네 아파트는 교회보다 낮다.
- 교회는 은행보다 낮다.
그러므로 _____

① 교회가 가장 높다.
② 교회는 은행보다 높다.
③ 철수네 아파트는 은행보다 높다.
④ 은행은 철수네 아파트보다 높다.
⑤ 철수네 아파트가 가장 높다.

09

> • A세포가 있는 동물은 물체의 상을 감지할 수 없다.
> • B세포가 없는 동물은 물체의 상을 감지할 수 있다.
> • _____
> 그러므로 A세포가 있는 동물은 빛의 유무를 감지할 수 있다.

① 빛의 유무를 감지할 수 있는 동물은 B세포가 있다.
② B세포가 없는 동물은 빛의 유무를 감지할 수 없다.
③ B세포가 있는 동물은 빛의 유무를 감지할 수 있다.
④ 물체의 상을 감지할 수 있는 동물은 빛의 유무를 감지할 수 있다.
⑤ 빛의 유무를 감지할 수 없는 동물은 물체의 상을 감지할 수 없다.

Hard

10

> • 낡은 것을 버려야 새로운 것을 채울 수 있다.
> • _____
> 그러므로 새로운 것을 채우지 않는다면 더 많은 세계를 경험할 수 없다.

① 새로운 것을 채운다면 낡은 것을 버릴 수 있다.
② 낡은 것을 버리지 않는다면 새로운 것을 채울 수 없다.
③ 새로운 것을 채운다면 더 많은 세계를 경험할 수 있다.
④ 낡은 것을 버리지 않는다면 더 많은 세계를 경험할 수 없다.
⑤ 더 많은 세계를 경험하지 못한다면 새로운 것을 채울 수 없다.

09 배열하기·연결하기·묶기

| 유형분석 |

- 주어진 조건에 따라 한 줄로 세우거나 자리를 배치하는 유형이다.
- 평소 충분한 연습이 되어있지 않으면 풀기 어려운 유형이므로, 최대한 다양한 유형을 접해 보고 패턴을 익히는 것이 좋다.

다음 제시된 명제를 참고하여 내린 A, B의 결론으로 가장 적절한 것은?

- 축구부원 6명(ㄱ, ㄴ, ㄷ, ㄹ, ㅁ, ㅂ)이 미니게임을 하기 위해서 팀을 나누려고 한다.
- 방식은 가위바위보 중 바위와 보만을 내며, 양 팀의 인원이 같을 때 팀을 결정하기로 한다.
- 단, 골키퍼 2명(ㄱ, ㄴ)은 같은 팀이 될 수 없다.
- ㄷ은 초지일관 같은 것만 냈다.
- ㄹ은 번갈아 가면서 냈다.
- ㅁ은 가위바위보 게임 룰에 따르면 ㄴ을 이겼다.
- ㅂ은 결정되는 순간에 더 많은 손톱이 보이는 것을 냈다.

- A : 위 조건만으로 팀 구성이 어떻게 되었는지 알 수 있다.
- B : ㄱ, ㄴ이 같은 팀이 될 수도 있다고 조건이 바뀐다면, 팀 구성의 경우의 수는 두 가지이다.

① A만 옳다.　　　　　　　　　　② B만 옳다.

③ A, B 모두 옳다.　　　　　　　④ A, B 모두 틀리다.

⑤ A, B 모두 옳은지 틀린지 판단할 수 없다.

정답 ③

- A : 제시된 조건에 따르면 다음과 같이 팀 구성이 된다.

바위 팀	ㄴ	ㄷ	ㄹ	보 팀	ㄱ	ㅁ	ㅂ

- B : 조건을 바꾸면 다음과 같이 한 가지의 경우의 수가 추가된다.

바위 팀	ㄱ	ㄴ	ㄷ	보 팀	ㄹ	ㅁ	ㅂ

따라서 총 두 가지의 경우의 수가 존재한다.

30초 컷 풀이 Tip

제시된 조건을 도식화하여 나열하는 것이 중요하다. 먼저 조건을 살펴보고 변하지 않아서 기준이 되는 조건을 중심으로 차례차례 살을 붙여 표나 도식의 형태를 완성해 경우의 수를 생각하는 것이 좋다.

01 L사 1층의 ○○커피숍에서는 모든 음료를 주문할 때마다 음료의 수에 따라 쿠폰에 도장을 찍어준다. 10개의 도장을 모두 채울 경우 한 잔의 음료를 무료로 받을 수 있다고 할 때, 다음을 읽고 바르게 추론한 것은?(단, 서로 다른 2장의 쿠폰은 1장의 쿠폰으로 합칠 수 있으며, 음료를 무료로 받을 때 쿠폰은 반납해야 한다)

- A사원은 B사원보다 2개의 도장을 더 모았다.
- C사원은 A사원보다 1개의 도장을 더 모았으나, 무료 음료를 받기엔 2개의 도장이 모자라다.
- D사원은 오늘 무료 음료 한 잔을 포함하여 총 3잔을 주문하였다.
- E사원은 D사원보다 6개의 도장을 더 모았다.

① A사원의 쿠폰과 D사원의 쿠폰을 합치면 무료 음료 한 잔을 받을 수 있다.
② A사원은 4개의 도장을 더 모아야 무료 음료 한 잔을 받을 수 있다.
③ C사원과 E사원이 모은 도장 개수는 서로 같다.
④ D사원이 오늘 모은 도장 개수는 B사원보다 많다.
⑤ 도장을 많이 모은 순서대로 나열하면 'C − E − A − B − D'이다.

Hard

02 20대 남녀, 30대 남녀, 40대 남녀 6명이 뮤지컬 관람을 위해 L공연장을 찾았다. 다음 〈조건〉을 참고할 때, 항상 옳은 것은?(단, 좌석은 일렬로 6개가 있다)

조건
- 양 끝자리에는 다른 성별이 앉는다.
- 40대 남성은 왼쪽에서 두 번째 자리에 앉는다.
- 30대 남녀는 서로 인접하여 앉지 않는다.
- 30대와 40대는 인접하여 앉지 않는다.
- 30대 남성은 맨 오른쪽 끝자리에 앉는다.

① 20대 남녀는 왼쪽에서 첫 번째 자리에 앉을 수 없다.
② 20대 남녀는 서로 인접하여 앉는다.
③ 40대 남녀는 서로 인접하여 앉지 않는다.
④ 20대 남성은 40대 여성과 인접하여 앉는다.
⑤ 30대 남성은 20대 여성과 인접하여 앉지 않는다.

03 남학생 A~D와 여학생 W~Z 총 8명이 있다. 입사 시험을 본 뒤, 이 8명의 득점을 알아보았더니, 남녀 모두 1명씩 짝을 이루어 동점을 받았다. 다음 〈조건〉을 모두 만족할 때, 옳은 것은?

> **조건**
> • 여학생 X는 남학생 B 또는 C와 동점이다.
> • 여학생 Y는 남학생 A 또는 B와 동점이다.
> • 여학생 Z는 남학생 A 또는 C와 동점이다.
> • 남학생 B는 여학생 W 또는 Y와 동점이다.

① 여학생 W는 남학생 C와 동점이다.
② 여학생 X와 남학생 B가 동점이다.
③ 여학생 Z와 남학생 C는 동점이다.
④ 여학생 Y는 남학생 A와 동점이다.
⑤ 남학생 D와 여학생 W는 동점이다.

04 다음은 같은 반 학생인 A~E 5명의 영어 단어 시험 결과이다. 〈조건〉에 근거하여 적절하게 추론한 것은?

> **조건**
> • A는 이번 시험에서 1문제의 답을 틀렸다.
> • B는 이번 시험에서 10문제의 답을 맞혔다.
> • C만 유일하게 이번 시험에서 20문제 중 답을 다 맞혔다.
> • D는 이번 시험에서 B보다 많은 문제의 답을 틀렸다.
> • E는 지난 시험에서 15문제의 답을 맞혔고, 이번 시험에서는 지난 시험보다 더 많은 문제의 답을 맞혔다.

① A는 E보다 많은 문제의 답을 틀렸다.
② C는 가장 많이 답을 맞혔고, B는 가장 많이 답을 틀렸다.
③ B는 D보다 많은 문제의 답을 맞혔지만, E보다는 적게 답을 맞혔다.
④ D는 E보다 많은 문제의 답을 맞혔다.
⑤ E는 이번 시험에서 5문제 이상의 답을 틀렸다.

05 L회사에 재직 중인 A ~ D 4명은 각각 서로 다른 지역인 인천, 세종, 대전, 강릉에서 근무하고 있다. A ~ D 모두 연수에 참여하기 위해 서울에 있는 본사를 방문한다고 할 때, 다음에 근거하여 바르게 추론한 것은?(단, A ~ D 모두 같은 종류의 교통수단을 이용하고, 이동 시간은 거리가 멀수록 많이 소요되며, 그 외 소요되는 시간은 서로 동일하다)

- 서울과의 거리가 먼 순서대로 나열하면 강릉 – 대전 – 세종 – 인천 순이다.
- D가 서울에 올 때, B보다 더 많은 시간이 소요된다.
- C는 A보다는 많이 B보다는 적게 시간이 소요된다.

① B는 세종에 근무한다.
② C는 대전에 근무한다.
③ D는 강릉에 근무한다.
④ C는 B보다 먼저 출발해야 한다.
⑤ 이동 시간이 긴 순서대로 나열하면 'C – D – B – A'이다.

Easy

06 L회사에서는 근무 연수가 1년씩 높아질수록 사용할 수 있는 여름 휴가 일수가 하루씩 늘어난다. L회사에 근무하는 A ~ E사원은 각각 서로 다른 해에 입사하였고, 최대 근무 연수가 4년을 넘지 않는다고 할 때, 다음 내용을 바탕으로 적절하게 추론한 것은?

- 올해로 3년 차인 A사원은 여름 휴가일로 최대 4일을 사용할 수 있다.
- B사원은 올해 여름휴가로 5일을 모두 사용하였다.
- C사원이 사용할 수 있는 여름 휴가 일수는 A사원의 휴가 일수보다 짧다.
- 올해 입사한 D사원은 1일을 여름 휴가일로 사용할 수 있다.
- E사원의 여름 휴가 일수는 D사원보다 길다.

① E사원은 C사원보다 늦게 입사하였다.
② 근무한 지 1년이 채 되지 않으면 여름휴가를 사용할 수 없다.
③ C사원의 올해 근무 연수는 2년이다.
④ B사원의 올해 근무 연수는 4년이다.
⑤ 근무 연수가 높은 순서대로 나열하면 'B – A – C – E – D'이다.

07 회사원 K씨는 건강을 위해 평일에 다양한 영양제를 먹고 있다. 요일별로 비타민 B, 비타민 C, 비타민 D, 칼슘, 마그네슘을 하나씩 먹는다고 할 때, 다음에 근거하여 적절하게 추론한 것은?

> - 비타민 C는 월요일에 먹지 않으며, 수요일에도 먹지 않는다.
> - 비타민 D는 월요일에 먹지 않으며, 화요일에도 먹지 않는다.
> - 비타민 B는 수요일에 먹지 않으며, 목요일에도 먹지 않는다.
> - 칼슘은 비타민 C와 비타민 D보다 먼저 먹는다.
> - 마그네슘은 비타민 D보다 늦게 먹고, 비타민 B보다는 먼저 먹는다.

① 비타민 C는 금요일에 먹는다.

② 마그네슘은 수요일에 먹는다.

③ 칼슘은 비타민 C보다 먼저 먹지만, 마그네슘보다는 늦게 먹는다.

④ 마그네슘은 비타민 C보다 먼저 먹는다.

⑤ 월요일에는 칼슘, 금요일에는 비타민 B를 먹는다.

08 다음은 서로 다른 밝기 등급(1~5등급)을 가진 A~E 별의 밝기를 측정한 결과이다. 다음에 근거하여 적절하게 추론한 것은?(단, 1등급이 가장 밝은 밝기 등급이다)

> - A별은 가장 밝지도 않고, 두 번째로 밝지도 않다.
> - B별은 C별보다 밝고, E별보다 어둡다.
> - C별은 D별보다 밝고, A별보다 어둡다.
> - E별은 A별보다 밝다.

① A별의 밝기 등급은 4등급이다.

② A~E 별 중 B별이 가장 밝다.

③ 어느 별이 가장 어두운지 확인할 수 없다.

④ 어느 별이 가장 밝은지 확인할 수 없다.

⑤ 별의 밝기 등급에 따라 순서대로 나열하면 'E－B－A－C－D'이다.

※ 제시된 내용을 바탕으로 내린 A, B의 결론에 대한 판단으로 항상 옳은 것을 고르시오. **[9 ~ 10]**

09

- 어느 반의 남학생과 여학생 수의 합은 20명이다.
- 학생들은 체육복이나 교복을 입고 있다.
- 체육복을 입은 학생은 9명이다.
- 교복을 입은 남학생은 4명이다.
- 체육복을 입은 남학생 수와 체육복을 입은 여학생 수의 차이는 3명이다.

- A : 교복을 입은 여학생은 7명이다.
- B : 여학생은 교복을 입은 학생보다 체육복을 입은 학생이 더 많다.

① A만 옳다.

② B만 옳다.

③ A, B 모두 옳다.

④ A, B 모두 틀리다.

⑤ A, B 모두 옳은지 틀린지 판단할 수 없다.

Hard

10

- 현진, 유미, 윤수, 영주, 태희, 선우 여섯 명은 번지 점프를 하기 위해 줄을 서 있다.
- 현진과 영주 사이에는 세 명이 있다.
- 윤수는 영주보다 늦게, 태희는 윤수보다 늦게 뛰어내린다.
- 선우와 태희는 연속으로 뛰어내리지 않는다.
- 유미는 윤수와 영주 사이에서 뛰어내린다.

- A : 유미는 윤수보다 빨리 뛰어내린다.
- B : 현진은 윤수보다 늦게 뛰어내린다.

① A만 옳다.

② B만 옳다.

③ A, B 모두 옳다.

④ A, B 모두 틀리다.

⑤ A, B 모두 옳은지 틀린지 판단할 수 없다.

| 유형분석 |

- 일반적으로 4 ~ 5명의 진술이 제시되며, 각 진술의 진실 및 거짓 여부를 확인하여 범인을 찾는 유형이다.
- 추리영역 중에서도 체감난이도가 상대적으로 높은 유형으로 알려져 있으나, 문제풀이 패턴을 익히면 시간을 절약할 수 있는 문제이다.
- 각 진술 사이의 모순을 찾아 성립하지 않는 경우의 수를 제거하거나, 경우의 수를 나누어 모든 조건이 들어맞는지를 확인해야 한다.

어느 날 밤 11시경 회사 사무실에 도둑이 들었다. CCTV를 확인해 보니 도둑은 한 명이며, 수사 결과 용의자는 갑 ~ 무 다섯 명으로 좁혀졌다. 이 중 두 명은 거짓말을 하고 있으며, 그 중 한 명이 범인이다. 범인은 누구인가?

- 갑 : 그날 밤 11시에 저는 을, 무하고 셋이서 함께 있었습니다.
- 을 : 갑은 그 시간에 무와 함께 타 지점에 출장을 가 있었어요.
- 병 : 갑의 진술은 참이고, 저도 회사에 있지 않았습니다.
- 정 : 을은 밤 11시에 저와 단둘이 있었습니다.
- 무 : 저는 사건이 일어났을 때 집에 있었습니다.

① 갑   ② 을
③ 병   ④ 정
⑤ 무

정답 ④

갑과 병은 둘 다 참을 말하거나 거짓을 말하고 있고, 을과 무의 진술이 모순이므로 둘 중 한 명은 무조건 거짓말을 하고 있다. 만약 갑과 병이 거짓을 말하고 있다면 을과 무의 진술로 인해 거짓말을 하는 사람이 최소 3명이 되므로 조건에 맞지 않는다. 따라서 갑과 병은 모두 진실을 말하고 있으며, 정은 갑의 진술과 어긋나므로 거짓을 말하고 있다.

거짓을 말하고 있는 나머지 한 명은 을 또는 무인데, 을이 거짓을 말하는 경우 무의 진술에 의해 갑·을·무는 함께 무의 집에 있었던 것이 되므로 정이 범인이고, 무가 거짓말을 하는 경우에도 갑·을·무는 함께 출장을 가 있었던 것이 되므로 역시 정이 범인이 된다.

30초 컷 풀이 Tip

진실게임 유형 중 90% 이상은 다음 두 가지 방법으로 풀 수 있다. 주어진 진술을 빠르게 훑으며 다음 두 가지 중 어떤 경우에 해당되는지 확인한 후 문제를 풀어나간다.

두 명 이상의 발언 중 한쪽이 진실이면 다른 한쪽이 거짓인 경우
1) A가 진실이고 B가 거짓인 경우, B가 진실이고 A가 거짓인 경우 두 가지로 나눌 수 있다.
2) 두 가지 경우에서 각 발언의 진위 여부를 판단한다.
3) 주어진 조건과 비교한다(범인의 숫자가 맞는지, 진실 또는 거짓을 말한 인원수가 조건과 맞는지 등).

두 명 이상의 발언 중 한쪽이 진실이면 다른 한쪽도 진실인 경우
1) A와 B가 모두 진실인 경우, A와 B가 모두 거짓인 경우 두 가지로 나눌 수 있다.
2) 두 가지 경우에서 각 발언의 진위 여부를 판단하여 범인을 찾는다.
3) 주어진 조건과 비교한다(범인의 숫자가 맞는지, 진실 또는 거짓을 말한 인원수가 조건과 맞는지 등).

01 L기업이 해외공사에 사용될 설비를 구축할 업체 두 곳을 선정하려고 한다. 구축해야 할 설비는 중동, 미국, 서부, 유럽에 2개씩 총 8개이며, 경쟁업체는 A ~ C업체이다. 주어진 〈정보〉가 참 또는 거짓이라고 할 때, 〈보기〉 중 참을 말하는 사람은 누구인가?

〈정보〉

• A기업은 최소한 3개의 설비를 구축할 예정이다.
• B기업은 중동, 미국, 서부, 유럽에 각 하나씩 설비를 구축할 예정이다.
• C기업은 중동지역에 2개, 유럽지역에 2개의 설비를 구축할 예정이다.

보기

• 이사원 : A기업이 참일 경우, B기업은 거짓이 된다.
• 김주임 : B기업이 거짓일 경우, A기업은 참이 된다.
• 장대리 : C기업이 참일 경우, A기업도 참이 된다.

① 이사원
③ 장대리
⑤ 김주임, 장대리

② 김주임
④ 이사원, 김주임

Easy

02 어느 날 밤, 도둑이 금은방에 침입하여 보석을 훔쳐 달아났다. 용의자는 갑, 을, 병, 정, 무 5명으로 조사 결과 이들은 서로 친구임이 밝혀졌다. 이들 중 2명은 거짓말을 하고 있으며, 그중 한 명이 보석을 훔친 범인이라고 할 때, 범인은 누구인가?(단, 거짓말을 한 사람이 여러 진술을 하였다면 그 진술은 모두 거짓이다)

• 갑 : 을은 그 시간에 병과 함께 PC방에 있었습니다.
• 을 : 그날 밤 저는 갑, 병과 함께 있었습니다.
• 병 : 저는 사건이 일어났을 때 혼자 집에 있었습니다.
• 정 : 을의 진술은 참이며, 저는 금은방에 있지 않았습니다.
• 무 : 저는 그날 밤 갑과 함께 집에 있었고, 금은방에 있지 않았습니다.

① 갑
③ 병
⑤ 무

② 을
④ 정

03 국내 유명 감독의 영화가 이번에 개최되는 국제 영화 시상식에서 작품상, 감독상, 각본상, 편집상의 총 4개 후보에 올랐다. 4명의 심사위원이 해당 작품의 수상 가능성에 대해 다음과 같이 진술하였고, 이들 중 3명의 진술은 모두 참이며 나머지 1명의 진술은 거짓이다. 해당 작품이 수상할 수 있는 상의 최대 개수는?

- A심사위원 : 편집상을 받지 못한다면 감독상도 받지 못하며, 대신 각본상을 받을 것이다.
- B심사위원 : 작품상을 받는다면 감독상도 받을 것이다.
- C심사위원 : 감독상을 받지 못한다면 편집상도 받지 못한다.
- D심사위원 : 편집상과 각본상은 받지 못한다.

① 0개
② 1개
② 2개
④ 3개
⑤ 4개

04 직원들끼리 이번 달 성과금에 대해 이야기를 나누고 있다. 성과금은 반드시 늘거나 줄어들었고, 직원 중 1명만 거짓말을 하고 있을 때 항상 참인 것은?

- 직원 A : 나는 이번에 성과금이 늘어났어. 그래도 B만큼은 오르지는 않았네.
- 직원 B : 맞아 난 성과금이 좀 늘어났지. D보다 조금 더 늘었어.
- 직원 C : 좋겠다. 오 ~ E도 성과금이 늘어났네.
- 직원 D : 응? 무슨 소리야. E는 C와 같이 성과금이 줄어들었는데.
- 직원 E : 그런 것보다 D가 A보다 성과금이 조금 올랐는데.

① 직원 B의 성과금이 가장 많이 올랐다.
② 직원 D의 성과금이 가장 많이 올랐다.
③ 직원 A의 성과금이 오른 사람 중 가장 적다.
④ 직원 C는 성과금이 줄어들었다.
⑤ 직원 E의 성과금 순위를 알 수 없다.

05 매주 화요일에 진행되는 취업스터디에 A ~ E 5명의 친구가 함께 참여하고 있다. 스터디 불참 시 벌금이 부과되는 스터디 규칙에 따라 지난주 불참한 2명은 벌금을 내야 한다. 이들 중 2명이 거짓말을 하고 있다고 할 때, 다음 중 옳은 것은?

> • A : 내가 다음 주에는 사정상 참석할 수 없지만 지난주에는 참석했어!
> • B : 지난주 불참한 C가 반드시 벌금을 내야 해.
> • C : 지난주 스터디에 A가 불참한 건 확실해!
> • D : 사실 나는 지난주 스터디에 불참했어.
> • E : 지난주 스터디에 나는 참석했지만, B는 불참했어.

① A와 B가 벌금을 내야 한다.
② A와 C가 벌금을 내야 한다.
③ A와 E가 벌금을 내야 한다.
④ B와 D가 벌금을 내야 한다.
⑤ D와 E가 벌금을 내야 한다.

`Easy`

06 A ~ E 5명이 100m 달리기를 했다. 기록 측정 결과가 나오기 전에 그들끼리의 대화를 통해 순위를 예측해 보려고 한다. 그들의 대화는 다음과 같고, 이 중 한 사람이 거짓말을 하고 있다. 다음 중 A ~ E의 순위로 적절한 것은?

> • A : 나는 1등이 아니고, 3등도 아니야.
> • B : 나는 1등이 아니고, 2등도 아니야.
> • C : 나는 3등이 아니고, 4등도 아니야.
> • D : 나는 A와 B보다 늦게 들어왔어.
> • E : 나는 C보다는 빠르게 들어왔지만, A보다는 늦게 들어왔어.

① A - C - E - B - D
② C - A - D - B - E
③ C - E - B - A - D
④ E - A - B - C - D
⑤ E - C - B - A - D

07 작곡가 A ∼ D 4명은 각각 피아노, 바이올린, 트럼펫, 플루트를 연주한다. 또한 피아노를 연주하는 사람은 재즈를, 트럼펫과 바이올린을 연주하는 사람은 클래식을, 플루트를 연주하는 사람은 재즈와 클래식 모두를 연주한다. A ∼ D 중 한 사람만 진실을 이야기 했을 때, 다음 〈보기〉 중 옳은 것을 모두 고르면?(단, 악기는 중복 없이 한 사람당 한 악기만 연주할 수 있고 거짓은 모든 진술을 부정한다)

- A : 나는 피아노를 연주하지 않고, D는 트럼펫을 연주해.
- B : A는 플루트를 연주하지 않고, 나는 바이올린을 연주해.
- C : B는 피아노를 연주하고, D는 바이올린을 연주해.
- D : A는 플루트를 연주하고, C는 트럼펫을 연주하지 않아.

보기

㉠ A는 재즈를, C는 클래식을 연주한다.
㉡ B는 클래식을 연주한다.
㉢ C는 재즈와 클래식을 모두 연주한다.

---

① ㉠　　　　　　　　　　　　　② ㉡
③ ㉢　　　　　　　　　　　　　④ ㉠, ㉡
⑤ ㉡, ㉢

08 자동차회사에 다니는 A ∼ C 세 사람은 각각 대전지점, 강릉지점, 군산지점으로 출장을 다녀왔다. A ∼ C의 출장지는 서로 다르며 세 사람 중 한 사람만 참을 말할 때, 세 사람이 다녀온 출장지를 순서대로 나열한 것은?

- A : 나는 대전지점에 가지 않았다.
- B : 나는 강릉지점에 가지 않았다.
- C : 나는 대전지점에 갔다.

	대전지점	강릉지점	군산지점
①	A	B	C
②	A	C	B
③	B	A	C
④	B	C	A
⑤	C	A	B

CHAPTER 02
수리적 사고

합격 CHEAT KEY

| 영역 소개 |

L-TAB의 수리적 사고 영역은 지원자의 수리적 판단력과 자료분석 및 응용, 규칙 찾기 등 수리적 사고와 관련된 다양한 능력을 평가한다.

제시된 상황에서 중등교육 수준의 수학적 지식을 활용한 응용계산 능력은 물론, 실제 업무에서 자주 나타나는 도표·그래프 등의 여러 자료를 해석하고 추론하는 능력을 고루 평가한다. 과거 L-TAB에서도 자료해석 영역은 공통적으로 포함되어 있었지만 실제 업무와 유사한 상황이 실시간으로 부여되기 때문에 그만큼 숫자나 도표, 규칙을 숙달하여 자연스럽게 활용할 필요가 있다.

01 응용수리

일반적인 응용수리처럼 정형화된 공식을 주로 활용하되, 실제 업무 및 상황에서 활용될 여지가 높은 확률, 경우의 수, 거리·속력·시간 등의 문제들이 복합적으로 출제되었다. 하지만 제시되는 문제 및 상황에 따라 다양한 방면의 응용수리 문제들이 출제될 여지가 있으므로 방심은 금물이다.

┤ 학습 포인트 ├

- 온라인 L-TAB의 특성상 일반적인 적성검사 문제의 형태가 아닌, 응용수리 개념의 원리를 활용한 문제들이 출제되고 있으므로 공식뿐만 아니라 과정도 이해하도록 해야 한다.
- 정형화된 유형들을 풀어보고 숙지하여 기본을 튼튼히 한다.
- 경우의 수나 확률과 같은 유형은 고등학교 수준의 문제를 풀어보는 것이 도움이 될 수 있다.

02 자료해석

표나 그래프 등 주어진 자료를 보고 필요한 정보를 빠르게 찾아 해석할 수 있는지를 평가하는 유형이다. 자료해석은 모든 기업 인적성검사에 출제되고 있는 영역이지만, L-TAB의 경우 프로그램 내에서 보고서 양식을 첨부파일로 내려 받아서 풀이하는 등 실제 문서와 더욱 유사하므로 좀 더 주의 깊게 제시된 자료를 파악할 수 있어야 한다.

┤ 학습 포인트 ├

- 표, 꺾은선그래프, 막대그래프, 원그래프 등 다양한 형태의 자료를 눈에 익힌다. 그래야 실제 시험에서 자료가 제시되었을 때 중점을 두고 파악해야 할 부분이 더욱 선명하게 보일 것이다.
- 자료해석 유형의 문제는 제시되는 정보의 양이 매우 많으므로 시간을 절약하기 위해서는 문제를 읽은 후 바로 자료 분석에 들어가는 것보다는, 제시된 상황을 먼저 파악하여 필요한 정보만 추출한 뒤 답을 찾는 것이 좋다.

03 수추리

나열된 수의 관계를 통해 일정한 규칙을 찾는 유형으로, 일반항을 구해야 하는 문제나 크기를 판단하는 문제 등으로 여타 대기업 인적성검사에서 흔히 만나게 된다. L-TAB의 특성상 상대적으로 출제 가능성이 낮지만, 수추리는 연습이 되지 않은 상태에서 풀이가 가장 어려운 유형 중 하나이므로 기본적인 풀이법 정도는 익혀 만약의 상황에 대비할 수 있도록 한다.

┤ 학습 포인트 ├

- 수열의 다양한 형태를 접해보는 것이 좋다.
- 등차수열, 등비수열, 피보나치수열 등의 공식과 개념은 알아둔다.
- 사각형이나 삼각형과 같은 도형의 넓이와 함께 출제되는 경향이 있으므로 기본적인 공식은 알아둔다.

01 응용수리

1. 수의 관계

(1) 약수와 배수
a가 b로 나누어떨어질 때, a는 b의 배수, b는 a의 약수

(2) 소수
1과 자기 자신만을 약수로 갖는 수. 즉, 약수의 개수가 2개인 수

(3) 합성수
1과 자신 이외의 수를 약수로 갖는 수. 즉, 소수가 아닌 수 또는 약수의 개수가 3개 이상인 수

(4) 최대공약수
2개 이상의 자연수의 공통된 약수 중에서 가장 큰 수

(5) 최소공배수
2개 이상의 자연수의 공통된 배수 중에서 가장 작은 수

(6) 서로소
1 이외에 공약수를 갖지 않는 두 자연수. 즉, 최대공약수가 1인 두 자연수

(7) 소인수분해
주어진 합성수를 소수의 거듭제곱의 형태로 나타내는 것

(8) 약수의 개수
자연수 $N = a^m \times b^n$에 대하여, N의 약수의 개수는 $(m+1) \times (n+1)$개

(9) 최대공약수와 최소공배수의 관계
두 자연수 A, B에 대하여, 최소공배수와 최대공약수를 각각 L, G라고 하면 $A \times B = L \times G$가 성립한다.

2. 방정식의 활용

(1) 날짜·요일·시계

① 날짜·요일

　㉠ 1일＝24시간＝1,440분＝86,400초

　㉡ 날짜·요일 관련 문제는 대부분 나머지를 이용해 계산한다.

② 시계

　㉠ 시침이 1시간 동안 이동하는 각도 : 30°

　㉡ 시침이 1분 동안 이동하는 각도 : 0.5°

　㉢ 분침이 1분 동안 이동하는 각도 : 6°

(2) 거리·속력·시간

① (거리)＝(속력)×(시간)

　㉠ 기차가 터널을 통과하거나 다리를 지나가는 경우

　　• (기차가 움직인 거리)＝(기차의 길이)＋(터널 또는 다리의 길이)

　㉡ 두 사람이 반대 방향 또는 같은 방향으로 움직이는 경우

　　• (두 사람 사이의 거리)＝(두 사람이 움직인 거리의 합 또는 차)

② (속력)＝$\dfrac{(거리)}{(시간)}$

　㉠ 흐르는 물에서 배를 타는 경우

　　• (하류로 내려갈 때의 속력)＝(배 자체의 속력)＋(물의 속력)

　　• (상류로 올라갈 때의 속력)＝(배 자체의 속력)－(물의 속력)

③ (시간)＝$\dfrac{(거리)}{(속력)}$

(3) 나이·인원·개수

구하고자 하는 것을 미지수로 놓고 식을 세운다. 동물의 경우 다리의 개수에 유의해야 한다.

(4) 원가·정가

① (정가)＝(원가)＋(이익), (이익)＝(정가)－(원가)

② (a원에서 $b\%$ 할인한 가격)＝$a\times\left(1-\dfrac{b}{100}\right)$

(5) 일률·톱니바퀴

① 일률

전체 일의 양을 1로 놓고, 시간 동안 한 일의 양을 미지수로 놓고 식을 세운다.

• (일률)＝$\dfrac{(작업량)}{(작업기간)}$

• (작업기간)＝$\dfrac{(작업량)}{(일률)}$

• (작업량)＝(일률)×(작업기간)

② **톱니바퀴**

(톱니 수)×(회전수)=(총 맞물린 톱니 수)

즉, A, B 두 톱니에 대하여, (A의 톱니 수)×(A의 회전수)=(B의 톱니 수)×(B의 회전수)가 성립한다.

(6) 농도

① $(\text{농도}) = \dfrac{(\text{용질의 양})}{(\text{용액의 양})} \times 100$

② $(\text{용질의 양}) = \dfrac{(\text{농도})}{100} \times (\text{용액의 양})$

(7) 수 Ⅰ

① 연속하는 세 자연수 : $x-1$, x, $x+1$
② 연속하는 세 짝수(홀수) : $x-2$, x, $x+2$

(8) 수 Ⅱ

① 십의 자릿수가 x, 일의 자릿수가 y인 두 자리 자연수 : $10x+y$

이 수에 대해, 십의 자리와 일의 자리를 바꾼 수 : $10y+x$

② 백의 자릿수가 x, 십의 자릿수가 y, 일의 자릿수가 z인 세 자리 자연수 : $100x+10y+z$

(9) 증가·감소

① x가 $a\%$ 증가 : $\left(1+\dfrac{a}{100}\right)x$

② y가 $b\%$ 감소 : $\left(1-\dfrac{b}{100}\right)y$

3. 경우의 수·확률

(1) 경우의 수

① 경우의 수 : 어떤 사건이 일어날 수 있는 모든 가짓수
② 합의 법칙
  ㉠ 두 사건 A, B가 동시에 일어나지 않을 때, A가 일어나는 경우의 수를 m, B가 일어나는 경우의 수를 n이라고 하면, 사건 A 또는 B가 일어나는 경우의 수는 $m+n$이다.
  ㉡ '또는', '~이거나'라는 말이 나오면 합의 법칙을 사용한다.
③ 곱의 법칙
  ㉠ A가 일어나는 경우의 수를 m, B가 일어나는 경우의 수를 n이라고 하면, 사건 A와 B가 동시에 일어나는 경우의 수는 $m \times n$이다.
  ㉡ '그리고', '동시에'라는 말이 나오면 곱의 법칙을 사용한다.

④ 여러 가지 경우의 수

　㉠ 동전 n개를 던졌을 때, 경우의 수 : 2^n

　㉡ 주사위 m개를 던졌을 때, 경우의 수 : 6^m

　㉢ 동전 n개와 주사위 m개를 던졌을 때, 경우의 수 : $2^n \times 6^m$

　㉣ n명을 한 줄로 세우는 경우의 수 : $n! = n \times (n-1) \times (n-2) \times \cdots \times 2 \times 1$

　㉤ n명 중, m명을 뽑아 한 줄로 세우는 경우의 수 : $_nP_m = n \times (n-1) \times \cdots \times (n-m+1)$

　㉥ n명을 한 줄로 세울 때, m명을 이웃하여 세우는 경우의 수 : $(n-m+1)! \times m!$

　㉦ 0이 아닌 서로 다른 한 자리 숫자가 적힌 n장의 카드에서, m장을 뽑아 만들 수 있는 m자리 정수의 개수 : $_nP_m$

　㉧ 0을 포함한 서로 다른 한 자리 숫자가 적힌 n장의 카드에서, m장을 뽑아 만들 수 있는 m자리 정수의 개수 : $(n-1) \times _{n-1}P_{m-1}$

　㉨ n명 중, 자격이 다른 m명을 뽑는 경우의 수 : $_nP_m$

　㉩ n명 중, 자격이 같은 m명을 뽑는 경우의 수 : $_nC_m = \dfrac{_nP_m}{m!}$

　㉪ 원형 모양의 탁자에 n명을 앉히는 경우의 수 : $(n-1)!$

⑤ **최단거리 문제** : A에서 B 사이에 P가 주어져 있다면, A와 P의 최단거리, B와 P의 최단거리를 각각 구하여 곱한다.

(2) 확률

① (사건 A가 일어날 확률)$= \dfrac{\text{(사건 A가 일어나는 경우의 수)}}{\text{(모든 경우의 수)}}$

② **여사건의 확률**

　㉠ 사건 A가 일어날 확률이 p일 때, 사건 A가 일어나지 않을 확률은 $(1-p)$이다.

　㉡ '적어도'라는 말이 나오면 주로 사용한다.

③ **확률의 계산**

　㉠ 확률의 덧셈

　　두 사건 A, B가 동시에 일어나지 않을 때, A가 일어날 확률을 p, B가 일어날 확률을 q라고 하면, 사건 A 또는 B가 일어날 확률은 $p+q$이다.

　㉡ 확률의 곱셈

　　A가 일어날 확률을 p, B가 일어날 확률을 q라고 하면, 사건 A와 B가 동시에 일어날 확률은 $p \times q$이다.

④ **여러 가지 확률**

　㉠ 연속하여 뽑을 때, 꺼낸 것을 다시 넣고 뽑는 경우 : 처음과 나중의 모든 경우의 수는 같다.

　㉡ 연속하여 뽑을 때, 꺼낸 것을 다시 넣지 않고 뽑는 경우 : 나중의 모든 경우의 수는 처음의 모든 경우의 수보다 1만큼 작다.

　㉢ (도형에서의 확률)$= \dfrac{\text{(해당하는 부분의 넓이)}}{\text{(전체 넓이)}}$

(1) 꺾은선(절선)그래프

① 시간적 추이(시계열 변화)를 표시하는 데 적합하다.

　　예 연도별 매출액 추이 변화 등

② 경과·비교·분포를 비롯하여 상관관계 등을 나타날 때 사용한다.

〈한국 자동차부품 수입 국가별 의존도〉

(단위 : %)

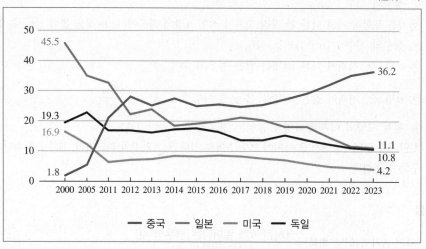

(2) 막대그래프

① 비교하고자 하는 수량을 막대 길이로 표시하고, 그 길이를 비교하여 각 수량 간의 대소 관계를 나타내는 데 적합하다.

　　예 영업소별 매출액, 성적별 인원분포 등

② 가장 간단한 형태로 내역·비교·경과·도수 등을 표시하는 용도로 사용한다.

〈경상수지 추이〉

(잠정치, 단위 : 억 달러)

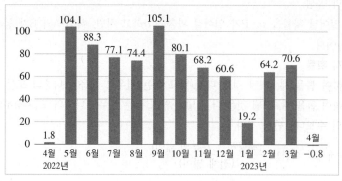

(3) 원그래프

① 내역이나 내용의 구성비를 분할하여 나타내는 데 적합하다.

    예 제품별 매출액 구성비 등

② 원그래프를 정교하게 작성할 때는 수치를 각도로 환산해야 한다.

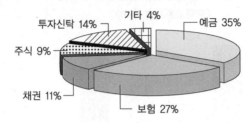

〈C국의 가계 금융자산 구성비〉

(4) 점그래프

① 지역분포를 비롯하여 도시, 지방, 기업, 상품 등의 평가나 위치, 성격을 표시하는 데 적합하다.

    예 광고비율과 이익률의 관계 등

② 종축과 횡축에 두 요소를 두고, 보고자 하는 것이 어떤 위치에 있는가를 알고자 할 때 사용한다.

〈OECD 국가의 대학졸업자 취업률 및 경제활동인구 비중〉

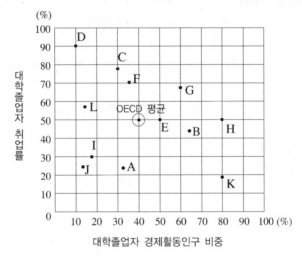

(5) 층별그래프

① 합계와 각 부분의 크기를 백분율로 나타내고 시간적 변화를 보는 데 적합하다.

② 합계와 각 부분의 크기를 실수로 나타내고 시간적 변화를 보는 데 적합하다.

　예 상품별 매출액 추이 등

③ 선의 움직임보다는 선과 선 사이의 크기로써 데이터 변화를 나타내는 그래프이다.

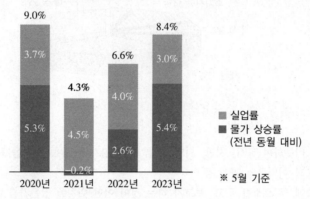

〈경제고통지수 추이〉

(6) 레이더 차트(거미줄그래프)

① 다양한 요소를 비교할 때, 경과를 나타내는 데 적합하다.

　예 매출액의 계절변동 등

② 비교하는 수량을 직경, 또는 반경으로 나누어 원의 중심에서의 거리에 따라 각 수량의 관계를 나타내는 그래프이다.

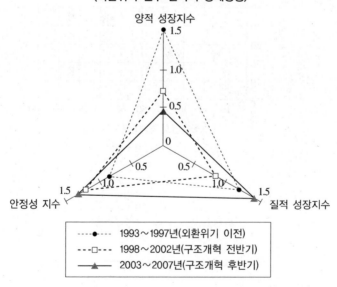

〈외환위기 전후 한국의 경제상황〉

(1) 등차수열 : 앞의 항에 일정한 수를 더해 이루어지는 수열

예 1 3 5 7 9 11 13 15
  +2 +2 +2 +2 +2 +2 +2

(2) 등비수열 : 앞의 항에 일정한 수를 곱해 이루어지는 수열

예 1 2 4 8 16 32 64 128
  ×2 ×2 ×2 ×2 ×2 ×2 ×2

(3) 계차수열 : 수열의 인접하는 두 항의 차로 이루어진 수열

예 1 2 4 7 11 16 22 29
  +1 +2 +3 +4 +5 +6 +7
   +1 +1 +1 +1 +1 +1

(4) 피보나치수열 : 앞의 두 항의 합이 그 다음 항의 수가 되는 수열

예 1 1 $\underset{1+1}{2}$ $\underset{1+2}{3}$ $\underset{2+3}{5}$ $\underset{3+5}{8}$ $\underset{5+8}{13}$ $\underset{8+13}{21}$

(5) 건너뛰기 수열

- 두 개 이상의 수열이 일정한 간격을 두고 번갈아가며 나타나는 수열

  예 1 1 3 7 5 13 7 19

  - 홀수 항 : 1 3 5 7
        +2 +2 +2

  - 짝수 항 : 1 7 13 19
        +6 +6 +6

- 두 개 이상의 규칙이 일정한 간격을 두고 번갈아가며 적용되는 수열

  예 0 1 3 4 12 13 39 40
    +1 ×3 +1 ×3 +1 ×3 +1

(6) 군수열 : 일정한 규칙성으로 몇 항씩 묶어 나눈 수열

예 • 1 1 2 1 2 3 1 2 3 4
  ⇒ 1 1 2 1 2 3 1 2 3 4
  • 1 3 4 6 5 11 2 6 8 9 3 12
  ⇒ $\underset{1+3=4}{1\ 3\ 4}$ $\underset{6+5=11}{6\ 5\ 11}$ $\underset{2+6=8}{2\ 6\ 8}$ $\underset{9+3=12}{9\ 3\ 12}$
  • 1 3 3 2 4 8 5 6 30 7 2 14
  ⇒ $\underset{1×3=3}{1\ 3\ 3}$ $\underset{2×4=8}{2\ 4\ 8}$ $\underset{5×6=30}{5\ 6\ 30}$ $\underset{7×2=14}{7\ 2\ 14}$

| 유형분석 |

- (거리)=(속력)×(시간) 공식을 활용한 문제이다.

  $(속력)=\dfrac{(거리)}{(시간)}$, $(시간)=\dfrac{(거리)}{(속력)}$
- 기차와 터널의 길이, 물과 같이 속력이 있는 장소 등 추가적인 거리나 속력 시간에 관한 조건과 결합하여 난이도 높은 문제로 출제된다.

서울 지사에 근무하는 A와 B는 X와 Y경로를 이용하여 부산 지사로 외근을 갈 예정이다. X경로를 이용하여 이동을 하면 A가 B보다 1시간 늦게 도착한다. A는 X경로로 이동하고 B는 X경로보다 160km 긴 Y경로로 이동하면 A가 B보다 1시간 빨리 도착한다. 이때 B의 속력은?

① 40km/h
② 50km/h
③ 60km/h
④ 70km/h
⑤ 80km/h

정답 ⑤

X경로의 거리를 $x$km, Y경로의 거리를 $y$km, A의 이동 속력을 $r$km/h, B의 이동 속력은 $z$km/h라 하자.

$\dfrac{x}{r}=\dfrac{x}{z}+1 \cdots \bigcirc$

$\dfrac{x}{r}+1=\dfrac{y}{z} \cdots \bigcirc\!\bigcirc$

$x+160=y$이므로 ㉡에 대입하면 $\dfrac{x}{r}+1=\dfrac{x+160}{z}$이고, ㉠과 연립하면 $\dfrac{x}{z}+1+1=\dfrac{x+160}{z}$이다. 이를 정리하면 다음과 같다.

$\dfrac{x}{z}+2=\dfrac{x}{z}+\dfrac{160}{z}$

$\rightarrow 2=\dfrac{160}{z}$

$\therefore z=80$

따라서 B의 속력은 80km/h이다.

30초 컷 풀이 Tip

1. 미지수가 3개 이상인 연립방정식을 풀이할 때, 연립을 해서 미지수의 값을 각각 구하는 것보다 선택지의 값을 대입해서 풀이하는 경우가 더 빠를 수 있다.
2. 거리 · 속력 · 시간 유형의 문제를 풀 때 가장 중요하고 빠르게 계산하는 방법은 먼저 단위를 통일시키는 것이다.

01　서울에 사는 K씨는 휴가를 맞아 가족들과 자동차를 타고 여행을 떠났다. 여행지에 갈 때는 시속 80km로 운전하고, 여행지에서 집으로 돌아올 때는 시속 120km로 운전했다. 갈 때와 돌아올 때의 시간차이가 1시간 20분이라고 할 때, K씨의 집과 여행지 사이의 거리는?

① 300km
② 320km
③ 340km
④ 360km
⑤ 380km

Easy

02　소희와 예성이가 자전거로 하이킹을 하고자 한다. 소희가 먼저 시속 30km의 속력으로 출발하고 12분 후 같은 경로로 예성이가 뒤따라 출발하였다고 한다. 예성이가 출발한지 20분 후 소희를 만났다면 예성이의 분당 속력은?

① 680m/min
② 700m/min
③ 720m/min
④ 760m/min
⑤ 800m/min

03　A사원은 출근하는 도중 중요한 서류를 집에 두고 온 사실을 알게 되었다. A사원은 집으로 시속 5km로 걸어서 서류를 가지러 갔다가, 회사로 다시 출근할 때에는 자전거를 타고 시속 15km로 달렸다. 집에서 회사까지 거리는 5km이고, 2.5km 지점에서 서류를 가지러 집으로 출발할 때 시각이 오전 7시 10분이었다면, 회사에 도착한 시각은?(단, 집에서 회사까지는 직선거리이며 다른 요인으로 인한 소요시간은 없다)

① 오전 7시 50분
② 오전 8시
③ 오전 8시 10분
④ 오전 8시 20분
⑤ 오전 8시 30분

04 철도 길이가 570m인 터널이 있다. A기차는 터널을 완전히 빠져나갈 때까지 50초가 걸리고, 기차 길이가 A기차의 길이보다 60m 짧은 B기차는 23초가 걸렸다. 두 기차가 터널 양 끝에서 동시에 출발하면 $\frac{1}{3}$ 지점에서 만난다고 할 때, A기차의 길이는 얼마인가?(단, 기차 속력은 일정하다)

① 150m
② 160m
③ 170m
④ 180m
⑤ 190m

Hard

05 한 직선 위에서 시속 1km의 속도로 오른쪽으로 등속 운동하는 두 물체가 있다. 이 직선상에서 두 물체의 왼쪽에 있는 한 점 P로부터 두 물체까지의 거리의 비는 현재 4 : 1이다. 13시간 후 P로부터의 거리의 비가 7 : 5가 된다면 현재 P로부터 두 물체까지의 거리는 각각 몇 km인가?

① 6km, 2km
② 8km, 2km
③ 12km, 3km
④ 18km, 32km
⑤ 12km, 18km

06 A기차와 B기차가 36m/s의 일정한 속력으로 달리고 있다. 600m 길이의 터널을 완전히 지나는 데 A기차가 25초, B기차가 20초 걸렸다면 각 기차의 길이로 바르게 짝지어진 것은?

	A기차	B기차		A기차	B기차
①	200m	150m	②	300m	100m
③	150m	120m	④	200m	130m
⑤	300m	120m			

07 서울과 부산을 잇는 KTX는 총 490km인 거리를 이동한다. 곡선 구간 거리는 90km이고, 직선 구간에서 시속 200km로 운행한다. 대전역, 울산역, 광명역 3군데서 5분씩 정차하고 총 3시간이 걸렸을 때, 곡선 구간에서의 속력은 얼마인가?

① 80km/h   ② 90km/h

③ 100km/h   ④ 120km/h

⑤ 130km/h

08 집에서 회사까지의 거리는 1.8km이다. O사원은 운동을 위해 회사까지 걷거나 자전거를 타고 출근하기로 했다. 전체 거리의 25%는 3km/h의 속력으로 걷고, 나머지 거리는 30km/h의 속력으로 자전거를 이용해서 회사에 도착했다. 출근하는 데 걸린 시간은?

① 10분 46초   ② 10분 52초

③ 11분 20초   ④ 11분 42초

⑤ 12분 10초

`Easy`

09 C회사에 근무하는 A씨는 오전에 B회사로 외근을 갔다. 일을 마치고 시속 3km로 걸어서 회사로 가는 반대 방향으로 1km 떨어진 우체국에 들렀다가 회사로 복귀하는 데 1시간 40분이 걸렸다. B회사부터 C회사까지 거리는 몇 km인가?

① 1km   ② 2km

③ 3km   ④ 4km

⑤ 5km

| 유형분석 |

- (농도)=$\dfrac{(용질의 \ 양)}{(용액의 \ 양)}\times100$ 공식을 활용한 문제이다.
- (소금물의 양)=(물의 양)+(소금의 양)이라는 것에 유의하고, 더해지거나 없어진 것을 미지수로 두고 풀이한다.

소금물 500g이 있다. 이 소금물에 농도가 3%인 소금물 200g을 온전히 섞었더니 소금물의 농도는 7%가 되었다. 500g의 소금물에 녹아 있던 소금의 양은?

① 31g
② 37g
③ 43g
④ 49g
⑤ 55g

정답 ③

문제에서 구하고자 하는 500g의 소금물에 녹아 있던 소금의 양을 미지수로 놓는다.
500g이 소금물에 녹아 있던 소금의 양을 xg이라고 하자.
소금물 500g에 농도 3%인 소금물 200g을 섞었을 때 소금물의 농도가 주어졌으므로 농도를 기준으로 식을 세우면 다음과 같다.

$\dfrac{x+6}{500+200}\times100=7$

→ $(x+6)\times100=7\times(500+200)$
→ $(x+6)\times100=4,900$
→ $100x+600=4,900$
→ $100x=4,300$
∴ $x=43$

따라서 500g의 소금물에 녹아 있던 소금의 양은 43g이다.

30초 컷 풀이 Tip

간소화
숫자의 크기를 최대한 간소화해야 한다. 특히, 농도의 경우 분수와 정수가 같이 제시되고, 최근에는 비율을 활용한 문제가 많이 출제되고 있으므로 통분이나 약분을 통해 수를 간소화시켜 계산 실수를 줄일 수 있도록 한다.

주의사항
항상 미지수를 구해서 그 값을 계산하여 풀이해야 하는 것은 아니다. 문제에서 원하는 값은 정확한 미지수를 구하지 않아도 풀이과정에서 답이 제시되는 경우가 있으므로 문제에서 묻는 것을 명확히 해야 한다.

01 농도가 20%인 묽은 염산 300g이 있다. 이 염산에 농도가 5%인 묽은 염산을 섞어 실험에 쓸 수 있는 묽은 염산으로 희석한다. 농도가 10%보다 진하면 실험용 염산으로 사용할 수 없다고 할 때, 최소로 필요한 5% 묽은 염산의 양은?

① 600g   ② 650g

③ 700g   ④ 750g

⑤ 800g

02 농도를 알 수 없는 식염수 100g과 농도가 20%인 식염수 400g을 섞었더니 농도가 17%인 식염수가 되었다. 100g의 식염수의 농도는?

① 4%   ② 5%

③ 6%   ④ 7%

⑤ 8%

`Easy`

03 5%의 소금물 800g에서 물이 증발한 후 소금 30g을 더 넣었더니 14%의 소금물이 되었다. 증발한 물의 양은 몇 g인가?

① 230g   ② 250g

③ 280g   ④ 330g

⑤ 350g

04 농도가 각각 10%, 6%인 설탕물을 섞어서 300g의 설탕물을 만들었다. 여기에 설탕 20g을 더 넣었더니 농도가 12%인 설탕물이 되었다면 6% 설탕물의 양은 얼마인가?

① 10g   ② 20g

③ 280g   ④ 290g

⑤ 320g

Hard

05 농도가 8%인 600g의 소금물에서 일정량의 소금물을 퍼내고, 80g의 물을 붓고 소금을 20g 넣었다. 소금물의 농도가 10%가 되었다면 처음 퍼낸 소금물의 양은 얼마인가?

① 50g   ② 100g

③ 150g   ④ 200g

⑤ 250g

06 농도를 알 수 없는 설탕물 500g에 3%의 설탕물 200g을 온전히 섞었더니 섞은 설탕물의 농도는 7%가 되었다. 처음 500g의 설탕물에 녹아있던 설탕은 몇 g인가?

① 40g   ② 41g

③ 42g   ④ 43g

⑤ 44g

07 A씨는 25% 농도의 코코아 700mL를 즐겨 마신다. A씨가 마시는 코코아에 들어간 코코아 분말의 양은 얼마인가?(단, 1mL=1g이다)

① 170g   ② 175g

③ 180g   ④ 185g

⑤ 190g

08 농도가 9%인 A소금물 300g과 농도가 11.2%인 B소금물 250g을 합쳐서 C소금물을 만들었다. C소금물을 20% 덜어내고, 10g의 소금을 추가했을 때, 만들어진 소금물의 농도는?

① 12%   ② 13%

③ 14%   ④ 15%

⑤ 16%

09 지혜는 농도가 7%인 300g 소금물과 농도가 8%인 500g 소금물을 모두 섞었다. 섞은 소금물의 물을 증발시켜 농도가 10% 이상인 소금물을 만들려고 할 때, 지혜가 증발시켜야 하는 물의 양은 최소 몇 g 이상인가?

① 200g   ② 190g

③ 185g   ④ 175g

⑤ 200g

| 유형분석 |

- 전체 일의 양을 1로 두고 풀이하는 유형이다.
- 분이나 초 단위 계산이 가장 어려운 유형으로 출제되고 있다.
- $(일률) = \dfrac{(작업량)}{(작업기간)}$, $(작업기간) = \dfrac{(작업량)}{(일률)}$, $(작업량) = (일률) \times (작업기간)$

한 공장에서는 기계 2대를 운용하고 있다. 이 공장의 전체 작업을 수행할 때 A기계로는 12시간이 걸리며, B기계로는 18시간이 걸린다. 이미 절반의 작업이 수행된 상태에서, A기계로 4시간 동안 작업하다가 이후로는 A, B 두 기계를 모두 동원해 작업을 수행했다면 남은 작업을 완료하는 데 소요되는 총시간은?

① 1시간
② 1시간 12분
③ 1시간 20분
④ 1시간 30분
⑤ 1시간 40분

정답 ②

전체 일의 양을 1이라고 하자. A기계가 한 시간 동안 작업할 수 있는 일의 양은 $\dfrac{1}{12}$이고, B기계가 한 시간 동안 작업할 수 있는 일의 양은 $\dfrac{1}{18}$이다.

이미 절반의 작업이 진행되었으므로 남은 일의 양은 $1 - \dfrac{1}{2} = \dfrac{1}{2}$이다. 이 중 A기계로 4시간 동안 작업을 진행했으므로 A기계와 B기계가 함께 작업해야 하는 일의 양은 $\dfrac{1}{2} - \left(\dfrac{1}{12} \times 4 \right) = \dfrac{1}{6}$이다.

따라서 남은 $\dfrac{1}{6}$을 수행하는 데 걸리는 시간은 $\dfrac{\dfrac{1}{6}}{\left(\dfrac{1}{12} + \dfrac{1}{18} \right)} = \dfrac{\dfrac{1}{6}}{\dfrac{5}{36}} = \dfrac{6}{5}$시간, 즉 1시간 12분이 걸린다.

30초 컷 풀이 Tip

1. 전체의 값을 모르는 상태에서 비율을 묻는 문제의 경우 전체를 1이라고 하면 쉽게 풀이할 수 있다.

   예 O가 1개의 빵을 만드는 데 3시간이 걸린다. 1개의 빵을 만드는 일의 양을 1이라고 하면 O는 한 시간에 $\dfrac{1}{3}$만큼의 빵을 만든다.

2. 난이도가 있는 일의 양 문제를 접근할 때 전체 일의 양을 막대 그림으로 표현하면서 풀이하면 한눈에 파악할 수 있다.

   예

$\dfrac{1}{2}$ 수행됨	A기계로 4시간 동안 작업	A, B 두 기계를 모두 동원해 작업

01 어느 제약회사 공장에서는 A, B 두 종류의 기계로 같은 종류의 플라스틱 통에 비타민제를 담는다. 한 시간에 A기계 3대와 B기계 2대를 작동하면 1,600통에 비타민제를 담을 수 있고, A기계 2대와 B기계 3대를 작동하면 1,500통에 비타민제를 담을 수 있다고 한다. A기계 1대와 B기계 1대로 한 시간 동안에 담을 수 있는 비타민제 통의 전체 개수는?(단, 한 통에 들어가는 비타민제의 양은 같다)

① 580개   ② 600개

③ 620개   ④ 640개

⑤ 660개

Easy

02 L회사는 창립일을 맞이하여 기념 행사의 초대장을 준비하려고 한다. VIP초대장을 완성하는데 혼자서 만들 경우 A대리는 6일, B사원은 12일이 걸린다. A대리와 B사원이 함께 VIP초대장을 만들 경우, 완료할 때까지 며칠이 걸리는가?

① 5일   ② 4일

③ 3일   ④ 2일

⑤ 1일

03 화물 운송 트럭 A ~ C는 하루 2회 운행하며 192톤을 옮겨야 한다. A트럭만 운행하였을 때 12일이 걸렸고, A트럭과 B트럭을 동시에 운행하였을 때 8일이 걸렸으며, B트럭과 C트럭을 동시에 운행하였을 때 16일이 걸렸다. 이때, C트럭의 적재량은 얼마인가?

① 1톤   ② 2톤

③ 3톤   ④ 4톤

⑤ 5톤

04 L공장에서 a부품을 생산하는 기계 1과 b부품을 생산하는 기계 2가 있으며, 완제품 하나를 만드는 데 a부품 10개와 b부품 3개가 필요하다. 다음은 시간경과에 따른 기계 1과 기계 2의 부품 누적 생산량을 나타낸 표이다. L공장에서 5시간 후 생산한 a부품과 b부품으로 만들 수 있는 완제품 개수는 최대 몇 개인가?(단, 기계마다 매 시간 일정한 규칙으로 부품 개수가 생산된다)

〈부품 누적 생산량〉

(단위 : 개)

구분	1시간 후	2시간 후	3시간 후	4시간 후	5시간 후
기계 1	100	210	330	460	
기계 2	45	95	150	210	

① 54개
② 60개
③ 64개
④ 69개
⑤ 73개

05 톱니가 각각 24개, 60개인 두 톱니바퀴 A, B가 서로 맞물려 회전하고 있다. 이 두 톱니바퀴가 한 번 맞물린 후 같은 톱니에서 처음으로 다시 맞물리려면 톱니바퀴 A는 최소한 몇 바퀴 회전해야 하는가?

① 2바퀴
② 3바퀴
③ 5바퀴
④ 6바퀴
⑤ 8바퀴

06 서주임과 김대리는 공동으로 프로젝트를 끝내고 보고서를 제출하려 한다. 이 프로젝트를 혼자 할 경우 서주임은 24일이 걸리고, 김대리는 16일이 걸린다. 처음 이틀은 같이 하고, 이후엔 김대리 혼자 프로젝트를 하다가 보고서 제출 하루 전부터 같이 하였다. 보고서를 제출할 때까지 총 며칠이 걸렸는가?

① 11일
② 12일
③ 13일
④ 14일
⑤ 15일

07 방식이 다른 두 종류의 프린터 A, B가 있다. 두 프린터를 동시에 사용하여 100장을 프린트한다고 할 때, A프린터 3대와 B프린터 2대를 사용하면 4분이 걸리고, A프린터 4대와 B프린터 1대를 사용하면 5분이 걸린다. A프린터 2대와 B프린터 3대를 동시에 사용할 때, 100장을 프린트하는 데 걸리는 시간은?(단, 각 프린터마다 1장을 프린트하는 시간은 일정하다)

① 4분 20초   ② 4분

③ 3분 20초   ④ 3분

⑤ 2분 30초

Hard

08 프로젝트를 완료하는 데 A사원이 혼자 하면 7일, B사원이 혼자 하면 9일이 걸린다. 3일 동안 두 사원이 함께 프로젝트를 진행하다가 B사원이 병가를 내는 바람에 나머지는 A사원이 혼자 처리해야 한다. A사원이 남은 프로젝트를 완료하는 데에는 며칠이 더 걸리겠는가?

① 1일   ② 2일

③ 3일   ④ 4일

⑤ 5일

09 수도관으로 물을 가득 채우는 데 1시간이 걸리는 수영장이 있다. 반면 이 수영장에 가득 찬 물을 배수로로 빼내는 데 1시간 40분이 걸린다. 만약 텅 빈 수영장에 물을 채우기 시작했는데 배수로로 물이 계속 빠져나가고 있었다면 수영장에 물을 가득 채우는 데 얼마나 걸리겠는가?

① 2시간 25분   ② 2시간 30분

③ 2시간 35분   ④ 2시간 40분

⑤ 2시간 45분

| 유형분석 |

- 미지수의 값이 계산에 의해 정확하게 구해지는 것이 아니라 가능한 경우의 수를 찾아서 조건에 맞는 적절한 값을 고르는 유형이다.
- 주로 인원수나 개수를 구하는 유형으로 출제된다.
- 사람이나 물건의 개수라면 0과 자연수만 가능한 것처럼 문제에 경우의 수를 구하는 조건이 주어지므로 유의한다.

B는 사과, 배, 참외의 가격을 정해 판매 예상액을 기록 중이다. 사과 500원, 배 300원, 참외 100원에 각각 1개 이상씩 판매하면 총 2,600원이고, 사과와 참외만 각각 100원, 200원에 각각 1개 이상씩 판매하면 총 1,300원이 나온다. 판매하는 최소 과일의 총 개수는?(단, 가격을 바꿔도 각 과일의 판매 예상 개수는 동일하다)

① 9개 ② 10개

③ 11개 ④ 12개

⑤ 13개

정답 ②

사과, 배, 참외의 판매 개수를 각각 X, Y, Z개라고 가정하면, 조건에 따른 방정식은 다음과 같다.

$500X + 300Y + 100Z = 2,600 \rightarrow 5X + 3Y + Z = 26 \cdots \bigcirc$

$100X + 200Z = 1,300 \rightarrow X + 2Z = 13 \cdots \bigcirc$

X와 Z는 자연수이므로 $\bigcirc$에 부합하는 순서쌍은 $(X, Z) = (11, 1)$, $(9, 2)$, $(7, 3)$, $(5, 4)$, $(3, 5)$, $(1, 6)$이다. 순서쌍을 $\bigcirc$에 대입할 때, X, Y, Z는 모두 자연수이므로 X의 범위는 $500X \leq 2,600 - 400 \rightarrow 500X \leq 2,200 \rightarrow X \leq 4.4$이다. 따라서 순서쌍은 $(3, 5)$, $(1, 6)$이 가능하고 이때 Y는 각각 2, 5이다.

따라서 판매하는 최소 과일의 총개수는 사과 3개, 배 2개, 참외 5개로 총 10개이다.

30초 컷 풀이 Tip

미지수의 값을 추론하는 문제의 경우 구하는 해당하는 값이 지나치게 큰 문제를 출제하지 않으므로 지나치게 큰 값이 나온다면 가장 마지막에 계산하는 것이 좋다.

01 세희는 인터넷 슈퍼에서 자두와 귤을 합하여 12개를 사려고 한다. 자두 1개의 가격은 1,000원, 귤 1개의 가격은 800원이고, 배송료가 2,500원일 때, 총 가격이 13,000원 이하가 되게 하려면 자두를 최대 몇 개까지 살 수 있는가?

① 2개   ② 3개
③ 4개   ④ 5개
⑤ 6개

02 P분식집은 홍보를 위해 아르바이트생을 고용하여 전단지를 돌리기로 하였다. 아르바이트생은 A ~E 5곳에 전단지를 돌리는데 A장소에서 처음 가지고 있던 전단지의 절반을 돌리고, B, C, D장소에는 차례대로 남은 절반에서 한 부를 먼저 벽에 붙인 뒤 나머지 절반을 사람들에게 돌렸다. 마지막 E장소에서는 남은 부수의 절반을 나눠줬더니 1부가 남았다고 한다. 이때 아르바이트생이 처음 받은 전단지 부수는 몇 부인가?

① 46부   ② 58부
③ 65부   ④ 88부
⑤ 97부

`Easy`

03 휴대전화용 무선기지국 11개가 주변에 있다. 휴대전화는 주변의 모든 무선기지국과 통신이 연결되어야 하고, 무선기지국 사이에도 모두 연결이 되어야 한다. 그렇다면 휴대전화를 포함한 연결 개수는 모두 몇 개인가?(단, 통신 방향이 반대인 연결은 서로 다른 것으로 간주한다)

① 72개   ② 90개
③ 110개   ④ 132개
⑤ 156개

04 L기업에서는 조직 개편을 하려고 한다. 5명을 한 팀으로 조직을 개편하면 2명이 팀에 편성되지 않고, 6명을 한 팀으로 조직을 개편하면 팀에 편성되지 않는 사람은 없지만, 5명을 한 팀으로 조직을 개편했을 때보다 2팀이 줄어든다. 5명을 한 팀으로 조직을 개편했을 때, 만들어지는 팀은 총 몇 팀인가?

① 12팀   ② 13팀

③ 14팀   ④ 15팀

⑤ 16팀

05 아이들에게 초콜릿을 6개씩 나누어 주었더니 두 명은 하나도 받지 못하고 받은 아이 중 한 명은 2개밖에 받지 못했다. 그래서 4개씩 주었더니 6개가 남았다면, 초콜릿을 5개씩 나누어주면 몇 개가 부족하겠는가?

① 1개   ② 2개

③ 3개   ④ 4개

⑤ 5개

Hard

06 작년 정기 연수회에 참가한 여성 비율은 전체 참가인원의 65%였다. 올해 연수회에 참가한 여성은 2,500명 감소하고, 남성은 500명 증가하여 여성 수의 비율은 전체 인원의 45%가 되었다. 올해 연수회에 참가한 여성의 수는?

① 2,450명   ② 2,500명

③ 2,700명   ④ 3,000명

⑤ 3,250명

07 L사는 창립기념일 기념품으로 사원들에게 수건을 나누어 주려 한다. 수건은 흰색, 하늘색, 연두색의 세 종류이고, 흰색 수건은 96장, 하늘색 수건은 154장, 연두색 수건은 134장이 있다. 몇 명의 사원들에게 흰색 수건, 하늘색 수건, 연두색 수건을 똑같이 나누어 주었더니 각각 12장, 14장, 22장이 남았다. 만약 남은 수건들 중 24장을 모든 사원들에게 1장씩 나누어 줄 경우 수건이 남는다고 할 때, L사의 사원은 총 몇 명인가?

① 13명   ② 14명

③ 15명   ④ 16명

⑤ 17명

PART 1

Hard

08 직원 수가 36명인 A사가 워크숍을 떠나려 한다. 워크숍에는 전체 남직원의 $\frac{1}{6}$과 전체 여직원의 $\frac{1}{3}$이 참가하였다. 워크숍에 참가한 총 직원이 A사 전체 직원의 $\frac{2}{9}$라고 할 때, A사의 남직원은 총 몇 명인가?

① 12명   ② 16명

③ 18명   ④ 20명

⑤ 24명

09 K대학교에 지원한 지원자의 남학생과 여학생의 비율은 3 : 2이었다. 지원자 중 합격자의 남녀 비율은 5 : 2이고, 불합격자 남녀 비율은 4 : 3이라고 한다. 전체 합격자 수가 280명일 때, 지원자 중 여학생은 총 몇 명인가?

① 440명   ② 480명

③ 540명   ④ 560명

⑤ 640명

| 유형분석 |

- 원가, 정가, 할인가, 판매가 등의 개념을 명확히 한다.
  (정가)=(원가)+(이익)
  (이익)=(정가)-(원가)
  a원에서 $b\%$ 할인한 가격 $=a\times\left(1-\dfrac{b}{100}\right)$원
- 난이도가 어려운 편은 아니지만 비율을 활용한 계산 문제이기 때문에 실수하기 쉽다.

세희네 가족의 올해의 여름휴가 비용은 작년 대비 교통비는 15%, 숙박비는 24% 증가하여 전체 휴가 비용이 20% 증가하였다. 작년 전체 휴가 비용이 36만 원일 때, 올해 숙박비는?(단, 전체 휴가 비용은 교통비와 숙박비의 합이다)

① 160,000원
② 184,000원
③ 200,000원
④ 248,000원
⑤ 268,000원

정답 ④

작년 교통비를 x원, 숙박비를 y원이라 하자.
$1.15x+1.24y=1.2(x+y)$ … ㉠
$x+y=36$ … ㉡
㉠과 ㉡을 연립하면 $x=16$, $y=20$이다.
따라서 올해 숙박비는 $20\times1.24=24.8$만 원이다.

30초 컷 풀이 Tip

1을 %로 나타내면 $1\times100=100\%$와 같으므로 100%를 1로 환산하면 쉽게 풀이할 수 있다.
[예] 15%, 24%, 20%가 증가된다는 것은 100%에 각각 15%, 24%, 20%가 더해진다는 것이므로, 합이 115%, 124%, 120%가 되어 각각 1.15, 1.24, 1.2로 환산되는 것이다.

01 A씨는 거래처와의 외부 미팅으로 인근에 있는 유료주차장에 차량을 세워 두었다. 유료주차장의 요금안내판을 살펴보니 처음 1시간까지는 기본요금 2,000원이 발생하고, 1시간부터 2시간 사이에는 10분당 x원, 그리고 2시간부터 3시간 사이에는 15분당 y원이 발생한다고 설명하고 있으나 x와 y가 잘 보이지 않았다. 미팅이 끝난 후 A씨는 1시간 30분 동안 주차한 요금으로 총 5,000원을 냈고, 마침 같은 곳에 주차한 거래처 직원도 2시간 30분 동안 주차한 요금으로 총 11,000원을 냈다. x와 y의 합은 얼마인가?

① 2,000 　　　　　　　　　　② 2,500
③ 3,000 　　　　　　　　　　④ 3,500
⑤ 4,000

Easy

02 원우는 자신을 포함한 8명의 친구와 부산에 놀러 가기 위해 일정한 금액을 걷었다. 원우가 경비를 계산해보니, 총금액의 30%는 숙박비에 사용하고, 숙박비 사용 금액의 40%는 외식비로 사용한다. 그리고 남은 경비가 92,800원이라면, 각자 얼마씩 돈을 냈는가?

① 15,000원 　　　　　　　　② 18,000원
③ 20,000원 　　　　　　　　④ 22,000원
⑤ 24,000원

03 어떤 백화점에서 20% 할인해서 팔던 옷을 할인된 가격에서 30% 추가 할인하여 28만 원에 구매하였다면 할인받은 금액은?

① 14만 원 　　　　　　　　　② 18만 원
③ 22만 원 　　　　　　　　　④ 28만 원
⑤ 30만 원

04 새롭게 오픈한 한 게임방은 1인당 입장료가 5,000원이며, 5명이 입장하면 추가 1명이 무료로 입장할 수 있는 이벤트를 진행하려고 한다. 고등학생 친구 A씨가 친구들 53명과 함께 게임방에 들어가고자 할 때, 할인받는 총금액은 얼마인가?

① 2만 원   ② 3만 원
③ 4만 원   ④ 5만 원
⑤ 6만 원

05 가정에서 전기를 사용하는 데 100kW 단위로 누진세가 70%씩 증가한다. 누진세가 붙지 않고 사용하였을 때 1시간에 300원이라면, 240kW까지 전기를 사용하면 얼마를 지불해야 하는가?(단, 10분에 20kW씩 증가하며 처음에는 0kW로 시작한다)

① 963원   ② 964원
③ 965원   ④ 966원
⑤ 967원

06 U식당은 매주 시장에서 생닭을 일정량 주문한다고 한다. 지난 주는 1,400원짜리 생닭을 70만 원어치 주문했고, 이번 주도 같은 양을 주문했다. 이번 주에 주문한 생닭 한 마리 가격이 2,100원일 때, 이번 주에 지불한 비용은 얼마인가?

① 99만 원   ② 101만 원
③ 105만 원   ④ 109만 원
⑤ 114만 원

07 원가보다 1,000원을 올린 후 10% 인상한 가격이 a 원인 상품이 있다. 이 상품의 원가는 얼마인가?

① $\left(\dfrac{9}{10}a - 1,000\right)$ 원

② $\left(\dfrac{10}{11}a - 1,000\right)$ 원

③ $\left(\dfrac{11}{12}a - 1,000\right)$ 원

④ $\left(\dfrac{12}{13}a - 1,000\right)$ 원

⑤ $\left(\dfrac{13}{14}a - 1,000\right)$ 원

PART 1

08 A~D 4명이 저녁 식사를 하고 다음 규칙에 따라 돈을 지불했다. C가 낸 금액은?

- A는 B, C, D가 지불한 금액 합계의 20%를 지불했다.
- C는 A와 B가 지불한 금액 합계의 40%를 지불했다.
- A와 B가 지불한 금액 합계와 C와 D가 지불한 금액 합계는 같다.
- D가 지불한 금액에서 16,000원을 빼면 A가 지불한 금액과 같다.

① 18,000원

② 20,000원

③ 22,000원

④ 24,000원

⑤ 26,000원

Hard

09 A는 기계에 들어갈 부품을 타업체에 맡길지 자가 생산할지 고민하고 있다. 타업체에서 부품을 만들면 기본 생산량이 만 개이며 단가는 280원이고, 자가 생산하면 기본 생산비가 20만 원이고 단가가 270원이다. 타업체에서 부품 만 개를 구매할 때, 자가 생산과 대비해서 얻을 수 있는 손익은?

① +20만 원

② +10만 원

③ -10만 원

④ -20만 원

⑤ 차이가 없다.

| 유형분석 |

- 순열(P)과 조합(C)을 활용한 문제이다.
$$_n\mathrm{P}_m = n \times (n-1) \times \cdots \times (n-m+1)$$
$$_n\mathrm{C}_m = \frac{_n\mathrm{P}_m}{m!} = \frac{n \times (n-1) \times \cdots \times (n-m+1)}{m!}$$
- 벤다이어그램을 활용한 문제가 출제되기도 한다.

미술 전시를 위해 정육면체 모양의 석고 조각의 각 면에 빨강, 주황, 노랑, 초록, 파랑, 검정으로 색을 칠하려고 한다. 가지고 있는 색깔은 남김없이 모두 사용해야 하고, 이웃하는 면에는 같은 색깔을 칠하지 않는다. 회전해서 같아지는 조각끼리는 서로 같은 정육면체라고 할 때, 만들 수 있는 서로 다른 정육면체의 경우의 수는?

① 6가지
② 15가지
③ 30가지
④ 60가지
⑤ 120가지

정답 ③

정육면체는 면이 6개이고 회전이 가능하므로 윗면을 기준면으로 삼았을 때, 각 면에 색을 칠하는 경우의 수는 다음과 같다.

- 기준면에 색을 칠하는 경우의 수 : $6 \times \frac{1}{6} = 1$가지
- 아랫면에 색을 칠하는 경우의 수 : $6-1=5$가지
- 옆면에 색을 칠하는 경우의 수 : $(4-1)!=3!=6$가지

∴ $1 \times 5 \times 6 = 30$가지

따라서 30가지의 서로 다른 정육면체를 만들 수 있다.

30초 컷 풀이 Tip

경우의 수의 합의 법칙과 곱의 법칙 등에 관해 명확히 한다.

합의 법칙
㉠ 두 사건 A, B가 동시에 일어나지 않을 때, A가 일어나는 경우의 수를 m, B가 일어나는 경우의 수를 n이라고 하면, 사건 A 또는 B가 일어나는 경우의 수는 $(m+n)$가지이다.
㉡ '또는', '~이거나'라는 말이 나오면 합의 법칙을 사용한다.

곱의 법칙
㉠ A가 일어나는 경우의 수를 m, B가 일어나는 경우의 수를 n이라고 하면, 사건 A와 B가 동시에 일어나는 경우의 수는 $(m \times n)$가지이다.
㉡ '그리고', '동시에'라는 말이 나오면 곱의 법칙을 사용한다.

01 같은 상자 3개 안에 서로 다른 펜 4자루와 같은 종류의 지우개 12개를 남김없이 넣으려고 한다. 각 상자 안에 펜과 지우개를 적어도 각각 하나 이상 넣을 수 있는 경우의 수는?

① 320가지
② 450가지
③ 690가지
④ 990가지
⑤ 1,200가지

Easy

02 14개의 선물을 A, B, C가 나누어 가지려고 한다. 한 사람 앞에 한 개 이상의 선물을 남지 않게 나누어 가지려고 할 때 경우의 수는?

① 48가지
② 58가지
③ 68가지
④ 78가지
⑤ 88가지

03 설을 맞이하여 귀성길에 오르는데, 친가와 외가를 한 번에 가려고 한다. 친가는 대전, 외가는 부산에 있으며, 서울에서 출발하려고 한다. 서울에서 대전까지는 승용차, 버스, 기차, 대전에서 부산 또는 부산에서 대전까지는 버스, 기차, 서울에서 부산까지는 비행기, 기차, 버스로 갈 수 있다. 친가와 외가를 가는 방법은 모두 몇 가지인가?(단, 돌아오는 방법은 생각하지 않는다)

① 10가지
② 12가지
③ 14가지
④ 16가지
⑤ 18가지

04 희진이는 단팥빵과 크림빵만 만드는 빵집을 운영하고 있다. 빵집에는 빵을 1개씩만 구울 수 있는 오븐이 있고, 단팥빵과 크림빵을 굽는 데는 각각 3분, 7분이 걸리며, 1개를 굽고 나서 바로 다음 것을 굽는다. 희진이가 반죽을 만드는 데 걸리는 시간은 12분이고, 반죽은 신선도를 유지하기 위해 1시간에 한 번씩 만든다. 희진이가 1시간을 모두 활용하여 단팥빵과 크림빵을 굽는다고 할 때, 굽는 순서를 다르게 할 수 있는 방법은 총 몇 가지인가?(단, 희진이는 모든 빵을 2개 이상 만든다)

① 200가지

② 212가지

③ 224가지

④ 248가지

⑤ 252가지

05 학생회 4명과 교수 8명 중 위원회를 창설하기 위해 대표 5명을 뽑으려고 한다. 학생회장과 특정 교수 1명이 동시에 위원회 대표가 될 수 없을 때 위원회를 구성하는 경우의 수는?

① 588가지

② 602가지

③ 648가지

④ 672가지

⑤ 771가지

Hard

06 다이어트를 결심한 철수는 월요일부터 일요일까지 하루에 한 가지씩 운동을 하는 계획을 세우려 한다. 다음 〈조건〉을 참고하여 철수가 세울 수 있는 일주일간 운동하는 경우의 수는?

> 조건
> • 7일 중 4일은 수영을 한다.
> • 수영을 하지 않는 날 중 이틀은 농구, 야구, 테니스 중 매일 서로 다른 종목 하나씩을 하고 남은 하루는 배드민턴, 검도, 줄넘기 중 하나를 택한다.

① 630가지

② 840가지

③ 1,270가지

④ 1,680가지

⑤ 1,890가지

07 서랍에서 5년 전에 사용하던 핸드폰을 발견한 하준이는 핸드폰에 찍힌 지문을 통해 비밀번호를 유추하려고 한다. 핸드폰 화면의 1, 2, 5, 8, 9번 위치에 지문이 찍혀 있었으며 면밀히 조사한 결과 지움 버튼에서도 지문이 발견되었다. 핸드폰 비밀번호는 네 자릿수이며, 비밀번호 힌트로 가장 작은 수는 맨 앞에, 가장 큰 수는 맨 뒤라는 것을 알았다. 총 몇 번의 시도를 하면 비밀번호를 찾을 수 있는가?

① 8번   ② 10번
③ 12번   ④ 24번
⑤ 36번

`Easy`

08 어른 3명과 어린 아이 3명이 함께 식당에 갔다. 자리가 6개인 원탁에 앉는다고 할 때 앉을 수 있는 경우의 수는?(단, 아이들은 어른들 사이에 앉힌다)

① 8가지   ② 12가지
③ 16가지   ④ 20가지
⑤ 24가지

09 서로 다른 두 개의 주사위를 던질 때, 나오는 눈의 수의 합이 4 또는 7이 되는 경우의 수는?

① 5가지   ② 6가지
③ 7가지   ④ 8가지
⑤ 9가지

| 유형분석 |

- 순열(P)과 조합(C)을 활용하여 가능한 경우의 수를 구하는 유형이다.
- 합의 법칙과 곱의 법칙을 정확히 이해하고 있어야 한다.
- 벤다이어그램을 활용하는 문제가 자주 출제되고 있다.
- 원순열이나 중복순열의 경우 빈출유형이므로 이에 대한 개념과 공식을 알고 있어야 한다.

새로 입사한 사원의 현황이 다음과 같다. 신입사원 중 여자 한 명을 뽑았을 때, 경력자가 뽑힐 확률은?

- 신입사원의 60%는 여성이다.
- 신입사원의 20%는 여성 경력직이다.
- 신입사원의 80%는 여성이거나 경력직이다.

① $\dfrac{1}{3}$

② $\dfrac{2}{3}$

③ $\dfrac{1}{5}$

④ $\dfrac{3}{5}$

⑤ $\dfrac{1}{2}$

정답 ①

임의로 전체 신입사원을 100명이라 가정하고 성별과 경력 유무로 구분하여 표를 나타내면 다음과 같다.

(단위 : 명)

구분	여성	남성	합계
경력 없음	60−20=40	20	60
경력 있음	100×0.2=20	100×0.8−60=20	20+20=40
합계	100×0.6=60	40	100

따라서 신입사원 중 여자 한 명을 뽑았을 때 경력자가 뽑힐 확률은 여자 60명 중 경력자는 20명이므로 $\dfrac{20}{60}=\dfrac{1}{3}$ 이다.

30초 컷 풀이 Tip

- 직관적으로 문제에서 가장 최소한의 계산 과정을 사용하는 조건을 기준으로 삼고, 경우의 수를 구한다.
- 여사건을 이용할 때와 아닐 때의 경우의 수(확률)를 따져보고 좀 더 쉽게 계산할 수 있는 편을 선택한다.

Easy

01 수직선 위에 점 P가 원점에 위에 있다. 주사위 한 개를 던져서 짝수의 눈이 나오면 오른쪽으로 1만큼, 홀수의 눈이 나오면 왼쪽으로 1만큼 움직인다고 하자. 주사위를 연속하여 세 번 던졌을 때, 점 P에 대응하는 수가 1일 확률은?

① $\dfrac{2}{9}$　　　　　　　　　　② $\dfrac{3}{8}$

③ $\dfrac{5}{6}$　　　　　　　　　　④ $\dfrac{1}{2}$

⑤ $\dfrac{2}{3}$

02 주사위와 100원짜리 동전을 동시에 던졌을 때, 주사위는 4보다 큰 수가 나오고 동전은 앞면이 나올 확률은?

① $\dfrac{1}{2}$　　　　　　　　　　② $\dfrac{1}{3}$

③ $\dfrac{1}{5}$　　　　　　　　　　④ $\dfrac{2}{5}$

⑤ $\dfrac{1}{6}$

03 주머니에 1, 2, 3, 4, 5가 적힌 5개의 크기와 모양이 같은 공이 들어 있다. 이 주머니에서 임의로 한 개의 공을 꺼낼 때, 홀수이면 한 개의 주사위를 2번 던지고, 짝수이면 3번 던진다. 공을 하나를 꺼낸 다음, 주사위를 던져 나온 숫자의 합이 5일 확률은 $\dfrac{q}{p}$ 일 때, $p+q$ 의 값은?(단, p 와 q 는 서로소인 자연수이다)

① 97　　　　　　　　　　② 98

③ 99　　　　　　　　　　④ 100

⑤ 101

04 흰 구슬 3개, 검은 구슬 5개가 들어있는 주머니에서 연속해서 3개의 구슬을 뽑으려고 한다. 이때 흰 구슬 2개, 검은 구슬 1개가 나올 확률은?(단, 꺼낸 구슬은 다시 집어넣지 않는다)

① $\dfrac{11}{56}$ ② $\dfrac{15}{56}$

③ $\dfrac{17}{56}$ ④ $\dfrac{23}{56}$

⑤ $\dfrac{29}{56}$

05 L회사의 사내 운동회에서 홍보부서와 기획부서가 결승에 진출하였다. 결승에서는 7번 경기 중에서 4번을 먼저 이기는 팀이 우승팀이 된다. 홍보부서와 기획부서의 승률이 각각 $\dfrac{1}{2}$이고 무승부는 없다고 할 때, 홍보부서가 네 번째 또는 다섯 번째 시합에서 우승할 확률은?

① $\dfrac{1}{8}$ ② $\dfrac{5}{6}$

③ $\dfrac{1}{4}$ ④ $\dfrac{5}{16}$

⑤ $\dfrac{7}{8}$

Hard

06 L회사에 남녀 성비가 3 : 2이며, 여직원 중 경력직은 15%, 남직원 중 경력직은 25%이다. 경력직 직원 중 한 명을 뽑을 때, 그 직원이 여직원일 확률은?

① $\dfrac{1}{4}$ ② $\dfrac{3}{10}$

③ $\dfrac{2}{7}$ ④ $\dfrac{5}{21}$

⑤ $\dfrac{3}{5}$

07 A국가의 국회에는 야당과 여당 두 당만 있으며, 국회에서 새로이 의장을 뽑으려고 한다. 전체 당원 중 여당이 뽑힐 확률은 $\frac{2}{3}$, 여자가 뽑힐 확률은 $\frac{3}{10}$ 이다. 여당에서 뽑혔을 때 남자일 확률이 $\frac{3}{4}$ 이라고 한다. 남자가 의장으로 뽑혔을 때, 의장이 야당일 확률은?

① $\frac{1}{3}$　　　　　　　　　　② $\frac{2}{7}$

③ $\frac{1}{2}$　　　　　　　　　　④ $\frac{7}{12}$

⑤ $\frac{2}{3}$

08 ○○영화관에서 관객 50명에게 A, B영화 관람 여부를 조사한 결과, 두 영화를 모두 관람한 관객은 20명이었고, 영화를 하나도 보지 않은 사람은 15명이었다. A영화를 관람한 관객이 28명일 때, 모든 관객 중 관객 한 명을 택할 경우 그 관객이 B영화만 관람한 관객일 확률은 얼마인가?

① $\frac{22}{50}$　　　　　　　　　② $\frac{3}{10}$

③ $\frac{13}{50}$　　　　　　　　　④ $\frac{9}{50}$

⑤ $\frac{7}{50}$

09 어느 제조 공장에서 생산하는 제품을 상자에 10개 담았는데 3개의 불량품이 들어 있다고 한다. 이 상자에서 1개씩 두 번 계속하여 꺼낼 때, 두 번째에 불량품이 나올 확률은?

① $\frac{1}{10}$　　　　　　　　　② $\frac{1}{5}$

③ $\frac{3}{10}$　　　　　　　　　④ $\frac{2}{5}$

⑤ $\frac{1}{2}$

| 유형분석 |

- 자료를 보고 해석하거나 추론한 내용을 고르는 문제가 출제된다.
- 증감 추이, 증감률, 증감폭 등의 간단한 계산이 포함되어 있다.
- %, %p 등의 차이점을 알고 적용할 수 있어야 한다.
  %(퍼센트) : 어떤 양이 전체(100)에 대해서 얼마를 차지하는가를 나타내는 단위
  %p(퍼센트 포인트) : %로 나타낸 수치가 이전 수치와 비교했을 때 증가하거나 감소한 양

다음은 민간 분야 사이버 침해사고 발생현황에 대한 표이다. 이에 대한 설명으로 옳지 않은 것을 〈보기〉에서 모두 고르면?

〈민간 분야 사이버 침해사고 발생현황〉

(단위 : 건)

구분	2020년	2021년	2022년	2023년
홈페이지 변조	650	900	600	390
스팸릴레이	100	90	80	40
기타 해킹	300	150	170	165
단순 침입시도	250	300	290	175
피싱 경유지	200	430	360	130
합계	1,500	1,870	1,500	900

보기

㉠ 단순 침입시도 분야의 침해사고는 매년 스팸릴레이 분야의 침해사고 건수의 2배 이상이다.
㉡ 2020년 대비 2023년 침해사고 건수가 50% 이상 감소한 분야는 2개 분야이다.
㉢ 2022년 홈페이지 변조 분야의 침해사고 건수가 차지하는 비중은 35% 이상이다.
㉣ 2021년 대비 2023년은 모든 분야의 침해사고 건수가 감소하였다.

① ㉠, ㉡
② ㉠, ㉣
③ ㉡, ㉢
④ ㉡, ㉣
⑤ ㉢, ㉣

ⓛ 2020년 대비 2023년 각 분야별 침해사고 건수 감소율은 다음과 같다.

- 홈페이지 변조 : $\dfrac{390-650}{650} \times 100 = -40\%$

- 스팸릴레이 : $\dfrac{40-100}{100} \times 100 = -60\%$

- 기타 해킹 : $\dfrac{165-300}{300} \times 100 = -45\%$

- 단순 침입시도 : $\dfrac{175-250}{250} \times 100 = -30\%$

- 피싱 경유지 : $\dfrac{130-200}{200} \times 100 = -35\%$

따라서 50% 이상 감소한 분야는 '스팸릴레이'한 분야이다.

ⓔ 기타 해킹 분야의 2023년 침해사고 건수는 2021년 대비 증가했으므로 옳지 않은 설명이다.

오답분석

ⓐ 단순 침입시도 분야의 침해사고는 매년 스팸릴레이 분야의 침해사고 건수의 2배 이상인 것을 확인할 수 있다.

ⓒ 2022년 홈페이지 변조 분야의 침해사고 건수가 차지하는 비중은 $\dfrac{600}{1,500} \times 100 = 40\%$로, 35% 이상이다.

30초 컷 풀이 Tip

간단한 선택지부터 해결하기
계산이 필요 없거나 생각하지 않아도 되는 선택지를 먼저 해결한다.
예 ⓔ은 제시된 수치의 증감 추이를 판단하는 문제이므로 가장 먼저 풀이 가능하다.

적절한 것 / 적절하지 않은 것 헷갈리지 않게 표시하기
자료해석은 적절한 것 또는 적절하지 않은 것을 찾는 문제가 출제된다. 문제마다 매번 바뀌므로 이를 확인하는 것은 매우 중요하다. 따라서 선택지에 표시할 때에도 선택지가 적절하지 않은 내용이라서 '×' 표시를 했는지, 적절한 내용이지만 문제가 적절하지 않은 것을 찾는 문제라 '×' 표시를 했는지 헷갈리지 않도록 표시 방법을 정해야 한다.

제시된 자료를 통해 계산할 수 있는 값인지 확인하기
제시된 자료만으로 계산할 수 없는 값을 묻는 선택지인지 먼저 판단해야 한다. 문제를 읽고 바로 계산부터 하면 함정에 빠지기 쉽다.

01 다음 자료를 보고 판단한 것 중 옳지 않은 것은?

〈기업 집중도 현황〉

구분	2021년	2022년	2023년	
				전년 대비
상위 10대 기업	25.0%	26.9%	25.6%	▽ 1.3%p
상위 50대 기업	42.2%	44.7%	44.7%	－
상위 100대 기업	48.7%	51.2%	51.0%	▽ 0.2%p
상위 200대 기업	54.5%	56.9%	56.7%	▽ 0.2%p

① 2023년의 상위 10대 기업의 점유율은 전년도에 비해 낮아졌다.

② 2021년 상위 101 ~ 200대 기업이 차지하고 있는 비율은 5% 미만이다.

③ 전년 대비 2023년에는 상위 50대 기업을 제외하고 모두 점유율이 감소했다.

④ 전년 대비 2023년의 상위 100대 기업이 차지하고 있는 점유율은 약간 하락했다.

⑤ 2022 ~ 2023년까지 상위 10대 기업의 등락률과 상위 200대 기업의 등락률은 같은 방향을 보인다.

02 다음은 2023년 3월 ~ 7월 코스피·코스닥 시장에 등록되어 있는 주식수를 업종별로 나타낸 그래프이다. 그래프에 대한 해석으로 적절하지 않은 것은?(단, 소수점 둘째 자리에서 반올림한다)

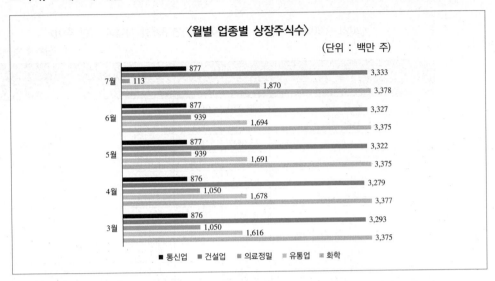

〈월별 업종별 상장주식수〉

(단위 : 백만 주)

① 4월 ~ 7월까지 상장주식수가 전월 대비 계속 증가하는 업종의 전월 대비 증가량이 가장 적은 달은 5월이다.

② 3월 ~ 7월 동안 상장주식수가 일정한 달이 있는 업종의 7월 상장주식수의 총합은 40억 주 이상이다.

③ 건설업의 전월 대비 4월 상장주식수 증감률과 전월 대비 6월 증감률의 차이는 0.2%p이다.

④ 매월 상장주식수가 가장 많은 두 업종의 5월 총 상장주식수는 같은 달의 나머지 상장주식수 합의 2배 미만이다.

⑤ 4월 대비 5월의 의료정밀 상장주식수 증감량은 유통업 상장주식수 증감량의 8배를 초과한다.

03 다음은 2021 ~ 2023년 분야별 공공분야 국가연구개발 사업비 집행 추이에 대한 자료이다. 〈조건〉에 따라 B와 D에 해당하는 분야를 바르게 짝지은 것은?

〈2021 ~ 2023년 분야별 공공분야 국가연구개발 사업비 집행 추이〉

(단위 : 억 원, %)

구분	2021년 금액	2021년 비중	2022년 금액	2022년 비중	2023년 금액	2023년 비중
소계	123,420	100.0	123,623	100.0	127,763	100.0
건강	15,152	12.3	15,298	12.4	15,957	12.5
A	25,356	20.5	26,460	21.4	28,861	22.6
사회구조 및 관계	968	0.8	1,025	0.8	1,124	0.9
B	15,311	12.4	13,332	10.8	11,911	9.3
우주개발 및 탐사	5,041	4.1	5,373	4.3	5,069	4.0
C	3,256	2.6	3,388	2.7	3,043	2.4
교통/정보통신/기타 기반시설	1,563	1.3	1,649	1.3	3,614	2.8
환경	4,914	4.0	5,192	4.2	5,579	4.4
D	1,245	1.0	1,341	1.1	1,711	1.3
문화/여가증진/종교	861	0.7	902	0.7	903	0.7
교육 및 인력양성	9,986	8.1	10,452	8.5	11,287	8.8
지식의 진보(비목적 연구)	15,443	12.5	15,212	12.3	15,567	12.2
기타 공공목적	24,324	19.7	23,999	19.4	23,137	18.1

조건

- 2021년부터 2023년까지 사회질서 및 안전 분야의 국가연구개발 사업비는 매년 증가하였다.
- 2022 ~ 2023년 동안 매년 국방 분야의 국가연구개발 사업비는 우주개발 및 탐사 분야의 국가연구개발 사업비와 환경 분야의 국가연구개발 사업비의 합의 2배보다 크다.
- 2021년과 2023년에 지구개발 및 탐사 분야와 우주개발 및 탐사 분야의 국가연구개발 사업비의 합은 에너지 분야의 국가연구개발 사업비보다 작다.
- 2023년 국가연구개발 사업비가 전년 대비 감소한 분야는 에너지, 우주개발 및 탐사, 지구개발 및 탐사, 기타 공공목적이다.
- A ~ D는 에너지, 사회질서 및 안전, 국방, 지구개발 및 탐사 분야 중 하나이다.

	B	D
①	국방	에너지
②	에너지	지구개발 및 탐사
③	에너지	사회질서 및 안전
④	사회질서 및 안전	국방
⑤	사회질서 및 안전	에너지

04 다음은 연도별 국민연금 급여수급자 현황에 관한 자료이다. 그래프를 보고 이해한 내용으로 적절하지 않은 것은?

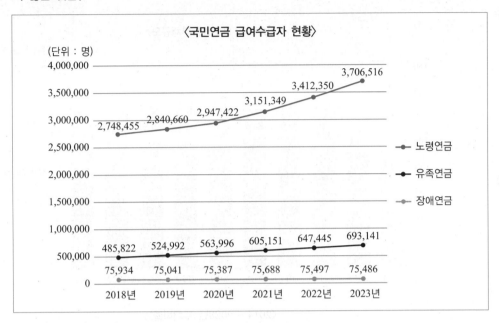

① 2018 ~ 2023년 동안 유족연금 수급자 수는 매년 증가했다.

② 2020년 노령연금 수급자 대비 유족연금 수급자 비율은 20% 미만이다.

③ 2019 ~ 2023년 동안 장애연금 수급자 수가 전년 대비 가장 많이 증가한 해는 2020년이다.

④ 2018년 노령연금 수급자 수 대비 유족연금 수급자 수 비율은 2020년 노령연금 수급자 수 대비 유족연금 수급자 수 비율보다 높다.

⑤ 2018 ~ 2023년 동안 장애연금 수급자 수와 노령연금 수급자 수가 가장 많이 차이나는 해는 2023년이다.

다음은 C사의 부채규모에 관한 자료와 이를 바탕으로 작성한 보고서이다. 보고서의 내용 중 적절하지 않은 것을 모두 고르면?

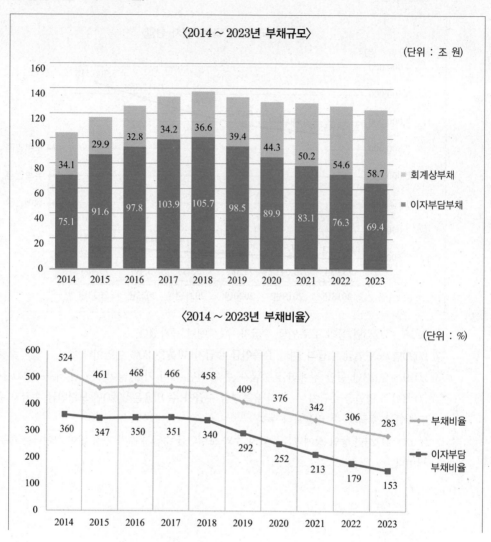

⟨2014 ~ 2023년 부채규모⟩

(단위 : 조 원)

⟨2014 ~ 2023년 부채비율⟩

(단위 : %)

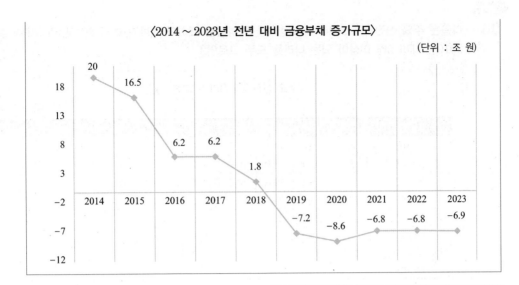

〈2014 ~ 2023년 전년 대비 금융부채 증가규모〉

(단위 : 조 원)

〈보고서〉

C사의 부채규모는 2023년까지 5년 연속 하락세를 보였다. 2014년부터 2018년까지는 부채 중 이자부담부채는 전년 대비 매년 증가하였으나, 2019년부터는 하락하는 경향을 보였다. ㉠ 회계상부채의 경우, 2014년부터 2023년까지 매년 부채 중 구성비가 전년 대비 증가하였다. 부채규모는 2018년에 최대치를 기록하였으나, 회계상부채는 2023년에 최고치를 기록하였다.

부채비율은 2014년부터 2023년까지 대체로 감소하는 추세를 보였다. ㉡ 이자부담부채비율 역시 해당기간 동안 부채비율과 매년 동일한 증감 추이를 나타내었다. 부채비율 대비 이자부담부채비율은 2019년에 전년 대비 감소하는 경향을 나타내었다. 하지만 ㉢ 2021년에는 부채비율 대비 이자부담부채비율이 전년 대비 감소하였다. 2023년에는 해당 비율이 50%를 상회하였다.

또한 조사결과, ㉣ C사의 금융부채 증가규모는 2019년부터 감소세가 시작되었다. 2020년에는 전년 대비 금융부채가 가장 많이 감소하였으며, ㉤ 2022년에는 전년과 동일한 감소율을 유지하였다. 2014년부터 2023년까지 중 전년 대비 금융부채가 가장 많이 감소한 해는 2020년이었다. 조사연도 초기인 2014년에 비해 금융부채 감소세가 진행 중이라는 것은 경영건전성에 있어서 긍정적으로 평가할 만하다.

① ㉠, ㉡, ㉤

② ㉠, ㉣, ㉤

③ ㉡, ㉢, ㉣

④ ㉠, ㉢, ㉣, ㉤

⑤ ㉠, ㉡, ㉣, ㉤

06 다음은 주요 선진국과 BRICs의 고령화율을 나타낸 표이다. 〈보기〉에서 2040년의 고령화율이 2010년 대비 2배 이상이 되는 나라를 모두 고르면?

〈주요 선진국과 BRICs 고령화율〉

(단위 : %)

구분	한국	미국	프랑스	영국	독일	일본	브라질	러시아	인도	중국
1990년	5.1	12.5	14.1	15.7	15.0	11.9	4.5	10.2	3.9	5.8
2000년	7.2	12.4	16.0	15.8	16.3	17.2	5.5	12.4	4.4	6.9
2010년	11.0	13.1	16.8	16.6	20.8	23.0	7.0	13.1	5.1	8.4
2020년	15.7	16.6	20.3	18.9	23.1	28.6	9.5	14.8	6.3	11.7
2030년	24.3	20.1	23.2	21.7	28.2	30.7	13.6	18.1	8.2	16.2
2040년	33.0	21.2	25.4	24.0	31.8	34.5	17.6	18.3	10.2	22.1
2010년 대비 2040년	㉠	㉡	1.5	1.4	1.5	㉢	㉣	1.4	㉤	2.6

보기

㉠ 한국　　　　　　　　　　㉡ 미국
㉢ 일본　　　　　　　　　　㉣ 브라질
㉤ 인도

① ㉠, ㉡, ㉢　　　　　　　　② ㉠, ㉣, ㉤
③ ㉡, ㉢, ㉣　　　　　　　　④ ㉡, ㉣, ㉤
⑤ ㉢, ㉣

07 다음은 양파와 마늘의 재배에 관한 자료의 일부이다. 이에 대한 설명으로 적절하지 않은 것은?

〈양파 재배면적 조사 결과〉

(단위 : ha, %)

구분		2021년	2022년 (A)	2023년 (B)	증감 (C=B−A)	증감률 (C÷A)	비중
양파		18,015	19,896	19,538	−358	−1.8	100.0
	조생종	2,013	2,990	2,796	−194	−6.5	14.3
	중만생종	16,002	16,906	16,742	−164	−1.0	85.7

〈연도별 마늘 재배면적 및 가격 추이〉

※ 마늘 가격은 연평균임(2023년은 1 ~ 4월까지 평균임)

① 2023년 양파 재배면적의 증감률은 조생종이 중만생종보다 크다.

② 마늘 가격은 마늘 재배면적에 반비례한다.

③ 마늘의 재배면적은 2019년이 가장 넓다.

④ 2023년 재배면적은 전년도보다 양파는 감소하였고, 마늘은 증가하였다.

⑤ 마늘 가격은 2020년부터 계속 증가하였다.

08 다음은 우리나라 일부 업종에서 일하는 근로자 수 및 고령근로자 비율과 국가별 65세 이상 경제활동 참가율 현황에 관한 자료이다. 이에 대한 설명으로 적절한 것은?

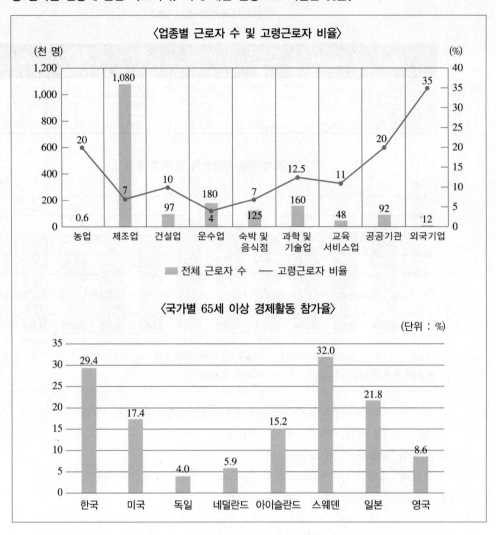

① 건설업에 종사하는 고령근로자는 외국기업에 종사하는 고령근로자 수의 3배 이상이다.

② 국가별 65세 이상 경제활동 조사 인구가 동일할 경우 미국의 고령근로자 수는 영국 고령근로자 수의 3배 이상이다.

③ 모든 업종의 전체 근로자 수에서 제조업에 종사하는 전체 근로자 비율은 80% 이상이다.

④ 농업과 교육 서비스업, 공공기관에 종사하는 총 고령근로자 수는 과학 및 기술업에 종사하는 고령 근로자 수보다 많다.

⑤ 독일, 네덜란드와 아이슬란드의 65세 이상 경제활동 참가율 합은 한국의 65세 이상 경제활동 참가율의 90% 이상을 차지한다.

09 다음은 2023년도 국가별 국방예산 그래프이다. 그래프를 이해한 내용으로 적절하지 않은 것은?
(단, 비중은 소수점 둘째 자리에서 반올림한다)

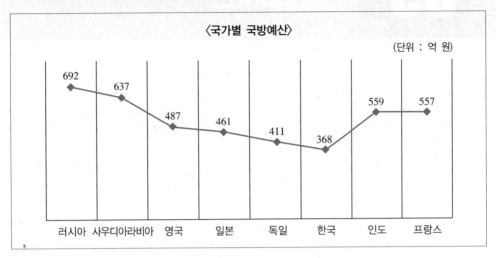

① 국방예산이 가장 많은 국가와 가장 적은 국가의 예산 차이는 324억 원이다.
② 사우디아라비아 국방예산은 프랑스 예산보다 14% 이상 많다.
③ 인도보다 국방예산이 적은 국가는 5개 국가이다.
④ 영국과 일본의 국방예산 차액은 독일과 일본의 국방예산 차액의 55% 이상 차지한다.
⑤ 8개 국가 국방예산 총액에서 한국이 차지하는 비중은 약 8.8%이다.

| 유형분석 |

- 주어진 자료를 통해 문제에서 주어진 특정한 값을 찾고, 자료의 변동량을 구할 수 있는지를 평가하는 유형이다.
- 각 그래프의 선이 어떤 항목을 의미하는지와 단위를 정확히 확인한다.
- 그림을 통해 계산하지 않고 눈으로 확인할 수 있는 내용(증감추이)이 있는지 확인한다.

귀하는 L사의 인사관리 부서에서 근무 중이다. 오늘 회의시간에 생산부서의 인사평가 자료를 취합하여 보고해야 하는데 자료 취합 중 파일에 오류가 생겨 일부 자료가 훼손되었다. 다음 중 (가) ~ (다)에 들어갈 점수를 바르게 짝지은 것은?(단, 각 평가는 100점 만점이고, 종합순위는 각 평가지표 점수의 총합으로 결정한다)

〈인사평가 점수 현황〉

(단위 : 점)

구분	역량	실적	자기계발	성실성	종합순위
A사원	70	(가)	80	70	4
B대리	80	85	(나)	70	1
C과장	(다)	85	70	75	2
D부장	80	80	60	70	3

※ 점수는 5점 단위로 부여함

	(가)	(나)	(다)
①	60	70	55
②	65	65	65
③	65	60	65
④	75	65	55
⑤	75	60	65

(가) ~ (다)에 들어갈 정확한 값을 찾으려 계산하기보다는 자료에서 해결할 수 있는 실마리를 찾아 적절하지 않은 선택지를 제거하는 방식으로 접근하는 것이 좋다.

먼저 종합순위가 3위인 D부장의 점수는 모두 공개되어 있으므로 총점을 계산해보면, $80+80+60+70=290$점이다.

종합순위가 4위인 A사원의 총점은 $70+$(가)$+80+70=220+$(가)점이며, 3위 점수인 290점보다 낮아야 하므로 (가)에 들어갈 점수는 70점 미만이다.

종합순위가 2위인 C과장의 총점은 (다)$+85+70+75=230+$(다)점이며, 290점보다 높아야 하므로 (다)에 들어갈 점수는 60점을 초과해야 한다.

위의 조건에 해당하는 ②, ③에 따라 (가)$=65$점, (다)$=65$점을 대입하면, C과장의 총점은 $230+65=295$점이 된다.

종합순위가 1위인 B대리의 총점은 $80+85+$(나)$+70=235+$(나)점이며, 295점보다 높아야 하므로 (나)에 들어갈 점수는 60점을 초과해야 한다.

따라서 (나)의 점수가 60점인 ③은 제외되므로 가장 적절한 것은 ②이다.

30초 컷 풀이 Tip

• 자료계산 유형은 선택지를 소거하면서 풀이하면 시간을 단축시킬 수 있다.

01 다음은 K자동차 회사의 고객만족도 조사결과이다. 출고시기에 관계없이 전체 조사대상자 중에서 260명이 연비를 장점으로 선택했다면, 설문에 응한 총 고객 수는?

〈고객만족도 조사결과〉

(단위 : %)

구분	1 ~ 12개월(출고시기별)	13 ~ 24개월(출고시기별)	고객 평균
안전성	41	48	45
A/S의 신속성	19	17	18
정숙성	2	1	1
연비	15	11	13
색상	11	10	10
주행 편의성	11	9	10
차량 옵션	1	4	3
합계	100	100	100

① 2,000명
② 2,500명
③ 3,000명
④ 3,500명
⑤ 4,000명

02 Q제약회사는 상반기 신입사원 공개채용을 시행했다. 1차 서류전형과 인적성, 면접전형이 모두 끝나고 최종 면접자들의 점수를 확인하여 합격 점수 산출법에 따라 합격자를 선정하려고 한다. 총점이 80점 이상인 지원자가 합격한다고 할 때, 다음 중 합격자끼리 바르게 짝지어진 것은?

〈최종 면접 점수〉

구분	A	B	C	D	E
직업기초능력	75	65	60	68	90
의사소통능력	52	70	55	45	80
문제해결능력	44	55	50	50	49

〈합격 점수 산출법〉

직업기초능력	×0.6
의사소통능력	×0.3
문제해결능력	×0.4
총점	80점 이상

※ 과락 점수(미만) : 직업기초능력 60점, 의사소통능력 50점, 문제해결능력 45점

① A, C
② A, D
③ B, E
④ C, E
⑤ D, E

03 다음은 L그룹에서 발표한 2023년 1/4분기 산업단지별 수출현황이다. (가), (나), (다)에 들어갈 수치로 가장 적절한 것은?(단, 전년 동분기 대비 수치는 소수점 둘째 자리에서 반올림한다)

〈2023년 1/4분기 산업단지별 수출현황〉

(단위 : 백만 달러)

구분	2023년 1/4분기	2022년 1/4분기	전년 동분기 대비
국가	66,652	58,809	13.3% 상승
일반	34,273	29,094	(가)% 상승
농공	2,729	3,172	14.0% 상승
합계	(나)	91,075	(다)% 상승

	(가)	(나)	(다)
①	17.8	103,654	11.8
②	15.8	103,654	13.8
③	17.8	102,554	13.8
④	15.8	104,654	11.8
⑤	17.8	103,654	13.8

04 증권회사에 근무 중인 A씨는 자사의 HTS 및 MTS 프로그램 인지도를 파악하기 위하여 설문조사 계획을 수립하려고 한다. 설문조사는 퇴근시간대인 16:00 ~ 20:00에 30 ~ 40대 직장인을 대상으로 유동인구가 100,000명인 명동에서 실시할 예정이다. 설문조사를 원활하게 진행하기 위해서 사전에 설문지를 준비했는데, 유동인구 현황의 일부 정보가 누락된 것을 확인할 수 있었다. A씨는 직장인 30 ~ 40대에게 배포하기 위하여 최소 몇 장의 설문지를 준비하여야 하는가?

〈유동인구 현황〉

(단위 : %)

구분	10대	20대	30대	40대	50대	60대	70대	합계
08:00 ~ 12:00	1	1	3	4	1	0	1	11
12:00 ~ 16:00	0	2	3		3	1	0	13
16:00 ~ 20:00		3			2	1	1	32
20:00 ~ 24:00	5	6		13		2	0	44
합계	10	12	30		10		2	100

① 4,000장 ② 11,000장
③ 13,000장 ④ 21,000장
⑤ 32,000장

05 이탈리안 음식을 판매하는 B레스토랑에서는 두 가지 음식을 묶은 런치세트를 구성해 판매하고 있다. 런치세트 메뉴와 금액이 다음과 같을 때, 아라비아타의 할인 전 가격은?

〈런치세트 메뉴〉

구분	구성 음식	금액(원)
A세트	카르보나라, 알리오올리오	24,000
B세트	마르게리타피자, 아라비아타	31,000
C세트	카르보나라, 고르곤졸라피자	31,000
D세트	마르게리타피자, 알리오올리오	28,000
E세트	고르곤졸라피자, 아라비아타	32,000

※ 런치세트 메뉴의 가격은 파스타 종류는 500원, 피자 종류는 1,000원을 할인한 뒤 합하여 책정한다.
※ 파스타 : 카르보나라, 알리오올리오, 아라비아타
※ 피자 : 마르게리타피자, 고르곤졸라피자

① 14,000원 ② 14,500원
③ 15,000원 ④ 15,500원
⑤ 16,000원

06 다음은 우리나라 초·중·고등학생의 사교육 현황을 나타낸 것이다. 한 달을 4주라고 했을 때, 사교육에 참여한 일반 고등학교 학생의 시간당 사교육비를 구하면?(단, 백의 자리에서 반올림한다)

〈우리나라 초·중·고등학생의 사교육 현황〉

구분		총 사교육비 (억 원)	전체 학생 1인당 연 평균 사교육비 (만 원)	전체 학생 1인당 월 평균 사교육비 (만 원)	참여 학생 1인당 월 평균 사교육비 (만 원)	사교육 참여시간 (주당 평균)
전체		208,718	288.4	24.0	32.7	7.0
초등학교		97,080	294.3	24.5	28.3	8.2
중학교		60,396	305.8	25.5	35.3	7.7
고등학교		51,242	261.1	21.8	41.2	4.1
	일반고	47,512	317.5	26.5	61.1	4.8
	전문고	3,730	80.0	6.7	25.6	2.0

① 약 23,000원
② 약 27,000원
③ 약 32,000원
④ 약 37,000원
⑤ 약 43,000원

Hard

07 다음은 L그룹의 2023년 분기별 손익 현황에 대한 자료이다. 〈보기〉 중 자료에 대한 설명으로 적절한 것을 모두 고르면?

〈2023년 분기별 손익 현황〉

(단위 : 억 원)

구분		1분기	2분기	3분기	4분기
손익	매출액	9,332	9,350	8,364	9,192
	영업손실	278	491	1,052	998
	당기순손실	261	515	1,079	1,559

※ [영업이익률(%)]$=\dfrac{[영업이익(손실)]}{(매출액)}\times100$

보기

㉠ 2023년 3분기의 영업이익이 가장 높다.
㉡ 2023년 4분기의 영업이익률은 2023년 1분기보다 감소하였다.
㉢ 2023년 2~4분기 매출액은 직전 분기보다 증가하였다.
㉣ 2023년 3분기의 당기순손실은 직전 분기 대비 100% 이상 증가하였다.

① ㉠, ㉡
② ㉠, ㉢
③ ㉡, ㉢
④ ㉡, ㉣
⑤ ㉢, ㉣

08 2020년 대비 2023년 우리나라 20세 이상 인구 중 담배를 피우지 않는 인구 증가율은 얼마인가?
(단, 소수점 둘째 자리에서 반올림한다)

〈흡연 및 흡연량〉

(단위 : %)

구분			20세 이상 인구	안피움	흡연		피움	흡연량			
					끊었음	피운 적 없음		10개비 이하	11~20	21~30	31~40
2020년	전국		100.0	64.9	15.2	84.8	35.1	34.9	55.2	7.2	0.3
	동부		100.0	65.1	15.1	84.9	34.9	35.9	54.7	6.8	0.3
	읍·면부		100.0	64.0	15.3	84.7	36.0	30.9	57.3	8.5	0.4
	성별	남자	100.0	32.2	55.2	44.8	67.8	32.3	57.2	7.6	0.3
		여자	100.0	95.4	2.6	97.4	4.6	68.6	28.5	1.9	0.2
2023년	전국		100.0	70.8	20.7	79.3	29.2	40.5	50.7	6.0	2.6
	동부		100.0	70.7	20.6	79.4	29.3	40.8	50.6	5.9	2.5
	읍·면부		100.0	71.3	20.8	79.2	28.7	39.2	50.9	6.4	3.1
	성별	남자	100.0	43.7	60.9	39.1	56.3	38.1	52.5	6.4	2.7
		여자	100.0	96.2	3.5	96.5	3.8	73.4	24.9	0.6	1.0

① 8.8% ② 8.9%
③ 9.0% ④ 9.1%
⑤ 9.2%

Easy

09 다음은 A시 가구의 형광등을 LED 전구로 교체할 경우 기대효과를 분석한 자료이다. A시의 80% 가구가 형광등 5개를 LED 전구로 교체할 때와 50% 가구가 형광등 5개를 LED 전구로 교체할 때 3년 후 절감액의 차는 얼마인가?

<LED전구로 교체할 시 기대효과>

A시의 가구 수 (세대)	적용 비율 (%)	가구당 교체개수(개)	필요한 LED 전구 수 (천 개)	교체비용 (백만 원)	연간 절감 전기요금 (백만 원)
600,000	30	3	540	16,200	3,942
		4	720	21,600	5,256
		5	900	27,000	6,570
	50	3	900	27,000	6,570
		4	1,200	36,000	8,760
		5	1,500	45,000	10,950
	80	3	1,440	43,200	10,512
		4	1,920	56,600	14,016
		5	2,400	72,000	17,520

① 18,910백만 원 ② 19,420백만 원

③ 19,710백만 원 ④ 19,850백만 원

④ 19,940백만 원

| 유형분석 |

- 제시된 표나 그래프의 수치를 그래프로 올바르게 변환한 것을 묻는 유형이다.
- 복잡한 표가 제시되지 않으므로 수의 크기만을 판단하여 풀이할 수 있다.
- 정확한 수치가 제시되지 않을 수 있으므로 그래프의 높낮이나 넓이를 판단하여 풀이해야 한다.
- 제시된 표나 그래프의 수치를 계산하여 변환하는 유형도 출제될 수 있다.

다음은 연도별 치킨전문점 개·폐업점 수에 대한 표이다. 이를 참고하여 작성한 그래프로 적절한 것은?

〈연도별 치킨전문점 개·폐업점 수〉

(단위 : 개)

구분	개업점 수	폐업점 수	구분	개업점 수	폐업점 수
2012년	3,449	1,965	2018년	3,252	2,873
2013년	3,155	2,121	2019년	3,457	2,745
2014년	4,173	1,988	2020년	3,620	2,159
2015년	4,219	2,465	2021년	3,244	3,021
2016년	3,689	2,658	2022년	3,515	2,863
2017년	3,887	2,785	2023년	3,502	2,758

①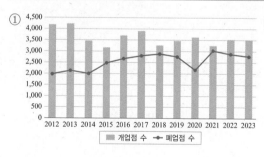

②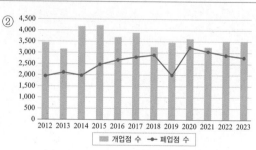

③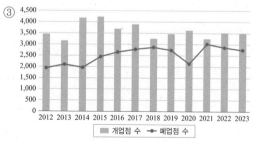

④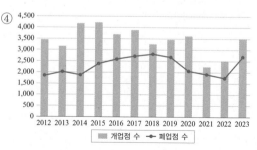

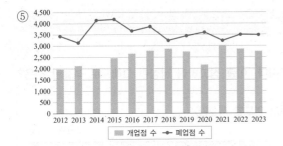

⑤

[정답] ③

제시된 자료의 개업점 수와 폐업점 수의 증감 추이를 나타내면 다음과 같다.

구분	2012년	2013년	2014년	2015년	2016년	2017년	2018년	2019년	2020년	2021년	2022년	2023년
개업점 수	–	감소	증가	증가	감소	증가	감소	증가	증가	감소	증가	감소
폐업점 수	–	증가	감소	증가	증가	증가	증가	감소	감소	증가	감소	감소

이와 일치하는 추이를 보이고 있는 ③의 그래프가 적절하다.

[오답분석]

① 2012 ~ 2013년 개업점 수가 자료보다 높고, 2014 ~ 2015년 개업점 수는 낮다.
② 2019년 폐업점 수는 자료보다 낮고, 2020년의 폐업점 수는 높다.
④ 2021 ~ 2022년 개업점 수와 폐업점 수가 자료보다 낮다.
⑤ 2012 ~ 2023년 개업점 수와 폐업점 수가 바뀌었다.

30초 컷 풀이 Tip

1. 수치를 일일이 확인하는 것보다 해당 풀이처럼 증감 추이를 먼저 판단해서 선택지를 1차적으로 거르고 나머지 선택지 중 그래프 모양이 크게 차이 나는 곳의 수치를 확인하면 빠르게 풀이할 수 있다.
2. 막대그래프가 자료로 제시되는 경우 막대의 가운데 부분을 연결하면 꺾은선 그래프가 된다.

Easy

01 다음은 우리나라 연도별 적설량에 대한 표이다. 이를 참고하여 작성한 그래프로 적절한 것은?

〈우리나라 연도별 적설량〉

(단위 : cm)

구분	2020년	2021년	2022년	2023년
서울	25.3	12.9	10.3	28.6
수원	12.2	21.4	12.5	26.8
강릉	280.2	25.9	94.7	55.3

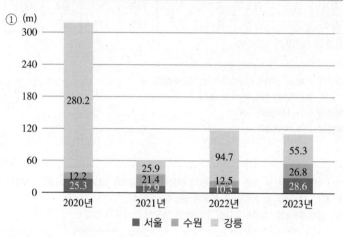

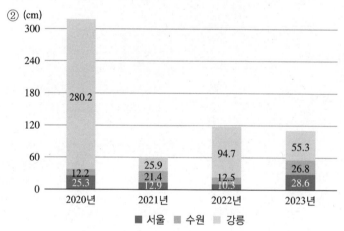

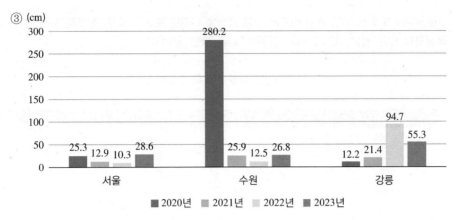

③ (cm)

서울: 2020년 25.3, 2021년 12.9, 2022년 10.3, 2023년 28.6
수원: 2020년 280.2, 2021년 25.9, 2022년 12.5, 2023년 26.8
강릉: 2020년 12.2, 2021년 21.4, 2022년 94.7, 2023년 55.3

■2020년 ■2021년 ■2022년 ■2023년

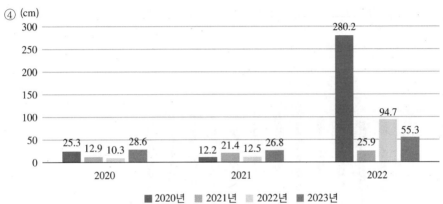

④ (cm)

2020: 25.3, 12.9, 10.3, 28.6
2021: 12.2, 21.4, 12.5, 26.8
2022: 280.2, 25.9, 94.7, 55.3

■2020년 ■2021년 ■2022년 ■2023년

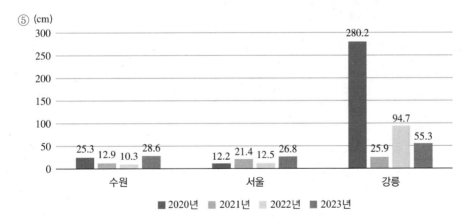

⑤ (cm)

수원: 25.3, 12.9, 10.3, 28.6
서울: 12.2, 21.4, 12.5, 26.8
강릉: 280.2, 25.9, 94.7, 55.3

■2020년 ■2021년 ■2022년 ■2023년

02 다음은 A국가의 2023년 월별 반도체 수출 동향을 나타낸 표이다. 이를 참고하여 작성한 그래프로 적절하지 않은 것은?(단, 그래프 단위는 모두 '백만 달러'이다)

〈2023년 월별 반도체 수출액 동향〉

(단위 : 백만 달러)

기간	수출액	기간	수출액
1월	9,681	7월	10,383
2월	9,004	8월	11,513
3월	10,804	9월	12,427
4월	9,779	10월	11,582
5월	10,841	11월	10,684
6월	11,157	12월	8,858

① 2023년 월별 반도체 수출액

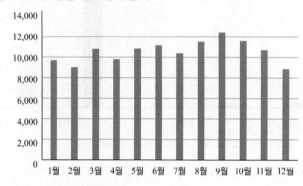

② 2023년 월별 반도체 수출액

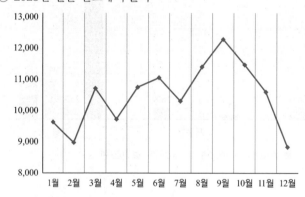

③ 2023년 월별 반도체 수출액

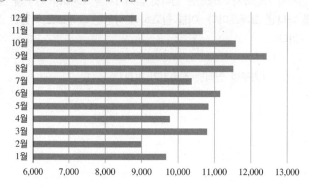

④ 2~12월까지 전월 대비 반도체 수출 증감액

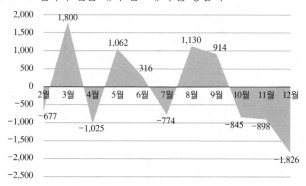

⑤ 2~12월까지 전월 대비 반도체 수출 증감액

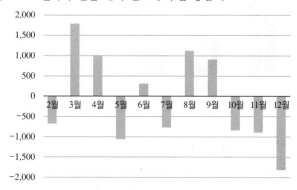

03 다음은 2019년부터 2023년까지 가정에서 사용하는 인터넷 접속기기를 조사하여 가구별 접속기기를 한 개 이상 응답한 결과를 나타낸 그래프이다. 이를 참고하여 작성한 그래프로 적절한 것은?(단, 모든 그래프의 단위는 '%'이다)

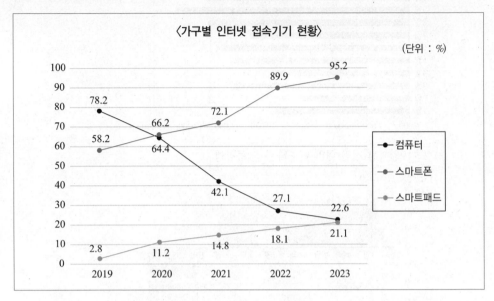

〈가구별 인터넷 접속기기 현황〉

(단위 : %)

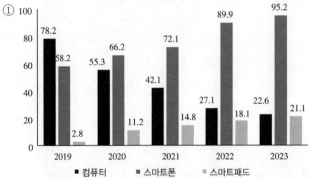

①

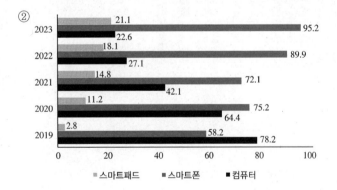

②

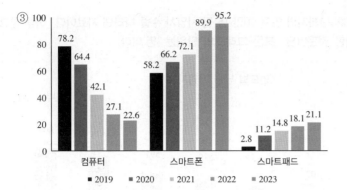

③

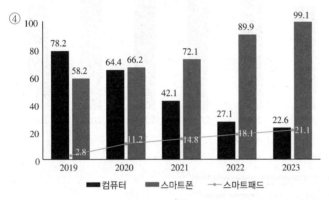

④

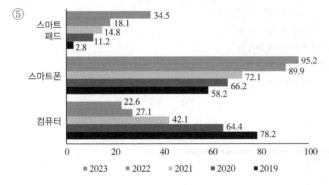

⑤

04 다음은 2017년부터 2023년까지의 인구 10만 명 당 사망자 수를 나타낸 자료이다. 이를 참고하여 작성한 그래프로 적절한 것은?(단, 모든 그래프의 단위는 '명'이다)

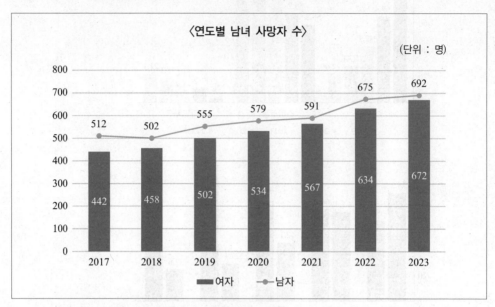

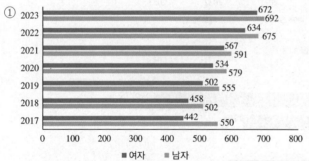

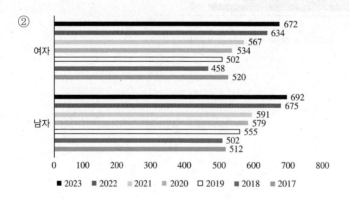

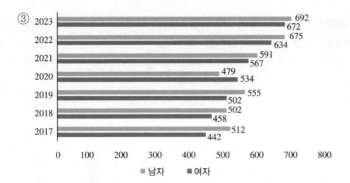

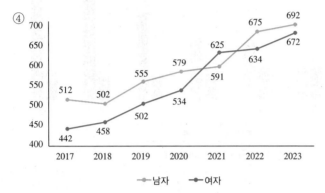

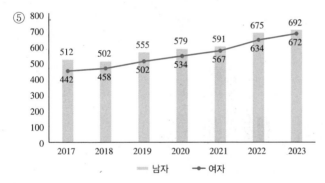

다음은 2017년부터 2023년까지의 영·유아 사망률을 나타낸 그래프이다. 이를 참고하여 작성한 그래프로 적절한 것은?(단, 모든 그래프의 단위는 '%'이다)

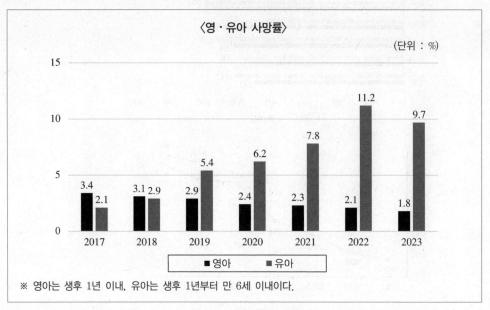

〈영·유아 사망률〉

(단위 : %)

※ 영아는 생후 1년 이내, 유아는 생후 1년부터 만 6세 이내이다.

①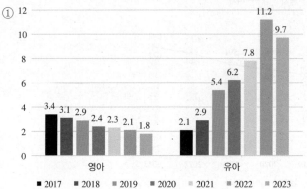

②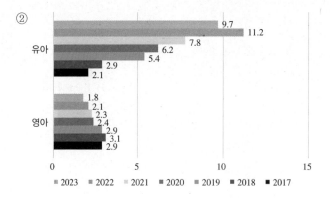

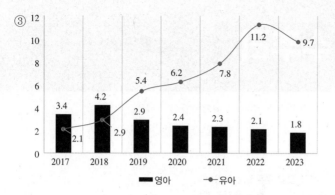

③

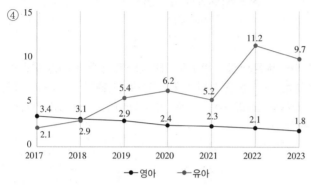

④

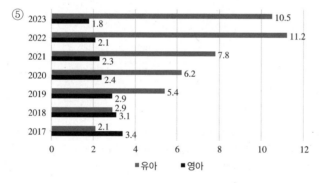

⑤

11

수추리

| 유형분석 |

- 제시된 자료의 규칙을 바탕으로 미래의 값을 추론하는 유형이다.
- 등차수열이나 등비수열, 지수 등의 수학적인 지식을 묻기도 한다.

A제약회사에서는 암세포의 증식이 얼마나 빠른지 알기 위해 두 가지 암세포의 증식속도를 측정해 보았다. A세포는 한 개당 하루에 8개로 분열되며, B세포는 한 개당 하루에 9개로 분열된다. A세포 한 개와 B세포 두 개가 있을 때, 두 세포의 개수가 250개 이상씩 되는 기간은 각각 며칠이 지나야 하는가?(단, $\log2=0.30$, $\log3=0.48$, $\log10=1$로 계산한다)

	A세포	B세포
①	5일	4일
②	5일	3일
③	4일	4일
④	3일	3일
⑤	3일	2일

정답 ④

기간은 a일로 가정하면 A세포는 세포 한 개당 8^a개로 늘어난다. B세포는 기간을 b일이라 하면 늘어나는 개수는 한 개당 9^b개가 된다. 각 세포의 개수에 대한 부등식을 세우면 다음과 같다. ($\log5=1-\log2=1-0.30=0.70$)

- A세포 : 1개$\times8^a\geq250$개 → $a\times\log8\geq\log250$ → $a\times3\log2\geq1+2\log5$

  → $a\geq\dfrac{1+1.40}{0.90}$

  ∴ $a\geq2.7$

- B세포 : 2개$\times9^b\geq250$개 → $\log2+b\times2\log3\geq\log250$ → $b\times2\log3\geq1+2\log5-\log2$

  → $b\geq\dfrac{1+1.40-0.30}{0.96}$

  ∴ $b\geq2.1875$

따라서 A세포와 B세포 모두 3일 이상임을 알 수 있다.

30초 컷 풀이 Tip

수추리는 복잡한 규칙을 묻지 않고, 지나치게 큰 n(미래)의 값을 묻지 않는다. 등차수열이나 등비수열, 피보나치수열 등이 출제되었을 때, 공식이 생각나지 않는다면 직접 써서 나열하는 것이 문제 풀이 시간을 단축할 수 있는 방법이다.

※ 다음은 일정한 규칙으로 배열한 수열이다. 빈칸에 들어갈 적절한 수를 고르시오. [1~8]

01

| 3 | 7 | 15 | ( ) | 43 | 63 | 87 |

① 21　　　　　　　　　　　② 23
③ 25　　　　　　　　　　　④ 27
⑤ 29

Easy
02

| 0.7 | 0.9 | 1.15 | 1.45 | 1.8 | ( ) |

① 2.0　　　　　　　　　　② 2.1
③ 2.15　　　　　　　　　④ 2.2
⑤ 2.5

03

| 7 | 8 | 9.1 | 11.1 | 13.3 | 16.3 | 19.6 | 23.6 | ( ) |

① 28　　　　　　　　　　② 28.3
③ 28.6　　　　　　　　　④ 29.1
⑤ 31.1

04

| 1 | 2 | 6 | 9 | 21 | 30 | 66 | ( ) |

① 87　　　　　　　　　　② 93
③ 104　　　　　　　　　④ 111
⑤ 120

05

| | 3 | 6 | 10 | 13 | 21 | (|) | 36 | 39 | 55 |

① 10   ② 15

③ 22   ④ 24

⑤ 26

06

| | 33 | 16 | 21 | 4 | 14 | (|) | 12 | −5 | 15 |

① −1   ② 3

③ −3   ④ 5

⑤ −9

Hard
07

| | 88 | 132 | 176 | 264 | 352 | 528 | (|) |

① 649   ② 704

③ 715   ④ 722

⑤ 743

08

| | 5 | 35 | 24 | 168 | 157 | 1,099 | (|) | 7,616 |

① 1,088   ② 355

③ 1,190   ④ 492

⑤ 2,450

09 다음 표의 A와 B에 일정한 규칙으로 수들이 나열되어 있을 때, 표의 11번째 순서로 오게 될 A와 B의 값으로 적절한 것은?

구분	1	2	3	4	5	6	7	…
A	2	6	15	28	55	78	119	…
B	2	3	5	7	11	13	17	…

	A	B			A	B
①	310	31		②	341	31
③	372	31		④	319	29
⑤	341	29				

10 L사 실험실에서 A세포를 배양하는 실험을 하고 있다. 다음과 같이 일정한 규칙으로 배양에 성공한다면 9시간 경과했을 때 세포 수는 몇 개가 되겠는가?

구분	0시간 경과	1시간 경과	2시간 경과	3시간 경과	4시간 경과
세포 수	220	221	223	227	235

① 727개

② 728개

③ 729개

④ 730개

⑤ 731개

CHAPTER 03
문제해결

합격 CHEAT KEY

| 영역 소개 |

L-TAB 문제해결 영역은 직장생활에서 업무를 수행할 때 발생하는 여러 가지 상황에서의 문제해결능력을 평가하는 영역이다. 해당 영역을 한 마디로 명확하게 규정하기는 어렵지만, 업무를 수행할 때 발생할 수 있는 상황이 주어지고, 이를 여러 가지 조건을 고려하여 문제에서 요구하는 답을 도출하는 유형이라고 정의할 수 있다.

L-TAB 직무적합진단은 큰 틀에서는 '제시된 모든 문제가 문제해결 형식'이라고 할 수 있을 정도로 그 형태나 풀이방식에 많은 변화가 있었으며, 이는 실제 업무를 수행하기 위한 실용지능과 정서·사회지능을 종합적으로 평가하기 위함이라고 할 수 있다. 따라서 언어적 사고와 수리적 사고를 충실히 익힌 뒤 문제해결에서 적극적으로 활용할 수 있도록 충실하게 학습할 필요가 있다.

01 상황판단

회사 안에서 마주할 수 있는 업무적 마찰이나 동료나 상사, 부하직원과의 관계에서 어떻게 행동할 것인지를 묻는 문제가 출제된다. 회사생활에서는 개인의 업무수행능력뿐만 아니라 주변 구성원들과 관계를 맺는 능력도 중요한데, 이를 통해 바람직한 사내 문화 형성은 물론, 효과적인 팀워크를 창출할 수 있기 때문이다. L-TAB 직무적합진단의 경우 출제 빈도 및 출제 가능성은 낮지만, 인성검사에서 유사한 상황을 다루는 것은 물론 회사생활에서 실제로 일어날 수 있는 문제를 다루기 때문에 소홀히 할 수 없는 영역이다.

┌─ 학습 포인트 ┠
- 본래 상황판단의 경우 정답이 없는 영역으로 알려져 있지만 롯데그룹의 인재상과 지원한 직무의 특성을 자신의 성격과 성향을 연결시켜서 생각해 보면 최선의 결과를 얻을 수 있다. 그러나 지나치게 인재상에 맞춘 대답만 한다면 신뢰도를 의심받을 수 있으므로 주의해야 한다.
- 솔직하고 일관성 있는 답변을 해야 한다.
- 업무를 피하거나 돌발행동을 하는 등의 지나치게 극단적인 답을 하지 않도록 한다. 개인의 입장에서, 팀의 입장에서, 회사의 입장에서 최선의 선택이 무엇인지 고민하고 답을 고른다.

02 문제해결

다양한 업무 상황에 맞춘 자료를 제시하며, 자료에 나타난 조건이나 수치 등을 고려하여 답을
도출하는 문제들이 출제되고 있다. 사실상 L-TAB 직무적합진단에서 가장 비중이 높은 영역으
로, 가격 계산과 같은 수리 문제부터 스케줄 관리, 고객 응대, 시스템 관리 매뉴얼 등 다종다양한
유형의 문제들이 출제되고 있다.

┤ 학습 포인트 ├

- 여러 가지 조건에 따른 결과를 도출하는 문제의 경우, 기준이 되는 조건에 다른 조건을 조합해 소거
  법으로 문제를 풀어나가는 것이 좋다.
- 표, 그래프, 계기판 등 다양한 형태의 자료를 눈에 익힌다. 실제 시험에서 자료가 제시되었을 때 중
  점을 두고 파악해야 할 부분이 더욱 선명하게 보일 것이다.
- 기본적으로 제시되는 정보의 양이 많기 때문에 질문을 읽은 후 바로 자료 분석에 들어가는 것보다
  는, 선택지를 먼저 읽고 필요한 정보만 추출하여 답을 찾는 것이 좋다.
- 심화된 전공지식은 아니더라도 기초적인 수준의 지식은 학습한다.
- 이론적인 부분만 생각하는 것이 아닌 활용이나 적용된 형태를 생각하여 학습한다.

01 상황판단

| 유형분석 |

- 조직생활에서 발생하는 여러 가지 상황이 출제된다.
- 문제에서 제시하고 있는 입장에 따른 답을 요구한다.
- 정답이 없는 영역이므로 고민에 많은 시간을 소요하지 않도록 해야 한다.

A사원은 금요일에 예정된 팀 회식에 참석한다고 했다. 하지만 막상 회식 날인 금요일이 되니 이번 주 내내 한 야근으로 피로가 몰려와 회식을 다시 생각해보게 되었다. 주말인 내일도 부모님 가게 일을 도와드려야 한다는 사실이 생각나자 A사원은 팀장님에게 이번 회식에 참석하지 못할 것 같다고 말하려 한다. 그런데 팀장님은 이번 회식에 참여하지 않는 사원들 때문에 화가 많이 나 보인다. 이 상황에서 당신이 A사원이라면 어떻게 하겠는가?

① 팀장이 화가 많이 나 보이니 피곤해도 회식에 참석한다.
② 팀장에게 보고하지 않고 회식에 빠진다.
③ 아픈 척을 하며 회식에 못갈 것 같다고 말한다.
④ 팀장에게 자신의 상황을 솔직하게 말한다.
⑤ 친구에게 부탁하여 급한 일이 생긴 양 전화를 걸게 한 뒤 연기를 한다.

30초 컷 풀이 Tip

상황판단 영역의 문제에서 주어지는 상황들은 대체로 선택지를 하나만 고르기가 쉽지 않다. 이는 문제에서 주어지는 상황들이 주로 개인이 조직생활에서 중시하는 가치들 간의 충돌을 보여주고 있기 때문이다. 즉, 업무 성과, 개인의 체면, 평판, 인간관계와 같은 것들이 둘 이상 얽혀있다. 이에 대한 선택은 지원자 개개인의 가치관과 성향 등에 따라 달라질 수밖에 없을 것이다. 선택지를 하나만 고르기 어려운 경우에는 롯데그룹의 인재상을 떠올린다. 롯데그룹의 인재상은 '실패를 두려워하지 않는 인재, 실력을 키우기 위해 끊임없이 노력하는 인재, 협력과 상생을 아는 인재'이다.

※ 상황판단 문제는 정답과 해설을 따로 제공하지 않는 유형이니 참고하기 바랍니다.

01 P사원과 같은 팀에 근무하는 E대리는 평소 내성적인 성격으로 혼자 지내는 것을 좋아한다. 그러던 중 P사원은 E대리의 생일이 얼마 남지 않았다는 것과 취미가 클래식 감상이라는 것을 알았다. 평소 E대리에게 많은 도움을 받은 P사원이 개인적으로 축하를 해주려고 한다면 어떻게 하겠는가?

① 평소 E대리가 좋아하는 클래식 CD를 선물한다.
② 클래식 공연에 함께 간다.
③ 직원들에게 E대리의 생일을 알리고 파티를 준비한다.
④ 생일에 축하 문자를 남긴다.
⑤ 개인적으로 깜짝 생일파티를 준비한 후 팀원들과 함께 축하한다.

02 E프로젝트를 진행하는 A대리는 R과장에게 보고할 E프로젝트 중간보고서를 만들었다. R과장에게 보고하기 전 A대리는 E프로젝트를 함께 진행하고 있는 B대리에게 중간보고서를 검토해달라고 부탁했다. 중간보고서 파일을 B대리에게 보내주고 난 다음날 A대리는 B대리에게 보낸 파일이 중간보고서의 최종파일이 아닌 수정 전 파일임을 알게 되었다. A대리의 입장에서 어떻게 하겠는가?

① 실수를 인정하고 바로 B대리에게 최종파일을 보내주며 처음부터 다시 검토해달라고 부탁한다.
② B대리에게는 알리지 않고 다른 동료에게 최종파일을 검토해달라고 부탁한다.
③ B대리에게 검토를 중단하라고 한 후, 다른 동료에게 최종파일을 검토해달라고 부탁한다.
④ 치명적인 오류가 아니면 B대리가 검토한 수정 전 파일로 보고한다.
⑤ B대리에게 파일을 넘긴 후 수정한 것처럼 다시 전달한다.

03 S사에 근무하는 A사원은 동료로부터 다른 팀에서 새로 진행하는 W프로젝트에 대한 이야기를 들었다. A사원은 평소 관심 있던 분야인 W프로젝트에 투입되고 싶은 욕심이 생겼다. A사원의 입장에서 어떻게 할 것인가?

① 다른 팀 팀장님에게 W프로젝트에 참여하고 싶다고 말씀드린다.
② 상사에게 W프로젝트에 참여하고 싶다고 말씀드린다.
③ 소속된 팀을 옮긴다.
④ 다른 팀으로부터 W프로젝트를 뺏는다.
⑤ W프로젝트를 다른 팀과 별개로 진행한다.

04 얼마 전부터 K팀장이 업무수행 시 기존의 시스템이 아닌 새로운 시스템을 활용할 것을 지시했다. 그런데 A사원이 보기에는 새로운 시스템은 다루기가 너무 어려울 뿐만 아니라 기존의 시스템이 더 좋은 것 같아 보인다. 당신이 A사원이라면 어떻게 행동하겠는가?

① 새로운 시스템으로 바꿀 필요가 없다고 생각하기 때문에 K팀장의 지시와 상관없이 기존의 시스템을 활용한다.

② K팀장에게 자기 생각을 말한 후 기존의 시스템을 활용한다.

③ 새로운 시스템이 비효율적이라는 생각이 들더라도, K팀장은 상사이기 때문에 지시에 순응한다.

④ 어려운 부분에 대해서는 K팀장에게 질문하고, 새로운 시스템에 익숙해지도록 노력한다.

⑤ K팀장 앞에서는 새로운 시스템을 활용하고, K팀장이 보지 않는 곳에서는 기존의 시스템을 활용한다.

05 C사원은 새벽부터 몸이 좋지 않았다. 그러나 C사원은 오늘 진행되는 중요한 프로젝트 회의의 발표 담당이다. 자신이 빠지면 팀에 피해가 된다는 것을 알지만, 몸 상태가 너무 좋지 않다. 이 상황에서 당신이 C사원이라면 어떻게 하겠는가?

① 그래도 내 건강이 우선이기 때문에 상사에게 상황을 설명하고 결근을 한다.

② 일단 오전의 프로젝트 회의는 참여해서 마친 후 오후에 휴가를 낸다.

③ 결근하면 다른 팀원에게 피해를 줄 수 있으므로 아프더라도 참고 일을 한다.

④ 같은 팀의 팀원에게 전화로 상황을 설명한 후 자신의 발표를 대신 부탁한다.

⑤ 팀장에게 전화로 자신의 상황을 설명한 후, 회의를 다른 날로 바꿀 수 없는지 물어본다.

06 D대리는 전날 회식의 과음으로 인해 늦잠을 잤다. 8시까지 출근인데 눈을 떠 시계를 보니 이미 9시 30분이었다. 깜짝 놀라 일어나기는 했지만 어떻게 해야 할지 막막했다. 이 상황에서 당신이 D대리라면 어떻게 하겠는가?

① 전날 회식이었기 때문에 자신의 사정을 이해해 줄 것으로 생각하고, 느긋하게 점심시간 이후에 출근한다.

② 지각보다는 아파서 결근하는 것이 낫다고 생각하여 상사에게 전화해 몸이 좋지 않아 결근한다고 말한다.

③ 늦게 출근하면 분명 혼날 것이기 때문에 그냥 무단으로 결근한다.

④ 상사에게 바로 전화하여 상황을 설명하고, 서둘러서 출근한다.

⑤ 같은 팀 팀원에게 자신의 상황을 설명하고 상사에게 대신 전해달라고 한다. 그런 뒤 마음 놓고 느긋하게 출근 준비를 한다.

07 E사원은 F팀장이 매번 개인 물품을 회사로 보내 택배로 받는 것을 발견했다. E사원은 한두 번도 아니고 매번 공용 물품이 아닌 개인 물품을 회사로 보내는 것은 옳지 않다고 생각한다. 이 상황에서 당신이 E사원이라면 어떻게 하겠는가?

① F팀장에게 찾아가 팀장으로서 행동에 모범을 보일 것을 조목조목 따진다.
② F팀장의 상사를 찾아가 F팀장의 잘못된 행동을 말한다.
③ 어차피 자기 일이 아니므로 모른 척한다.
④ F팀장에게 자신이 생각하는 문제점을 공손하게 이야기한다.
⑤ 개인 택배를 회사에서 받지 않았으면 좋겠다는 자신의 의견을 팀 안건으로 제안한다.

08 C사원은 최근 다른 부서로 이동하게 되었다. 그런데 인수인계를 하는 과정에서 몇 가지 업무를 제대로 전달받지 못했다. 하지만 상사는 C사원이 당연히 모든 업무를 다 알고 있으리라 생각하고 업무를 지시한다. 상사가 지시한 업무를 하겠다고 대답은 했지만, 막상 하려니 어떻게 해야 할지 당황스러운 상황이다. 이 상황에서 당신이 C사원이라면 어떻게 하겠는가?

① 팀 공유 폴더의 지난 업무 파일들을 참고하여 업무를 수행한다.
② 상사에게 현재 상황을 솔직하게 이야기하고 모르는 부분에 대해 다시 설명을 듣는다.
③ 옆에 앉은 다른 팀원에게 자신의 업무를 대신 해달라고 부탁한다.
④ 자신이 할 수 있는 데까지 방법을 찾다가 그래도 안 되겠으면 다시 설명을 듣는다.
⑤ 어차피 신입은 실수가 잦아도 상관없다 생각하여, 자신이 아는 지식을 총동원하여 일을 수행한다.

09 최근 A대리의 팀은 원활한 업무 수행을 위해 메신저를 설치했다. 하지만 A대리는 E사원이 자신 몰래 메신저를 개인 용도로 사용하는 것을 발견했다. 몇 번 주의를 시켰지만, E사원의 행동이 쉽게 고쳐지지 않는 상황이다. 이 상황에서 당신이 A대리라면 어떻게 하겠는가?

① E사원을 개인적으로 불러 마지막으로 한 번 더 주의를 시킨다.
② 팀원들이 다 같이 있는 공개적인 자리에서 E사원을 혼낸다.
③ 팀 회의를 할 때 개인적인 용도로 메신저를 사용하는 것에 대한 옳고 그름을 회의 안건으로 상정한다.
④ 어차피 말을 하더라도 듣지 않으리라 판단하고 자신의 말을 듣지 않았으니 다른 방법으로 E사원을 당황하게 한다.
⑤ 계속 신경 쓰면 본인만 화가 나기 때문에 E사원의 행동에 대해 신경을 쓰지 않는다.

| 유형분석 |

- 업무 상황에서 주어진 상황과 조건을 고려하여 문제를 해결할 수 있는지 평가하는 유형이다.
- 주어진 자료를 모두 읽기보다는 필요한 정보만을 빠르게 찾아내는 것이 시간 관리에 도움이 된다.

L사는 사무실 리모델링을 하면서 기획조정 1 ~ 3팀과 미래전략 1 ~ 2팀, 홍보팀, 보안팀, 인사팀의 사무실 위치를 변경하였다. 다음 〈조건〉과 같이 적용되었을 때, 변경된 사무실 위치에 대한 설명으로 옳은 것은?

1실	2실	3실	4실
복도			
5실	6실	7실	8실

조건

- 기획조정 1팀과 미래전략 2팀은 홀수실이며, 복도를 사이에 두고 마주보고 있다.
- 홍보팀은 5실이다.
- 미래전략 2팀과 인사팀은 나란히 있다.
- 보안팀은 홀수실이며, 맞은편 대각선으로 가장 먼 곳에는 인사팀이 있다.
- 기획조정 3팀과 2팀은 한 실을 건너 나란히 있고 2팀이 3팀보다 실 번호가 높다.

① 인사팀은 6실에 위치한다.
② 미래전략 2팀과 기획조정 3팀은 같은 라인에 위치한다.
③ 기획조정 1팀은 기획조정 2팀과 3팀 사이에 위치한다.
④ 미래전략 1팀은 7실에 위치한다.
⑤ 보안팀은 3실에 위치한다.

정답 ③

다음의 논리 순서를 따라 주어진 조건을 정리하면 쉽게 접근할 수 있다.

• 두 번째 조건 : 홍보팀은 5실에 위치한다.
• 첫 번째 조건 : 홍보팀이 5실에 위치하므로, 마주보는 홀수실인 3실 또는 7실에 기획조정 1팀과 미래전략 2팀이 각각 위치한다.
• 네 번째 조건 : 보안팀은 남은 홀수실인 1실에 위치하고, 이에 따라 인사팀은 8실에 위치한다.
• 세 번째 조건 : 7실에 미래전략 2팀, 3실에 기획조정 1팀이 위치한다.
• 다섯 번째 조건 : 2실에 기획조정 3팀, 4실에 기획조정 2팀이 위치하고, 남은 6실에는 자연스럽게 미래전략 1팀이 위치함을
  알 수 있다.

이 사실을 종합하여 주어진 조건에 따라 사무실을 배치하면 다음과 같다.

1실 – 보안팀	2실 – 기획조정 3팀	3실 – 기획조정 1팀	4실 – 기획조정 2팀
복도			
5실 – 홍보팀	6실 – 미래전략 1팀	7실 – 미래전략 2팀	8실 – 인사팀

따라서 기획조정 1팀(3실)은 기획조정 2팀(4실)과 3팀(2실) 사이에 위치한다.

오답분석

① 인사팀은 8실에 위치한다.
② 미래전략 2팀과 기획조정 3팀은 복도를 사이에 두고 위치한다.
④ 미래전략 1팀은 6실에 위치한다.
⑤ 보안팀은 1실에 위치한다.

30초 컷 풀이 Tip

실제 업무 상황과 유사해졌을 뿐, 본질은 언어이해 영역의 독해나 자료해석 영역의 자료계산과 크게 다르지 않다. 주어진
조건과 요구사항을 먼저 파악해 문제를 풀어나가야 한다.

Easy

01　K동에서는 임신한 주민에게 출산장려금을 지원하고자 한다. 출산장려금 지급 기준 및 K동에 거주하는 임산부에 대한 정보가 다음과 같을 때, 출산장려금을 가장 먼저 받을 수 있는 사람은?

〈K동 출산장려금 지급 기준〉

- 출산장려금 지급액은 모두 같으나, 지급 시기는 모두 다르다.
- 지급 순서 기준은 임신일, 자녀 수, 소득 수준 순서이다.
- 임신일이 길수록, 자녀가 많을수록, 소득 수준이 낮을수록 먼저 받는다(단, 자녀는 만 19세 미만의 아동 및 청소년으로 제한한다).
- 임신일, 자녀 수, 소득 수준이 모두 같으면 같은 날에 지급한다.

〈K동 거주 임산부 정보〉

구분	임신일	자녀	소득 수준
A	150일	만 1세	하
B	200일	만 3세	상
C	100일	만 10세, 만 6세, 만 5세, 만 4세	상
D	200일	만 7세, 만 5세, 만 3세	중
E	200일	만 20세, 만 16세, 만 14세, 만 10세	상

① A임산부
② B임산부
③ C임산부
④ D임산부
⑤ E임산부

02 K중학교 백일장에 참여한 A ~ E학생 5명에게 다음 〈조건〉에 따라 점수를 부여할 때, 점수가 가장 높은 학생은?

〈K중학교 백일장 채점표〉

구분	오탈자(건)	글자 수(자)	주제의 적합성	글의통일성	가독성
A	33	654	A	A	C
B	7	476	B	B	B
C	28	332	B	B	C
D	25	572	A	A	A
E	12	786	C	B	A

조건

- 기본 점수는 80점이다.
- 오탈자가 10건 이상일 때 1점을 감점하고, 5건이 추가될 때마다 1점을 추가로 감점한다.
- 전체 글자 수가 350자 미만일 때 10점을 감점하고, 600자 이상일 때 1점을 부여하며, 25자가 추가될 때마다 1점을 추가로 부여한다.
- 주제의 적합성, 글의 통일성, 가독성을 A, B, C등급으로 나누며 등급 개수에 따라 추가점수를 부여한다.
  - A등급 3개 : 25점
  - A등급 2개, B등급 1개 : 20점
  - A등급 2개, C등급 1개 : 15점
  - A등급 1개, B등급 2개 또는 A등급, B등급, C등급 1개 : 10점
  - B등급 3개 : 5점

예 오탈자 46건, 전체 글자 수 626자, 주제의 적합성, 글의 통일성, 가독성이 각각 A, B, A일 때 점수는 80−8+2+20=94점이다.

① A ② B
③ C ④ D
⑤ E

L회사는 일정한 규칙에 따라 만든 암호를 팀별 보안키로 활용한다. x와 y의 합은?

A팀	B팀	C팀	D팀	E팀	F팀
1938	2649	3576	6537	9642	2766

G팀	H팀	I팀	J팀	K팀	L팀
19344	21864	53193	84522	$9023x$	$7y352$

① 11

② 13

③ 15

④ 17

⑤ 19

04 L사는 신제품의 품번을 다음과 같은 규칙에 따라 정한다. 제품에 설정된 임의의 영단어가 'intellectual' 이라면 이 제품의 품번으로 옳은 것은?

〈규칙〉

1단계 : 알파벳 a ~ z를 숫자 1, 2, 3, …으로 변환하여 계산한다.

2단계 : 제품에 설정된 임의의 영단어를 숫자로 변환한 값의 합을 구한다.

3단계 : 임의의 영단어 속 자음의 합에서 모음의 합을 뺀 값의 절댓값을 구한다.

4단계 : 2단계와 3단계의 값을 더한 다음 4로 나누어 2단계의 값에 더한다.

5단계 : 4단계의 값이 정수가 아닐 경우, 소수점 첫째 자리에서 버림한다.

---

① 120

② 140

③ 160

④ 180

⑤ 200

05 갑 ~ 병 3명의 사람이 다트게임을 하고 있다. 다트 과녁은 색깔에 따라 다음과 같이 점수가 나눠진다고 할 때, 〈조건〉에 맞는 세 명의 점수 결과가 될 수 있는 경우의 수는?

〈다트 과녁 점수〉

(단위 : 점)

구분	빨강	노랑	파랑	검정
점수	10	8	5	0

조건

- 모든 다트는 네 가지 색깔 중 한 가지를 맞힌다.
- 각자 다트를 5번씩 던진다.
- 점수가 높은 순서는 '을 - 갑 - 병'이다.
- 병의 점수는 5점 이상 10점 이하이고, 갑의 점수는 36점이다.
- 검정을 제외한 똑같은 색깔은 3번 이상 맞힌 적이 없다.

① 9가지   ② 8가지
③ 6가지   ④ 5가지
⑤ 4가지

Easy

06 한 심리상담사는 다음과 같은 일정표를 가지고 있다. 또한 상담일정에는 어떠한 〈조건〉이 있다고 한다. 일정표와 〈조건〉이 다음과 같을 때, 목요일 13 ~ 14시에 상담을 받을 수 있는 사람은?

〈일정표〉

구분	월요일	화요일	수요일	목요일	금요일
12 ~ 13시	돌이		돌이		순이
13 ~ 14시	돌이				
14 ~ 15시		철이		영이	
15 ~ 16시	순이	영이			철이

조건

- 한 사람은 하루에 두 시간, 일주일에 세 번까지 상담을 받을 수 있다.
- 전날 상담한 사람은 상담하지 않는다.
- 하루에 두 시간 상담하려면 두 시간 연속으로 상담을 받아야만 한다.

① 철이   ② 순이
③ 돌이   ④ 영이
⑤ 없음

07 다음과 같이 K야구단의 락커룸 8개가 준비되어 있다. 8명의 새로 영입된 선수들이 각각 하나의 락커룸을 배정받을 때, 배정받을 수 있는 경우의 수는 모두 몇 가지인가?(단, 〈조건〉을 고려하여 결정하시오)

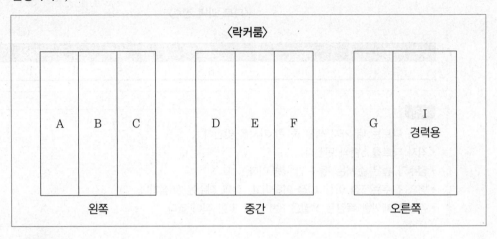

조건

1. 락커룸은 그림과 같이 왼쪽 3개, 중간에 3개 오른쪽에 2개가 준비되어 있고, 영입선수 중 2명은 경력선수이고, 나머지는 신입선수이다.
2. 오른쪽 끝 락커룸 I에는 경력 선수 2명 중 1명만 배정될 수 있다.
3. 왼쪽 락커룸 A, B, C에는 신입선수 2명이 신청하였다.
4. 중간 락커룸에 D, E, F에는 신입선수 1명이 신청하였다.
5. 굳이 신청 의사가 없는 선수는 임의로 배정받아도 된다.

① 72가지
② 96가지
③ 432가지
④ 864가지
⑤ 1,728가지

08 인사업무를 담당하고 있는 귀하는 전 직원을 대상으로 몇 년 동안 혼인 여부와 업무성과를 연계하여 조사를 실시해왔다. 그 결과 안정적인 가정을 꾸린 직원이 더 높은 성과를 달성한다는 사실을 확인할 수 있었다. 조사 내용 중 특히 신입사원의 혼인율이 급격하게 낮아지고 있으며, 최근 그 수치가 매우 낮아 향후 업무성과에 좋지 못한 영향을 미칠 것으로 예상되었다. 이러한 문제의 근본 원인을 찾아 도식화하여 팀장에게 보고하려고 한다. 다음 중 현상 간의 인과관계를 따져볼 때, 귀하가 (D)에 입력할 내용으로 적절한 것은?

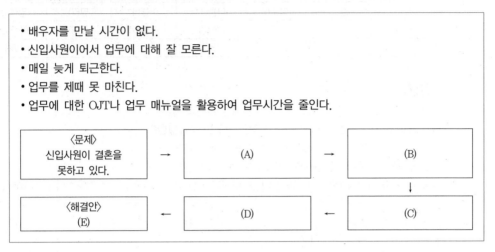

- 배우자를 만날 시간이 없다.
- 신입사원이어서 업무에 대해 잘 모른다.
- 매일 늦게 퇴근한다.
- 업무를 제때 못 마친다.
- 업무에 대한 OJT나 업무 매뉴얼을 활용하여 업무시간을 줄인다.

① 배우자를 만날 시간이 없다.
② 신입사원이어서 업무에 대해 잘 모른다.
③ 매일 늦게 퇴근한다.
④ 업무를 제때에 못 마친다.
⑤ 업무에 대한 OJT나 업무 매뉴얼을 활용하여 업무시간을 줄인다.

09 산타 할아버지가 크리스마스를 맞아 선물을 배달하고 있다. 3일 전 알아본 집 A ~ G의 가족구성원과 나이는 아래와 같고, 다음 〈조건〉에 맞게 선물을 배달할 때 5번째로 배달하는 집은?

A	B	C	D	E	F	G
아버지(47)	아버지(45)	아버지(46)	아버지(45)	아버지(45)	아버지(42)	아버지(40)
어머니(42)	어머니(41)	어머니(38)	어머니(44)	어머니(36)	어머니(39)	어머니(42)
아들(9)	딸(2)	아들(2)	아들(11)	아들(4)	딸(7)	딸(10)
딸(3)			딸(8)	아들(2)	딸(2)	아들(4)
			딸(3)			아들(2)

조건

산타 할아버지가 선물을 배달하는 우선순위는 다음과 같다.
(1) 집에서 가장 어린 사람의 나이가 적을수록 먼저 배달한다.
(2) 집에서 10세 이하 아동이 많은 집에 먼저 배달한다.
(3) 부모의 나이를 합친 숫자가 많을수록 먼저 배달한다.
(4) 부모 중 나이가 어린 사람과 자녀 중 나이가 많은 사람의 나이 차가 적을수록 먼저 배달한다.

① A
② B
③ C
④ D
⑤ E

Hard

10 소비자가 달걀을 구입할 때 보다 자세하고 정확한 정보를 확인할 수 있도록 달걀에 산란 일자, 생산자 고유번호, 사육환경번호를 차례대로 표기해야 한다. 사육환경번호의 경우 닭의 사육 환경에 따라 1(방사육), 2(축사 내 평사), 3(개선된 케이지), 4(기존 케이지)와 같이 구분된다. 이와 같은 달걀 난각 표시 개정안에 따를 때, 생산자 고유번호가 'AB38E'인 한 농장에서 방사 사육된 닭이 9월 7일에 낳은 달걀의 난각 표시로 적절한 것은?

① AB38E 0907 1
② AB38E 0907 2
③ 0907 1 AB38E
④ 0907 2 AB38E
⑤ 0907 AB38E 1

PART 2

최종점검 모의고사

롯데 온라인 L-TAB	
도서 동형 온라인 실전연습 서비스	ASSD-00000-7A22A

롯데 온라인 L-TAB	
개요	제한시간
• 실제 업무 상황처럼 구현된 아웃룩 메일함 / 자료실 환경에서 이메일 및 메신저 등으로 전달된 다수의 과제 수행 • 문항에 따라 객관식, 주관식, 자료 첨부 등 다양한 형태의 답변이 가능 • 문항 수 구분은 없으나 대략적으로 30 ~ 40문제 수준의 문항 수가 주어짐	3시간 (사전준비 1시간 포함)

※ 본 모의고사는 실제 시험을 토대로 시대에듀에서 임의로 제작한 모의시험입니다. 실제 시험과는 차이가 있을 수 있으니 참고하기 바랍니다.

최종점검 모의고사

응시시간 : 120분   문항 수 : 40문항

정답 및 해설 p.044

※ L사의 기획재정부에 입사한 귀하는 인사부로부터 직원 근무 평정 규정에 대한 자료를 받았다. 이어지는 질문에 답하시오. **[1~2]**

〈직원 근무평정 규정〉

제6조(업적평가의 종류)

업적평가는 정기평가와 수시평가 2종류로 구분한다.

제7조(정기평가)

① 정기평가는 연 1회 실시하며, 평가기간은 매년 1월 1일부터 12월 31일까지로 한다.

② 정기평가는 평가기간 종료일 기준 현재 근무기간이 2개월 이상인 직원을 대상으로 한다. 다만 다음 각 호의 어느 하나에 해당하는 자는 정기평가에서 제외한다.

  1. 대기, 휴직 또는 정직 중에 있는 자

  2. 2개월 이상 사외기관에서 피교육 중에 있는 자

  3. 승진 또는 상위 직위에 보직 후 2개월이 경과되지 아니한 자

  4. 대표준법감시인

③ 타기관 또는 해외 파견근무자의 경우에는 파견근무기관 책임자 등의 의견을 참고하여 평가한다.

④ 정기평가 대상자 중 전입 후 2개월 미만인 자는 2개월 이상 근무한 전 소속 부서에서 평가한다.

⑤ 정기평가 대상자 중 2개월 이상 타부서에 파견근무 중에 있는 자는 파견근무부서에서 평가한다.

⑥ 조직운영상의 필요에 의하여 임시적으로 운영하는 기구에 상시 근무하는 직원에 대하여는 제4항의 규정을 준용한다.

제8조(수시평가)

수시평가는 정기평가대상에서 제외된 직원에 대하여 필요한 경우와 기타 인사관리 상 필요한 경우에 실시한다.

제10조(자기기술서의 작성)

① 제1차 평가자는 평가기간 종료 후 평가대상 직원으로 하여금 별지 제3호 서식에 의한 자기기술서를 작성하도록 하고, 이를 확인한 후 수정·보완하여야 한다.

② 평가대상기간 중 전보·업무 재분장 등으로 담당업무가 변경되었을 경우에는 종전에 추진한 업무실적도 기재한다.

③ 제1차 평가자는 제1항의 규정에 의한 자기기술서의 기재내용을 참고하여 평가 대상 직원의 교육훈련 및 보직관리에 관한 의견을 자기기술서에 기재하여야 한다.

제10조의2(연간 업무계획서의 작성)

① 평가대상자인 팀원(비서실 및 감사실 제외)은 별지 제3호의2서식에 의한 개인별 연간 업무계획서를 작성하고, 제1차 평가자와의 협의를 거쳐 업무계획을 확정한 후 인사담당부서에 제출하여야 한다.

② 제1항의 개인별 연간 업무계획서는 매년 1월 말까지 작성함을 원칙으로 한다.

③ 평가기간 중 전보·업무 재분장 등으로 담당업무가 변경되었을 경우에는 변경된 날로부터 1개월 이내에 변경된 내용을 추가로 기재하여야 한다.

---

176 · 롯데그룹 L-TAB

제11조(평가자)

① 업적평가는 1차 평가와 2차 평가의 2단계로 하며, 제1차 평가자는 피평가자의 직제상 직근 상급자로 하고, 제2차 평가자는 피평가자의 직제상 직근차상급자로 한다.

② 제1항에도 불구하고 직제 또는 업무특성상 필요한 경우에 사장은 평가자를 별도로 지정하거나 제1차 평가만 실시할 수 있다.

③ 제1차 평가자 또는 제2차 평가자가 평가기준일 현재 소속부서 근무기간이 2개월 미만일 때에는 2개월 이상 근무한 전임자가 평가함을 원칙으로 한다. 다만, 전임자가 퇴직 등 부득이한 사유로 평가할 수 없는 경우에는 예외로 한다.

④ 상위직위의 직무를 대리하는 자에 대한 평가는 그 상위 직위에 대한 제1차 평가자와 제2차 평가자가 각각 평가하되, 대리하고 있는 직무의 동일직급직무와 비교하여 평가한다.

⑤ 평가자가 부재 또는 기타 사유로 인하여 평가할 수 없을 때에는 직근상급자가 대리 평가할 수 있다. 다만 직근상급자가 부재 등의 사유로 평가할 수 없을 때에는 사장이 지명하는 자를 평가자로 할 수 있다.

01　다음 중 〈직원 근무평정 규정〉에 대한 설명으로 적절한 것은?

① 평가기간 종료 기준 현재 입사한 지 1개월이 된 신입 직원은 해당 평가를 처음 배치 받은 부서에서 받는다.

② 제2차 평가자는 제1차 평가자에게 직제상 상급자이다.

③ 평가대상자인 팀원은 매년 연말까지 연간 업무계획서를 작성한 후 제1차 평가자와 협의하여야 한다.

④ 모든 업적평가대상자는 1차 평가와 2차 평가를 모두 받아야 한다.

⑤ 평가자가 파견으로 평가할 수 없는 경우, 사장이 지명하는 자가 대리로 평가할 수 있다.

Easy

02　L사의 〈직원 근무평정 규정〉에 따라 판단할 때, 〈보기〉의 직원들 중 옳지 않은 설명을 한 직원만 모두 고르면?

> **보기**
>
> 현재 : 내가 1차 평가를 해야 하지만, 나는 평가기준일인 오늘 기준으로 법률지원과로 온 지 2주밖에 안 되어서 원칙에 따라 전임자가 평가를 하게 되었어.
>
> 보라 : 나는 원래 대외협력과인데 두 달 전부터 현장지원과로 파견을 와 있어. 다음 달에 있는 정기평가는 대외협력과에서 받을 거야.
>
> 병현 : 정기평가 기간 중인 8월 12일에 담당업무가 변경되어서 11월 11일에 업무계획서에 변경 내용을 기재했어.
>
> 민영 : 나는 이번 달 초부터 ○○대학교 도시과학연구원에서 교육을 받는 중이야. 그래서 이번 달 말에 있을 정기평가에서는 제외될 거야.

① 현재

② 현재, 병현

③ 보라, 민영

④ 병현, 민영

⑤ 보라, 병현, 민영

일반 사용자가 디지털 카메라를 들고 촬영하면 손의 미세한 떨림으로 인해 영상이 번져 흐려지고, 걷거나 뛰면서 촬영하면 식별하기 힘들 정도로 영상이 흔들리게 된다. 흔들림에 의한 영향을 최소화하는 기술이 영상 안정화 기술이다.

영상 안정화 기술에는 빛을 이용하는 광학적 기술과 소프트웨어를 이용하는 디지털 기술이 있다. 광학 영상 안정화(OIS) 기술을 사용하는 카메라 모듈은 렌즈 모듈, 이미지 센서, 자이로 센서, 제어 장치, 렌즈를 움직이는 장치로 구성되어 있다. 렌즈 모듈은 보정용 렌즈들을 포함한 여러 개의 렌즈로 구성된다. 일반적으로 카메라는 렌즈를 통해 들어온 빛이 이미지 센서에 닿아 피사체의 상이 맺히고, 피사체의 한 점에 해당하는 위치인 화소마다 빛의 세기에 비례하여 발생한 전기 신호가 저장 매체에 영상으로 저장된다. 그런데 카메라가 흔들리면 이미지 센서 각각의 화소에 닿는 빛의 세기가 변한다. 이때 OIS 기술이 작동되면 자이로 센서가 카메라의 움직임을 감지하여 방향과 속도를 제어 장치에 전달한다. 제어 장치가 렌즈를 이동시키면 피사체의 상이 유지되면서 영상이 안정된다.

렌즈를 움직이는 방법 중에는 보이스코일 모터를 이용하는 방법이 많이 쓰인다. 보이스코일 모터를 포함한 카메라 모듈은 중앙에 위치한 렌즈 주위에 코일과 자석이 배치되어 있다. 카메라가 흔들리면 제어 장치에 의해 코일에 전류가 흘러서 자기장과 전류의 직각 방향으로 전류의 크기에 비례하는 힘이 발생한다. 이 힘이 렌즈를 이동시켜 흔들림에 의한 영향이 상쇄되고 피사체의 상이 유지된다. 이외에도 카메라가 흔들릴 때 이미지 센서를 움직여 흔들림을 감쇄하는 방식도 이용된다.

OIS 기술이 손 떨림을 훌륭하게 보정해 줄 수는 있지만 렌즈의 이동 범위에 한계가 있어 보정할 수 있는 움직임의 폭이 좁다. 디지털 영상 안정화(DIS) 기술은 촬영 후에 소프트웨어를 사용해 흔들림을 보정하는 기술로 역동적인 상황에서 촬영한 동영상에 적용할 때 좋은 결과를 얻을 수 있다. 이 기술은 촬영된 동영상을 프레임 단위로 나눈 후 연속된 프레임 간 피사체의 움직임을 추정한다. 움직임을 추정하는 한 방법은 특징점을 이용하는 것이다. 특징점으로는 피사체의 모서리처럼 주위와 밝기가 뚜렷이 구별되며 영상이 이동하거나 회전해도 그 밝기 차이가 유지되는 부분이 선택된다.

먼저 k번째 프레임에서 특징점을 찾고, 다음 k+1번째 프레임에서 같은 특징점을 찾는다. 이 두 프레임 사이에서 같은 특징점이 얼마나 이동하였는지 계산하여 영상의 움직임을 추정한다. 그리고 흔들림이 발생한 곳으로 추정되는 프레임에서 위치 차이만큼 보정하여 흔들림의 영향을 줄이면 보정된 동영상은 움직임이 부드러워진다. 그러나 특징점의 수가 늘어날수록 연산이 더 오래 걸린다. 한편 영상을 보정하는 과정에서 영상을 회전하면 프레임에서 비어 있는 공간이 나타난다. 비어 있는 부분이 없도록 잘라내면 프레임들의 크기가 작아지는데, 원래의 프레임 크기를 유지하려면 화질은 떨어진다.

03 윗글을 이해한 내용으로 적절한 것은?

① 디지털 카메라의 저장 매체에는 개별 화소 단위가 아닌 한 이미지 단위로 전기 신호가 발생해 영상으로 저장된다.

② 손 떨림이 있을 때 보정 기능이 없어도 이미지 센서 각각의 화소에 닿는 빛의 세기는 변하지 않는다.

③ 디지털 영상 안정화 기술은 소프트웨어를 이용하여 프레임 간 피사체의 위치 차이를 줄여 영상을 보정한다.

④ 광학 영상 안정화 기술을 사용하지 않는 디지털 카메라에는 이미지 센서가 필요하지 않다.

⑤ 연속된 프레임에서 동일한 피사체의 위치 차이가 클수록 동영상의 움직임이 부드러워진다.

04 다음 중 '광학 영상 안정화(OIS) 기술'에 대한 설명으로 적절한 것은?

① 카메라가 흔들리면 이미지 센서에 의해 코일에 전류가 흐른다.

② OIS 기술은 보정할 수 있는 움직임의 폭이 넓은 것이 특징이다.

③ 카메라가 흔들리면 자기장과 전류의 직각 방향으로 전류의 크기에 반비례하는 힘이 발생한다.

④ OIS 기술에서 카메라의 움직임을 감지하여 방향과 속도를 제어 장치에 전달하는 것은 자이로 센서이다.

⑤ 카메라가 흔들리면 렌즈 모듈이 렌즈를 이동시키면 피사체의 상이 유지되면서 영상이 안정된다.

05 귀하는 연구한 기술을 바탕으로 디지털 카메라 A, B를 개발했고, 지난 달 두 종류의 디지털 카메라를 합하여 6,000개를 생산하였다. 이번 달에 생산한 양은 지난달에 비해 제품 A는 6% 증가하고, 제품 B는 4% 감소하여 전체 생산량은 2% 증가했다. 이번 달 A, B의 생산량의 차를 구하면?

① 1,500개   ② 1,512개

③ 1,524개   ④ 1,536개

⑤ 1,548개

Hard

06 L사의 기획개발부에서는 디지털 카메라의 디자인 A ~ E 5가지 중 하나를 택하여 출시하려 한다. 부서원들의 투표를 통해 선정이 이루어지며, 가장 많은 득표수를 얻은 디자인으로 출시된다. 투표 결과 A ~ E의 득표수가 다음과 같을 때 바르게 추론한 것은?(단, 기획개발부 부서원은 총 30명이며, 다섯 후보의 득표수는 서로 다르다)

- A는 15표를 얻었다.
- B는 C보다 2표를 더 얻었지만, A보다는 낮은 표를 얻었다.
- D는 A보다 낮은 표를 얻었지만, C보다는 높은 표를 얻었다.
- E는 1표를 얻어 가장 낮은 득표수를 기록했다.

① A가 출시될 디자인으로 선정된다.

② B보다 D의 득표수가 높다.

③ D보다 B의 득표수가 높다.

④ 5개 중 2개가 10표 이상을 얻었다.

⑤ 최다 득표 디자인은 과반수 이상의 표를 얻었다.

발신 : 김어진(경영지원, ujkim@kkk.co.kr) 14:25:32

수신 : 서우선(영업1 / 팀장), 김준서(영업2 / 팀장), 신수안(교육 / 팀장), 최연(R&D / 팀장)

참조 : 구서준(경영지원 / 팀장, sjgoo@kkk.co.kr)

제목 : 사내 에너지 절약 캠페인 실행 및 경영지원실 안내의 건

안녕하십니까? 경영지원팀 김어진 대리입니다.

익일부터 시행되는 '사내 에너지 절약 캠페인' 실행과 관련한 안내문을 보내드립니다. 메일을 받으신 팀장님들께서는 해당 팀 소속 직원에게 본 메일을 전달해 주시어 모두가 캠페인의 내용을 알 수 있도록 해주시기 바랍니다. 캠페인 안내문에는 공공 단위와 개별 단위로 실천할 수 있는 절약 행동이 모두 담겨 있습니다. 그러나 본 메일에 첨부한 포스터는 개별 단위 실천 행동만 담은 개인 실천 행동 지침 포스터입니다. 팀장님들은 팀원들이 포스터를 각자 출력하여 개인 책상 앞에 부착할 수 있도록 안내해 주시기 바랍니다.

추가적으로 경영지원실에서 안내 말씀드립니다.

1) 영업실적 미입력
   현재 영업팀의 영업실적이 입력되지 않아 급여 산정에 어려움을 겪고 있습니다. 영업팀장님들은 실적 미입력자기 조속히 인트리넷에 입력할 수 있도록 조치하여 주시기 바랍니다.

2) 워크숍 일정 선정
   오는 9월엔 창립기념일이 있습니다. 금년에도 창립기념일을 기념하는 전사 워크숍이 있을 예정입니다. 워크숍 일정을 조율하기 위한 사전 조사 파일을 함께 보내드립니다. 각 팀장님들은 첨부파일을 확인하시어 팀별 참여 가능 일정을 조사해주신 뒤 해당 내용을 경영지원팀 손시윤 사원(syson@kkk.co.kr)에게 회신하여 주시기 바랍니다.

감사합니다.

경영지원팀 김어진 드림

첨부파일

07 다음 중 김어진 대리가 첨부한 캠페인 포스터가 포함하고 있을 내용으로 가장 적절한 것은?

① 손을 깨끗하게 닦으셨군요! 그렇다면 당신의 손을 산뜻하게 만들어 줄 페이퍼 타올은 한 장씩만 사용해 주세요! 한 장이면 충분해요.

② 잠깐! 오탈자 확인하셨나요? 오타 확인은 종이 낭비를 막는 가장 빠른 지름길! 1분을 투자하는 습관이 1억의 자연 가치로 돌아옵니다.

③ 혹시 마지막으로 퇴근하고 계신가요? 오늘도 열심히 일한 멋진 당신에게 휴식을 선물합니다. 설레는 퇴근길, 당신의 하루를 함께 밝힌 전구에게도 휴식을 선물하는 것을 잊지 말아 주세요.

④ 양치질 후 헹궈낼 땐 맨손 대신 컵을 사용해요. 혹시 컵이 없으신가요? 지금 바로 경영지원실로 찾아오세요! 선착순 15명에게 컵을 드려요!

⑤ 계단을 한 칸씩 오를 때마다 여러분의 건강수명은 늘어납니다. 3층 이하는 엘리베이터 대신 계단을 이용합시다.

`Easy`

08 워크숍은 A ~ E 5개 부서가 참가할 예정이다. 워크숍 진행 순서가 다음 〈조건〉과 같을 때, 세 번째로 워크숍을 진행하는 부서는?

> `조건`
> • A부서는 C부서보다 먼저 한다.
> • B부서는 A부서보다 늦게 D부서보다 빨리 한다.
> • B부서와 D부서는 C부서보다 빨리한다.
> • D부서는 E부서보다 먼저 한다.
> • E부서는 C부서보다 먼저 하지만 A부서보다 늦게 한다.

① A부서　　　　　　　　　　② B부서
③ C부서　　　　　　　　　　④ D부서
⑤ E부서

09 구서준 팀장은 워크숍 숙소 배정 업무를 맡았다. 다음 결과를 참고할 때 워크숍에 가는 사원수는? (단, 모든 방에는 정해진 인원만큼 사원이 배정된다)

> • 5명씩 방을 배정하면 9명이 방 배정을 못 받는다.
> • 7명씩 방을 배정하면 방이 3개가 남는다.

① 70명　　　　　　　　　　② 74명
③ 79명　　　　　　　　　　④ 84명
⑤ 89명

10 다음 중 위 메일과 관련성이 가장 낮은 메일은?

①
발신	서우선
수신	영업 1팀 전체
참조	
제목	FW : 사내 에너지 절약 캠페인 실행

금일 경영지원실로부터 받은 캠페인 실행 관련 메일을 포워딩합니다.

–––– 내용 ––––

안녕하십니까?
경영지원팀 김어진 대리입니다.

익일부터 시행되는 '사내 에너지 절약 캠페인' 실행과 관련한 안내문을 보내드립니다.

첨부	에너지 절약 캠페인 안내문.pdf

②
발신	신수안
수신	손시윤(경영지원, syson@kkk.co.kr)
참조	
제목	창립일 기념 워크숍 일정 조사의 건

안녕하십니까?
교육팀 신수안 팀장입니다.

교육팀의 워크숍 참여 가능 일정을 송부합니다.

감사합니다.

신수안 드림

첨부	창립일 기념 워크숍 일정 조사_교육팀.xls

③
발신	김준서
수신	김어진(경영지원, ujkim@kkk.co.kr)
참조	
제목	영업 실적 입력 건

안녕하세요.
영업2팀 팀장 김준서입니다.

영업 2팀의 영업실적을 수기 입력하여 송부합니다.
업무에 불편을 드려 죄송합니다.

김준서 드림

첨부	영업실적_영업2팀.xls

④
발신	최연
수신	R&D팀 전체
참조	
제목	사내 에너지 절약 캠페인 실행 건

최연입니다.

6월 18일부터 전사적 차원의 에너지 절약 캠페인이 시행될 예정입니다.
본 안내문과 포스터를 참고하시어 캠페인에 적극 동참하여 주시기 바랍니다.

감사합니다.

첨부	에너지절약 캠페인_안내문.hwp 에너지절약 캠페인_포스터.pdf

⑤
발신	구서준
수신	손시윤(경영지원, syson@kkk.co.kr)
참조	
제목	창립일 기념 워크숍 일정 조사의 건

구서준입니다.

경영지원팀의 워크숍 참여 가능 일정도 송부하니 워크숍 일정 조율 시 참고바랍니다.

감사합니다.

첨부	창립일 기념 워크숍 일정 조사_경영지원팀.xls

기업은 상품의 사회적 마모를 촉진시키는 주체이다. 생산과 소비가 지속되어야 이윤을 남길 수 있기 때문에, 하나의 상품을 생산해서 그 상품의 물리적 마모가 끝날 때까지를 기다렸다가는 기업이 망하기 십상이다. 이러한 상황에서 늘 수요에 비해 과잉 생산하는 기업이 살아남을 길은 상품의 사회적 마모를 짧게 하여 사람들이 계속 소비하도록 하는 것이다.

그래서 ㉠ 기업들은 더 많은 이익을 내기 위해 상품의 성능을 향상시키기보다는 디자인을 변화시키는 것이 더 바람직하다고 생각한다. 산업이 발달하여 상품의 성능이나 기능, 내구성이 이전보다 더욱 향상되었음에도 불구하고 상품의 생명이 이전보다 더 짧아지는 것은 자본주의 상품이 지닌 모순이라고 할 수 있다. 섬유의 질은 점점 좋아지지만 그 옷을 입는 기간은 점점 짧아지는 것이 바로 그것이다. 산업이 계속 발달하여 상품의 성능이 향상되는데도 상품의 사회적인 마모 기간이 누군가에 의해 엄청나게 짧아지고 있다. 상품의 질은 향상되고 내가 버는 돈은 늘어가는데 늘 무엇인가 부족한 느낌이 드는 것도 이와 관련이 있다.

11 윗글을 읽고 추론한 내용으로 적절하지 않은 것은?

① 기업은 물리적 마모가 짧을수록 유리하기 때문에 제품의 성능에 신경 쓰지 않는다.

② 사회적 마모 기간이 짧아지면 생산과 소비는 지속된다.

③ 기업은 이익을 위해 상품의 디자인 변화가 이윤추구에 더 바람직하다고 생각한다.

④ 자본주의 시대를 사는 사람들은 제품의 품질이 좋아져도 오래 사용하지 않는다.

⑤ 사회적 마모 기간이 짧아지는 것을 자본주의의 모순으로 볼 수도 있다.

Hard

12 다음 중 ㉠에 대해 제기할 수 있는 반론으로 가장 적절한 것은?

① 상품의 성능은 그대로 두어도 향상될 수 있는가?

② 디자인에 관한 소비자들의 취향이 바뀌는 것을 막을 방안은 있는가?

③ 상품의 성능 향상을 등한시하며 디자인만 바꾼다고 소비가 증가할 것인가?

④ 사회적 마모 기간이 점차 짧아지면 디자인을 개발하는 것이 기업에 도움이 되겠는가?

⑤ 소비 성향에 맞춰 디자인을 다양화할 수 있는가?

13 L사는 올해 디자인을 변경한 신제품을 출시했다. 올해의 매출액과 순이익에 대한 정보가 다음과 같을 때, 올해의 매출액은 얼마인가?[단, (순이익)＝(매출액)－(원가)이다]

• 작년의 매출액보다 올해의 매출액은 120% 증가했다.
• 올해의 원가는 작년과 같고, 올해의 순이익은 1억 4천만 원이다.
• 작년의 원가는 작년 매출액의 50%이다.

① 2억 원 　　　　　　　　② 2억 4천만 원
③ 2억 8천만 원 　　　　　④ 3억 원
⑤ 3억 2천만 원

※ 다음은 L그룹 감사위원회의 조직도이다. 이어지는 질문에 답하시오. [14~17]

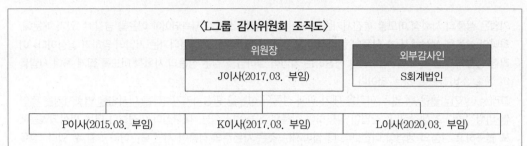

〈L그룹 감사위원회 조직도〉

위원장	외부감사인
J이사(2017.03. 부임)	S회계법인

P이사(2015.03. 부임)	K이사(2017.03. 부임)	L이사(2020.03. 부임)

〈L그룹 감사위원회 운영규정〉

제2장(구성)

제5조 구성

① 위원회 위원(이하 "위원"이라 한다)은 주주총회 결의에 의하여 선임한다.

② 위원은 통신, 경제, 경영, 재무, 법률 또는 관련 기술 등에 관한 전문적인 지식이나 경험이 있는 자 또는 기타 자격이 있다고 주주총회에서 인정하는 자로서 상법, 기타 관련 법령 및 정관에서 정하여진 결격 요건에 해당하지 않는 자여야 한다.

③ 위원회에는 최소 1인 이상의 재무전문가를 포함하여야 한다.

④ 위원이 사임, 사망 등의 사유로 인하여 3인에 미달하게 된 때 또는 제3항의 규정에 의한 감사위원회의 구성요건에 미달하게 된 때에는 그 사유가 발생한 후 최초로 소집되는 주주총회에서 위원회의 구성요건에 충족되도록 하여야 한다.

제6조 위원장

① 위원회는 제11조 규정에 의한 결의로 위원회를 대표할 위원장을 선정하여야 한다.

② 위원장은 위원회를 대표하고 위원회의 업무를 총괄하며, 위원회의 효율적인 운영을 위하여 위원별로 업무를 분장할 수 있다.

③ 위원장의 유고 시에는 소속위원 중 선임자, 연장자 순서로 그 직무를 대행한다.

제3장(회의)

제7조 종류

① 위원회는 정기회의와 임시회의를 개최한다.

② 정기회의는 매 분기 1회 개최하는 것을 원칙으로 한다.

③ 임시회의는 필요할 경우 개최할 수 있다.

제8조 소집권자

위원회는 위원장이 소집한다. 위원장 이외에 회장 또는 위원의 요구가 있는 경우 위원장은 위원회를 소집하여야 한다.

제9조 소집절차

① 위원회를 소집할 때에는 회의일 3일 전까지 회의 개최 일시, 장소 및 부의할 안건을 각 위원에 대하여 모사전송, 전보, 등기우편 또는 전자적 방법으로 통지하여야 한다.

② 위원회는 위원 전원의 동의가 있는 때에는 제1항의 절차 없이 언제든지 회의를 열 수 있다.

제11조 결의방법

① 위원회의 결의는 재적위원 과반수의 출석과 출석위원 과반수의 찬성으로 한다. 이 경우 위원회는 위원의 전부 또는 일부가 직접 회의에 출석하지 아니하고 모든 위원이 동영상 또는 음성을 동시에 송·수신하는 통신수단에 의하여 결의에 참가하는 것을 허용할 수 있으며, 이 경우 당해 위원은 위원회에 직접 출석한 것으로 본다.

② 위원회의 안건과 관련하여 특별한 이해관계가 있는 위원은 의결권을 행사하지 못한다. 이 경우 행사가 제한되는 의결권의 수는 출석한 위원의 의결권 수에 산입하지 아니한다.

〈L그룹 감사위원 선정 기준〉

1. 감사위원 자격 요건
   • 통신, 경제, 경영, 재무, 법률 계열 학위 보유자
   • 범죄 전과 이력 등의 결격 요건에 해당하지 않는 자
2. 감사위원 선정 방식
   • 다음 항목에 따른 점수를 합산하여 선발 점수를 산정함
   • 학위 점수(50점)

학위	학사	석사	박사
점수	31점	38점	45점

※ 재무 계열 학위 보유자의 경우 학위와 관계없이 가산점 5점이 부여됨
   • 통신, 경제, 경영, 재무, 법률 계열 근무 경력(50점)

근무경력	5년 미만	5년 이상 ~ 10년 미만	10년 이상 ~ 15년 미만	15년 이상
점수	35점	44점	48점	50점

〈L그룹 감사위원 후보자 현황〉

구분	학위	근무 경력
후보자 A	경영학 박사	4년
후보자 B	기계공학 박사	17년
후보자 C	법학 석사	9년
후보자 D	회계학 석사	11년
후보자 E	정보통신 학사	8년

<L그룹 주요 재무 성과표>

(단위 : 백만 원)

구분	2019년	2020년	2021년	2022년	2023년
유동자산	9,968,449	8,750,934	8,583,176	9,643,306	9,522,130
비유동자산	24,878,084	25,024,568	20,758,009	20,944,427	20,058,498
자산총계	34,846,533	33,775,502	29,341,185	30,587,733	29,580,628
유동부채	11,187,738	9,992,244	8,639,906	9,466,147	9,458,104
비유동부채	10,793,885	11,992,970	8,535,814	8,326,807	7,046,148
부채총계	21,981,623	21,985,214	17,175,720	17,792,954	16,504,252
자본금	1,564,499	1,564,499	1,564,499	1,564,499	1,564,499
주식발행초과금	1,440,258	1,440,258	1,440,258	1,440,258	1,440,258
이익잉여금	10,046,883	8,571,130	9,059,305	9,656,544	9,854,172
기타포괄 손익누계액	24,538	25,790	13,870	−1,432	30,985
기타자본 구성요소	−1,320,943	−1,260,709	−1,232,863	−1,217,934	−1,205,302
비지배지분	1,109,675	1,449,320	1,320,396	1,352,844	1,391,764
자본총계	12,864,910	11,790,288	12,165,465	12,794,779	13,076,376

14 다음 중 L그룹 감사위원회 운영규정을 통해 추론한 내용으로 적절하지 않은 것은?

① 감사위원회의 모든 위원은 주주총회에서 주주들의 결의를 통해 선임되었겠군.

② 만약 J이사에게 부득이한 사정이 생긴다면 P이사가 J이사의 직무를 대신하겠군.

③ 위원회의 정기회의는 매 분기별로 반드시 1회 이상 개최되어야 하는구나.

④ 임시회의는 J이사가 필요하다고 생각하는 경우에만 개최될 수 있구나.

⑤ 위원 전원의 동의를 얻지 못한 회의의 경우 J이사는 회의일 3일 전까지 회의에 대한 정보를 통지해야겠군.

Easy

15 〈보기〉에서 L그룹의 감사위원회에 상정된 안건이 결의되기 위해 반드시 필요한 조건을 모두 고르면?

보기

㉠ 재적위원 과반수의 출석

㉡ 출석위원 과반수의 찬성

㉢ 모든 감사위원과 이해관계가 없는 안건

① ㉠

② ㉠, ㉡

③ ㉠, ㉢

④ ㉡, ㉢

⑤ ㉠, ㉡, ㉢

16 L그룹은 감사위원 선정 기준에 따라 감사위원을 새로 선정하려고 한다. 점수가 가장 높은 후보자를 선정할 때, 다음 중 감사위원으로 선정될 후보자는?

① 후보자 A   ② 후보자 B

③ 후보자 C   ④ 후보자 D

⑤ 후보자 E

17 다음은 L그룹의 감사위원회가 주요 재무성과를 검토한 후 서로 나눈 대화이다. 다음 중 L그룹의 주요 재무 성과표를 이해한 내용으로 적절하지 않은 것은?(단, 부채비율은 소수점 둘째 자리에서 반올림하여 계산한다)

① J이사 : 아쉽게도 우리 회사의 2023년 자산의 총합은 전년 대비 3% 이상 감소하였군요.

② K이사 : 그러나 2022년에 비해 부채의 총합은 줄고, 자본의 총합은 늘어났으니 아쉬울 일이 아닙니다.

③ P이사 : 네, 맞습니다. 2023년 자본에 대한 부채비율은 약 126.2%로, 약 139.1%였던 2022년보다 감소하였습니다.

④ J이사 : 그렇군요. 자본에 대한 부채비율은 2019년부터 2023년까지 계속해서 줄어들었네요.

⑤ L이사 : 자본의 총합도 2021년부터 2023년까지 계속 증가하는 추세에 있군요.

※ L그룹은 사내 복지 및 문화예술회관과의 연계사업 목적으로 문화예술 수강생 모집 광고를 게시하였다. 이어지는 질문에 답하시오. [18~21]

〈문화예술교실 수강생 모집〉

우리 문화예술회관에서는 일반 시민과 청소년들에게 고품격 문화체험의 기회 제공과 국악인구의 저변확대를 위하여 예술기량이 뛰어난 시립예술단원(수·차석)을 강사로 초빙, 연중 문화예술교실을 운영하고 있습니다. 특히, 동·하계 특수 분야 직무연수(교사) 위주로 운영하던 국악교실을 분기별로 ⑦ 상설하여 아래와 같이 운영하오니 많은 관심과 적극적인 참여 부탁드립니다.

■ 운영개요
  1. 운영기간 : 2024년 중
  2. 운영장소 : 단체연습실
  3. 운영대상 : 일반시민, 학생, 교사, 직장인 누구나(단, ⓒ 우아발레의 경우 6세 이상부터 등록 가능)
  4. 운영강좌 : 발레8, 여성합창교실1, 국악교실2(판소리, 한국무용)

■ 모집개요
  1. 수강생모집 : 1분기(1 ~ 3월), 2분기(4 ~ 6월), 3분기(7 ~ 9월), 4분기(10 ~ 12월)
  2. 모집인원 : 강좌당 20명 내외(선착순 모집)
     ※ 단, 수강생 모집인원이 5명 ⓒ 이상인 과목은 폐강
  3. 접수기간
     • 발레단 : 3월, 6월, 9월, 12월 마지막 주 화요일 ② 선착선 접수
     • 합창단 : 3월, 6월, 9월, 12월 접수
     • 창극단 : ⑩ 주시접수
  4. 수강료 : 과목당 분기별 50,000 ~ 120,000원
  5. 접수방법 : 방문 또는 우편신청
     ※ 홈페이지 공지사항에서 수강신청서를 다운받아 통합사무국으로 방문 또는 우편이나 팩스로 신청
     ※ 광주시립발레단 발레교실은 인터넷 접수만 가능

■ 강좌일정표

구분	모집대상	강습시간	수강료
판소리	일반	매주 월·목 PM 7:00 ~ 9:00	분기별 5만 원
한국무용			
발레	유아 초급 A반	매주 월·수 PM 4:30 ~ 5:30	분기별 9만 원
	유아 초급 B반	매주 월·수 PM 4:30 ~ 5:30	
	유아 중급 B반	매주 화·목 PM 5:30 ~ 7:30	
발레	유아 고급반	매주 화·목 PM 7:00 ~ 9:30	분기별 12만 원
	성인 초급 A반	매주 화·목 PM 7:30 ~ 9:30	
	성인 초급 B반	매주 화·목 PM 7:30 ~ 9:30	
	성인 중급반	매주 월·수 PM 7:30 ~ 9:30	
	발레 핏	매주 금요일 PM 7:30 ~ 9:00	무료
여성합창단	일반	매주 월·수 PM 2:00 ~ 4:00	분기별 6만 원

※ 발레 핏 : 발레와 피트니스를 결합한 발레 수업

18 문화예술 공연에 관심이 많은 B씨는 문화예술 수강생을 모집한다는 사내 공고문을 보고 수강생으로 지원하고자 한다. B씨가 공고문을 읽고 이해한 것으로 적절한 것은?

① 반마다 정해진 연습실이 나누어져 있어서 공간 활용이 잘 될 것 같아.
② 홈페이지에서 수강신청서 다운부터 접수까지 간편하게 신청이 가능한걸.
③ 시립예술단원의 수·차석에게 직접 배울 수 있으니 정말 믿음이 가네.
④ 오늘이 6월이니 어떤 강좌든 이번 달 안에만 신청하면 언제든지 수강할 수 있네.
⑤ 발레 수강료는 단계가 높아질수록 비싸지는 걸.

19 피아노를 전공한 B씨는 개인 레슨을 아래와 같은 일정으로 지도하고 있다. B씨가 자신의 6살 딸과 함께 시간을 내어 문화예술교실을 수강하려고 할 때 가능한 반은?

〈개인 레슨 시간표〉

- 매주 화·목요일 오전 10:00 ~ 12:00
- 매주 수·목요일 오후 4:00 ~ 6:00
- 매주 화·금요일 저녁 7:00 ~ 9:00
※ 딸의 하원시간인 4시 이전에 유치원으로 데리러 가야 함
※ 해당 강습 날짜와 시간 모두 지켜서 수강함
※ 딸은 발레 유아 초급 A반에 등록하였고, 적어도 일주일에 한 번은 딸의 수업을 참관해야 함
※ 매주 수요일은 가족의 날로, 오후 6시부터 가족이 모여 저녁시간을 함께 보내는 날임

① 한국무용　　　　　　　　② 발레 성인 초급 A반
③ 발레 성인 중급반　　　　④ 발레 핏
⑤ 여성합창단

20 해당 공고를 게시한 B사원은 메신저를 통해 공고문에 오탈자가 있다는 지적과 함께 수정된 문서를 받았다. 다음 중 적절하게 수정되지 않은 것은?

① ㉠ : 상설 → 상시　　　　② ㉡ : 우아 → 유아

③ ㉢ : 이상 → 미만　　　　④ ㉣ : 선착선 → 선착순

⑤ ㉤ : 주시 → 수시

21 C사원은 중장년층의 문화예술교실 수강 활성화를 위해 아래의 사례를 게시하기로 했다. 다음 중 아래의 사례와 거리가 먼 사자성어는?

> 70세에 직장에서도 정년 은퇴한 S씨는 어릴 적부터 하고 싶었던 발레를 늦게나마 시작하기로 굳게 마음먹었다. 장성한 자녀들과 한평생을 함께한 아내 모두가 반대했지만 S씨는 뜻을 굽히지 않았고, 처음에는 며칠 다니다 그만둘 것이라고 생각했던 가족들도, 이내 S씨의 굳은 의지에 감화하여 결국에는 진심으로 S씨를 응원하게 되었다.
> 70세라는 나이와 굳은 몸으로 발레교습소에서 붕 뜬 존재였던 S씨는 숱한 실패와 크고 작은 부상이 이어짐에도 꿈을 포기하지 않았고, 비록 작은 공연장이었지만 실제 무대에 올라 모든 관객들의 박수갈채를 받게 되었다.

① 지성감천(至誠感天)　　　　② 백절불굴(百折不屈)

③ 인자무적(仁者無敵)　　　　④ 우공이산(愚公移山)

⑤ 유지경성(有志竟成)

※ K주임은 신입사원 선발을 위해 면접자들의 면접순서를 배정하는 업무를 담당하게 되었다. 이어지는 질문에 답하시오. [22~25]

〈면접자 정보〉

구분	성별	인턴경력	유학경험	해외봉사	지원직무	최종학력
A	남	○	×	×	마케팅	석사
B	여	×	×	○	인사	석사
C	남	○	×	○	인사	박사
D	여	×	×	○	생산관리	학사
E	남	○	○	×	재무	학사
F	여	×	○	×	마케팅	석사

〈면접순서 지정 규칙〉

• 면접은 4월 5일과 6일에 걸쳐 2일간 진행된다.
• 다음 표에 따라 각 면접자가 해당되는 항목의 질의시간만큼 면접을 진행한다.

구분	공통사항	인턴경력	유학경험	해외봉사	석·박사학위
질의시간	5분	8분	6분	3분	10분

• 모든 면접자는 공통사항에 대한 질의를 받는다.
• 같은 직무에 지원한 면접자들끼리 연달아 면접을 실시한다.
• 같은 성별인 면접자들끼리 연달아 면접을 실시할 수 없다.
• 인턴경력이 있는 면접자들끼리 연달아 면접을 실시할 수 없다.
• 최종학력이 학사인 면접자는 석사나 박사인 면접자보다 먼저 면접을 보고, 석사·박사는 서로 순서에 영향을 미치지 않는다.
• 유학경험이 있는 면접자들끼리 연달아 면접을 실시한다.
• 면접은 4월 5일 오전 10시에 시작하여 오전 11시까지 진행하며, 면접을 완료하지 못한 면접자는 다음날 면접을 보게 된다.
• 4월 5일 오전 11시에 면접이 종료되는 면접자들만 5일에 면접을 실시한다.
• 앞선 면접자의 면접이 끝난 직후, 바로 다음 순번의 면접자의 면접이 시작된다.

Hard

22 K주임이 면접자 정보와 면접순서 지정 규칙에 따라 면접자들의 면접에 소요되는 시간을 계산할 때, 다음 중 면접을 오래 진행하는 면접자부터 순서대로 나열한 것은?

① A－C－F－E－B－D
② A－F－C－E－B－D
③ B－A－C－F－E－D
④ C－A－F－E－B－D
⑤ C－A－F－B－E－D

23 면접순서 지정 규칙에 따를 때, 4월 5일에 면접을 실시할 사람과 4월 6일에 면접을 실시할 사람이 바르게 연결된 것은?

	4월 5일	4월 6일
①	A, D, C	B, E, F
②	A, D, C, F	B, E
③	B, C, F	A, D, E
④	D, E, F	A, B, C
⑤	D, E, F, A	B, C

24 K주임은 면접자들이 면접장으로 찾아올 수 있도록 길안내를 했고, 같은 스터디 출신인 A ~ C는 식당에서 식사를 마친 뒤 동시에 출발하여 회사까지 걸었다. B는 3km/h로 걷고, C는 4km/h로 걷는다. C가 B보다 회사에 10분 일찍 도착하였고, A도 B보다 5분 일찍 회사에 도착했다. 이때 A의 속도는?

① $\dfrac{7}{2}$ km/h

② $\dfrac{10}{3}$ km/h

③ $\dfrac{13}{4}$ km/h

④ $\dfrac{18}{5}$ km/h

⑤ $\dfrac{24}{7}$ km/h

25 갑작스런 사고로 면접에 참여하지 못한 F를 제외한 A ~ E 5명이 면접 후 한 자리에 모여 뒤풀이를 하던 중 다툼이 발생했다. 오직 한 사람만이 거짓말을 하고 있다면 다음 중 거짓말을 하고 있는 사람은?

- A : C는 거짓말을 하고 있다.
- B : C의 말이 참이면 E의 말도 참이다.
- C : B는 거짓말을 하고 있지 않다.
- D : A의 말이 참이면 내 말은 거짓이다.
- E : C의 말은 참이다.

① A

② B

③ C

④ D

⑤ E

※ 귀하는 업무 중 특허 출원을 위하여 특허권 관련 법 규정의 일부를 숙지하게 되었다. 이어지는 질문에 답하시오. [26~29]

제○○조 특허출원 관련 수수료는 다음 각 호와 같다.
1. 특허출원료
　　가. 출원서를 서면으로 제출하는 경우 : 매건 5만 8천 원(단, 출원서의 첨부서류 중 명세서, 도면 및 요약서의 합이 20면을 초과하는 경우 초과하는 1면마다 1천 원을 가산한다)
　　나. 출원서를 전자문서로 제출하는 경우 : 매건 3만 8천 원
2. 출원인 변경신고료
　　가. 상속에 의한 경우 : 매건 6천 5백 원
　　나. 법인의 분할·합병에 의한 경우 : 매건 6천 5백 원
　　다. 기업구조조정 촉진법 제15조 제1항의 규정에 따른 약정을 체결한 기업이 경영정상화계획의 이행을 위하여 행하는 영업양도의 경우 : 매건 6천 5백 원
　　라. '가'목 내지 '다'목 외의 사유에 의한 경우 : 매건 1만 3천 원

제○○조 특허권 관련 수수료는 다음 각 호와 같다.
1. 특허권의 실시권 설정 또는 그 보존등록료
　　가. 전용실시권 : 매건 7만 2천 원
　　나. 통상실시권 : 매건 4만 3천 원
2. 특허권의 이전등록료
　　가. 상속에 의한 경우 : 매건 1만 4천 원
　　나. 법인의 분할·합병에 의한 경우 : 매건 1만 4천 원
　　다. 기업구조조정 촉진법 제15조 제1항의 규정에 따른 약정을 체결한 기업이 경영정상화계획의 이행을 위하여 행하는 영업양도의 경우 : 매건 1만 4천 원
　　라. '가'목 내지 '다'목 외의 사유에 의한 경우 : 매건 5만 3천 원
3. 등록사항의 경정·변경(행정구역 또는 지번의 변경으로 인한 경우 및 등록명의인의 표시변경 또는 경정으로 인한 경우는 제외한다)·취소·말소 또는 회복등록료 : 매건 5천 원

26　다음 중 특허권 관련 법 규정의 내용으로 적절하지 않은 것은?

① 출원서를 서면으로 제출하는 경우가 전자문서로 제출하는 경우보다 특허출원 관련 수수료가 높다.
② 법인의 분할·합병에 의한 경우에 출원인 변경신고료는 매건 6천 5백 원이다.
③ 특허권의 실시권 중 통상실시권이 전용실시권보다 보존등록료가 낮다.
④ 기업구조조정 촉진법 제○○조 제2항의 규정에 따른 영업양도의 경우가 상속에 의한 경우보다 특허권의 이전등록료가 낮다.
⑤ '가'와 '다'목을 제외한 사유에 의한 경우 출원인 변경신고료는 매건 1만 3천 원이다.

27 귀하는 한 건의 특허출원을 위해 특허출원서를 서면으로 작성하였다. 귀하가 작성한 출원서의 첨부 서류 중 명세서는 12장, 도면 및 요약서는 27장일 때, 얼마의 특허출원료를 내야 하는가?

① 76,000원

② 77,000원

③ 78,000원

④ 79,000원

⑤ 80,000원

28 다음 중 한 건당 두 번째로 높은 금액의 수수료를 내야 하는 상황은?

① 법인의 분할·합병에 의해 출원인 변경을 해야 하는 경우

② 특허권의 통상실시권을 설정하는 경우

③ 특허출원서를 전자문서로 제출하는 경우

④ 특허권 등록사항의 회복등록료를 내야 하는 경우

⑤ 상속에 의하여 특허권을 이전하는 경우

29 다음 중 특허권의 이전등록료가 나머지와 다른 경우는?

① A법인회사가 B법인회사에 합병되어 B법인회사가 A법인회사의 특허권을 이전받는 경우

② C법인회사가 D회사와 E회사로 분할되면서, C법인회사가 가지고 있던 특허권을 E회사가 이전 받는 경우

③ F법인회사가 G법인회사에게 특허권을 판매하는 경우

④ 아버지의 특허권을 아들이 상속받는 경우

⑤ 기업구조조정 촉진법에 따라 경영정상화를 목적으로 기업의 영업권을 양도하는 경우

※ 다음은 L그룹 경조사 지원규정에 따라 이번 달에 지원을 받을 임직원들의 경조사 목록이다. 이어지는 질문에 답하시오. [30~33]

〈임직원 경조사 지원규정〉

- L그룹은 임직원 경조사에 사안별로 다양한 지원을 제공한다.
- 경조사의 범위는 결혼식, 돌잔치, 장례식, 회갑, 결혼기념일, 입학 및 졸업으로 한정한다.
  1. 본인의 결혼식, 자녀의 돌잔치, 부모님 회갑에는 현금과 함께 화환을 제공한다.
  2. 부모의 장례식, 배우자의 장례식에는 현금과 함께 화환을 제공한다.
  3. 위의 1~2항에 언급하지 않은 사안에는 화환 또는 꽃다발만 제공하는 것으로 한다.
  ※ L그룹에 재직 중인 2인 이상이 경조사 범위(1~2항)에 관련된 경우 한 명에게는 화환이나 꽃다발을, 다른 한 명에게는 현금을 제공함

〈이번 달 임직원 경조사 목록〉

구분	경조사	비고
황지원 대리	부친 장례식	이수현 과장 배우자
최진혁 사원	조모 장례식	–
이수현 과장	장인어른 장례식	황지원 대리 배우자
기성용 부장	본인 결혼식	–
조현우 차장	자녀 돌잔치	–
이강인 대리	배우자 졸업식	최영서 사원 배우자
정우영 대리	결혼기념일	–
이미연 과장	모친 회갑	–
최영서 사원	본인 졸업식	이강인 대리 배우자

30 이번 달 임직원 경조사 목록을 참고할 때, 현금과 화환을 모두 받을 수 있는 사람은 몇 명인가?

① 1명
② 2명
③ 3명
④ 4명
⑤ 5명

31 다음 중 경조사 지원으로 현금을 받을 수 있는 사람을 모두 고르면?

- L그룹에 함께 재직하고 있는 배우자와의 결혼기념일에 휴가를 내는 A과장
- 첫 딸의 돌잔치를 소규모로 가족들끼리만 진행하는 B사원
- L그룹에 재직하고 있지 않은 배우자와 함께 대학교를 졸업하는 C사원

① A과장
② B사원
③ A과장, B사원
④ B사원, C사원
⑤ A과장, C사원

32 다음 자료에 따라 화환을 받는 임직원과 화환 가격이 바르게 짝지어진 것은?

<hr>

〈경조사 지원에 따른 화환 구매 규정〉

• 경조사의 범위는 결혼식, 돌잔치, 장례식, 회갑, 결혼기념일, 입학 및 졸업으로 한정하며 해당 경조사에 따라 화환이나 꽃다발을 제공한다.
• 축하화환과 근조화환을 구분하여 제공하되, 경조사에 따라 아래 표에 맞는 금액의 화환 혹은 꽃다발을 제공한다.

※ L그룹에 재직 중인 2인 이상이 같은 경조사 범위에 관련된 경우 화환이나 꽃다발은 1회만 제공함

〈화환 가격표〉

구분	종류	가격
결혼식	축하화환	82,000원
장례식	근조화환	95,000원
돌잔치	축하화환	73,000원
회갑	축하화환	80,000원
결혼기념일	축하화환	79,000원
입학 및 졸업	축하화환	56,000원

① 최영서 사원 – 79,000원
② 정우영 대리 – 80,000원
③ 이미연 과장 – 95,000원
④ 기성용 부장 – 82,000원
⑤ 황지원 대리 – 56,000원

<hr>

Easy

33 다음은 경영지원팀 내부에서 교육되는 임직원 경조사 지원 업무 중 발생한 사고 사례집 중 일부이다. 사례집의 주제로 쓰일 수 있는 속담으로 가장 적절한 것을 고르면?

• 근조화환에 들어갈 한자인 '故人'을 '高人'으로 잘못 적어 제공했다.
• 임직원의 모친 장례식에 결혼식 축하화환을 제공했다.
• L그룹에 재직 중인 임직원 부부의 결혼기념식에 각각 이름이 잘못 적힌 화환을 제공했다.
• 임직원 자녀의 돌잔치에 회갑 축하화환을 제공했다.
• 하얀 꽃이 더 예쁘다는 이유로 축하화환 대신 근조화환에 축하 문구를 써서 제공했다.

① 말 한마디에 천 냥 빚도 갚는다
② 가랑잎이 솔잎더러 바스락거린다고 한다
③ 다 된 죽에 코 빠뜨린다
④ 고래 싸움에 새우 등 터진다
⑤ 까마귀 날자 배 떨어진다

※ 다음은 제주도에서 열리는 L사의 창립기념일 기념행사 및 세미나에 대한 자료이다. 이어지는 질문에 답하시오. [34~37]

〈박대리의 조언〉

창립기념행사 준비물은 잘 챙기고 있지? 생각보다 챙길 물건이 많아서 당일 쓰임에 맞도록 분류하는 게 편할 거야. 우선 내부에서도 늘 사용하니 가지고 갔다가 다시 회수해서 돌아와야 할 물품과 워크숍에서 사용하고 바로 버릴 소모품, 참가자들에게 나누어 줄 물품으로 분류해서 리스트를 만들고 재고도 관리하면 편할 거야.

〈창립기념일 및 세미나 준비물과 재고 현황〉

디지털카메라 10대	비디오카메라 10대	다과바구니 20개
종이컵 10줄(100EA)	볼펜 100개	명찰 100개
문화상품권 20장 (10,000원 10장, 5,000원 10장)	노트북 10대	과자 20박스
사탕 10봉지	물티슈 1개	음료수 100병
커피 2박스(100EA)	발표파일 10개	수료증 100개

〈강의실 대여 정보〉

구분	수용인원	면적	층수	이용료	
				전일 (9:00 ~ 18:00)	할인
대강의실(백두실)	100명	159m^2	1층	150,000원	70,000원
중강의실(한라실, 지리실)	40명	67m^2	1층	100,000원	40,000원
소강의실(묘향실, 설악실, 소백실)	22명	33m^2	1층	70,000원	30,000원

※ 대관시간은 준비 및 퇴장시간을 포함하여 대관하여야 함
※ 대관가능시간은 9:00 ~ 18:00임
※ 정오(오후 12시)를 기준으로 오전 3시간(9:00 ~ 12:00) 사용 혹은 정오 이후 오후 4시간 미만 사용 시 할인이 적용됨. 단, 오전 ~ 오후에 걸쳐서 대관 시 할인적용이 불가하며, 전일금액이 적용됨

34 D사원은 창립기념일 전날 필요한 물품을 준비하려고 한다. 박대리의 조언에 따라 준비물을 분류한 것으로 가장 적절한 것은?

① 1분류 : 디지털카메라, 비디오카메라, 다과바구니, 노트북
　　2분류 : 음료수, 과자, 사탕, 커피, 종이컵, 물티슈
　　3분류 : 볼펜, 명찰, 문화상품권, 발표파일, 수료증

② 1분류 : 디지털 카메라, 비디오카메라
　　2분류 : 음료수, 과자, 사탕, 다과바구니, 종이컵, 커피
　　3분류 : 노트북, 볼펜, 명찰, 문화상품권, 발표파일, 수료증

③ 1분류 : 디지털카메라, 비디오카메라, 노트북, 볼펜, 명찰
　　2분류 : 다과바구니, 과자, 발표파일, 수료증
　　3분류 : 음료수, 종이컵, 사탕, 문화상품권

④ 1분류 : 음료수, 과자, 일회용접시
　　2분류 : 명찰, 문화상품권, 발표파일, 수료증
　　3분류 : 볼펜, 디지털카메라, 사탕, 비디오카메라, 노트북, 종이컵

⑤ 1분류 : 명찰, 과자, 비디오카메라,
　　2분류 : 음료수, 문화상품권, 발표파일, 수료증
　　3분류 : 필기구, 디지털카메라, 사탕, 일회용접시, 노트북, 종이컵

35 다음 중 창립기념일 준비물 및 재고 현황을 보고 가장 먼저 구매해야 할 워크숍 준비물은?

① 물티슈
② 커피
③ 다과바구니
④ 노트북
⑤ 발표파일

36 D사원의 세미나 준비 관련 정보는 다음과 같다. D사원이 프로그램별로 대여할 강의실로 옳은 것은?

〈세미나 준비 정보〉

- 세미나는 인사정책설명회, 인사시스템 입찰설명회 2개의 프로그램으로 구성된다.
- 인사정책설명회에는 연사 2명과 이들을 제외한 참여자 50명이 참석하며, 각 연사들은 1시간 30분 동안 강연한다.
- 인사정책설명회에서 연사들의 강연 사이에는 휴식시간 20분을 확보하여야 한다.
- 인사시스템 입찰설명회는 2시간 동안 진행되며, 설명회 진행자 3명을 포함해 22명이 참석한다. 또한 설명을 위한 자료배치를 위해 $40m^2$ 이상의 면적이 필요하다.
- 인사정책설명회는 오전 9시에, 인사시스템 입찰설명회는 오후 1시에 시작한다.
- 인사정책설명회와 인사시스템 입찰설명회는 동시에 진행될 수 있다.
- D사원은 세미나 이용료를 최소화하기 위해 최선을 다한다.
- 세미나를 준비하고 정리하는 데 걸리는 시간은 각각 20분이다.

	인사정책설명회	인사시스템 입찰설명회
①	중강의실	소강의실
②	중강의실	중강의실
③	대강의실	소강의실
④	대강의실	중강의실
⑤	대강의실	대강의실

37 D사원이 준비하는 세미나에 인사위원회 공청회 일정이 추가되었다. 공청회는 오전 2시간 동안 진행되며, 인사위원 5명과 인사전문가 20명이 참석한다. 공청회는 다른 프로그램과 동시에 진행될 수 있다고 할 때, 다음 중 D사원이 대여할 강의실의 총이용료는?(준비 및 마무리 시간은 다른 세미나와 동일하다)

① 140,000원
② 170,000원
③ 220,000원
④ 230,000원
⑤ 250,000원

※ L그룹은 최근 언론이 보행자 안전사고에 대한 대비 미흡을 비판하는 뉴스를 보도함에 따라 대응을 위해 보행사고 예방 목적의 안전시설 설계 가이드라인을 해당 계열사 임직원 전원에게 발송했다. 이어지는 질문에 답하시오. [38~40]

〈보행안전을 위한 안전시설 설계 가이드라인〉

본 가이드라인은 보행사고 예방을 위해 현장에 적용할 수 있는 안전시설 설치 기준을 제시하여 효과적으로 사업을 시행하도록 돕는다. 기존 차량 소통 위주의 도로 운영 전략에서 보행 안전 우선의 시설물 설치 전략과 보행사고 우려 지점에 대한 개선 사업 시 보행 안전 및 편의를 증진할 수 있는 기법들을 제시한다. 네덜란드의 본엘프(Woonerf), 영국의 홈존(Home Zone), 일본의 커뮤니티존(Community Zone) 등 국외에서도 시설 개선 및 속도 규제를 통한 보행 안전성 확보 전략이 추진되고 있으나, 여전히 보행자에 대한 시인성 증진과 자동차 속도 저감 등을 통해 지속적인 보행 안전 확보가 필요하다.

보행자와 자동차의 상충을 감소시키고 보행자의 안전 및 이동성을 증진시키는 전략은 크게 4가지로 나누어 볼 수 있다. 먼저 자동차에 노출되는 보행자를 감소시켜야 한다. 도로에서의 사람과 재화의 이동은 사회적·경제적·정치적으로 필수 불가결하지만, 이러한 이동은 교통사고로 이어질 수 있다. 자동차의 주행 경로 등에 보행자가 노출되면 보행자 사고가 발생할 가능성이 커지므로 직접적인 노출을 감소시켜야 한다.

다음으로 자동차와 보행자와의 시인성을 증진시켜야 한다. 보행자가 지장물, 불법주정차 차량 등에 가려져 운전자가 보행자를 인식하지 못하는 등의 문제가 종종 발생한다. 이를 해결하기 위하여 보행자의 시인성을 확보하는 방향으로 시설 개선이 필요하다. 또한 보행 활성화는 보행사고를 감소시키는 방법의 하나이다. 보행자가 많으면 운전자의 눈에 계속 띄게 되므로 운전자는 서행 운전하게 되며, 서행 운전할 경우 주변을 볼 수 있는 시야가 넓어지고 돌발 상황에 쉽게 대처할 수 있다.

세 번째 전략은 자동차의 속도 감소이다. 충돌 속도가 45km/h 이상일 경우 보행자의 생존 가능성은 50% 이하이지만, 30km/h 이하일 경우 생존 가능성은 90% 이상이 된다. 이처럼 속도는 보행자 사고의 심각도에 결정적인 역할을 하므로 보행사고의 심각도를 감소시키기 위해서는 차량 속도 저감 기법을 적극적으로 고려해야 한다. 또한 주택가, 이면도로 등 일상생활과 밀접한 생활도로의 속도를 낮추는 방법도 고려해야 한다.

마지막으로 보행자 및 운전자의 안전의식 개선이 필요하다. 자동차 운전자들의 보행자에 대한 배려나 보호의지 결속 등 교육과 홍보를 통해 안전의식을 개선해 나가야 한다. 보행사고 위험요인을 고려한 (타깃 / 타겟)형 집중단속 등으로 보행자 보호의 중요성에 대한 사회적 경각심을 제고해야 한다. 한편 보행자는 도로위에서 자신을 위주로 상황을 판단하는 경향이 높아 멀리서 자동차가 다가오면, "자동차가 오기 전에 길을 건널 수 있다." 또는 "자동차가 알아서 속도를 줄일 것이다." 등의 오판을 하기도 한다. 따라서 어린이부터 어른까지 모든 보행자가 안전한 보행 습관을 몸에 익힐 수 있도록 범국민 문화 캠페인을 전개하여 보행자의 안전의식을 개선해야 한다. 안전한 도로는 운전자와 보행자 모두 법규를 지켰을 때 만들어지는 것이다.

Easy

38 귀하는 가이드북을 읽고 해당 내용을 요약해 전 부서원들에게 공지하는 업무를 수행해야 한다. 다음 중 귀하가 가이드북을 읽고 파악한 것으로 적절하지 않은 것은?

① 보행자의 이동을 막을 순 없지만, 자동차에 대한 보행자의 직접 노출은 줄여야 한다.

② 보행자가 운전자의 눈에 띌 수 있도록 자동차 주행 경로에서의 보행을 활성화해야 한다.

③ 기존의 도로 운영 전략에서는 보행자의 안전보다 원활한 차량의 소통을 강조하였다.

④ 차량 속도 저감 기법을 적극적으로 활용한다면 보행사고의 심각도를 감소시킬 수 있다.

⑤ 운전자의 보행자에 대한 배려와 보행자의 안전한 보행 습관을 통해 안전한 도로가 만들어질 수 있다.

39 귀하는 가이드북의 내용을 요약하다가 외래어 사용이 제대로 된 것인지 헷갈리기 시작했다. 가이드 북의 밑줄 친 단어 중 외래어 표기법이 옳은 것과 외래어 표기법이 바르게 적용된 단어들로 바르게 짝지어진 것은?

① 타깃 – 콜라보레이션, 심볼, 마니아
② 타깃 – 컬라보레이션, 심벌, 마니아
③ 타깃 – 컬래버레이션, 심벌, 마니아
④ 타겟 – 콜라보레이션, 심벌, 매니아
⑤ 타겟 – 컬래버레이션, 심벌, 매니아

40 L그룹 계열사에서 자사 임직원을 대상으로 보행사고 및 교통사고 예방을 위한 필기시험을 진행하였다. 계열사의 임직원 수는 200명이며, 전체 평균점수는 59.6점이었다. 남직원 수는 전체 임직원 수의 51%이고, 남직원의 평균점수는 여직원 평균점수의 3배보다 2점이 높을 때, 여직원과 남직원의 평균점수는 각각 얼마인가?

	여직원	남직원			여직원	남직원
①	26점	80점		②	27점	83점
③	28점	86점		④	29점	89점
⑤	30점	92점				

성공은 행동을 취하기 시작하는 곳에서 비로소 시작된다.

– 파블로 피카소 –

PART 3

조직적합진단

CHAPTER 01   롯데그룹 조직적합진단

CHAPTER 02   조직적합진단 모의연습

01 개요

새롭게 변화한 롯데그룹 조직적합진단(이하 인성검사라 한다)은 롯데그룹의 인재상과 부합하는 인재인지 평가하는 테스트로 직무적합진단 이전에 온라인으로 진행된다. 주로 지원자의 개인 성향이나 인성에 관한 질문으로 되어 있으며 1시간의 풀이시간이 주어진다.

02 인성검사 수검요령

인성검사는 특별한 수검요령이 없다. 다시 말하면 모범답안이 없고, 정답이 없다는 이야기이다. 국어문제처럼 말의 뜻을 풀이하는 것도 아니다. 굳이 수검요령을 말하자면, 진실하고 솔직한 내 생각이 최고의 답변이라고 할 수 있을 것이다.

인성검사에서 가장 중요한 것은 첫째, 솔직한 답변이다. 지금까지 경험을 통해서 축적한 자신의 생각과 행동을 거짓 없이 솔직하게 기재하는 것이다. 예를 들어, '나는 타인의 물건을 훔치고 싶은 충동을 느껴본 적이 있다.'란 질문에 지원자들은 많은 생각을 하게 된다. 생각해 보라. 유년기에 또는 성인이 되어서도 타인의 물건을 훔치는 일을 저지른 적은 없더라도, 훔치고 싶은 충동은 누구나 조금이라도 느껴보았을 것이다. 그런데 이 질문에 고민을 하는 사람이 간혹 있다. 이 질문에 '예'라고 대답하면 담당 검사관들이 나를 사회적으로 문제가 있는 사람으로 여기지는 않을까 하는 생각에 '아니요'라는 답을 기재하게 된다. 이런 솔직하지 않은 답변이 답변의 신뢰와 솔직함을 나타내는 타당성 척도에 좋지 않은 점수를 주게 된다.

둘째, 일관성 있는 답변이다. 인성검사의 수많은 질문 문항 중에는 비슷한 뜻의 질문이 여러 개 숨어 있는 경우가 많이 있다. 그 질문들은 지원자의 솔직한 답변과 심리적인 상태를 알아보기 위해 내포되어 있는 문항들이다. 예컨대 '나는 유년시절 타인의 물건을 훔친 적이 있다.'라는 질문에 '예'라고 대답했는데, '나는 유년시절 타인의 물건을 훔쳐보고 싶은 충동을 느껴본 적이 있다.'라는 질문에는 '아니요'라는 답을 기재한다면 어떻겠는가. 일관성 없이 '대충 기재하자.'라는 식의 심리적 무성의한 답변이 되거나, 정신적으로 문제가 있는 사람으로 보일 수 있다.

인성검사는 많은 문항을 풀어야 하므로 지원자들은 지루함과 따분함, 반복되는 비슷한 질문에 대한 인내력 상실 등을 경험할 수 있다. 인내를 가지고 솔직한 내 생각을 대답하는 것이 무엇보다 중요한 요령이다.

(1) 충분한 휴식으로 불안을 없애고 정서적인 안정을 취한다. 심신이 안정되어야 자신의 마음을 표현할 수 있다.

(2) 생각나는 대로 솔직하게 응답한다. 자신을 너무 과대포장하지도, 너무 비하하지도 마라. 답변을 꾸며서 하면 앞뒤가 맞지 않게끔 구성돼 있어 불리한 평가를 받게 된다. 무엇보다 제일 중요한 것은 솔직하게 답하는 것이다.

(3) 검사문항에 대해 지나치게 생각해서는 안 된다. 지나치게 몰두하면 엉뚱한 답변이 나올 수 있으므로 불필요한 생각은 삼간다.

(4) 검사시간에 유의해야 한다. 인성검사에 주어진 시간은 문항 수에 비하면 굉장히 짧은 시간이다. 때문에 지나치게 의식하고 풀면 주어진 문항을 다 풀기 어렵다.

(5) 인성검사는 문항 수가 많기에 자칫 건너뛰거나 다 풀지 못하는 경우가 있는데, 가능한 모든 문항에 답해야 한다. 응답하지 않은 문항이 많을 경우 평가자가 정확한 평가를 내리지 못해 불리한 평가를 내릴 수 있기 때문이다.

조직적합진단 모의연습

다음 문항을 읽고, 자신의 성향과 가까운 정도에 따라 1 ~ 7점을 부여한다(① 매우 그렇지 않다, ② 거의 그렇지 않다, ③ 조금 그렇지 않다, ④ 보통이다, ⑤ 조금 그렇다, ⑥ 거의 그렇다, ⑦ 매우 그렇다). 그리고 3개의 문장에서 자신과 가장 가까운 것과 가장 먼 것에 체크하시오.

문항군	응답 1							응답 2	
	전혀 아님	《	보통	》	매우 그러함			멀다	가깝다
A. 나는 팀원들과 함께 일하는 것을 좋아한다.	①	❷	③	④	⑤	⑥	⑦	●	㉑
B. 나는 새로운 방법을 시도하는 것을 선호한다.	①	②	③	④	❺	⑥	⑦	멀	㉑
C. 나는 수리적인 자료들을 제시하여 결론을 도출한다.	①	②	③	④	⑤	⑥	❼	멀	●

※ 다음 문항을 읽고, 자신의 성향과 가까운 정도에 따라 1 ~ 7점을 부여한다(① 매우 그렇지 않다, ② 거의 그렇지 않다, ③ 조금 그렇지 않다, ④ 보통이다, ⑤ 조금 그렇다, ⑥ 거의 그렇다, ⑦ 매우 그렇다). 그리고 3개의 문장에서 자신과 가장 가까운 것과 가장 먼 것에 체크하시오. **[1~85]**

※ 조직적합진단은 정답이 따로 없는 유형의 검사이므로 결과지를 제공하지 않습니다.

01

문항군	응답 1							응답 2	
	전혀 아님	《	보통	》	매우 그러함			멀다	가깝다
A. 사물을 신중하게 생각하는 편이라고 생각한다.	①	②	③	④	⑤	⑥	⑦	멀	㉑
B. 포기하지 않고 노력하는 것이 중요하다.	①	②	③	④	⑤	⑥	⑦	멀	㉑
C. 자신의 권리를 주장하는 편이다.	①	②	③	④	⑤	⑥	⑦	멀	㉑

02

문항군	응답 1							응답 2	
	전혀 아님	《	보통	》	매우 그러함			멀다	가깝다
A. 노력의 여하보다 결과가 중요하다.	①	②	③	④	⑤	⑥	⑦	멀	㉑
B. 자기주장이 강하다.	①	②	③	④	⑤	⑥	⑦	멀	㉑
C. 어떠한 일이 있어도 출세하고 싶다.	①	②	③	④	⑤	⑥	⑦	멀	㉑

03

문항군	응답 1							응답 2	
	전혀 아님	《	보통	》	매우 그러함			멀다	가깝다
A. 다른 사람의 일에 관심이 없다.	①	②	③	④	⑤	⑥	⑦	멸	카
B. 때로는 후회할 때도 있다.	①	②	③	④	⑤	⑥	⑦	멸	카
C. 진정으로 마음을 허락할 수 있는 사람은 없다.	①	②	③	④	⑤	⑥	⑦	멸	카

04

문항군	응답 1							응답 2	
	전혀 아님	《	보통	》	매우 그러함			멀다	가깝다
A. 한번 시작한 일은 반드시 끝을 맺는다.	①	②	③	④	⑤	⑥	⑦	멸	카
B. 다른 사람들이 하지 못하는 일을 하고 싶다.	①	②	③	④	⑤	⑥	⑦	멸	카
C. 좋은 생각이 떠올라도 실행하기 전에 여러모로 검토한다.	①	②	③	④	⑤	⑥	⑦	멸	카

05

문항군	응답 1							응답 2	
	전혀 아님	《	보통	》	매우 그러함			멀다	가깝다
A. 다른 사람에게 항상 움직이고 있다는 말을 듣는다.	①	②	③	④	⑤	⑥	⑦	멸	카
B. 옆에 사람이 있으면 싫다.	①	②	③	④	⑤	⑥	⑦	멸	카
C. 친구들과 남의 이야기를 하는 것을 좋아한다.	①	②	③	④	⑤	⑥	⑦	멸	카

06

문항군	응답 1							응답 2	
	전혀 아님	《	보통	》	매우 그러함			멀다	가깝다
A. 모두가 싫증을 내는 일에도 혼자서 열심히 한다.	①	②	③	④	⑤	⑥	⑦	멸	카
B. 완성된 것보다 미완성인 것에 흥미가 있다.	①	②	③	④	⑤	⑥	⑦	멸	카
C. 능력을 살릴 수 있는 일을 하고 싶다.	①	②	③	④	⑤	⑥	⑦	멸	카

07

문항군	응답 1							응답 2	
	전혀 아님	《	보통	》	매우 그러함			멀다	가깝다
A. 번화한 곳에 외출하는 것을 좋아한다.	①	②	③	④	⑤	⑥	⑦	멸	카
B. 다른 사람에게 자신이 소개되는 것을 좋아한다.	①	②	③	④	⑤	⑥	⑦	멸	카
C. 다른 사람보다 쉽게 우쭐해진다.	①	②	③	④	⑤	⑥	⑦	멸	카

08

문항군	응답 1							응답 2	
	전혀 아님	≪	보통	≫	매우 그러함			멀다	가깝다
A. 다른 사람의 감정에 민감하다.	①	②	③	④	⑤	⑥	⑦	멀	갑
B. 남을 배려하는 마음씨가 있다는 말을 종종 듣는다.	①	②	③	④	⑤	⑥	⑦	멀	갑
C. 사소한 일로 우는 일이 많다.	①	②	③	④	⑤	⑥	⑦	멀	갑

09

문항군	응답 1							응답 2	
	전혀 아님	≪	보통	≫	매우 그러함			멀다	가깝다
A. 통찰력이 있다고 생각한다.	①	②	③	④	⑤	⑥	⑦	멀	갑
B. 몸으로 부딪혀 도전하는 편이다.	①	②	③	④	⑤	⑥	⑦	멀	갑
C. 감정적으로 될 때가 많다.	①	②	③	④	⑤	⑥	⑦	멀	갑

10

문항군	응답 1							응답 2	
	전혀 아님	≪	보통	≫	매우 그러함			멀다	가깝다
A. 타인에게 간섭받는 것을 싫어한다.	①	②	③	④	⑤	⑥	⑦	멀	갑
B. 신경이 예민한 편이라고 생각한다.	①	②	③	④	⑤	⑥	⑦	멀	갑
C. 난관에 봉착해도 포기하지 않고 열심히 한다.	①	②	③	④	⑤	⑥	⑦	멀	갑

11

문항군	응답 1							응답 2	
	전혀 아님	≪	보통	≫	매우 그러함			멀다	가깝다
A. 해야 할 일은 신속하게 처리한다.	①	②	③	④	⑤	⑥	⑦	멀	갑
B. 매사에 느긋하고 차분하다.	①	②	③	④	⑤	⑥	⑦	멀	갑
C. 끙끙거리며 생각할 때가 있다.	①	②	③	④	⑤	⑥	⑦	멀	갑

12

문항군	응답 1							응답 2	
	전혀 아님	≪	보통	≫	매우 그러함			멀다	가깝다
A. 하나의 취미를 오래 지속하는 편이다.	①	②	③	④	⑤	⑥	⑦	멀	갑
B. 낙천가라고 생각한다.	①	②	③	④	⑤	⑥	⑦	멀	갑
C. 일주일의 예정을 만드는 것을 좋아한다.	①	②	③	④	⑤	⑥	⑦	멀	갑

13

문항군	응답 1							응답 2	
	전혀 아님	≪	보통	≫	매우 그러함			멀다	가깝다
A. 자신의 의견을 상대에게 잘 주장하지 못한다.	①	②	③	④	⑤	⑥	⑦	멀	카
B. 좀처럼 결단하지 못하는 경우가 있다.	①	②	③	④	⑤	⑥	⑦	멀	카
C. 행동으로 옮기기까지 시간이 걸린다.	①	②	③	④	⑤	⑥	⑦	멀	카

14

문항군	응답 1							응답 2	
	전혀 아님	≪	보통	≫	매우 그러함			멀다	가깝다
A. 돌다리도 두드리며 건너는 타입이라고 생각한다.	①	②	③	④	⑤	⑥	⑦	멀	카
B. 굳이 말하자면 시원시원하다.	①	②	③	④	⑤	⑥	⑦	멀	카
C. 토론에서 이길 자신이 있다.	①	②	③	④	⑤	⑥	⑦	멀	카

15

문항군	응답 1							응답 2	
	전혀 아님	≪	보통	≫	매우 그러함			멀다	가깝다
A. 쉽게 침울해진다.	①	②	③	④	⑤	⑥	⑦	멀	카
B. 쉽게 싫증을 내는 편이다.	①	②	③	④	⑤	⑥	⑦	멀	카
C. 도덕 / 윤리를 중시한다.	①	②	③	④	⑤	⑥	⑦	멀	카

16

문항군	응답 1							응답 2	
	전혀 아님	≪	보통	≫	매우 그러함			멀다	가깝다
A. 매사에 신중한 편이라고 생각한다.	①	②	③	④	⑤	⑥	⑦	멀	카
B. 실행하기 전에 재확인할 때가 많다.	①	②	③	④	⑤	⑥	⑦	멀	카
C. 반대에 부딪혀도 자신의 의견을 바꾸는 일은 없다.	①	②	③	④	⑤	⑥	⑦	멀	카

17

문항군	응답 1							응답 2	
	전혀 아님	≪	보통	≫	매우 그러함			멀다	가깝다
A. 전망을 세우고 행동할 때가 많다.	①	②	③	④	⑤	⑥	⑦	멀	카
B. 일에는 결과가 중요하다고 생각한다.	①	②	③	④	⑤	⑥	⑦	멀	카
C. 다른 사람으로부터 지적받는 것은 싫다.	①	②	③	④	⑤	⑥	⑦	멀	카

18

문항군	응답 1							응답 2	
	전혀 아님	<<		보통		>>	매우 그러함	멀다	가깝다
A. 다른 사람에게 위해를 가할 것 같은 기분이 들 때가 있다.	①	②	③	④	⑤	⑥	⑦	멀	갑
B. 인간관계가 폐쇄적이라는 말을 듣는다.	①	②	③	④	⑤	⑥	⑦	멀	갑
C. 친구들로부터 줏대 없는 사람이라는 말을 듣는다.	①	②	③	④	⑤	⑥	⑦	멀	갑

19

문항군	응답 1							응답 2	
	전혀 아님	<<		보통		>>	매우 그러함	멀다	가깝다
A. 누구와도 편하게 이야기할 수 있다.	①	②	③	④	⑤	⑥	⑦	멀	갑
B. 다른 사람을 싫어한 적은 한 번도 없다.	①	②	③	④	⑤	⑥	⑦	멀	갑
C. 리더로서 인정을 받고 싶다.	①	②	③	④	⑤	⑥	⑦	멀	갑

20

문항군	응답 1							응답 2	
	전혀 아님	<<		보통		>>	매우 그러함	멀다	가깝다
A. 기다리는 것에 짜증내는 편이다.	①	②	③	④	⑤	⑥	⑦	멀	갑
B. 지루하면 마구 떠들고 싶어진다.	①	②	③	④	⑤	⑥	⑦	멀	갑
C. 남과 친해지려면 용기가 필요하다.	①	②	③	④	⑤	⑥	⑦	멀	갑

21

문항군	응답 1							응답 2	
	전혀 아님	<<		보통		>>	매우 그러함	멀다	가깝다
A. 사물을 과장해서 말한 적은 없다.	①	②	③	④	⑤	⑥	⑦	멀	갑
B. 항상 천재지변을 당하지 않을까 걱정하고 있다.	①	②	③	④	⑤	⑥	⑦	멀	갑
C. 어떤 일이 있어도 의욕을 가지고 열심히 하는 편이다.	①	②	③	④	⑤	⑥	⑦	멀	갑

22

문항군	응답 1							응답 2	
	전혀 아님	<<		보통		>>	매우 그러함	멀다	가깝다
A. 그룹 내에서는 누군가의 주도하에 따라가는 경우가 많다.	①	②	③	④	⑤	⑥	⑦	멀	갑
B. 내성적이라고 생각한다.	①	②	③	④	⑤	⑥	⑦	멀	갑
C. 모르는 사람과 이야기하는 것은 용기가 필요하다.	①	②	③	④	⑤	⑥	⑦	멀	갑

23

문항군	응답 1							응답 2	
	전혀 아님	≪	보통	≫	매우 그러함			멀다	가깝다
A. 집에서 가만히 있으면 기분이 우울해진다.	①	②	③	④	⑤	⑥	⑦	멀	가
B. 당황하면 갑자기 땀이 나서 신경 쓰일 때가 있다.	①	②	③	④	⑤	⑥	⑦	멀	가
C. 차분하다는 말을 듣는다.	①	②	③	④	⑤	⑥	⑦	멀	가

24

문항군	응답 1							응답 2	
	전혀 아님	≪	보통	≫	매우 그러함			멀다	가깝다
A. 어색해지면 입을 다무는 경우가 많다.	①	②	③	④	⑤	⑥	⑦	멀	가
B. 융통성이 없는 편이다.	①	②	③	④	⑤	⑥	⑦	멀	가
C. 이유도 없이 화가 치밀 때가 있다.	①	②	③	④	⑤	⑥	⑦	멀	가

25

문항군	응답 1							응답 2	
	전혀 아님	≪	보통	≫	매우 그러함			멀다	가깝다
A. 자질구레한 걱정이 많다.	①	②	③	④	⑤	⑥	⑦	멀	가
B. 다른 사람을 의심한 적이 한 번도 없다.	①	②	③	④	⑤	⑥	⑦	멀	가
C. 지금까지 후회를 한 적이 없다.	①	②	③	④	⑤	⑥	⑦	멀	가

26

문항군	응답 1							응답 2	
	전혀 아님	≪	보통	≫	매우 그러함			멀다	가깝다
A. 무슨 일이든 자신을 가지고 행동한다.	①	②	③	④	⑤	⑥	⑦	멀	가
B. 자주 깊은 생각에 잠긴다.	①	②	③	④	⑤	⑥	⑦	멀	가
C. 가만히 있지 못할 정도로 불안해질 때가 많다.	①	②	③	④	⑤	⑥	⑦	멀	가

27

문항군	응답 1							응답 2	
	전혀 아님	≪	보통	≫	매우 그러함			멀다	가깝다
A. 스포츠 선수가 되고 싶다고 생각한 적이 있다.	①	②	③	④	⑤	⑥	⑦	멀	가
B. 유명인과 서로 아는 사람이 되고 싶다.	①	②	③	④	⑤	⑥	⑦	멀	가
C. 연예인에 대해 동경한 적이 없다.	①	②	③	④	⑤	⑥	⑦	멀	가

28

문항군	응답 1							응답 2	
	전혀 아님	≪	보통	≫	매우 그러함			멀다	가깝다
A. 휴일은 세부적인 예정을 세우고 보낸다.	①	②	③	④	⑤	⑥	⑦	멀	갠
B. 잘하지 못하는 것이라도 자진해서 한다.	①	②	③	④	⑤	⑥	⑦	멀	갠
C. 이유도 없이 다른 사람과 부딪힐 때가 있다.	①	②	③	④	⑤	⑥	⑦	멀	갠

29

문항군	응답 1							응답 2	
	전혀 아님	≪	보통	≫	매우 그러함			멀다	가깝다
A. 타인의 일에는 별로 관여하고 싶지 않다고 생각한다.	①	②	③	④	⑤	⑥	⑦	멀	갠
B. 의견이 다른 사람과는 어울리지 않는다.	①	②	③	④	⑤	⑥	⑦	멀	갠
C. 주위의 영향을 받기 쉽다.	①	②	③	④	⑤	⑥	⑦	멀	갠

30

문항군	응답 1							응답 2	
	전혀 아님	≪	보통	≫	매우 그러함			멀다	가깝다
A. 지인을 발견해도 만나고 싶지 않을 때가 많다.	①	②	③	④	⑤	⑥	⑦	멀	갠
B. 굳이 말하자면 자의식 과잉이다.	①	②	③	④	⑤	⑥	⑦	멀	갠
C. 몸을 움직이는 것을 좋아한다.	①	②	③	④	⑤	⑥	⑦	멀	갠

31

문항군	응답 1							응답 2	
	전혀 아님	≪	보통	≫	매우 그러함			멀다	가깝다
A. 무슨 일이든 생각해 보지 않으면 만족하지 못한다.	①	②	③	④	⑤	⑥	⑦	멀	갠
B. 다수의 반대가 있더라도 자신의 생각대로 행동한다.	①	②	③	④	⑤	⑥	⑦	멀	갠
C. 지금까지 다른 사람의 마음에 상처준 일이 없다.	①	②	③	④	⑤	⑥	⑦	멀	갠

32

문항군	응답 1							응답 2	
	전혀 아님	≪	보통	≫	매우 그러함			멀다	가깝다
A. 실행하기 전에 재고하는 경우가 많다.	①	②	③	④	⑤	⑥	⑦	멀	갠
B. 완고한 편이라고 생각한다.	①	②	③	④	⑤	⑥	⑦	멀	갠
C. 작은 소리도 신경 쓰인다.	①	②	③	④	⑤	⑥	⑦	멀	갠

33

문항군	응답 1							응답 2	
	전혀 아님	《	보통	》	매우 그러함			멀다	가깝다
A. 다소 무리를 하더라도 피로해지지 않는다.	①	②	③	④	⑤	⑥	⑦	멀	가
B. 다른 사람보다 고집이 세다.	①	②	③	④	⑤	⑥	⑦	멀	가
C. 성격이 밝다는 말을 듣는다.	①	②	③	④	⑤	⑥	⑦	멀	가

34

문항군	응답 1							응답 2	
	전혀 아님	《	보통	》	매우 그러함			멀다	가깝다
A. 다른 사람이 부럽다고 생각한 적이 한 번도 없다.	①	②	③	④	⑤	⑥	⑦	멀	가
B. 자신의 페이스를 잃지 않는다.	①	②	③	④	⑤	⑥	⑦	멀	가
C. 굳이 말하면 이상주의자다.	①	②	③	④	⑤	⑥	⑦	멀	가

35

문항군	응답 1							응답 2	
	전혀 아님	《	보통	》	매우 그러함			멀다	가깝다
A. 가능성에 눈을 돌린다.	①	②	③	④	⑤	⑥	⑦	멀	가
B. 튀는 것을 싫어한다.	①	②	③	④	⑤	⑥	⑦	멀	가
C. 방법이 정해진 일은 안심할 수 있다.	①	②	③	④	⑤	⑥	⑦	멀	가

36

문항군	응답 1							응답 2	
	전혀 아님	《	보통	》	매우 그러함			멀다	가깝다
A. 매사에 감정적으로 생각한다.	①	②	③	④	⑤	⑥	⑦	멀	가
B. 스케줄을 짜고 행동하는 편이다.	①	②	③	④	⑤	⑥	⑦	멀	가
C. 지나치게 합리적으로 결론짓는 것은 좋지 않다.	①	②	③	④	⑤	⑥	⑦	멀	가

37

문항군	응답 1							응답 2	
	전혀 아님	《	보통	》	매우 그러함			멀다	가깝다
A. 다른 사람의 의견에 귀를 기울인다.	①	②	③	④	⑤	⑥	⑦	멀	가
B. 사람들 앞에 잘 나서지 못한다.	①	②	③	④	⑤	⑥	⑦	멀	가
C. 임기응변에 능하다.	①	②	③	④	⑤	⑥	⑦	멀	가

38

문항군	응답 1							응답 2	
	전혀 아님	≪	보통	≫	매우 그러함			멀다	가깝다
A. 꿈을 가진 사람에게 끌린다.	①	②	③	④	⑤	⑥	⑦	멀	㉮
B. 직감적으로 판단한다.	①	②	③	④	⑤	⑥	⑦	멀	㉮
C. 틀에 박힌 일은 싫다.	①	②	③	④	⑤	⑥	⑦	멀	㉮

39

문항군	응답 1							응답 2	
	전혀 아님	≪	보통	≫	매우 그러함			멀다	가깝다
A. 친구가 돈을 빌려달라고 하면 거절하지 못한다.	①	②	③	④	⑤	⑥	⑦	멀	㉮
B. 어려움에 처한 사람을 보면 원인을 생각한다.	①	②	③	④	⑤	⑥	⑦	멀	㉮
C. 매사에 이론적으로 생각한다.	①	②	③	④	⑤	⑥	⑦	멀	㉮

40

문항군	응답 1							응답 2	
	전혀 아님	≪	보통	≫	매우 그러함			멀다	가깝다
A. 혼자 꾸준히 하는 것을 좋아한다.	①	②	③	④	⑤	⑥	⑦	멀	㉮
B. 튀는 것을 좋아한다.	①	②	③	④	⑤	⑥	⑦	멀	㉮
C. 굳이 말하자면 보수적이라 생각한다.	①	②	③	④	⑤	⑥	⑦	멀	㉮

41

문항군	응답 1							응답 2	
	전혀 아님	≪	보통	≫	매우 그러함			멀다	가깝다
A. 다른 사람과 만났을 때 화제에 부족함이 없다.	①	②	③	④	⑤	⑥	⑦	멀	㉮
B. 그때그때의 기분으로 행동하는 경우가 많다.	①	②	③	④	⑤	⑥	⑦	멀	㉮
C. 현실적인 사람에게 끌린다.	①	②	③	④	⑤	⑥	⑦	멀	㉮

42

문항군	응답 1							응답 2	
	전혀 아님	≪	보통	≫	매우 그러함			멀다	가깝다
A. 병이 아닌지 걱정이 들 때가 있다.	①	②	③	④	⑤	⑥	⑦	멀	㉮
B. 자의식 과잉이라는 생각이 들 때가 있다.	①	②	③	④	⑤	⑥	⑦	멀	㉮
C. 막무가내라는 말을 들을 때가 많다.	①	②	③	④	⑤	⑥	⑦	멀	㉮

43

문항군	응답 1							응답 2	
	전혀 아님	《	보통	》	매우 그러함			멀다	가깝다
A. 푸념을 한 적이 없다.	①	②	③	④	⑤	⑥	⑦	멀	㉮
B. 수다를 좋아한다.	①	②	③	④	⑤	⑥	⑦	멀	㉮
C. 부모에게 불평을 한 적이 한 번도 없다.	①	②	③	④	⑤	⑥	⑦	멀	㉮

44

문항군	응답 1							응답 2	
	전혀 아님	《	보통	》	매우 그러함			멀다	가깝다
A. 친구들이 나를 진지한 사람으로 생각하고 있다.	①	②	③	④	⑤	⑥	⑦	멀	㉮
B. 엉뚱한 생각을 잘한다.	①	②	③	④	⑤	⑥	⑦	멀	㉮
C. 이성적인 사람이라는 말을 듣고 싶다.	①	②	③	④	⑤	⑥	⑦	멀	㉮

45

문항군	응답 1							응답 2	
	전혀 아님	《	보통	》	매우 그러함			멀다	가깝다
A. 예정에 얽매이는 것을 싫어한다.	①	②	③	④	⑤	⑥	⑦	멀	㉮
B. 굳이 말하자면 장거리주자에 어울린다고 생각한다.	①	②	③	④	⑤	⑥	⑦	멀	㉮
C. 여행을 가기 전에는 세세한 계획을 세운다.	①	②	③	④	⑤	⑥	⑦	멀	㉮

46

문항군	응답 1							응답 2	
	전혀 아님	《	보통	》	매우 그러함			멀다	가깝다
A. 굳이 말하자면 기가 센 편이다.	①	②	③	④	⑤	⑥	⑦	멀	㉮
B. 신중하게 생각하는 편이다.	①	②	③	④	⑤	⑥	⑦	멀	㉮
C. 계획을 생각하기보다는 빨리 실행하고 싶어 한다.	①	②	③	④	⑤	⑥	⑦	멀	㉮

47

문항군	응답 1							응답 2	
	전혀 아님	《	보통	》	매우 그러함			멀다	가깝다
A. 자신을 쓸모없는 인간이라고 생각할 때가 있다.	①	②	③	④	⑤	⑥	⑦	멀	㉮
B. 아는 사람을 발견해도 피해버릴 때가 있다.	①	②	③	④	⑤	⑥	⑦	멀	㉮
C. 앞으로의 일을 생각하지 않으면 진정이 되지 않는다.	①	②	③	④	⑤	⑥	⑦	멀	㉮

48

문항군	응답 1							응답 2	
	전혀 아님	《	보통	》	매우 그러함			멀다	가깝다
A. 격렬한 운동도 그다지 힘들어하지 않는다.	①	②	③	④	⑤	⑥	⑦	⑨	㉮
B. 무슨 일이든 먼저 해야 이긴다고 생각한다.	①	②	③	④	⑤	⑥	⑦	⑨	㉮
C. 예정이 없는 상태를 싫어한다.	①	②	③	④	⑤	⑥	⑦	⑨	㉮

49

문항군	응답 1							응답 2	
	전혀 아님	《	보통	》	매우 그러함			멀다	가깝다
A. 잘하지 못하는 게임은 하지 않으려고 한다.	①	②	③	④	⑤	⑥	⑦	⑨	㉮
B. 다른 사람에게 의존적이 될 때가 많다.	①	②	③	④	⑤	⑥	⑦	⑨	㉮
C. 대인관계가 귀찮다고 느낄 때가 있다.	①	②	③	④	⑤	⑥	⑦	⑨	㉮

50

문항군	응답 1							응답 2	
	전혀 아님	《	보통	》	매우 그러함			멀다	가깝다
A. 장래의 일을 생각하면 불안해질 때가 있다.	①	②	③	④	⑤	⑥	⑦	⑨	㉮
B. 가만히 있지 못할 정도로 침착하지 못할 때가 있다.	①	②	③	④	⑤	⑥	⑦	⑨	㉮
C. 침울해지면 아무것도 손에 잡히지 않는다.	①	②	③	④	⑤	⑥	⑦	⑨	㉮

51

문항군	응답 1							응답 2	
	전혀 아님	《	보통	》	매우 그러함			멀다	가깝다
A. 새로운 일에 처음 한 발을 좀처럼 떼지 못한다.	①	②	③	④	⑤	⑥	⑦	⑨	㉮
B. 다른 사람이 나를 어떻게 생각하는지 궁금할 때가 많다.	①	②	③	④	⑤	⑥	⑦	⑨	㉮
C. 미리 행동을 정해두는 경우가 많다.	①	②	③	④	⑤	⑥	⑦	⑨	㉮

52

문항군	응답 1							응답 2	
	전혀 아님	《	보통	》	매우 그러함			멀다	가깝다
A. 혼자 생각하는 것을 좋아한다.	①	②	③	④	⑤	⑥	⑦	⑨	㉮
B. 다른 사람과 대화하는 것을 좋아한다.	①	②	③	④	⑤	⑥	⑦	⑨	㉮
C. 하루의 행동을 반성하는 경우가 많다.	①	②	③	④	⑤	⑥	⑦	⑨	㉮

53

문항군	응답 1							응답 2	
	전혀 아님	≪	보통	≫	매우 그러함			멀다	가깝다
A. 어린 시절로 돌아가고 싶을 때가 있다.	①	②	③	④	⑤	⑥	⑦	멀	까
B. 인생에서 중요한 것은 높은 목표를 갖는 것이다.	①	②	③	④	⑤	⑥	⑦	멀	까
C. 커다란 일을 해보고 싶다.	①	②	③	④	⑤	⑥	⑦	멀	까

54

문항군	응답 1							응답 2	
	전혀 아님	≪	보통	≫	매우 그러함			멀다	가깝다
A. 작은 일에 신경 쓰지 않는다.	①	②	③	④	⑤	⑥	⑦	멀	까
B. 동작이 기민한 편이다.	①	②	③	④	⑤	⑥	⑦	멀	까
C. 소외감을 느낄 때가 있다.	①	②	③	④	⑤	⑥	⑦	멀	까

55

문항군	응답 1							응답 2	
	전혀 아님	≪	보통	≫	매우 그러함			멀다	가깝다
A. 혼자 여행을 떠나고 싶을 때가 자주 있다.	①	②	③	④	⑤	⑥	⑦	멀	까
B. 눈을 뜨면 바로 일어난다.	①	②	③	④	⑤	⑥	⑦	멀	까
C. 항상 활력이 있다.	①	②	③	④	⑤	⑥	⑦	멀	까

56

문항군	응답 1							응답 2	
	전혀 아님	≪	보통	≫	매우 그러함			멀다	가깝다
A. 싸움을 한 적이 없다.	①	②	③	④	⑤	⑥	⑦	멀	까
B. 끈기가 강하다.	①	②	③	④	⑤	⑥	⑦	멀	까
C. 변화를 즐긴다.	①	②	③	④	⑤	⑥	⑦	멀	까

57

문항군	응답 1							응답 2	
	전혀 아님	≪	보통	≫	매우 그러함			멀다	가깝다
A. 굳이 말하자면 혁신적이라고 생각한다.	①	②	③	④	⑤	⑥	⑦	멀	까
B. 사람들 앞에 나서는 데 어려움이 없다.	①	②	③	④	⑤	⑥	⑦	멀	까
C. 스케줄을 짜지 않고 행동하는 편이다.	①	②	③	④	⑤	⑥	⑦	멀	까

58

문항군	응답 1							응답 2	
	전혀 아님	<<	보통	>>		매우 그러함		멀다	가깝다
A. 학구적이라는 인상을 주고 싶다.	①	②	③	④	⑤	⑥	⑦	멸	갠
B. 조직 안에서는 우등생 타입이라고 생각한다.	①	②	③	④	⑤	⑥	⑦	멸	갠
C. 이성적인 사람 밑에서 일하고 싶다.	①	②	③	④	⑤	⑥	⑦	멸	갠

59

문항군	응답 1							응답 2	
	전혀 아님	<<	보통	>>		매우 그러함		멀다	가깝다
A. 정해진 절차에 따르는 것을 싫어한다.	①	②	③	④	⑤	⑥	⑦	멸	갠
B. 경험으로 판단한다.	①	②	③	④	⑤	⑥	⑦	멸	갠
C. 틀에 박힌 일을 싫어한다.	①	②	③	④	⑤	⑥	⑦	멸	갠

60

문항군	응답 1							응답 2	
	전혀 아님	<<	보통	>>		매우 그러함		멀다	가깝다
A. 그때그때의 기분으로 행동하는 경우가 많다.	①	②	③	④	⑤	⑥	⑦	멸	갠
B. 시간을 정확히 지키는 편이다.	①	②	③	④	⑤	⑥	⑦	멸	갠
C. 융통성이 있다.	①	②	③	④	⑤	⑥	⑦	멸	갠

61

문항군	응답 1							응답 2	
	전혀 아님	<<	보통	>>		매우 그러함		멀다	가깝다
A. 이야기하는 것을 좋아한다.	①	②	③	④	⑤	⑥	⑦	멸	갠
B. 회합에서는 소개를 받는 편이다.	①	②	③	④	⑤	⑥	⑦	멸	갠
C. 자신의 의견을 밀어붙인다.	①	②	③	④	⑤	⑥	⑦	멸	갠

62

문항군	응답 1							응답 2	
	전혀 아님	<<	보통	>>		매우 그러함		멀다	가깝다
A. 현실적이라는 이야기를 듣는다.	①	②	③	④	⑤	⑥	⑦	멸	갠
B. 계획적인 행동을 중요하게 여긴다.	①	②	③	④	⑤	⑥	⑦	멸	갠
C. 창의적인 일을 좋아한다.	①	②	③	④	⑤	⑥	⑦	멸	갠

63

문항군	응답 1							응답 2	
	전혀 아님	《	보통	》	매우 그러함			멀다	가깝다
A. 회합에서는 소개를 하는 편이다.	①	②	③	④	⑤	⑥	⑦	멀	가
B. 조직 안에서는 독자적으로 움직이는 편이다.	①	②	③	④	⑤	⑥	⑦	멀	가
C. 정해진 절차가 바뀌는 것을 싫어한다.	①	②	③	④	⑤	⑥	⑦	멀	가

64

문항군	응답 1							응답 2	
	전혀 아님	《	보통	》	매우 그러함			멀다	가깝다
A. 일을 선택할 때에는 인간관계를 중시한다.	①	②	③	④	⑤	⑥	⑦	멀	가
B. 굳이 말하자면 현실주의자이다.	①	②	③	④	⑤	⑥	⑦	멀	가
C. 지나치게 온정을 표시하는 것은 좋지 않다고 생각한다.	①	②	③	④	⑤	⑥	⑦	멀	가

65

문항군	응답 1							응답 2	
	전혀 아님	《	보통	》	매우 그러함			멀다	가깝다
A. 상상력이 있다는 말을 듣는다.	①	②	③	④	⑤	⑥	⑦	멀	가
B. 틀에 박힌 일은 너무 딱딱해서 싫다.	①	②	③	④	⑤	⑥	⑦	멀	가
C. 다른 사람이 나를 어떻게 생각하는지 신경 쓰인다.	①	②	③	④	⑤	⑥	⑦	멀	가

66

문항군	응답 1							응답 2	
	전혀 아님	《	보통	》	매우 그러함			멀다	가깝다
A. 사람들 앞에서 잘 이야기하지 못한다.	①	②	③	④	⑤	⑥	⑦	멀	가
B. 친절한 사람이라는 말을 듣고 싶다.	①	②	③	④	⑤	⑥	⑦	멀	가
C. 일을 선택할 때에는 일의 보람을 중시한다.	①	②	③	④	⑤	⑥	⑦	멀	가

67

문항군	응답 1							응답 2	
	전혀 아님	《	보통	》	매우 그러함			멀다	가깝다
A. 뉴스보다 신문을 많이 본다.	①	②	③	④	⑤	⑥	⑦	멀	가
B. 시간을 분 단위로 나눠 쓴다.	①	②	③	④	⑤	⑥	⑦	멀	가
C. 아이디어 회의 중 모든 의견은 존중되어야 한다.	①	②	③	④	⑤	⑥	⑦	멀	가

68

문항군	응답 1							응답 2	
	전혀 아님	《	보통	》	매우 그러함			멀다	가깝다
A. 주위 사람에게 인사하는 것이 귀찮다.	①	②	③	④	⑤	⑥	⑦	㉠	㉮
B. 남의 의견을 절대 참고하지 않는다.	①	②	③	④	⑤	⑥	⑦	㉠	㉮
C. 남의 말을 호의적으로 받아들인다.	①	②	③	④	⑤	⑥	⑦	㉠	㉮

69

문항군	응답 1							응답 2	
	전혀 아님	《	보통	》	매우 그러함			멀다	가깝다
A. 광고를 보면 그 물건을 사고 싶다.	①	②	③	④	⑤	⑥	⑦	㉠	㉮
B. 컨디션에 따라 기분이 잘 변한다.	①	②	③	④	⑤	⑥	⑦	㉠	㉮
C. 많은 사람 앞에서 말하는 것이 서툴다.	①	②	③	④	⑤	⑥	⑦	㉠	㉮

70

문항군	응답 1							응답 2	
	전혀 아님	《	보통	》	매우 그러함			멀다	가깝다
A. 열등감으로 자주 고민한다.	①	②	③	④	⑤	⑥	⑦	㉠	㉮
B. 부모님에게 불만을 느낀다.	①	②	③	④	⑤	⑥	⑦	㉠	㉮
C. 칭찬도 나쁘게 받아들이는 편이다.	①	②	③	④	⑤	⑥	⑦	㉠	㉮

71

문항군	응답 1							응답 2	
	전혀 아님	《	보통	》	매우 그러함			멀다	가깝다
A. 친구 말을 듣는 편이다.	①	②	③	④	⑤	⑥	⑦	㉠	㉮
B. 자신의 입장을 잊어버릴 때가 있다.	①	②	③	④	⑤	⑥	⑦	㉠	㉮
C. 실패해도 또다시 도전한다.	①	②	③	④	⑤	⑥	⑦	㉠	㉮

72

문항군	응답 1							응답 2	
	전혀 아님	《	보통	》	매우 그러함			멀다	가깝다
A. 휴식시간에도 일하고 싶다.	①	②	③	④	⑤	⑥	⑦	㉠	㉮
B. 여간해서 흥분하지 않는 편이다.	①	②	③	④	⑤	⑥	⑦	㉠	㉮
C. 혼자 지내는 시간이 즐겁다.	①	②	③	④	⑤	⑥	⑦	㉠	㉮

73

문항군	응답 1							응답 2	
	전혀 아님	≪	보통	≫	매우 그러함			멀다	가깝다
A. 손재주는 비교적 있는 편이다.	①	②	③	④	⑤	⑥	⑦	멀	깐
B. 계산에 밝은 사람은 꺼려진다.	①	②	③	④	⑤	⑥	⑦	멀	깐
C. 공상이나 상상을 많이 하는 편이다.	①	②	③	④	⑤	⑥	⑦	멀	깐

74

문항군	응답 1							응답 2	
	전혀 아님	≪	보통	≫	매우 그러함			멀다	가깝다
A. 창조적인 일을 하고 싶다.	①	②	③	④	⑤	⑥	⑦	멀	깐
B. 규칙적인 것이 싫다.	①	②	③	④	⑤	⑥	⑦	멀	깐
C. 남을 지배하는 사람이 되고 싶다.	①	②	③	④	⑤	⑥	⑦	멀	깐

75

문항군	응답 1							응답 2	
	전혀 아님	≪	보통	≫	매우 그러함			멀다	가깝다
A. 새로운 변화를 싫어한다.	①	②	③	④	⑤	⑥	⑦	멀	깐
B. 급진적인 변화를 좋아한다.	①	②	③	④	⑤	⑥	⑦	멀	깐
C. 규칙을 잘 지킨다.	①	②	③	④	⑤	⑥	⑦	멀	깐

76

문항군	응답 1							응답 2	
	전혀 아님	≪	보통	≫	매우 그러함			멀다	가깝다
A. 스트레스 관리를 잘한다.	①	②	③	④	⑤	⑥	⑦	멀	깐
B. 스트레스를 받아도 화를 잘 참는다.	①	②	③	④	⑤	⑥	⑦	멀	깐
C. 틀리다고 생각하면 필사적으로 부정한다.	①	②	③	④	⑤	⑥	⑦	멀	깐

77

문항군	응답 1							응답 2	
	전혀 아님	≪	보통	≫	매우 그러함			멀다	가깝다
A. 스트레스를 받을 때 타인에게 화를 내지 않는다.	①	②	③	④	⑤	⑥	⑦	멀	깐
B. 자신을 비난하는 사람은 피하는 편이다.	①	②	③	④	⑤	⑥	⑦	멀	깐
C. 잘못된 부분을 보면 그냥 지나치지 못한다.	①	②	③	④	⑤	⑥	⑦	멀	깐

78

문항군	응답 1							응답 2	
	전혀 아님	<<	보통	>>	매우 그러함			멀다	가깝다
A. 귀찮은 일은 남에게 부탁하는 편이다.	①	②	③	④	⑤	⑥	⑦	멀	가
B. 어머니의 친구 분을 대접하는 것이 귀찮다.	①	②	③	④	⑤	⑥	⑦	멀	가
C. 마음에 걸리는 일은 머릿속에서 떠나지 않는다.	①	②	③	④	⑤	⑥	⑦	멀	가

79

문항군	응답 1							응답 2	
	전혀 아님	<<	보통	>>	매우 그러함			멀다	가깝다
A. 휴일에는 아무것도 하고 싶지 않다.	①	②	③	④	⑤	⑥	⑦	멀	가
B. 과거로 돌아가고 싶다는 생각이 강하다.	①	②	③	④	⑤	⑥	⑦	멀	가
C. 남들과 타협하기를 싫어하는 편이었다.	①	②	③	④	⑤	⑥	⑦	멀	가

80

문항군	응답 1							응답 2	
	전혀 아님	<<	보통	>>	매우 그러함			멀다	가깝다
A. 친구와 싸우면 서먹서먹해진다.	①	②	③	④	⑤	⑥	⑦	멀	가
B. 아무것도 하지 않고 가만히 있을 수 있다.	①	②	③	④	⑤	⑥	⑦	멀	가
C. 내가 말한 것이 틀리면 정정할 수 있다.	①	②	③	④	⑤	⑥	⑦	멀	가

81

문항군	응답 1							응답 2	
	전혀 아님	<<	보통	>>	매우 그러함			멀다	가깝다
A. 남들이 나를 추켜올려 주면 기분이 좋다.	①	②	③	④	⑤	⑥	⑦	멀	가
B. 다른 사람들의 주목을 받는 게 좋다.	①	②	③	④	⑤	⑥	⑦	멀	가
C. 기분이 잘 바뀌는 편에 속한다.	①	②	③	④	⑤	⑥	⑦	멀	가

82

문항군	응답 1							응답 2	
	전혀 아님	<<	보통	>>	매우 그러함			멀다	가깝다
A. 공상 속의 친구가 있기도 한다.	①	②	③	④	⑤	⑥	⑦	멀	가
B. 주변 사람들이 칭찬해 주면 어색해 한다.	①	②	③	④	⑤	⑥	⑦	멀	가
C. 타인의 비난을 받으면 눈물을 잘 보인다.	①	②	③	④	⑤	⑥	⑦	멀	가

83

문항군	응답 1							응답 2	
	전혀 아님	《	보통	》	매우 그러함			멀다	가깝다
A. 한 번 시작한 일은 마무리를 꼭 한다.	①	②	③	④	⑤	⑥	⑦	㉕	㉖
B. 아무도 찬성해 주지 않아도 내 의견을 말한다.	①	②	③	④	⑤	⑥	⑦	㉕	㉖
C. 자신의 방법으로 혼자서 일을 하는 것을 좋아한다.	①	②	③	④	⑤	⑥	⑦	㉕	㉖

84

문항군	응답 1							응답 2	
	전혀 아님	《	보통	》	매우 그러함			멀다	가깝다
A. 중요한 순간에 실패할까봐 불안하였다.	①	②	③	④	⑤	⑥	⑦	㉕	㉖
B. 가능하다면 내 자신을 많이 뜯어고치고 싶다.	①	②	③	④	⑤	⑥	⑦	㉕	㉖
C. 운동을 하고 있을 때는 생기가 넘친다.	①	②	③	④	⑤	⑥	⑦	㉕	㉖

85

문항군	응답 1							응답 2	
	전혀 아님	《	보통	》	매우 그러함			멀다	가깝다
A. 오랫동안 가만히 앉아 있는 것은 싫다.	①	②	③	④	⑤	⑥	⑦	㉕	㉖
B. 신문을 읽을 때 슬픈 기사에만 눈길이 간다.	①	②	③	④	⑤	⑥	⑦	㉕	㉖
C. 내 생각과 다른 사람이 있으면 불안하다.	①	②	③	④	⑤	⑥	⑦	㉕	㉖

행운이란 100%의 노력 뒤에 남는 것이다.

– 랭스턴 콜만 –

PART 4

면접

CHAPTER 01   면접 유형 및 실전 대책

CHAPTER 02   롯데그룹 실제 면접

CHAPTER 01 면접 유형 및 실전 대책

01 면접 주요사항

면접의 사전적 정의는 면접관이 지원자를 직접 만나보고 인품(人品)이나 언행(言行) 따위를 시험하는 일로, 흔히 필기시험 후에 최종적으로 심사하는 방법이다.

최근 주요 기업의 인사담당자들을 대상으로 채용 시 면접이 차지하는 비중을 설문조사했을 때, 50 ~ 80% 이상이라고 답한 사람이 전체 응답자의 80%를 넘었다. 이와 대조적으로 지원자들을 대상으로 취업시험에서 면접을 준비하는 기간을 물었을 때, 대부분의 응답자가 2 ~ 3일 정도라고 대답했다.

지원자가 일정 수준의 스펙을 갖추기 위해 자격증 시험과 토익을 치르고 이력서와 자기소개서까지 쓰다 보면 면접까지 챙길 여유가 없는 것이 사실이다. 그리고 서류전형과 인적성검사를 통과해야만 면접을 볼 수 있기 때문에 자연스럽게 면접은 취업시험 과정에서 그 비중이 작아질 수밖에 없다. 하지만 아이러니하게도 실제 채용 과정에서 면접이 차지하는 비중은 절대적이라고 해도 과언이 아니다.

기업들은 채용 과정에서 토론 면접, 인성 면접, 프레젠테이션 면접, 역량 면접 등의 다양한 면접을 실시한다. 1차 커트라인이라고 할 수 있는 서류전형을 통과한 지원자들의 스펙이나 능력은 서로 엇비슷하다고 판단되기 때문에 서류상 보이는 자격증이나 토익 성적보다는 지원자의 인성을 파악하기 위해 면접을 더욱 강화하는 것이다. 일부 기업은 의도적으로 압박 면접을 실시하기도 한다. 지원자가 당황할 수 있는 질문을 던져서 그것에 대한 지원자의 반응을 살펴보는 것이다.

면접은 다르게 생각한다면 '나는 누구인가?'에 대한 물음에 해답을 줄 수 있는 가장 현실적이고 미래적인 경험이 될 수 있다. 취업난 속에서 자격증을 취득하고 토익 성적을 올리기 위해 앞만 보고 달려온 지원자들은 자신에 대해서 고민하고 탐구할 수 있는 시간을 평소 쉽게 가질 수 없었을 것이다. 자신을 잘 알고 있어야 자신에 대해서 자신감 있게 말할 수 있다. 대체로 사람들은 자신에게 관대한 편이기 때문에 스스로에 대해서 어떤 기대와 환상을 가지고 있는 경우가 많다. 하지만 면접은 제삼자에 의해 개인의 능력을 객관적으로 평가받는 시험이다. 어떤 지원자들은 다른 사람에게 자신을 표현하는 것을 어려워한다. 평소에 잘 사용하지 않는 용어를 내뱉으면서 거창하게 자신을 포장하는 지원자도 많다. 면접에서 가장 기본은 자기 자신을 면접관에게 알기 쉽게 표현하는 것이다.

이러한 표현을 바탕으로 자신이 앞으로 하고자 하는 것과 그에 대한 이유를 설명해야 한다. 최근에는 자신감을 향상시키거나 말하는 능력을 높이는 학원도 많기 때문에 얼마든지 자신의 단점을 극복할 수 있다.

1. 자기소개의 기술

자기소개를 시키는 이유는 면접자가 지원자의 자기소개서를 압축해서 듣고, 지원자의 첫인상을 평가할 시간을 가질 수 있기 때문이다. 면접을 위한 워밍업이라고 할 수 있으며, 첫인상을 결정하는 과정이므로 매우 중요한 순간이다.

(1) 정해진 시간에 자기소개를 마쳐야 한다.

쉬워 보이지만 의외로 지원자들이 정해진 시간을 넘기거나 혹은 빨리 끝내서 면접관에게 지적을 받는 경우가 많다. 본인이 면접을 받는 마지막 지원자가 아닌 이상, 정해진 시간을 지키지 않는 것은 수많은 지원자를 상대하기에 바쁜 면접관과 대기 시간에 지친 다른 지원자들에게 불쾌감을 줄 수 있다.
또한 회사에서 시간관념은 절대적인 것이므로 반드시 자기소개 시간을 지켜야 한다. 말하기는 1분에 200자 원고지 2장 분량의 글을 읽는 만큼의 속도가 가장 적당하다. 이를 A4 용지에 10point 글자 크기로 작성하면 반 장 분량이 된다.

(2) 간단하지만 신선한 문구로 자기소개를 시작하자.

요즈음 많은 지원자가 이 방법을 사용하고 있기 때문에 웬만한 소재의 문구가 아니면 면접관의 관심을 받을 수 없다. 이러한 문구는 시대적으로 유행하는 광고 카피를 패러디하는 경우와 격언 등을 인용하는 경우, 그리고 지원한 회사의 IC나 경영이념, 인재상 등을 사용하는 경우 등이 있다. 지원자는 이러한 여러 문구 중에 자신의 첫인상을 북돋아 줄 수 있는 것을 선택해서 말해야 한다. 자신의 이름을 문구 속에 적절하게 넣어서 말한다면 좀 더 효과적인 자기소개가 될 것이다.

(3) 무엇을 먼저 말할 것인지 고민하자.

면접관이 많이 던지는 질문 중 하나가 지원동기이다. 그래서 성장기를 바로 건너뛰고, 지원한 회사에 들어오기 위해 대학에서 어떻게 준비했는지를 설명하는 자기소개가 대세이다.

(4) 면접관의 호기심을 자극해 관심을 불러일으킬 수 있게 말하라.

면접관에게 질문을 많이 받는 지원자의 합격률이 반드시 높은 것은 아니지만, 질문을 전혀 안 받는 것보다는 좋은 평가를 기대할 수 있다. 지원한 분야와 관련된 수상 경력이나 프로젝트 등을 말하는 것도 좋다. 이는 지원자의 업무 능력과 직접 연결되는 것이므로 효과적인 자기 홍보가 될 수 있다. 일부 지원자들은 자신만의 특별한 경험을 이야기하는데, 이때는 그 경험이 보편적으로 사람들의 공감대를 얻을 수 있는 것인지 다시 생각해봐야 한다.

(5) 마지막 고개를 넘기가 가장 힘들다.

첫 단추도 중요하지만, 마지막 단추도 중요하다. 하지만 왠지 격식을 따지는 인사말은 지나가는 인사말 같고, 다르게 하자니 예의에 어긋나는 것 같은 기분이 든다. 이때는 처음에 했던 자신만의 문구를 다시 한 번 말하는 것도 좋은 방법이다. 자연스러운 끝맺음이 될 수 있도록 적절한 연습이 필요하다.

2. 1분 자기소개 시 주의사항

(1) 자기소개서와 자기소개가 똑같다면 감점일까?

아무리 자기소개서를 외워서 말한다 해도 자기소개가 자기소개서와 완전히 똑같을 수는 없다. 자기소개서의 분량이 더 많고 회사마다 요구하는 필수 항목들이 있기 때문에 굳이 고민할 필요는 없다. 오히려 자기소개서의 내용을 잘 정리한 자기소개가 더 좋은 결과를 만들 수 있다. 하지만 자기소개서와 상반된 내용을 말하는 것은 적절하지 않다. 지원자의 신뢰성이 떨어진다는 것은 곧 불합격을 의미하기 때문이다.

(2) 말하는 자세를 바르게 익혀라.

지원자가 자기소개를 하는 동안 면접관은 지원자의 동작 하나하나를 관찰한다. 그렇기 때문에 바른 자세가 중요하다는 것은 우리가 익히 알고 있다. 하지만 문제는 무의식적으로 나오는 습관 때문에 자세가 흐트러져 나쁜 인상을 줄 수 있다는 것이다. 이러한 습관을 고칠 수 있는 가장 좋은 방법은 캠코더 등으로 자신의 모습을 담는 것이다. 거울을 사용할 경우에는 시선이 자꾸 자기 눈과 마주치기 때문에 집중하기 힘들다. 하지만 촬영된 동영상은 제삼자의 입장에서 자신을 볼 수 있기 때문에 많은 도움이 된다.

(3) 정확한 발음과 억양으로 자신 있게 말하라.

지원자의 모양새가 아무리 뛰어나도, 목소리가 작고 발음이 부정확하면 큰 감점을 받는다. 이러한 모습은 지원자의 좋은 점에까지 악영향을 끼칠 수 있다. 직장을 흔히 사회생활의 시작이라고 말하는 시대적 정서에서 사람들과 의사소통을 하는 데 문제가 있다고 판단되는 지원자는 부적절한 인재로 평가될 수밖에 없다.

3. 대화법

전문가들이 말하는 대화법의 핵심은 '상대방을 배려하면서 이야기하라.'는 것이다. 대화는 나와 다른 사람의 소통이다. 내용에 대한 공감이나 이해가 없다면 대화는 더 진전되지 않는다.

베스트셀러『카네기 인간관계론』의 작가인 철학자 카네기가 말하는 최상의 대화법은 자신의 경험을 토대로 이야기하는 것이다. 즉, 살아오면서 직접 겪은 경험이 상대방의 관심을 끌 수 있는 가장 좋은 이야깃거리인 것이다. 특히, 어떤 일을 이루기 위해 노력하는 과정에서 겪은 실패나 희망에 대해 진솔하게 얘기한다면 상대방은 어느새 당신의 편에 서서 그 이야기에 동조할 것이다.

독일의 사업가이자, 동기부여 트레이너인 위르겐 힐러의 연설법 중 가장 유명한 것은 '시즐(Sizzle)'을 잡는 것이다. 시즐이란, 새우튀김이나 돈가스가 기름에서 지글지글 튀겨질 때 나는 소리이다. 즉, 자신의 말을 듣고 시즐처럼 반응하는 상대방의 감정에 적절하게 대응하라는 것이다.

말을 시작한 지 10 ~ 15초 안에 상대방의 '시즐'을 알아차려야 한다. 자신의 이야기에 대한 상대방의 첫 반응에 따라 말하기 전략도 달라져야 한다. 첫 이야기의 반응이 미지근하다면 가능한 한 그 이야기를 빨리 마무리하고 새로운 이야깃거리를 생각해내야 한다. 길지 않은 면접 시간 내에 몇 번 오지 않는 대답의 기회를 살리기 위해서 보다 전략적이고 냉철해야 하는 것이다.

4. 차림새 이야기

(1) 구두

면접에 어떤 옷을 입어야 할지를 며칠 동안 고민하면서 정작 구두는 면접 보는 날 현관을 나서면서 즉흥적으로 신고 가는 지원자들이 많다. 구두를 보면 그 사람의 됨됨이를 알 수 있다고 한다. 면접관 역시 이러한 것을 놓치지 않기 때문에 지원자는 자신의 구두에 더욱 신경을 써야 한다. 스타일의 마무리는 발끝에서 이루어지는 것이다. 아무리 멋진 옷을 입고 있어도 구두가 어울리지 않는다면 전체 스타일이 흐트러지기 때문이다.

정장용 구두는 디자인이 깔끔하고, 에나멜 가공처리를 하여 광택이 도는 페이턴트 가죽 소재 제품이 무난하다. 검정 계열 구두는 회색과 감색 정장에, 브라운 계열의 구두는 베이지나 갈색 정장에 어울린다. 참고로 구두는 오전에 사는 것보다 발이 충분히 부은 상태인 저녁에 사는 것이 좋다. 마지막으로 당연한 일이지만 반드시 면접을 보는 전날 구두 뒤축이 닳지는 않았는지 확인하고 구두에 광을 내 둔다.

(2) 양말

양말은 정장과 구두의 색상을 비교해서 골라야 한다. 특히 검정이나 감색의 진한 색상의 바지에 흰 양말을 신는 것은 시대에 뒤처지는 일이다. 일반적으로 양말의 색깔은 바지의 색깔과 같아야 한다. 또한 양말의 길이도 신경 써야 한다. 바지를 입을 경우, 의자에 바르게 앉거나 다리를 꼬아서 앉을 때 다리털이 보여서는 안 된다. 반드시 긴 정장 양말을 신어야 한다.

(3) 정장

지원자는 평소에 정장을 입을 기회가 많지 않기 때문에 면접을 볼 때 본인 스스로도 옷을 어색하게 느끼는 경우가 많다. 옷을 불편하게 느끼기 때문에 자세마저 불안정한 지원자도 볼 수 있다. 그러므로 면접 전에 정장을 입고 생활해보는 것도 나쁘지는 않다.

일반적으로 면접을 볼 때는 상대방에게 신뢰감을 줄 수 있는 남색 계열의 옷이나 어떤 계절이든 무난하고 깔끔해보이는 회색 계열의 정장을 많이 입는다. 정장은 유행에 따라서 재킷의 디자인이나 버튼의 개수가 바뀌기 때문에 너무 오래된 옷을 입어서 다른 사람의 옷을 빌려 입고 나온 듯한 인상을 주어서는 안 된다.

(4) 헤어스타일과 메이크업

헤어스타일에 자신이 없다면 미용실에 다녀오거나 자신에게 어울리는 메이크업을 하는 것도 좋은 방법이다. 지나치게 화려한 스타일이 아니라면 보다 준비된 지원자처럼 보일 수 있다.

5. 첫인상

취업을 위해 성형수술을 받는 사람들에 대한 이야기는 더 이상 뉴스거리가 되지 않는다. 그만큼 많은 사람이 좁은 취업문을 뚫기 위해 이미지 향상에 신경을 쓰고 있다. 이는 면접관에게 좋은 첫인상을 주기 위한 것으로, 지원서에 올리는 증명사진을 이미지 프로그램을 통해 수정하는 이른바 '사이버 성형'이 유행하는 것과 같은 맥락이다. 실제로 외모가 채용 과정에서 영향을 끼치는가에 대한 설문조사에서도 60% 이상의 인사담당자들이 그렇다고 답변했다.

하지만 외모와 첫인상을 절대적인 관계로 이해하는 것은 잘못된 판단이다. 외모가 첫인상에서 많은 부분을 차지하지만, 외모 외에 다른 결점이 발견된다면 그로 인해 장점들이 가려질 수도 있다. 이러한 현상은 아래에서 다시 논하겠다.

첫인상은 말 그대로 한 번밖에 기회가 주어지지 않으며 몇 초 안에 결정된다. 첫인상을 결정짓는 요소 중 시각적인 요소가 80% 이상을 차지한다. 첫눈에 들어오는 생김새나 복장, 표정 등에 의해서 결정되는 것이다. 면접을 시작할 때 자기소개를 시키는 것도 지원자별로 첫인상을 평가하기 위해서이다. 첫인상이 중요한 이유는 만약 첫인상이 부정적으로 인지될 경우, 지원자의 다른 좋은 면까지 거부당하기 때문이다. 이러한 현상을 심리학에서는 초두효과(Primacy Effect)라고 한다.

그래서 한 번 형성된 첫인상은 여간해서 바꾸기 힘들다. 이는 첫인상이 나중에 들어오는 정보까지 영향을 주기 때문이다. 첫인상의 정보가 나중에 들어오는 정보 처리의 지침이 되는 것을 심리학에서는 맥락효과(Context Effect)라고 한다. 따라서 평소에 첫인상을 좋게 만들기 위한 노력을 꾸준히 해야만 하는 것이다. 좋은 첫인상이 반드시 외모에만 집중되는 것은 아니다. 오히려 깔끔한 옷차림과 부드러운 표정 그리고 말과 행동 등에 의해 전반적인 이미지가 만들어진다. 누구나 이러한 것 중에 한두 가지 단점을 가지고 있다. 요즈음은 이미지 컨설팅을 통해서 자신의 단점들을 보완하는 지원자도 있다. 특히, 표정이 밝지 않은 지원자는 평소 웃는 연습을 의식적으로 하여 면접을 받는 동안 계속해서 여유 있는 표정을 짓는 것이 중요하나. 성공한 사람늘은 인상이 좋다는 것을 명심하자.

02 면접의 유형 및 실전 대책

1. 면접의 유형

과거 천편일률적인 일대일 면접과 달리 면접에는 다양한 유형이 도입되어 현재는 "면접은 이렇게 보는 것이다."라고 말할 수 있는 정해진 유형이 없어졌다. 그러나 대기업 면접에서는 현재까지는 집단 면접과 다대일 면접이 진행되고 있으므로 어느 정도 유형을 파악하여 사전에 대비가 가능하다. 면접의 기본인 단독 면접부터, 다대일 면접, 집단 면접의 유형과 그 대책에 대해 알아보자.

(1) 단독 면접

단독 면접이란 응시자와 면접관이 1대1로 마주하는 형식을 말한다. 면접위원 한 사람과 응시자 한 사람이 마주 앉아 자유로운 화제를 가지고 질의응답을 되풀이하는 방식이다. 이 방식은 면접의 가장 기본적인 방법으로 소요시간은 10 ~ 20분 정도가 일반적이다.

① 장점

필기시험 등으로 판단할 수 없는 성품이나 능력을 알아내는 데 가장 적합하다고 평가받아 온 면접방식으로 응시자 한 사람 한 사람에 대해 여러 면에서 비교적 폭넓게 파악할 수 있다. 응시자의 입장에서는 한 사람의 면접관만을 대하는 것이므로 상대방에게 집중할 수 있으며, 긴장감도 다른 면접방식에 비해서는 적은 편이다.

② 단점

면접관의 주관이 강하게 작용해 객관성을 저해할 소지가 있으며, 면접 평가표를 활용한다 하더라도 일면적인 평가에 그칠 가능성을 배제할 수 없다. 또한 시간이 많이 소요되는 것도 단점이다.

> **단독 면접 준비 Point**
>
> 단독 면접에 대비하기 위해서는 평소 1대1로 논리 정연하게 대화를 나눌 수 있는 능력을 기르는 것이 중요하다. 그리고 면접장에서는 면접관을 선배나 선생님 혹은 집안 어른을 대하는 기분으로 면접에 임하는 것이 부담도 훨씬 적고 실력을 발휘할 수 있는 방법이 될 것이다.

(2) 다대일 면접

다대일 면접은 일반적으로 가장 많이 사용되는 면접방법으로 보통 2~5명의 면접관이 1명의 응시자에게 질문하는 형태의 면접방법이다. 면접관이 여러 명이므로 다각도에서 질문을 하여 응시자에 대한 정보를 많이 알아낼 수 있다는 점 때문에 선호하는 면접방법이다.

하지만 응시자의 입장에서는 질문도 면접관에 따라 각양각색이고 동료 응시자가 없으므로 숨 돌릴 틈도 없게 느껴진다. 또한 관찰하는 눈도 많아서 조그만 실수라도 지나치는 법이 없기 때문에 정신적 압박과 긴장감이 높은 면접방법이다. 따라서 응시자는 긴장을 풀고 한 시험관이 묻더라도 면접관 전원을 향해 대답한다는 기분으로 또박또박 대답하는 자세가 필요하다.

① 장점

면접관이 집중적인 질문과 다양한 관찰을 통해 응시자가 과연 조직에 필요한 인물인가를 완벽히 검증할 수 있다.

② 단점

면접시간이 보통 10~30분 정도로 좀 긴 편이고 응시자에게 지나친 긴장감을 조성하는 면접방법이다.

> **다대일 면접 준비 Point**
>
> 질문을 들을 때 시선은 면접위원을 향하고 다른 데로 돌리지 말아야 하며, 대답할 때에도 고개를 숙이거나 입속에서 우물거리는 소극적인 태도는 피하도록 한다. 면접위원과 대등하다는 마음가짐으로 편안한 태도를 유지하면 대답도 자연스러운 상태에서 좀 더 충실히 할 수 있고, 이에 따라 면접위원이 받는 인상도 달라진다.

(3) 집단 면접

집단 면접은 다수의 면접관이 여러 명의 응시자를 한꺼번에 평가하는 방식으로 짧은 시간에 능률적으로 면접을 진행할 수 있다. 각 응시자에 대한 질문내용, 질문횟수, 시간배분이 똑같지는 않으며, 모두에게 같은 질문이 주어지기도 하고, 각각 다른 질문을 받기도 한다.

또한 어떤 응시자가 한 대답에 대한 의견을 묻는 등 그때그때의 분위기나 면접관의 의향에 따라 변수가 많다. 집단 면접은 응시자의 입장에서는 개별 면접에 비해 긴장감은 다소 덜한 반면에 다른 응시자들과의 비교가 확실하게 나타나므로 응시자는 몸가짐이나 표현력·논리성 등이 결여되지 않도록 자신의 생각이나 의견을 솔직하게 발표하여 집단 속에 묻히거나 밀려나지 않도록 주의해야 한다.

① 장점

집단 면접의 장점은 면접관이 응시자 한 사람에 대한 관찰시간이 상대적으로 길고, 비교 평가가 가능하기 때문에 결과적으로 평가의 객관성과 신뢰성을 높일 수 있다는 점이며, 응시자는 동료들과 함께 면접을 받기 때문에 긴장감이 다소 덜하다는 것을 들 수 있다. 또한 동료가 답변하는 것을 들으며, 자신의 답변 방식이나 자세를 조정할 수 있다는 것도 큰 이점이다.

② 단점

응답하는 순서에 따라 응시자마다 유리하고 불리한 점이 있고, 면접위원의 입장에서는 각각의 개인적인 문제를 깊게 다루기가 곤란하다는 것이 단점이다.

집단 면접 준비 Point

너무 자기 과시를 하지 않는 것이 좋다. 대답은 자신이 말하고 싶은 내용을 간단명료하게 말해야 한다. 내용이 없는 발언을 한다거나 대답을 질질 끄는 태도는 좋지 않다. 또 말하는 중에 내용이 주제에서 벗어나거나 자기중심적으로만 말하는 것도 피해야 한다. 집단 면접에 대비하기 위해서는 평소에 설득력을 지닌 자신의 논리력을 계발하는 데 힘써야 하며, 다른 사람 앞에서 자신의 의견을 조리 있게 개진할 수 있는 발표력을 갖추는 데에도 많은 노력을 기울여야 한다.
- 실력에는 큰 차이가 없다는 것을 기억하라.
- 동료 응시자들과 서로 협조하라.
- 답변하지 않을 때의 자세가 중요하다.
- 개성 표현은 좋지만 튀는 것은 위험하다.

---

(4) 집단 토론식 면접

집단 토론식 면접은 집단 면접과 형태는 유사하지만 질의응답이 아니라 응시자들끼리의 토론이 중심이 되는 면접방법으로 최근 들어 급증세를 보이고 있다. 이는 공통의 주제에 대해 다양한 견해들이 개진되고 결론을 도출하는 과정, 즉 토론을 통해 응시자의 다양한 면에 대한 평가가 가능하다는 집단 토론식 면접의 장점이 널리 확산된 데 따른 것으로 보인다. 사실 집단 토론식 면접을 활용하면 주제와 관련된 지식 정도와 이해력, 판단력, 설득력, 협동성은 물론 리더십, 조직 적응력, 적극성과 대인관계 능력 등을 쉽게 파악할 수 있다.

토론식 면접에서는 자신의 의견을 명확히 제시하면서도 상대방의 의견을 경청하는 토론의 기본자세가 필수적이며, 지나친 경쟁심이나 자기 과시욕은 접어두는 것이 좋다. 또한 집단 토론의 목적이 결론을 도출해 나가는 과정에 있다는 것을 감안하여 무리하게 자신의 주장을 관철시키기보다 오히려 토론의 질을 높이는 데 기여하는 것이 좋은 인상을 줄 수 있다는 점을 알아야 한다. 취업 희망자들은 토론식 면접이 급속도로 확산되는 추세임을 감안해 특히 철저한 준비를 해야 한다. 평소에 신문의 사설이나 매스컴 등의 토론 프로그램을 주의 깊게 보면서 논리 전개방식을 비롯한 토론 과정을 익히도록 하고, 친구들과 함께 간단한 주제를 놓고 토론을 진행해 볼 필요가 있다. 또한 사회·시사문제에 대해 자기 나름대로의 관점을 정립해두는 것도 꼭 필요하다.

(5) PT 면접

PT 면접, 즉 프레젠테이션 면접은 최근 들어 집단 토론 면접과 더불어 그 활용도가 점차 커지고 있다. PT 면접은 기업마다 특성이 다르고 인재상이 다른 만큼 인성 면접만으로는 알 수 없는 지원자의 문제해결 능력, 전문성, 창의성, 기본 실무능력, 논리성 등을 관찰하는 데 중점을 두는 면접으로, 지원자 간의 변별력이 높아 대부분의 기업에서 적용하고 있으며, 확산되는 추세이다.

면접 시간은 기업별로 차이가 있지만, 전문지식, 시사성 관련 주제를 제시한 다음, 보통 20 ~ 50분 정도 준비하여 5분가량 발표할 시간을 준다. 면접관과 지원자의 단순한 질의응답식이 아닌, 주제에 대해 일정 시간 동안 지원자의 발언과 발표하는 모습 등을 관찰하게 된다. 정확한 답이나 지식보다는 논리적 사고와 의사표현력이 더 중시되기 때문에 자신의 생각을 어떻게 설명하느냐가 매우 중요하다.

PT 면접에서 같은 주제라도 직무별로 평가요소가 달리 나타난다. 예를 들어, 영업직은 설득력과 의사소통 능력에 중점을 둘 수 있겠고, 관리직은 신뢰성과 창의성 등을 더 중요하게 평가한다.

PT 면접 준비 Point

- 면접관의 관심과 주의를 집중시키고, 발표 태도에 유의한다.
- 모의 면접이나 거울 면접을 통해 미리 점검한다.
- PT 내용은 세 가지 정도로 정리해서 말한다.
- PT 내용에는 자신의 생각이 담겨 있어야 한다.
- 중간에 자문자답 방식을 활용한다.
- 평소 지원하는 업계의 동향이나 직무에 대한 전문지식을 쌓아둔다.
- 부적절한 용어 사용이나 무리한 주장 등은 하지 않는다.

2. 면접의 실전 대책

(1) 면접 대비사항

① 지원 회사에 대한 사전지식을 충분히 준비한다.

필기시험에서 합격 또는 서류전형에서의 합격통지가 온 후 면접시험 날짜가 정해지는 것이 보통이다. 이때 수험자는 면접시험을 대비해 사전에 자기가 지원한 계열사 또는 부서에 대해 폭넓은 지식을 준비할 필요가 있다.

② 충분한 수면을 취한다.

충분한 수면으로 안정감을 유지하고 첫 출발의 상쾌한 마음가짐을 갖는다.

③ 얼굴을 생기 있게 한다.

첫인상은 면접에 있어서 가장 결정적인 당락요인이다. 면접관에게 좋은 인상을 줄 수 있도록 화장하는 것도 필요하다. 면접관들이 가장 좋아하는 인상은 얼굴에 생기가 있고 눈동자가 살아 있는 사람, 즉 기가 살아 있는 사람이다.

④ 아침에 인터넷 뉴스를 읽고 간다.

그날의 뉴스가 질문 대상에 오를 수가 있다. 특히 경제면, 정치면, 문화면 등을 유의해서 볼 필요가 있다.

(2) 면접 시 옷차림

면접에서 옷차림은 간결하고 단정한 느낌을 주는 것이 가장 중요하다. 색상과 디자인 면에서 지나치게 화려한 색상이나, 노출이 심한 디자인은 자칫 면접관의 눈살을 찌푸리게 할 수 있다. 단정한 차림을 유지하면서 자신만의 독특한 멋을 연출하는 것, 지원하는 회사의 분위기를 파악했다는 센스를 보여주는 것 또한 코디네이션의 포인트이다.

(3) 면접요령

① 첫인상을 중요시한다.

상대에게 인상을 좋게 주지 않으면 어떠한 얘기를 해도 이쪽의 기분이 충분히 전달되지 않을 수 있다. 예를 들어, '저 친구는 표정이 없고 무엇을 생각하고 있는지 전혀 알 길이 없다.'처럼 생각되면 최악의 상태이다. 우선 청결한 복장, 바른 자세로 침착하게 들어가야 한다. 건강하고 신선한 이미지를 주어야 하기 때문이다.

② 좋은 표정을 짓는다.

얘기를 할 때의 표정은 중요한 사항의 하나다. 거울 앞에서 웃는 연습을 해본다. 웃는 얼굴은 상대를 편안하게 하고, 특히 면접 등 긴박한 분위기에서는 천금의 값이 있다 할 것이다. 그렇다고 하여 항상 웃고만 있어서는 안 된다. 자기의 할 얘기를 진정으로 전하고 싶을 때는 진지한 얼굴로 상대의 눈을 바라보며 얘기한다. 면접을 볼 때 눈을 감고 있으면 마이너스 이미지를 주게 된다.

③ 결론부터 이야기한다.

자기의 의사나 생각을 상대에게 정확하게 전달하기 위해서 먼저 무엇을 말하고자 하는가를 명확히 결정해 두어야 한다. 대답을 할 경우에는 결론을 먼저 이야기하고 나서 그에 따른 설명과 이유를 덧붙이면 논지(論旨)가 명확해지고 이야기가 깔끔하게 정리된다.

한 가지 사실을 이야기하거나 설명하는 데는 3분이면 충분하다. 복잡한 이야기라도 어느 정도의 길이로 요약해서 이야기하면 상대도 이해하기 쉽고 자기도 정리할 수 있다. 긴 이야기는 오히려 상대를 불쾌하게 할 수가 있다.

④ 질문의 요지를 파악한다.

면접 때의 이야기는 간결성만으로는 부족하다. 상대의 질문이나 이야기에 대해 적절하고 필요한 대답을 하지 않으면 대화는 끊어지고 자기의 생각도 제대로 표현하지 못하여 면접자로 하여금 수험생의 인품이나 사고방식 등을 명확히 파악할 수 없게 한다. 무엇을 묻고 있는지, 무슨 이야기를 하고 있는지 그 요점을 정확히 알아내야 한다.

> **면접에서 고득점을 받을 수 있는 성공요령**
>
> 1. 자기 자신을 겸허하게 판단하라.
> 2. 지원한 회사에 대해 100% 이해하라.
> 3. 실전과 같은 연습으로 감각을 익히라.
> 4. 단답형 답변보다는 구체적으로 이야기를 풀어나가라.
> 5. 거짓말을 하지 말라.
> 6. 면접하는 동안 대화의 흐름을 유지하라.
> 7. 친밀감과 신뢰를 구축하라.
> 8. 상대방의 말을 성실하게 들으라.
> 9. 근로조건에 대한 이야기를 풀어나갈 준비를 하라.
> 10. 끝까지 긴장을 풀지 말라.

CHAPTER 02 롯데그룹 실제 면접

롯데그룹은 지원자의 역량, 가치관 발전 및 가능성, 보유 역량의 수준 등을 종합적이고 심도 있게 평가하기 위해 다양한 면접 방식을 도입하여 실시하고 있다. 2017년 상반기까지 조직·직무적합검사와 면접전형이 1일 통합 시행했던 것과 달리 2017년 하반기부터 조직·직무적합검사를 통과한 지원자만 후에 실시되는 면접전형에 응시할 수 있게 되었다.

계열사별 차이는 있으나 PT 면접, 그룹 토의 면접(GD 면접), 역량 면접 등 최대 1~3회 이상의 과정을 거쳐 지원자의 역량을 철저히 검증하고 있다. 여기에 최근에는 지원자의 Global Communication 능력을 검증하기 위한 외국어 면접도 점차 확대하고 있으며, 코로나 19 기간 동안에는 비대면 화상면접을 실시하고 있다.

01 역량기반 구조화 면접

역량기반 구조화 면접은 해당 직무의 실무자 2명과 지원자 1명으로 약 30분에서 1시간 정도 진행된다. 회사의 기본가치 및 직무에 필요한 역량을 도출하여 만든 상황별 심층 질문을 통해, 지원자의 잠재역량을 측정하여 조직 적합도 및 직무역량이 뛰어난 인재를 선별하고자 한다. 답변 내용에 따라 상황에 맞는 심층 질문 및 꼬리 질문이 이루어지므로 지나치게 자신을 포장하려는 태도는 좋지 않다. 따라서 긍정적인 모습만으로 미화하려는 것 보다는 자신의 본 모습을 솔직하게 보여줄 수 있도록 생각을 정리하고 조리 있게 답변하는 것이 중요하다.

(1) 식품부문

- 롯데제과에서 만드는 제품 중 좋아하는 것 다섯 가지를 말해 보시오. [롯데제과]
- 제과업계 특성상 미투(Me-too) 마케팅이 유행하고 있는데 어떻게 생각하는가? 또 미투(Me-too) 마케팅의 단점을 어떻게 극복할 것인가? [롯데제과]
- 지원한 직무에 맞는 남들과 차별되는 본인만의 역량이 있다면 말해 보시오. [롯데제과]
- 롯데제과 제품을 말해 보시오. [롯데제과]
- 롯데제과의 제품 중 하나를 택하여 판매해야 한다면, 어떤 방법으로 판매할 것인가? [롯데제과]
- 롯데제과의 안 좋은 이미지는 무엇이고, 그 이미지를 극복하기 위해 어떻게 해야 하는가? [롯데제과]
- 육체적인 힘듦과 정신적인 힘듦 중 어떤 것이 더 힘들다고 생각하는가? [롯데제과]
- 롯데칠성음료의 공장이 어디에 있는가? [롯데칠성음료]
- 육아 휴직에 대한 본인의 생각을 타당한 근거를 들어 말해 보시오. [롯데칠성음료]
- 루트 영업에 대해 말해 보시오. [롯데칠성음료]
- 롯데칠성음료가 생산하는 제품에 대해 말해 보시오. [롯데칠성음료]

- 롯데푸드의 기업 이미지에 대해 말해 보시오. [롯데푸드]
- 롯데푸드에 대해 아는대로 다 말해 보시오. [롯데푸드]
- 왜 롯데리아는 일본과 관련된 이미지를 벗어나지 못한다고 생각하는가? [롯데리아]
- 롯데리아의 CSV 향상 및 이미지 제고 방안에 대해 말해 보시오. [롯데리아]
- 롯데리아가 운영하는 외식업체를 방문한 경험이 있는가? 소감을 말해 보시오. [롯데리아]
- 학업 외 활동 경험을 직무에서 어떻게 살릴 것인가? [롯데리아]
- 롯데리아에서 가장 좋아하는 햄버거는 무엇인가? 그 이유는? [롯데리아]
- 스타벅스와 엔젤리너스의 인기 차이에 대해 어떻게 생각하는가, 그리고 극복 방안에 대해 말해 보시오. [롯데리아]
- 롯데의 인재상에 대해 말해 보시오. [롯데중앙연구소]
- 삶에서 가장 중요한 가치는 무엇인지 말해 보시오. [롯데중앙연구소]
- 롯데의 신제품에 대해서 말해 보시오. [롯데중앙연구소]
- 롯데의 식품 중 가장 좋아하는 것과 개선해야 하는 점에 대해 말해 보시오. [롯데중앙연구소]
- 집단의 리더가 되어 성공을 이끈 경험이 있는가? 그 과정에서 실패는 없었는가? [롯데중앙연구소]

(2) 관광부문

- 대인관계에서 갈등이 일어난 상황에서 본인이 했던 행동을 말해 보시오. [롯데호텔]
- 롯데호텔에 대해 아는 대로 다 설명해 보시오. [롯데호텔]
- 왜 본인을 뽑아야 하는지 말해 보시오. [롯데호텔]
- 상사의 부당한 지시에 따를 것인가? [롯데호텔]
- 가장 기억나는 PT는 무엇인가? [롯데호텔]
- 본인이 경험한 최고와 최악의 서비스에 대해 말해 보시오. [롯데월드]
- 서비스의 범위는 어디까지라고 생각하는가? [롯데월드]
- 블랙컨슈머를 만났던 경험과 어떻게 본인이 대처했는지 말해 보시오. [롯데월드]
- 아르바이트 경험에 대해 말해 보시오. [롯데월드]

(3) 서비스부문

- 편법을 사용하지 않고 정당하게 무언가를 이루어낸 경험에 대해 말해 보시오. [롯데글로벌로지스]
- 무리한 부탁을 받은 경험에 대해 말해 보시오. [롯데글로벌로지스]
- 인생에 있어 도전했던 경험에 대해 말해 보시오. [롯데글로벌로지스]
- 동아리나 팀 리더로 활동했던 경험에 대해 말해 보시오. [롯데시네마]
- 일과 삶의 균형에 대한 본인의 생각을 말해 보시오. [롯데시네마]
- IT분야 외의 관심 있는 분야는 무엇인가? [롯데정보통신]
- 자기소개서에 인턴 경험이 있는데 본인이 어떤 일을 했는지 자세히 말해 보시오. [롯데정보통신]
- 프로젝트를 진행한 경험이 있는데, 힘들었던 일은 없었는가? 또 갈등상황은 어떻게 해결했는지 말해 보시오. [롯데정보통신]
- 학교시험 때 족보를 보는 것에 대해 어떻게 생각하는가? [롯데정보통신]
- 관습이나 관례에 대해 어떻게 생각하는가? [롯데정보통신]

- L-PAY에 대해 말해 보시오. [로카모빌리티]
- 본인이 영향력을 발휘하여 기존의 상황을 변화시킨 사례에 대해 말해 보시오. [로카모빌리티]
- 청년실업으로 4행시를 해 보시오. [롯데렌탈]
- 연필의 다른 용도를 5가지 말해 보시오. [롯데렌탈]
- 사회 실업난은 누구의 책임인가? [롯데렌탈]

(4) 유통부문

- 창의적으로 일을 해낸 경험에 대해 말해 보시오. [롯데백화점]
- 주변의 맛집은 어디인가? 본인이 생각하는 맛집의 요인은 무엇인지 말해 보시오. [롯데백화점]
- 왜 롯데인가? [롯데백화점]
- 부당한 요구를 받은 경험이 있다면 말해 보시오. [롯데백화점]
- 롯데백화점 식품 매장을 방문한 경험이 있는가? 느꼈던 점은 무엇인가? [롯데백화점]
- 업무 중 협력사나 매장에서 근무하는 사람들과 부딪힐 때 대처할 것인가? [롯데백화점]
- 헌법 제1조가 무엇인지 아는가? [롯데백화점]
- 롯데백화점의 해외 지사가 어디에 있는지 아는가? [롯데백화점]
- 지방근무나 주말근무도 가능한가? [롯데백화점]
- 마케팅 4P에 대해 설명해 보시오. [롯데백화점]
- Co-Work가 불가능한 팀과 Co-Work를 해야 할 때 어떻게 하겠는가? [롯데백화점]
- 나이가 더 많은 사람이 후배로 들어오면 어떻게 관리하겠는가? [롯데백화점]
- 1~2년 사이 친구는 몇 명 사귀었는가? 그 친구 중 가장 친한 친구의 이름은 무엇인가? 또한 그 친구와 친하게 지낼 수 있었던 자신만의 방법을 말해 보시오. [롯데백화점]
- 오늘 면접장에 와서 주변 지원자들과 무슨 이야기를 했는가? [롯데백화점]
- 카카오톡에 친구 수는 총 몇 명인가? 또 그 친구들을 어떻게 그룹화 할 수 있는가? [롯데마트]
- 도박, 투기, 투자의 차이점은 무엇인가? [롯데마트]
- 타 마트로부터 배워야 할 점은 무엇인가? [롯데마트]
- 지금 당장 여행가고 싶은 곳은 어디인가? 그 이유는? [롯데마트]
- 다른 계열사도 많은데 왜 하이마트에 지원했는가? [롯데하이마트]
- 오늘 면접장에 몇 시에 도착했는가? [롯데하이마트]
- 자신의 윤리성을 점수로 매기자면 몇 점인가? 그 이유는? [롯데하이마트]
- 공백기가 다른 지원자들에 비해 긴 편이다. 공백기 동안 무엇을 했는가? [롯데하이마트]
- 아르바이트를 할 때 가장 기뻤던 점은 무엇인가? [롯데하이마트]
- 요즘 관심 있게 보고 있는 것은 무엇인가? [롯데하이마트]
- 롯데면세점 어플리케이션을 쓰면서 불편했던 점과 좋았던 점을 이야기해 보시오. [롯데면세점]
- 면세점 시장의 동향에 대해 설명한 후, 매출신장의 방법에 대해 말해 보시오. [롯데면세점]
- (비영업부문 지원자에게) 프로모션을 성공적으로 해본 경험이 있는가? [롯데면세점]
- (시간제한) 본인을 PR해 보시오. [롯데면세점]
- 최근 2년 안에 가장 몰두했던 일은 무엇인가? [롯데슈퍼]
- 동시에 여러 가지 일을 한 경험에 대해 말해 보시오. [코리아세븐]
- 대학교 시험 때 컨닝한 학생들을 본 적이 있는가? 그에 대한 본인의 행동은? [코리아세븐]
- 역량은 작으나 큰 성취를 한 경험에 대해 말해 보시오. [코리아세븐]

- 상사가 남아서 야근을 지시하면 어떻게 할 것인가? 단, 다른 직원들은 모두 정시 퇴근을 하며, 본인이 혼자 남을 경우 다른 직원들의 눈치를 받게 된다. [롯데홈쇼핑]
- MD의 입장에서 상품을 어떻게 기획할 것인가? [롯데홈쇼핑]
- 관행을 바꾼 경험이 있다면 말해 보시오. [롯데홈쇼핑]

(5) 유화부문

- 본인의 인성을 파악할 만한 질문은 무엇이라고 생각하는가? 그 질문의 답을 말해 보시오. [롯데케미칼]
- 학점은 평가 기준에서 몇 위라고 생각하는가? [롯데케미칼]
- 컨닝을 한 경험이 있는가? [롯데케미칼]
- 지방근무에 대해 어떻게 생각하는가? [롯데케미칼]
- 상사가 범법행위를 저지른다면 어떻게 할 것인가? [롯데케미칼]
- 지방근무를 하더라도 잘 적응할 수 있겠는가? [롯데케미칼]

(6) 건설 · 제조부문

- 롯데건설의 구호를 알고 있는가? [롯데건설]
- 평소 정보를 어떻게 얻는가? [롯데건설]
- 리더십을 발휘한 사례에 대해 말해 보시오. [롯데건설]
- 살면서 어려웠던 경험에 대해 말해 보시오. [롯데건설]
- 현장에서 소음 문제는 어떻게 해결될 수 있는가? [롯데건설]
- (세종대왕 제외) 존경하는 조선시대 왕을 말해 보시오. [롯데건설]
- 성격의 장단점에 대해 말해 보시오. [롯데알미늄]
- 4차산업이 영업직무에 어떤 영향을 미칠 것 같은가? [롯데알미늄]
- 생산지원 직무에 대해 설명해 보시오. [캐논코리아비즈니스솔루션]
- 원하는 직무에서 업무를 볼 수 없다면 어떻게 하겠는가? [캐논코리아비즈니스솔루션]
- 본인의 실패 경험에 대해 말해 보시오. [캐논코리아비즈니스솔루션]

(7) 금융부문

- 최근 롯데카드가 진행하는 광고를 봤는가? 광고에 대해 어떻게 생각하는가? [롯데카드]
- 사람들을 설득할 때 어떤 방법으로 설득하는가? [롯데카드]
- 인 · 적성검사를 공부하면 도움이 되는가? 어떤 면에서 도움이 되는가? [롯데캐피탈]
- '마이 리틀 텔레비전'을 들어봤는가? [롯데캐피탈]
- 통화정책과 재정정책 중 무엇이 더 효과적이라고 생각하는가? [롯데캐피탈]
- 뉴스를 보는가? 요즘 이슈는 무엇인가? [롯데캐피탈]
- 다른 금융회사도 지원을 했는가? [롯데캐피탈]
- 할부와 리스의 차이점에 대해 말해 보시오. [롯데캐피탈]
- 롯데캐피탈에 대해 평소 알고 있었는가? [롯데캐피탈]

- 직무를 선택한 이유에 대해 말해 보시오. [롯데손해보험]
- 창의성을 발휘하여 문제를 해결한 경험이 있는가? [롯데손해보험]
- 대리출석을 한 경험이 있는가? [롯데손해보험]
- 자신의 강점에 대해 말해 보시오. [롯데자산개발]
- 봉사활동에서 얻은 교훈에 대해 말해 보시오. [롯데멤버스]
- 힘든 일을 극복한 과정에 대해 말해 보시오. [롯데멤버스]
- 본인이 성취한 뛰어난 성과에 대해 말해 보시오. [롯데멤버스]

02 GD(Group Discussion) 면접

GD(Group Discussion) 면접은 특정주제에 대해 자유토의 방식으로 4~6명이 한 조가 되어 30분가량 토론이 진행된다. 면접관은 토론에 전혀 관여하지 않으며 찬반 토론이 아닌 주제에 대한 토의로 서로 의견을 공유하며 해결 방안을 도출한다. 또한 해당 주제에 대한 특정 정답을 요구하는 것이 아니므로 단순히 지적 수준이나 토론 능력만을 평가하지 않는다. 따라서 토론에 임하는 자세와 의사소통능력, 협동심이 등이 더욱 중요하다.

(1) 식품부문

- 약국 외 약품 판매 [롯데푸드]

(2) 관광부문

- 전망대, 키즈파크, 아쿠아리움, 어드밴처, 워터파크의 통합 마케팅 방안 [롯데월드]
- 롯데월드 타워의 활용 방안 [롯데월드]
- 갑질논란에 대한 의견 [롯데제이티비]

(3) 서비스부문

- 3PL 영업전략 [롯데글로벌로지스]
- 롯데시네마 월드타워관 운영 및 활성화 방안 [롯데시네마]
- O2O 서비스 발전 방향 [롯데정보통신]
- 공인인증서 폐지 [롯데정보통신]
- 경쟁사인 AJ렌터카의 저가전략에 대한 대응 방안 [롯데렌탈]

(4) 유통부문

- CRV에 대한 아이디어 [롯데백화점]
- 1인 가구 트렌드에 맞는 롯데백화점의 상품, 서비스 전략 [롯데백화점]
- (백화점 아울렛 시장에 대한 기사) 백화점 3사 아울렛 시장 [롯데백화점]
- 중국 롯데 백화점 홍보 마케팅 전략 [롯데백화점]
- 고유가 대책과 유류세 인하 [롯데백화점]
- 종교인의 세금 부과 [롯데백화점]
- 선거운동과 SNS [롯데백화점]
- 학생 체벌 금지 [롯데백화점]
- (새롭게 표준어가 된 단어 제시) 새 표준어 개정안에 대한 의견 [롯데백화점]
- 하이마트 PB 상품 개발에서 고려해야 할 요소 및 홍보전략 [롯데하이마트]
- 고객 니즈를 충족시킬 수 있는 편의점 신전략 [코리아세븐]
- 편의점의 수익성 강화를 위해 필요한 변화 [코리아세븐]
- 롯데닷컴 단합대회 기획 [롯데닷컴]

(5) 유화부문

- 롯데케미칼의 환경경영 [롯데케미칼]

(6) 건설·제조부문

- 롯데건설이 나아갈 새로운 사업 [롯데건설]
- 역발상과 롯데건설이 나아가야 할 방향 [롯데건설]
- 천안함 피폭 사건과 관련한 국민의 알 권리와 국가 기밀 보호 [롯데건설]

(7) 금융부문

- 보험사기를 근절하기 위한 해결방안 [롯데손해보험]

프레젠테이션 면접은 주어진 주제에 대해 지원자가 직접 분석 및 자료 작성을 통해 발표를 진행하는 방식으로 이루어진다. 조별로 기사가 3개 정도 주어지며 면접관 2명과 지원자 1명으로 구성되어 10분 정도 진행된다. PT 면접에서 중요한 것은 정해진 시간 내에 합리적이고 독창적인 결과를 도출해 낼 수 있는 분석력과 창의성이다. 또한 이를 상대방에게 효과적으로 전달할 수 있는 발표능력도 매우 중요하다.

(1) 식품부문

- 롯데제과의 제품 하나를 골라 할랄 식품 인증을 획득할 계획을 수립하시오. [롯데제과]
- (시장 점유율 표 제시) 시장의 변화를 주기 위한 상품과 현실적인 적용 방안에 대해 말해 보시오. [롯데칠성음료]
- 브랜드 이미지 상승 방안에 대해 말해 보시오. [롯데칠성음료]
- 파스퇴르 우유 제품을 중국 시장 어느 연령대에 어떻게 공략할 것인지 말해 보시오. [롯데푸드]
- 편의점 도시락 메뉴 및 간편식 시장을 공략하고자 할 때 활성화 방안에 대해 말해 보시오. [롯데푸드]
- 1인 가족을 타겟으로 한 새로운 상품 개발에 대해 말해 보시오. [롯데푸드]
- 한식의 세계화 방안에 대해 말해 보시오. [롯데푸드]
- 부실한 군납 급식 개선 방안에 대해 말해 보시오. [롯데푸드]
- 롯데리아의 옴니채널 활용 방안을 말해 보시오. [롯데리아]
- (식품 트렌드 관련 기사 제시) 롯데에서 개발할 신제품을 발표하고자 할 때, 이름, 포장법, 타겟, 가격 등의 계획을 수립하여 발표하시오. [롯데중앙연구소]

(2) 유통부문

- 코즈마케팅과 관련한 기업의 실천 방안에 대해 말해 보시오. [롯데백화점]
- 경쟁 백화점과의 차별 방안에 대해 말해 보시오. [롯데백화점]
- 매출부진을 극복하기 위한 상품 기획안을 제시하시오. [롯데슈퍼]
- 배송경쟁, 가격 경쟁 심화 속에서 롯데홈쇼핑 만의 차별화 된 경쟁 방안에 대해 말해 보시오. [롯데홈쇼핑]

(3) 유화부문

- 롯데케미칼의 환경 경영에 대해 말해 보시오. [롯데케미칼]

(4) 건설 · 제조부문

- B2C분야로 처음 진출할 때, 아이템이나 기업 브랜드를 홍보할 수 있는 방안을 제시하시오. [롯데기공]

(5) 금융부문

- 주어진 기사를 바탕으로 서비스를 기획하시오. [롯데카드]
- 창업 지원에 초점을 맞추면 어떤 업종을 추천하겠는가? [롯데캐피탈]
- 오토리스 직무 관련해서는 어떤 업종을 추천하겠는가? [롯데캐피탈]
- 롯데 멤버스 제휴사와 상호 송객을 통한 마케팅 전략에 대해 말해 보시오. [롯데멤버스]

04 외국어 면접

외국어 면접은 영어, 일어, 중국어 중 하나를 선택하여 구술평가로 진행된다. 계열사마다 필수적으로 보는 곳이 있고 선택적으로 보는 곳이 있다. 필수적으로 보는 곳은 보통 영어로 간단한 질문을 하는 유형이다. 선택적으로 보는 곳이면 자신이 외국어에 자신이 있다고 생각하는 사람만 신청해서 면접을 볼 수 있으며 면접을 보지 않는다고 해도 감점은 없다. 단지 잘 봤을 경우의 가점만 있을 뿐이다.

(1) 식품부문

- 자기소개를 해 보시오. [롯데제과]
- 영어 멘토링 봉사활동을 했는데 활동 내용을 영어로 상세히 말해 보시오. [롯데제과]

(2) 관광부문

- 사는 곳에 대해 설명해 보시오. [롯데호텔]
- 여행을 좋아하는가? 여행을 가본 곳 중 인상 깊었던 곳을 설명해 보시오. [롯데호텔]
- 전공에 대해 설명해 보시오. [롯데호텔]
- 쉬는 날에는 보통 무엇을 하는가? [롯데호텔]
- 자기소개를 해 보시오. [롯데월드]
- 본인의 장단점에 대해 말해 보시오. [롯데월드]
- 취미를 말해 보시오. [롯데월드]
- 입사 후 각오에 대해 말해 보시오. [롯데월드]

(3) 유통부문

- 본인의 성격을 묘사해 보시오. [롯데백화점]
- (짧은 글 제시) 다음 글을 요약한 후, 본인의 생각에 대해 말해 보시오. [롯데백화점]
- (한글 신문 기사 제시) 기사 내용을 요약해서 1분 동안 말해 보시오. [롯데백화점]
- 롯데백화점의 장단점에 대해 말해 보시오. [롯데백화점]
- 최근 관심 있게 본 뉴스는 무엇인가? [롯데백화점]
- 현대백화점과 롯데백화점의 차이는 무엇인가? [롯데백화점]
- 주말엔 무엇을 했는가? [롯데백화점]
- 친구란 무엇인가? [롯데백화점]
- 왜 롯데면세점에 지원했는가? [롯데면세점]
- 친구들이 본인을 어떻게 묘사하는가? [롯데면세점]
- 롯데면세점의 강점에 대해 말해 보시오. [롯데면세점]
- 자기소개를 해 보시오. [롯데면세점]

(4) 유화부문

- 자기소개를 해 보시오. [롯데케미칼]
- 주말 계획을 말해 보시오. [롯데케미칼]
- 자신의 인생 목표를 말해 보시오. [롯데케미칼]

05 임원 면접

면접관(임원) 3～4명, 지원자 3～4명으로 구성된 다대다 면접으로 진행되며 공통된 질문 또는 개별 질문에 대한 답변으로 30분 정도 진행된다. 가장 중점적으로 평가하는 부분은 지원자의 기본 인성과 조직 적합성 부분이다. 따라서 지원하는 회사에 대한 관심과 깊이 있는 이해가 매우 중요하다. 또한 자신이 회사에 필요한 인재임을 증명하고, 회사의 발전과 더불어 자신도 성장할 수 있는 성장 가능성을 제시할 수 있다면 좋다. 특히 임원 면접은 인성적 측면에 대한 검증의 의미가 크기 때문에 임의로 준비한 자세와 답변보다는 자신의 진실된 모습을 여과 없이 보여주는 것이 좋다.

(1) 식품부문

- 버킷리스트가 있는가? [롯데제과]
- 생산이란 무엇이라고 생각하는가? [롯데제과]
- 지원동기를 말해 보시오. [롯데칠성음료]
- 주량은 어떻게 되는가? [롯데칠성음료]
- 입사 후 하고 싶은 일에 대해 말해 보시오. [롯데칠성음료]
- 친구들 사이에서 본인의 역할에 대해 말해 보시오. [롯데푸드]
- 본인이 잘하는 것에 대해 말해 보시오. [롯데푸드]
- 40살까지의 목표가 있는가? [롯데리아]
- 인생의 목표에 대해 말해 보시오. [롯데리아]
- 본인의 롤 모델에 대해 말해 보시오. [롯데리아]
- 옷은 어떤 색을 주로 입는가? [롯데리아]
- 여자친구(남자친구)를 부모님에게 직접 소개한다면, 어떤 점에 포인트를 둘 것인가? [롯데리아]
- 돈, 일, 명예 중 어떤 것을 선택할 것인가? [롯데중앙연구소]
- 삶에서 가장 중요한 가치는 무엇인가? [롯데중앙연구소]

(2) 관광부문

- 본인을 색깔로 표현해 보시오. [롯데호텔]
- 영어를 제외하고 할 수 있는 외국어가 있는가? [롯데호텔]
- 후회했던 순간에 대해 말해 보시오. [롯데호텔]
- 여행이란 무엇인가? [롯데제이티비]
- 본인의 강점에 대해 말해 보시오. [롯데제이티비]
- 여성을 위한 여행 상품을 기획해 보시오. [롯데제이티비]
- 롯데제이티비가 나아가야 할 방향에 대해 본인의 의견을 말해 보시오. [롯데제이티비]

(3) 서비스부문

- 지원동기를 말해 보시오. [롯데글로벌로지스]
- 감명 깊게 읽은 책을 말해 보시오. [롯데글로벌로지스]
- 낮은 연봉에 대한 본인의 생각을 말해 보시오. [롯데글로벌로지스]
- 취업난이 심해지는 이유에 대한 본인의 생각을 말해 보시오. [롯데글로벌로지스]
- 임금피크제에 대한 본인의 생각을 말해 보시오. [롯데글로벌로지스]
- 취미는 무엇인가? [롯데정보통신]
- 빅데이터 시대에 빅데이터를 활용한 마케팅 방안에 대해 말해 보시오. [로카모빌리티]
- 입사한다면 어떤 영업사원이 되고 싶은지 말해 보시오. [롯데렌탈]
- 영업과 마케팅의 차이점에 대해 말해 보시오. [롯데렌탈]

PART 4

(4) 유통부문

- 준비한 자기소개가 아닌, 지금 이 자리에서 즉석으로 성장과정에 대해 말해 보시오. [롯데백화점]
- 롯데그룹의 비리에 대한 본인의 생각을 말해 보시오. [롯데백화점]
- 롯데백화점 지원을 언제부터 결심했는가? [롯데백화점]
- 마지막으로 하고 싶은 말을 해 보시오. [롯데백화점]
- 백화점이 무엇이라고 생각하는가? [롯데백화점]
- 백화점의 입지조건으로 무엇이 중요하다고 생각하는가? [롯데백화점]
- 최근 부모님과의 통화는 언제인가? [롯데하이마트]
- 본인의 전공과 하이마트의 관련성은 무엇인가? [롯데하이마트]
- 주변사람들로부터 본인은 어떤 사람이라는 평판을 듣는가? [롯데하이마트]
- 월드컵과 연관 지어 마케팅 방안을 말해 보시오. [롯데면세점]
- 졸업 논문은 어떤 내용인가? 구체적으로 말해 보시오. [롯데면세점]
- 당신이 임원이라면 어떤 사람을 뽑겠는가? [롯데면세점]
- 매장을 방문한 경험이 있는가? 방문한 매장의 문제점을 개선할 방안을 말해 보시오. [롯데슈퍼]
- 코리아세븐을 연상시키는 이미지를 세 가지 단어로 말한다면? [코리아세븐]
- 롯데그룹의 중심가치는 무엇인가? [코리아세븐]
- 임원들의 이미지가 어떠한가? [코리아세븐]
- 취미는 무엇인가? [코리아세븐]
- (한국사 자격증이 있는 지원자에게) 고구려, 백제, 신라의 멸망 순서를 아는가? [코리아세븐]
- (공대 출신 지원자에게) 전공이 다른데 영업에 지원한 특별한 이유가 있는가? [코리아세븐]
- 편의점 야근 아르바이트를 해본 경험이 있는가? [코리아세븐]
- 일정관리를 어떻게 하는 편인가? [코리아세븐]
- (돌발질문) 면접실 뒤에 있는 달력은 왜 있는 것 같은가? [롯데홈쇼핑]
- 스타트업에 대한 생각과 한국에서 스타트업에 잘 안 되는 이유에 대해 말해 보시오. [롯데홈쇼핑]
- 30만 원 공기청정기보다 130만 원 공기청정기의 매출이 더 높다. 문제점과 이유는 무엇이라고 생각하는가? [롯데홈쇼핑]
- 가장 친한 친구가 있다면 누구이고 왜 그렇게 생각하는가? [코리아세븐]
- 219,000원보다 199,000원일 때 상품의 매출이 높다. 이유는 무엇이라고 생각하는가? [롯데홈쇼핑]
- 가치란 무엇인가? [롯데홈쇼핑]
- 옆 경쟁사에서 대박 난 상품을 롯데홈쇼핑에서도 판매하려고 한다. 경쟁사에서는 마진이 30%였지만, 우린 20%였다. 본인이 MD라면 어떻게 할 것인가? [롯데홈쇼핑]
- 롯데홈쇼핑의 약점과 강점에 대한 본인의 생각을 말해 보시오. [롯데홈쇼핑]
- 자신 있는 본인만의 역량에 대해 말해 보시오. [롯데닷컴]

(5) 유화부문

- 10년 후, 20년 후, 30년 후 본인의 모습을 각각 말해 보시오. [롯데케미칼]
- 선망하는 기업이 있는가? [롯데케미칼]
- 존경하는 기업인이 있는가? [롯데케미칼]
- 평소에 생각하는 롯데의 긍정적인 이미지와 부정적인 이미지에 대해 말해 보시오. [롯데케미칼]

(6) 건설 · 제조부문

- 부모님과의 대화는 자주 하는 편인가? [롯데건설]
- 입사를 한다면 진급 목표는 어디까지 생각하고 있는가? [롯데건설]
- 왜 이 직무를, 왜 롯데에서 하고자 하는가? [롯데건설]
- 현재 우리 부서가 주력하고 있는 부분에 대해 아는 것이 있다면 말해 보시오. [롯데건설]
- 가장 힘들었던 점은 무엇인가? [롯데알미늄]
- 본인만의 영업 전략에 대해 말해 보시오. [캐논코리아비즈니스솔루션]
- 조직 생활에서 다른 사람과 충돌한 경험이 있다면 말해 보시오. [캐논코리아비즈니스솔루션]

(7) 금융부문

- 이틀 뒤에 당신이 합격하였는데, 그 주 주말에 로또에 당첨이 된다면 입사를 하겠는가? [롯데카드]
- 손해보험업에 지원한 이유가 무엇인가? [롯데손해보험]
- 여러 보험사 중 롯데손해보험을 지원한 이유가 무엇인가? [롯데손해보험]
- 지원 직무 내에서 구체적으로 하고 싶은 업무가 무엇인가? [롯데손해보험]

PART 4

"오늘 당신의 노력은 아름다운 꽃의 물이 될 것입니다."

그러나, 이 꽃을 볼 때 사람들은 이 꽃의 아름다움과 향기만을 사랑하고 칭찬하였지, 이 꽃을 그렇게 아름답게 어여쁘게 만들어 주는 병속의 물은 조금도 생각지 않는 것이 보통입니다.

만일 이 꽃병 속에 들어 있는 물을 죄다 쏟아 버리고 빈 병에다 이 꽃을 꽂아 보십시오.

아무리 아름답고 어여쁜 꽃이기로서니 단 한 송이의 꽃을 피울 수 있으며, 단 한 번이라도 꽃 향기를 날릴 수 있겠습니까?

우리는 여기서 아무리 본바탕이 좋고 아름다운 꽃이라도 보이지 않는 물의 숨은 힘이 없으면 도저히 그 빛과 향기를 자랑할 수 없는 것을 알았습니다.

– 방정환의 「우리 뒤에 숨은 힘」 중 –

앞선 정보 제공! 도서 업데이트

언제, 왜 업데이트될까?

도서의 학습 효율을 높이기 위해 자료를 추가로 제공할 때!
공기업 · 대기업 필기시험에 변동사항 발생 시 정보 공유를 위해!
공기업 · 대기업 채용 및 시험 관련 중요 이슈가 생겼을 때!

01 시대에듀 도서
www.sdedu.co.kr/book
홈페이지 접속

02 상단 카테고리
「도서업데이트」
클릭

03 해당
기업명으로
검색

참고자료, 시험 개정사항 등 정보 제공으로 학습효율을 높여 드립니다.

시대에듀
대기업 인적성검사
시리즈

신뢰와 책임의 마음으로 수험생 여러분에게 다가갑니다.

대기업 인적성 "기본서" 시리즈

대기업 취업 기초부터 합격까지! 취업의 문을 여는
Master Key!

L-TAB
롯데그룹
온라인 조직·직무적합진단

정답 및 해설

최신기출유형＋모의고사 3회
＋무료롯데특강

편저 | SDC(Sidae Data Center)

형분석 및 모의고사로
최종합격까지
한 권으로
마무리!

시대에듀

PART 1

대표기출유형

CHAPTER 01 언어적 사고

CHAPTER 02 수리적 사고

CHAPTER 03 문제해결

대표기출유형 01 기출응용문제

01
정답 ①

등장수축은 전체 근육 길이가 줄어드는 동심 등장수축과 늘어나는 편심 등장수축으로 나뉜다.

02
정답 ④

오답분석

①은 두 번째 문장, ②는 제시문의 흐름, ③과 ⑤는 마지막 문장에서 각각 확인할 수 있다.

03
정답 ③

오답분석

①은 두 번째 문장에서, ②·⑤는 마지막 문장에서, ④는 세 번째와 네 번째 문장에서 각각 확인할 수 있다.

04
정답 ②

고야가 이성의 존재를 부정했다는 내용은 제시되어 있지 않다. 다섯 번째 문장 '세상이 완전하게 이성에 의해서만 지배되지 않음을 표현하고 있을 뿐이다.'를 통해 ②의 내용이 적절하지 않음을 알 수 있다.

05
정답 ④

인간의 심리적 문제는 비합리적인 신념의 '원인'이 아닌 '산물'이다.

06
정답 ④

제시문의 '수소가 분자 내에 포화되어 있으므로 포화지방산이라 부르며, 이것이 들어 있는 지방을 포화지방이라고 한다.'를 통해 포화지방은 포화지방산이 들어 있는 지방을 가리킴을 알 수 있다.

오답분석

① 포화지방산에서 나타나는 탄소 결합은 연결된 탄소끼리 모두 단일 결합하는 형태이고, 각각의 탄소에 수소가 두 개씩 결합한다.
② 탄소에 수소가 두 개씩 결합하는 형태는 분자 간 인력이 높아 지방산 분자들이 단단하게 뭉치는 것이다. 열에너지가 많아지면 인력이 느슨해진다.
③ 분자 간 인력이 높을 때 지방산 분자들이 단단히 뭉치는 것이므로 느슨해지면 그의 반대가 된다.
⑤ 포화지방이 체내에 저장되면 에너지로 전환되어 몸에 열량을 내는 데 이용된다. 몸에 좋지 않은 경우는 저밀도 단백질과 결합하는 경우이다.

07

세 번째 문단에서 최종 단계를 통과하지 못한 사람들이 지방 사회에 기여하도록 하여 과거제의 부작용을 완화하고자 노력했다는 내용을 확인할 수 있다.

오답분석

① 다섯 번째 문단에서 일군의 유럽 계몽사상가들은 학자의 지식이 귀족의 세습적 지위보다 우위에 있는 체제를 정치적 합리성을 갖춘 것으로 보았다고 했으므로 적절하지 않다.
② 다섯 번째 문단에서 동아시아에서 실시된 과거제가 유럽에 전해져 유럽에서도 관료 선발에 시험을 통한 경쟁이 도입되기도 했었다고 했으므로 적절하지 않다.
③ 세 번째 문단에서 과거제로 인해 그 결과 통치에 참여할 능력을 갖춘 지식인 집단이 폭넓게 형성되었다고 했으므로 적절하지 않다.
④ 세 번째 문단에서 과거 시험의 최종 단계까지 통과하지 못한 사람들도 국가로부터 여러 특권을 부여받았다고 했으므로 적절하지 않다.

08

혁신적 기술 등에 의한 성장이 아닌 외형성장에 주력해온 국내 경제의 체질을 변화시키기 위해 「벤처기업 육성에 관한 특별조치법」이 제정되었다고 하는 부분을 통해 알 수 있는 내용이다.

오답분석

① 해외 주식시장의 주가 상승과 국내 벤처버블 발생이 비슷한 시기에 일어난 것은 알 수 있으나 전자가 후자의 원인이라는 것은 제시문을 통해서는 알 수 없는 내용이다.
② 벤처버블이 1999 ~ 2000년 동안의 기간 동안 국내뿐 아니라 미국, 유럽 등 전 세계 주요 국가에서 나타난 것은 알 수 있으나 전 세계 모든 국가에서 일어났는지는 알 수 없다.
④ 뚜렷한 수익모델이 없다고 하더라도 인터넷을 활용한 비즈니스를 내세우면 높은 잠재력을 가진 기업으로 인식되었다는 부분을 통해 벤처기업이 활성화되었으리라는 것을 유추할 수는 있다. 하지만 그것이 대기업과 어떠한 연관을 가지는지는 제시문을 통해서는 알 수 없는 내용이다.
⑤ 외환위기로 인해 우리 경제에 고용창출과 경제성장을 주도할 새로운 기업군이 필요해졌다는 부분은 알 수 있으나, 외환위기가 해외 주식을 대규모로 매입하는 계기가 되었는지는 알 수 없다.

09

청구범위를 넓게 설정할 경우 선행기술들과 저촉되어 특허가 거절될 가능성이 높아지므로 특허등록의 가능성이 줄어들게 되지만, 청구범위를 좁게 설정할 경우에는 특허등록 가능성이 높아지게 된다.

오답분석

① 변리사를 통해 특허출원 명세서를 기재할 수 있다.
② 특허출원은 주로 경쟁자로부터 자신의 제품을 지키기 위해 이루어지나, 기술적 우위를 표시하기 위해 이루어지기도 한다.
③ 특허출원서에는 출원인이나 발명자 정보 등을 기재한다. 발명의 명칭, 발명의 효과, 청구범위 등은 특허명세서에 작성한다.
⑤ 청구범위가 좁을 경우 보호 범위가 좁아져 제3자가 특허 범위를 회피할 가능성이 높아지게 된다.

10

정의로운 국가라면 국가가 사회 구성원 모두 평등권을 되도록 폭넓게 누리도록 보장해야 한다는 정의의 원칙은 좌파와 우파 모두에게 널리 받아들여진 생각이다.

01

정답 ⑤

오답분석

① 처거제는 '장가가다'와 일맥상통한다.

② 처거제 – 부계제는 조선 전기까지 대부분 유지되었다.

③ 조선 전기까지 유지된 처거제 – 부계제를 통해 가족관계에서 남녀 간의 힘이 균형을 이루었음을 알 수 있다.

④ 제시된 글을 통해서는 알 수 없다.

02

정답 ③

오답분석

① 농가가 직접 수확하여 보내는 방식이므로 수의계약이다.

② 농가가 직접 마트와 거래하는 것은 수의계약이다.

④ 상품을 주기적으로 소비할 경우 밭떼기가 더 유리하다.

⑤ 청과물의 거래방식으로 가격변동이 가장 큰 것은 경매이다.

03

정답 ④

제시문은 예비 조건, 진지성 조건, 기본 조건 등 화행 이론에서 말하는 발화의 적절성 조건을 설명하고 있다. 두 번째 문단의 '발화의 적절성 판단은 상황에 의존하고 있다.'라고 하였으므로, 발화가 적절한지는 그 발화가 일어난 상황에 따라 달라진다.

04

정답 ④

제시문은 유추에 의한 단어 형성에 대해서만 설명을 하고 있다. 따라서, 다른 단어 형성 방식에 대해서는 알 수가 없다.

오답분석

①은 첫 번째 문단, ②는 두 번째 문단, ③은 세 번째 문단, ⑤는 마지막 문단에서 확인할 수 있다.

05

정답 ②

ⓒ 마지막 문단에서 '의리의 문제는 사람과 때에 따라 같지 않습니다.'라고 하였으므로 신하들이 임금에 대해 의리를 실천하는 방식이 누구에게나 동일하다는 말은 제시문과 상충된다.

오답분석

㉠ 부자관계는 천륜이어서 자식이 어버이를 봉양하는 데 한계가 없고, 이때는 은혜가 항상 의리에 우선하므로 관계를 떠날 수 없다고 하였으므로 적절하다.

ⓛ 군신관계는 의리로 합쳐진 것이라 한계가 있는데 이 경우에는 때때로 의리가 은혜보다 앞서기도 한다고 하였으므로 적절하다.

06

정답 ②

A기술의 특징은 전송된 하나의 신호가 다중 경로를 통해 안테나에 수신될 때, 전송된 신호들의 크기가 다르더라도 그중 신호의 크기가 큰 것을 선택하여 안정적인 송수신을 이루는 것이다. 따라서 한 종류의 액체는 전송된 하나의 신호가 되고, 빨리 나오는 배수관은 다중 경로 중 크기가 큰 신호가 전송되는 경로이다.

07

정답 ③

제시문은 테레민이라는 악기를 두 손을 이용해 어떻게 연주하는가에 대한 내용이다. 두 번째 문단에서 '오른손으로는 수직 안테나와의 거리에 따라 음고를 조절하고, 왼손으로는 수평 안테나와의 거리에 따라 음량을 조절한다.'고 하였고, 마지막 문단에서는 이에 따라 오른손으로 음고를 조절하는 방법에 대해 설명하고 있다. 따라서 뒤에 이어질 내용은 왼손으로 음량을 조절하는 방법이 나오는 것이 적절하다.

08

정답 ①

갑은 사무실에 출근하여 근무하는 것을 선호하므로 원격근무제는 제외한다. 또한 주 5일 동안 40시간 근무할 예정이므로 주에 3.5 ~ 4일만 근무하는 집약근무형과 주 40시간보다 짧게 근무하는 시간제근무도 제외한다. 이틀은 12시간씩 근무하고 나머지는 5 ~ 6시간씩 근무할 계획이므로 1일 8시간 근무로 제한된 시차출퇴근형을 제외하면 갑에게 적절한 유형은 근무시간선택형이다.

대표기출유형 03   기출응용문제

01

정답 ④

제시문에서는 드론이 개인의 정보 수집과 활용에 대한 사전 동의 없이도 개인 정보를 저장할 수 있어 사생활 침해 위험이 높으므로 '사전 규제' 방식을 적용해야 한다고 주장한다. 따라서 이러한 주장에 대한 반박으로 개인 정보의 복제, 유포, 위조에 대해 엄격한 책임을 묻는다면 사전 규제 없이도 개인 정보를 보호할 수 있다는 내용의 ④가 가장 적절하다.

02

정답 ①

제시문은 창조 도시가 가져올 경제적인 효과를 언급하며 창조 도시의 동력을 무엇으로 볼 것이냐에 따라 창조 산업과 창조 계층에 대한 입장을 설명하고 있다. 따라서 창조 도시가 무조건적으로 경제적인 효과를 가져오지 않을 것이라는 논지의 반박을 제시할 수 있다.

오답분석

② 창조 도시에 대한 설명이다.
③ · ④ 창조 산업을 동력으로 삼는 입장이다.
⑤ 창조 계층을 동력으로 삼는 입장이다.

03

정답 ④

제시문에서는 비타민D의 결핍으로 인해 발생하는 건강문제를 근거로 신체를 태양빛에 노출하여 건강을 유지해야 한다고 주장하고 있다. 따라서 태양빛에 노출되지 않고도 충분한 비타민D 생성이 가능하다는 근거가 있다면 제시문에 대한 반박이 되므로 ④가 가장 적절하다.

오답분석

① 태양빛에 노출될 경우 피부암 등의 질환이 발생하는 것은 사실이나, 이것이 비타민D의 결핍을 해결하는 또 다른 방법을 제시하거나 제시문에서 주장하는 내용을 반박하고 있지는 않다.
② 비타민D는 칼슘과 인의 흡수 외에도 흉선에서 면역세포를 생산하는 작용에 관여하고 있다. 따라서 칼슘과 인의 주기적인 섭취만으로는 문제를 해결할 수 없으며, 제시문에 대한 반박이 되지 못한다.
③ 제시문에서는 비타민D 보충제에 대해 언급하고 있지 않다. 따라서 비타민D 보충제가 태양빛 노출을 대체할 수 있을지 판단하기 어렵다.
⑤ 제시문에서는 자외선 차단제를 사용했을 때 중파장 자외선이 어떻게 작용하는지 언급하고 있지 않다. 또한 자외선 차단제를 사용한다는 사실이 태양빛에 노출되어야 한다는 제시문의 주장을 반박한다고 보기는 어렵다.

04

정답 ④

제시문에서는 청소년들의 과도한 불안이 집중을 방해하여 학업 수행에 부정적으로 작용한다고 주장한다. 따라서 이러한 주장에 대한 반박으로는 오히려 불안이 긍정적으로 작용할 수 있다는 내용의 ④가 가장 적절하다.

05

정답 ⑤

벤담은 걸인의 자유를 고려하지 않은 채 대다수의 사람을 위해 그들을 모두 강제 수용소에서 생활하도록 해야 한다고 주장하고 있다. 따라서 개인의 자유를 중시한 롤스는 벤담의 주장에 대해 개인의 자유를 침해하는 것은 정의롭지 않다고 비판할 수 있다.

[오답분석]
① 벤담은 최대 다수의 최대 행복을 정의로운 것으로 보았으므로 벤담의 입장과 동일하다.
②·③ 벤담은 개인의 이익보다 최대 다수의 이익을 정의로운 것으로 보았으므로 벤담의 입장과 동일하다.
④ 롤스는 개인이 정당하게 얻은 소유일지라도 그 이익의 일부는 사회적 약자에게 돌아가야 한다고 주장하였으므로 사회적 재화의 불균등한 분배를 정의롭다고 인정할 수 있다.

06

정답 ⑤

에피쿠로스의 주장에 따르면 신은 인간사에 개입하지 않으며, 육체와 영혼은 함께 소멸되므로 사후 신의 심판도 받지 않는다. 그러므로 인간은 사후의 심판을 두려워할 필요가 없고, 이로 인해 죽음에 대한 모든 두려움에서 벗어날 수 있다고 주장한다. 따라서 이러한 주장에 대한 비판으로 ⑤가 가장 적절하다.

07

정답 ④

우리나라의 낮은 장기 기증률은 전통적 유교 사상 때문이라고 주장하고 있는 A와 달리, B는 이에 대하여 다양한 원인을 제시하고 있다. 따라서 A의 주장에 대해 반박할 수 있는 내용으로 ④가 적절하다.

08

정답 ①

제시문의 내용은 청나라에 맞서 싸우자는 척화론이다. ①은 척화론과 동일한 주장을 하고 있으므로 비판 내용으로 적절하지 않다.

09

정답 ⑤

기사문을 살펴보면 최저임금 인상에 따른 금액을 회사가 고스란히 부담을 해야 하나, 정부가 일자리 안정자금을 지원해주어 사업주의 부담을 덜 수 있다는 내용이다. 따라서 이러한 일자리 안정자금이 모든 기업의 해결책이 될 수 없다고 주장하는 ⑤가 비판의 내용으로 가장 적절하다.

[오답분석]
① 기사문은 소상공인에 대한 정부의 일자리 안정자금 지원에 대한 내용으로 일자리 안정자금 제도 자체에 대한 비판은 기사문에 대한 비판으로 적절하지 않다.
②·③·④ 최저임금제도의 문제점에 대해 비판하고 있다.

01

제시문은 CCTV가 인공지능(AI)과 융합되면 기대할 수 있는 효과들(범인 추적, 자연재해 예측)에 대해 말하고 있다. 따라서 글의 제목으로는 'AI와 융합한 CCTV의 진화'가 적절하다.

02

제목은 주제와 관련된다. 주제는 제시문의 앞부분인 '미래 사회에서는 산업 구조의 변화에 따라 전반적인 사회조직의 원리도 바뀔 것이다.'이므로 ②가 정답이다. 또한 반복되는 어휘인 '사회조직의 원리'를 떠올려도 된다.

오답분석

③ 제시문의 초점은 '미래 사회의 산업 구조' 자체가 아니라 '산업 구조의 변화에 따른 사회조직 원리의 변화'이다.

03

제시문은 민요의 시김새가 무엇인지 설명하고 있다. 또한 시김새가 '삭다'라는 말에서 나온 단어라고 서술하고 있다. 따라서 글의 제목은 '시김새의 정의와 어원'이라고 할 수 있다.

04

제시문은 빠른 사회변화 속 다양해지는 수요에 맞춘 주거복지 정책의 예로 예술인을 위한 공동주택, 창업 및 취업자를 위한 주택, 의료안심주택을 들고 있다. 따라서 글의 제목으로 적절한 것은 '다양성을 수용하는 주거복지 정책'이다.

05

제시문에서는 OECD 회원국 가운데 꼴찌를 차지한 한국인의 부족한 수면 시간에 대해 언급하며, 이로 인해 수면장애 환자가 늘어나고 있음을 이야기한다. 또한 불면증, 수면무호흡증, 렘수면 행동장애 등 다양한 수면장애를 설명하며, 이러한 수면장애들이 심혈관계질환, 치매, 우울증 등의 원인이 될 수 있다는 점을 통해 심각성을 이야기한다. 마지막으로 이러한 수면장애를 방치해서는 안 되며, 전문적인 치료가 필요하다고 이야기한다. 따라서 이 글을 바탕으로 '한국인의 수면 시간'과 관련된 글을 쓴다고 할 때, 글의 주제로 가장 적절하지 않은 것은 수면 마취제와 관련된 내용인 ②이다.

06

제시문에서는 책을 사거나 빌리는 것만으로는 책을 진정으로 소유할 수 없으며, 책을 진정으로 소유하기 위한 독서의 방법과 책을 고르는 기준을 제시하고 있다.

오답분석

①·②는 전체 문단을 포괄하지 못하며, ④·⑤는 지문의 논점에서 벗어난 내용이다.

07

글쓴이는 동물들이 사용하는 소리는 단지 생물학적인 조건에 대한 반응 또는 본능적인 감정 표현의 수단일 뿐, 사람의 말과 동물의 소리에 근본적인 차이가 존재한다고 말한다. 즉, 동물들이 나름대로 가지고 있는 본능적인 의사소통능력은 인간의 것과 다르다는 것이다. 따라서 글쓴이의 주장으로 소리를 내는 동물의 행위는 대화나 토론·회의 같이 서로 의미를 주고받는 인간의 언어활동으로 볼 수 없다는 ④가 가장 적절하다.

08

정답 ②

집단 소송제의 중요성과 필요성에 대하여 역설하는 글이다. 집단 소송제를 통하여 기업 경영의 투명성을 높여, 궁극적으로 기업의 가치 제고를 이룬다는 것이 글의 주제이다. 따라서 주제문으로 적절한 것은 ②이다.

09

정답 ②

제시문은 검무의 정의와 기원, 검무의 변천 과정과 구성, 검무의 문화적 가치를 설명하는 글이다.

대표기출유형 05 기출응용문제

01

정답 ⑤

ⓜ은 결론 부분이므로 '소비자 권익 증진'이라는 문제에 대한 해결책을 포괄적으로 드러내야 한다. 그러나 ⓜ의 '소비자 의식 함양'은 '3'의 (2)에서 다룰 수 있는 대책이다. 따라서 앞에서 논의된 대책을 모두 포괄할 수 있도록 ⑤와 같이 수정하는 것이 적절하다.

오답분석

① ㉠에서 '(1) 실태'는 소비자 권익 침해의 실태를 말한다. 그러나 '소비자 상품 선호도의 변화'는 '소비자 권익 침해 실태'와 관련이 없다.

② ㉡은 '2 – (1) 실태 – ㉯'의 원인에 해당하며 실태와 원인을 관련지어 설명하는 것이 바람직하므로 ㉡을 생략하는 것은 적절하지 않다.

③ ㉢은 '(2) – ㉮'를 해소하기 위한 대책으로 적절하며, '사업자 간 경쟁의 규제'는 '소비자 권익 증진'이라는 주제를 오히려 저해한다.

④ '3 – (3)'은 '2 – (2) – ㉰'라는 원인을 해결할 수 있는 대책으로 적절하며, ㉣을 '소비자 피해 실태 조사를 위한 기구 설치'로 바꾸면 하위 항목인 ㉮와 ㉯를 포괄하지 못하게 된다.

02

정답 ④

독서 심리 치료의 성공 사례는 이론적 기초에 해당하지 않는다.

03

정답 ④

지역 축제들 각각의 특색이 없는 것은 사람들이 축제를 찾지 않는 충분한 이유가 되며, 이에 대해 그 지역만의 특성을 보여줄 수 있는 프로그램을 개발한다는 방안은 적절하다. 즉, 개요를 수정하기 전의 흐름이 매끄러우므로 불필요한 수정이다.

04

정답 ②

제시된 개요의 '본론 1'에서는 '포장재 쓰레기가 늘고 있는 원인'을, '본론 2'에서는 '포장재 쓰레기의 양을 줄이기 위한 방안'을 각각 기업과 소비자 차원으로 나누어 다루고 있다. 그러므로 ㉠에는 '본론 1–(2)'에서 제시한 원인과 연계 지어, 소비자 차원에서 포장재 쓰레기의 양을 줄이기 위한 방안을 제시하는 내용이 들어가야 한다.

05

정답 ③

편의시설 미비는 '대형 유통점 및 전자상거래 중심으로의 유통구조 변화'와 내용이 중복된다고 보기 어려우며, Ⅱ–2–(1)의 '접근성과 편의성을 살려 구조 및 시설 재정비' 항목이 이와 대응된다고 볼 수 있다. 따라서 삭제하는 것은 적절하지 않다.

06

정답 ②

서론에서 제시한 과소비의 실태를 바탕으로 과소비의 문제점을 추리해야 한다. ②의 '개방화에 따른 외국 상품의 범람'은 과소비를 부추기는 원인 혹은 사회 현상은 될 수 있으나 과소비의 문제점이라고 할 수는 없다.

07

정답 ①

㉠에서는 의료 사각지대에서 발생할 수 있는 문제 사례를 통해 사람들에게 경각심을 주어야 한다. 따라서 치료를 받을 수 있는 의료 기관이 마땅치 못해 생명의 위험을 겪었거나 경제적인 문제로 인해 제때 치료를 받지 못한 사람들의 사례를 활용해야 한다. ①은 의료 사각지대에서 발생한 문제 사례로 보기 어려우므로 적절하지 않다.

08

정답 ③

'도시 농업을 통한 안전한 먹을거리 확보'는 'Ⅱ-2'에서 제시한 문제점들과 관련이 없으며, 내용상 도시 농업의 활성화 방안보다는 도시 농업을 통해 얻을 수 있는 이점에 해당하므로 빈칸에 들어갈 내용으로 가장 적절하지 않다.

오답분석

①은 'Ⅱ-2-다', ②는 'Ⅱ-2-라', ④는 'Ⅱ-2-가', ⑤는 'Ⅱ-2-나'와 관련이 있다.

09

정답 ①

서론은 환경오염이 점차 심각해지고 있음을 지적하며, 본론에서는 환경오염에 대해 일부 사람들이 그 심각성을 인식하지 못하고 있음을 화제로 삼고 있다. 따라서 결론에서는 환경오염의 심각성을 전 국민이 인식하고 이를 방지하기 위한 노력이 필요하다는 내용이 이어져야 한다.

대표기출유형 06 | 기출응용문제

01

정답 ①

제시문에 따르면 기존의 경제학에서는 인간을 철저하게 합리적이고 이기적인 존재로 보았지만, 행동경제학에서는 인간을 제한적으로 합리적이고 감성적인 존재로 보았다. 따라서 글의 흐름상 ㉠에는 '다른'이 적절하다.

02

정답 ⑤

'오랜'은 '이미 지난 동안이 긴'의 의미를 지닌 관형사이므로 뒷말과 띄어 써야 한다. 따라서 ㉢에는 '오랜 세월'이 적절하다.

03

정답 ③

'적다'는 '수효나 분량, 정도가 일정한 기준에 미치지 못하다.'는 의미를 지니며, '작다'는 '길이, 넓이, 부피 따위가 비교 대상이나 보통보다 덜하다.'는 의미를 지닌다. 즉, '적다'는 양의 개념이고, '작다'는 크기의 개념이므로 공해 물질의 양과 관련된 ㉢에는 '적게'가 적절하다.

04

정답 ④

'오랫동안'은 부사 '오래'와 명사 '동안'이 결합하면서 사이시옷이 들어간 합성어이다. 따라서 한 단어이므로 붙여 써야 한다.

05
정답 ⑤

ⓓ의 앞뒤 문장에서는 한글날이 공휴일에서 제외되어 있었기 때문에 한글날 제정의 의미와 한글의 가치를 되새길 수 있는 기회가 제한되어 있었다고 하였으므로 ⓓ에는 앞의 내용이 뒤의 내용의 원인이 될 때 쓰는 접속어인 '그래서'가 들어가는 것이 적절하다.

06
정답 ④

한글 맞춤법에 따르면 ⓔ의 '지'는 어미 '-ㄹ지'의 일부이므로 붙여 써야 한다. 따라서 '할지라도'가 올바른 표기이다.

07
정답 ⑤

ⓜ은 '조사했더니, …… 하였습니다.'가 되어야 호응이 자연스럽다. 그런데 '탐구 계획도 정해 놓았습니다.'라고 말하고 있으므로 ⓜ은 '조사했으므로'가 아닌 '조사했으며'가 적절하다.

오답분석

① ㉠은 선발 이후 자신이 어떻게 할 것인지를 밝히고 있다. 따라서 제시문의 제목과 어울리지 않으므로 삭제한다.
② ㉡은 잉카 문명에 대한 관심이 처음 생긴 계기를 말하고 있다. 이는 첫 번째 문단보다는 두 번째 문단과 잘 어울린다. 문단 내의 통일성을 위해 ㉡을 두 번째 문단으로 옮기는 것이 적절하다.
③ ㉢에서 '매력'의 사전적 의미는 '사람의 마음을 사로잡아 끄는 힘'이고, '매료'는 '사람의 마음을 완전히 사로잡아 홀리게 함'이라는 뜻이다. 따라서 ㉢은 의미가 중복된 표현이다.
④ ㉣에서 생략된 주어는 '저는'이고 서술어는 '소망입니다'이므로 ㉣을 포함한 문장 '저는 …… 소망입니다.'는 의미가 성립되지 않는다. 즉, 주어와 서술어의 호응이 성립하지 않는 것이다.

08
정답 ③

제시문은 전국 곳곳에 마련된 기획바우처 행사를 소개하는 글이다. (다)는 가족과 함께 하는 문화행사로 문화소외계층을 상대로 하는 기획바우처의 취지와는 거리가 멀기 때문에 글의 흐름상 필요 없는 문장에 해당한다.

09
정답 ②

'-(으)로서'는 지위나 신분·자격의 뒤에, '-(으)로써'는 도구나 방법 뒤에 사용할 수 있다. 따라서 ㉡은 '개발함으로써'로 수정해야 한다.

오답분석

① 뒤에 이어지는 내용을 살펴보면 문맥상 언어가 대규모로 소멸하는 원인에는 여러 가지가 있으므로, 겹치거나 포개어진다는 의미의 '중첩적'이라는 단어를 사용하는 것이 적절하다. '불투명하다'는 상황 따위가 분명하지 않음을 뜻하는 말이므로 적절하지 않다.
③ ㉢의 앞 문장은 모든 언어를 보존할 수 없다는 내용이고, ㉢은 그 이유를 제시하며, ㉢의 뒤에 오는 두 문장이 ㉢을 보충설명하고 있다. 따라서 ㉢은 문맥상 상관없는 내용이 아니므로 삭제할 수 없다.
④ ㉣의 앞에는 모든 언어를 보존하기 어려운 이유가, ㉣의 뒤에는 전 세계 언어의 50% 이상이 빈사 상태에 있으므로 바라볼 수만은 없다는 내용이 제시되어 있다. 따라서 역접 관계에 해당되므로 역접 기능의 접속어 '그러나'를 사용해야 한다.
⑤ '나누지 않은 덩어리'라는 의미를 가진 단어는 '통째'이다.

10
정답 ⑤

ⓜ의 세 번째 문단은 '고전은 왜 읽는가'라며 문제를 제기하고, 첫 번째 문단은 '고전을 읽는 이유'를 설명한다. 따라서 문제를 제기하고 대답하는 순서에 따라 ⓜ은 첫 번째 문단보다 앞에 있어야 한다. ⓜ을 마지막 문단으로 배치하면 오히려 문제 제기와 대답의 순서가 도치된다.

① ㉠에서 '흥부전'은 고전의 사례일 뿐이며, 제시된 글의 주제는 '고전의 가치'이므로 제목이 주제를 잘 드러내도록 고친다.

② '고전'이라는 핵심 소재를 소개하는 도입부에서 개념의 정의 없이 바로 논지를 펼치고 있으므로 이어지는 내용의 이해를 돕기 위해 ㉡에 고전의 개념을 정의하는 것이 적절하다.

③ ㉢은 '이유는 …… 의미를 준다.'는 식으로 기술되어 의미상 주어와 서술어의 호응이 부적절하다. 따라서 '이유는 …… 의미를 주기 때문이다.'로 고친다.

④ ㉣을 포함하는 문단에서 '고전에 나타난 문제의식은 여전히 유효하다.'만 언급하고 있으므로 구체적으로 어떤 문제가 여전히 현대에서도 유효한지 구제적인 제시가 필요하다.

대표기출유형 07 기출응용문제

01

정답 ⑤

'뇌졸중(腦卒中)'은 뇌에 혈액 공급이 제대로 되지 않아 손발의 마비, 언어 장애 등을 일으키는 증상을 일컬으며, '뇌졸증'은 이러한 '뇌졸중'의 잘못된 표현이다.

'꺼림칙하다'와 '꺼림직하다' 중 기존에는 '꺼림칙하다'만 표준어로 인정되었으나, 2018년 표준국어대사전이 수정됨에 따라 '꺼림직하다'도 표준어로 인정되었다. 따라서 '꺼림칙하다', '꺼림직하다' 모두 사용할 수 있다.

02

정답 ③

• 내로라하다 : 어떤 분야를 대표할 만하다.
• 그러다 보니 : 보조용언 '보다'가 앞 단어와 연결 어미로 이어지는 '-다 보다'의 구성으로 쓰이면 앞말과 띄어 쓴다.

① 무엇 보다 → 무엇보다 / 인식해야 만 → 인식해야만
  • 무엇보다 : '보다'는 비교의 대상이 되는 말에 붙어 '~에 비해서'의 뜻을 나타내는 조사이므로, 붙여 쓴다.
  • 인식해야만 : '만'은 한정, 강조를 의미하는 보조사이므로 붙여 쓴다.
② 두가지를 → 두 가지를
  조화시키느냐하는 → 조화시키느냐 하는
  • 두 가지를 : 수 관형사는 뒤에 오는 명사 또는 의존 명사와 띄어 쓴다.
  • 조화시키느냐 하는 : 어미 다음에 오는 말은 띄어 쓴다.
④ 심사하는만큼 → 심사하는 만큼 / 한 달 간 → 한 달간
  • 심사하는 만큼 : 뒤에 나오는 내용의 원인, 근거를 의미하는 의존 명사이므로 띄어 쓴다.
  • 한 달간 : '동안'을 의미하는 접미사이므로 붙여 쓴다.
⑤ 삼라 만상은 → 삼라만상은 / 모순 되는 → 모순되는
  • 삼라만상 : 우주에 있는 온갖 사물과 현상을 의미하는 명사이므로 붙여 쓴다.
  • 모순되는 : 이 경우에는 '되다'를 앞의 명사와 붙여 쓴다.

03

정답 ①

첩어, 준첩어인 명사 뒤에는 '이'로 적는다. 따라서 번번이로 고쳐야 한다.

04

정답 ⑤

㉠ 들리세요 → 들르세요
㉡ 꺽으면 → 꺾으면
㉢ 옳바른 → 올바른

05

- 오랜동안 → 오랫동안
- 발명 → 발견

06

- 재생사업 추진 <u>기본방양</u>을 정리하면~ : 기본방양 → 기본방향
- 산업단지 장소이미지 <u>제창출</u> : 제창출 → 재창출
- 노후산업단지 장소이미지 <u>게선</u>을~ : 게선 → 개선

07

③은 ⓛ이 아닌 '일'이나 '것'의 뜻을 나타내는 의존명사인 '데'가 사용되었다.

08

'해님'은 '해(고유어)'+'-님(접미사)'로, 둘 이상의 실질 형태소가 결합한 합성어가 아니기 때문에 사이시옷을 쓸 수 없다.

09

오답분석

② 으시시 → 으스스
③ 치루고 → 치르고
④ 잠궜다 → 잠갔다
⑤ 땅겼다 → 당겼다

10

- 제고(提高) : 쳐들어 높임
- 함의(含意) : 말이나 글 속에 어떠한 뜻이 들어 있음. 또는 그 뜻
- 지양(止揚) : 더 높은 단계로 오르기 위하여 어떠한 것을 하지 아니함

오답분석

- 재고(再考) : 어떤 일이나 문제 따위에 대하여 다시 생각함
- 결의(決意) : 뜻을 정하여 굳게 마음을 먹음. 또는 그런 마음
- 지향(志向) : 어떤 목표로 뜻이 쏠리어 향함. 또는 그 방향이나 그쪽으로 쏠리는 의지

01

정답 ③

성준이는 볼펜을 좋아하고, 볼펜을 좋아하는 사람은 수정테이프를 좋아한다.
따라서 성준이는 수정테이프를 좋아한다.

02

정답 ③

어떤 남자는 경제학을 좋아하고, 경제학을 좋아하는 남자는 국문학을 좋아하고, 국문학을 좋아하는 남자는 영문학을 좋아한다.
따라서 어떤 남자는 영문학을 좋아한다.

03

정답 ③

모든 조개는 공처가이고, 모든 공처가는 거북이다.
따라서 모든 조개는 거북이다.

04

정답 ④

제시된 명제와 그 대우 명제를 정리하면 다음과 같다.
[　　]은 대우 명제이다.
• 액션영화 ○ → 팝콘 ○[팝콘 × → 액션영화 ×]
• 커피 × → 콜라 ×[콜라 ○ → 커피 ○]
• 콜라 × → 액션영화 ○[액션영화 × → 콜라 ○]
• 팝콘 ○ → 나초 ×[나초 ○ → 팝콘 ×]
• 애니메이션 ○ → 커피 ×[커피 ○ → 애니메이션 ×]
위 조건을 정리하면 '애니메이션 ○ → 커피 × → 콜라 × → 액션영화 ○ → 팝콘 ○ → 나초 ×'

05

정답 ④

세 번째 명제의 대우는 '짬뽕을 좋아하는 사람은 밥을 좋아한다.'이다. 따라서 두 번째 명제와 연결하면 '초밥을 좋아하는 사람은 밥을 좋아한다.'라는 명제를 얻을 수 있다.

06

정답 ⑤

수학을 잘하는 사람은 컴퓨터를 잘하고, 컴퓨터를 잘하는 사람은 사탕을 좋아한다. 따라서 수학을 잘하는 사람은 사탕을 좋아한다.

07

정답 ③

아이스크림을 좋아함$=p$, 피자를 좋아함$=q$, 갈비탕을 좋아함$=r$, 짜장면을 좋아함$=s$라 하면, 첫 번째, 두 번째, 네 번째 명제는 각각 $p \to {\sim}q$, ${\sim}r \to q$, $p \to s$이다. 두 번째 명제의 대우와 첫 번째 명제에 따라 $p \to {\sim}q \to r$이 되어 $p \to r$이 성립하고, 결론이 $p \to s$가 되기 위해서는 $r \to s$가 추가로 필요하다. 따라서 빈칸에 들어갈 명제는 '갈비탕을 좋아하면 짜장면을 좋아한다.'가 적절하다.

08

'철수네 아파트<교회', '교회<은행'이므로 '철수네 아파트<교회<은행'임을 알 수 있다.

09

'A세포가 있다.'를 p, '물체의 상을 감지하다.'를 q, 'B세포가 있다.'를 r, '빛의 유무를 감지하다.'를 s라 하면, 첫 번째, 두 번째, 마지막 명제는 각각 p → ~q, ~r → q, p → s이다. 두 번째 명제의 대우와 첫 번째 명제에 따라 p → ~q → r이 되어 p → r이 성립하고, 마지막 명제가 p → s가 되기 위해서는 r → s가 추가로 필요하다. 따라서 빈칸에 들어갈 명제는 r → s의 ③이다.

10

'낡은 것을 버리다.'를 p, '새로운 것을 채우다.'를 q, '더 많은 세계를 경험하다.'를 r이라고 하면, 첫 번째 명제는 p → q이며, 마지막 명제는 ~q → ~r이다. 이때, 첫 번째 명제의 대우는 ~q → ~p이므로 마지막 명제가 참이 되기 위해서는 ~p → ~r이 필요하다. 따라서 빈칸에 들어갈 명제는 ~p → ~r의 ④이다.

대표기출유형 09   기출응용문제

01

C사원은 10개의 도장에서 2개의 도장이 모자라므로 현재 8개의 도장을 모았으며, A사원은 C사원보다 1개의 도장이 적으므로 현재 7개의 도장을 모은 것을 알 수 있다. 또한 B사원은 A사원보다 2개 적은 5개의 도장을 모았으며, D사원은 무료 음료 한 잔을 포함하여 3잔을 주문하였으므로 10개의 도장을 모은 쿠폰을 반납하고, 새로운 쿠폰에 2개의 도장을 받았음을 추론할 수 있다. 따라서 D사원보다 6개의 도장을 더 모은 E사원은 8개의 도장을 받아 C사원의 도장 개수와 동일함을 알 수 있다.

02

오른쪽 끝자리에는 30대 남성이, 왼쪽에서 두 번째 자리에는 40대 남성이 앉으므로 네 번째 조건에 따라 30대 여성은 왼쪽에서 네 번째 자리에 앉아야 한다. 이때, 40대 여성은 왼쪽에서 첫 번째 자리에 앉아야 하므로 남은 자리에 20대 남녀가 앉을 수 있다.

1) 경우1

40대 여성	40대 남성	20대 여성	30대 여성	20대 남성	30대 남성

2) 경우2

40대 여성	40대 남성	20대 남성	30대 여성	20대 여성	30대 남성

따라서 항상 옳은 것은 ①이다.

03

첫 번째와 네 번째 조건에서 여학생 X와 남학생 B가 동점이 아니므로, 여학생 X와 남학생 C가 동점이다. 세 번째 조건에서 여학생 Z와 남학생 A가 동점임을 알 수 있고, 두 번째 조건에서 여학생 Y와 남학생 B가 동점임을 알 수 있다. 남는 남학생 D는 당연히 여학생 W와 동점임을 알 수 있다.

04

정답 ③

주어진 조건에 따라 A ~ E의 시험 결과를 정리하면 다음과 같다.

구분	맞힌 문제의 수	틀린 문제의 수
A	19개	1개
B	10개	10개
C	20개	0개
D	9개 이하	11개 이상
E	16개 이상 19개 이하	1개 이상 4개 이하

따라서 B는 D보다 많은 문제의 답을 맞혔지만, E보다는 적게 답을 맞혔다.

05

정답 ③

이동 시간이 긴 순서대로 나열하면 'D－B－C－A'이다. 이때 이동 시간은 거리가 멀수록 많이 소요된다고 하였으므로 서울과의 거리가 먼 순서에 따라 D는 강릉, B는 대전, C는 세종, A는 인천에서 근무하는 것을 알 수 있다.

06

정답 ④

C사원과 E사원의 근무 연수를 정확히 알 수 없으므로 근무 연수가 높은 순서대로 나열하면 'B－A－C－E－D' 또는 'B－A－E－C－D'가 된다. 따라서 근무 연수가 가장 높은 B사원의 경우 주어진 조건에 따라 최대 근무 연수인 4년 차에 해당한다.

07

정답 ⑤

월요일에 먹는 영양제는 비타민 B와 칼슘, 마그네슘 중에 하나일 수 있으나, 마그네슘의 경우 비타민 D보다 늦게 먹고, 비타민 B보다는 먼저 먹어야 하므로 월요일에 먹는 영양제로 마그네슘과 비타민 B 둘 다 불가능하다. 따라서 K씨가 월요일에 먹는 영양제는 칼슘이 된다. 또한 비타민 B는 화요일 또는 금요일에 먹을 수 있으나, 화요일에 먹게 될 경우 마그네슘을 비타민 B보다 먼저 먹을 수 없게 되므로 비타민 B는 금요일에 먹는다. 나머지 조건에 따라 K씨가 요일별로 먹는 영양제를 정리하면 다음과 같다.

월	화	수	목	금
칼슘	비타민 C	비타민 D	마그네슘	비타민 B

따라서 회사원 K씨가 월요일에는 칼슘, 금요일에는 비타민 B를 먹는 것을 알 수 있다.

08

정답 ⑤

측정 결과를 토대로 정리하면 A별의 밝기 등급은 3등급 이하이며, C별의 경우 A, B, E별보다 어둡고 D별보다는 밝으므로 C별의 밝기 등급은 4등급이다. 따라서 A별의 밝기 등급은 3등급이며, D별은 5등급, 나머지 E별과 B별은 각각 1등급, 2등급이 된다. 별의 밝기 등급에 따라 순서대로 나열하면 'E－B－A－C－D'의 순이 된다.

09

정답 ①

제시문의 조건을 다음과 같은 두 가지의 경우로 정리할 수 있다.

구분	체육복		교복	
	남학생	여학생	남학생	여학생
〈경우 1〉	3명	6명	4명	7명
〈경우 2〉	6명	3명	4명	7명

- A : 두 가지 경우 모두 교복을 입은 여학생은 7명이다.
- B : 두 가지 경우 모두 체육복을 입은 여학생보다 교복을 입은 여학생이 더 많다.

따라서 항상 옳은 것은 A이다.

10

세 번째 조건에 의해, 태희 – 윤수 – 영주 순으로 늦게 뛰어내린다. 또한 다섯 번째 조건에 의해, 태희 – 윤수 – 유미 – 영주 순으로 늦게 뛰어내린다. 두 번째, 네 번째 조건을 만족하는 경우를 나타내면 다음과 같다.

구분	1	2	3	4	5	6
경우 1	영주	유미	윤수	태희	현진	선우
경우 2	영주	유미	윤수	선우	현진	태희
경우 3	영주	유미	선우	윤수	현진	태희
경우 4	영주	선우	유미	윤수	현진	태희
경우 5	선우	영주	유미	윤수	태희	현진

따라서 A, B 모두 항상 옳다.

대표기출유형 10 | 기출응용문제

01

정답 ③

C기업이 참일 경우, 나머지 미국과 서부지역에 2개씩 설비를 다른 업체가 맡아야 한다. 이때, 두 번째 정보 B기업의 설비 구축지역은 거짓이 되고, 첫 번째 정보에서 A기업이 맡게 되면 4개의 설비를 구축해야 하므로 A기업의 설비 구축 계획은 참이 된다. 따라서 장대리의 말은 참이 됨을 알 수 있다.

오답분석

• 이사원 : A기업이 참일 경우에 A기업이 설비 3개만 맡는다고 할 때, B 또는 C업체가 5개의 설비를 맡아야 하므로 나머지 정보는 거짓이 된다. 하지만 A기업이 B기업과 같은 곳의 설비 4개를 맡는다고 할 때, B기업은 참이 될 수 있으므로 옳지 않다.
• 김주임 : B기업이 거짓일 경우에 만약 6개의 설비를 맡는다고 하면, A기업은 나머지 2개를 맡게 되므로 거짓이 될 수 있다. 또한 B기업이 참일 경우, 똑같은 곳의 설비 하나씩 4개를 A기업이 구축해야 하므로 참이 된다.

02

정답 ⑤

정의 진술에 따라 을과 정의 진술은 동시에 참이 되거나 거짓이 된다.
1) 을과 정의 진술이 모두 거짓인 경우
  을은 병과 함께 PC방에 있었다는 갑의 진술과 자신은 집에 있었다는 병의 진술이 서로 모순되므로 성립하지 않는다.
2) 을과 정의 진술이 모두 참인 경우
  • 을의 진술이 참이므로 그날 밤 갑, 을 병이 함께 있었다.
  • 정의 진술이 참이므로 정은 금은방에 있지 않았다.
  따라서 현재 상황을 정리하면 '갑, 을, 병이 함께 있고, 정은 금은방 아닌 곳에 있다.'를 유추할 수 있다.
  그리고 5명 중 2명은 거짓말을 하고 있으므로 갑, 병, 무 3명 중 1명만 진실이 된다.
  • 갑이 참인 경우
  을과 병은 PC방에 있었다는 것이 진실이고, 을의 진술에 따라 갑, 을, 병은 함께 PC방에 있었다. 병은 거짓말을 하고 있으므로 그날 혼자 집에 있지 않았다. 무도 거짓말을 하고 있으므로 무는 갑과 함께 있지 않고, 금은방에 있었다. 따라서 병은 그날 혼자 집에 있지 않았다고 했지 금은방에 있었는지 다른 이와 있었는지 알 수 없으므로, 금은방에 있었던 무가 범인이다.
  • 병이나 무가 참인 경우
  갑의 말이 거짓이므로 을과 병은 함께 있지 않았어야 하지만, 갑, 을, 병이 함께 있었다는 을의 진술과 상반되므로 모순이다.

16 • 롯데그룹 L-TAB

03

작품상을 p, 감독상을 q, 각본상을 r, 편집상을 s라고 한다면 심사위원의 진술은 다음과 같이 도식화할 수 있다.

• A : $\sim$s → $\sim$q and $\sim$s → r
• B : p → q
• C : $\sim$q → $\sim$s
• D : $\sim$s and $\sim$r

이때, D의 진술에 따라 편집상과 각본상을 모두 받지 못한다면, 편집상을 받지 못한다면 대신 각본상을 받을 것이라는 A의 진술이 성립하지 않으므로 A와 D의 진술 중 하나는 반드시 거짓임을 알 수 있다.

1) D의 진술이 참인 경우

편집상과 각본상을 모두 받지 못하며, 최대 개수를 구하기 위해 작품상을 받는다고 가정하면 B의 진술에 따라 감독상도 받을 수 있다. 따라서 최대 2개의 상을 수상할 수 있다.

2) D의 진술이 거짓인 경우

편집상과 각본상을 모두 받으며, 최대 개수를 구하기 위해 작품상을 받는다고 가정하면 감독상도 받을 수 있다. 따라서 최대 4개의 상을 수상할 수 있다.

따라서 해당 작품이 수상할 수 있는 상의 최대 개수는 4개이다.

04

직원 A～E 중 직원 C는 직원 E의 성과금이 늘었다고 하였고, 직원 D는 직원 E의 성과금이 줄었다고 하였으므로 직원 C와 D 중 한 명은 거짓말을 하고 있다.

• 직원 C가 거짓말을 하고 있는 경우

직원 B A D 순으로 성과금이 늘었고, 직원 E와 C는 성과금이 줄어들었다.

• 직원 D가 거짓말을 하고 있는 경우

직원 B A D 순으로 성과금이 늘었고, 직원 C와 E도 성과금이 늘었지만, 순위는 알 수 없다.

따라서 어떤 경우이든 ⑤의 경우는 항상 참이다.

05

A와 C의 진술은 서로 모순되므로 동시에 거짓이거나 참일 경우 성립하지 않는다. 또한 A가 거짓인 경우 불참한 스터디원이 2명 이상이 되므로 A는 반드시 참이어야 한다. 따라서 성립 가능한 경우는 다음과 같다.

1) B와 C가 거짓인 경우

A와 C, E는 스터디에 참석했으며 B와 D가 불참하였으므로 B와 D가 벌금을 내야 한다.

2) C와 D가 거짓인 경우

A와 D, E는 스터디에 참석했으며 B와 C가 불참하였으므로 B와 C가 벌금을 내야 한다.

3) C와 E가 거짓인 경우

불참한 스터디원이 C, D, E 3명이 되므로 성립하지 않는다.

따라서 B와 D 또는 B와 C가 함께 벌금을 내야하므로 보기 중 옳은 것은 ④이다.

06

한 명만 거짓말을 하고 있기 때문에 모두의 말을 참이라고 가정하고, 모순이 어디서 발생하는지 생각해 본다.
다섯 명의 말에 따르면, 1등을 할 수 있는 사람은 C밖에 없는데, E의 진술과 모순이 생기는 것을 알 수 있다.
만약 C의 진술이 거짓이라고 가정하면 1등을 할 수 있는 사람이 없게 되므로 모순이다.
따라서 E의 진술이 거짓이며 나올 수 있는 순위는 C－A－E－B－D, C－A－B－D－E, C－E－B－A－D임을 알 수 있다.

ⅰ) A가 진실을 말하는 경우

구분	A	B	C	D
피아노	×	×		
바이올린		×		×
트럼펫			○	○
플루트	△			

ⅱ) B가 진실을 말하는 경우

구분	A	B	C	D
피아노	○	×		
바이올린		○		×
트럼펫			○	×
플루트	×			

ⅲ) C가 진실을 말하는 경우

구분	A	B	C	D
피아노	○	○		
바이올린		×		○
트럼펫			○	×
플루트	△			

ⅳ) D가 진실을 말하는 경우

구분	A	B	C	D
피아노	○	×		
바이올린		×		×
트럼펫			×	×
플루트	○			

따라서 B가 참일 경우 주어진 조건에 따라 A는 피아노, B는 바이올린, C는 트럼펫, D는 플루트를 연주하며, 피아노를 연주하는 A는 재즈, 트럼펫과 바이올린을 연주하는 B와 C는 클래식, 그리고 플루트를 연주하는 D는 클래식과 재즈 모두를 연주한다.

ⅰ) A의 진술이 참일 경우

구분	대전지점	강릉지점	군산지점
A		○	○
B		○	
C		○	○

세 사람 중 누구도 대전지점에 가지 않았으므로 세 사람이 각각 다른 지점에 출장을 다녀왔다는 조건에 부합하지 않는다. 따라서 A의 진술은 거짓이다.

ⅱ) B의 진술이 참일 경우

구분	대전지점	강릉지점	군산지점
A	○		
B			○
C		○	

A는 대전지점에, B는 군산지점에, C는 강릉지점에 다녀온 것이 되므로 세 사람이 각각 다른 지점에 출장을 다녀왔다는 조건에 부합한다.

iii) C의 진술이 참일 경우

구분	대전지점	강릉지점	군산지점
A	○		
B		○	
C	○		

세 사람 중 누구도 군산지점에 가지 않았고 A와 C가 모두 대전지점에 갔으므로 세 사람이 각각 다른 지점에 출장을 다녀왔다는 조건에 부합하지 않는다. 따라서 C의 진술은 거짓이다.

따라서 B의 진술이 참이 되고 이를 올바르게 나열한 것은 ②이다.

대표기출유형 01 기출응용문제

01

정답 ②

K씨의 집과 여행지 사이의 거리를 $x$km라고 하자.
갈 때와 돌아올 때의 시간차이가 1시간 20분이므로
$$\frac{x}{80} - \frac{x}{120} = \frac{80}{60}$$
$$\rightarrow 3x - 2x = 320$$
$$\therefore x = 320$$
따라서 K씨의 집과 여행지 사이의 거리는 320km이다.

02

정답 ⑤

소희의 속력은 30km/h$= \frac{30}{60}$km/min$=500$m/min이고, 예성이의 분당 속력을 x라고 하면 다음과 같은 식이 성립한다.
$$500 \times 12 + 500 \times 20 = 20x$$
$$\therefore x = \frac{500 \times 12 + 500 \times 20}{20} = 800$$
따라서 예성이의 속력은 800m/min이다.

03

정답 ②

집으로 다시 돌아갈 때 거리 2.5km를 시속 5km로 걸었기 때문에 이때 걸린 시간은 $\frac{2.5}{5} = 0.5$시간(30분)이고, 회사로 자전거를

타고 출근하는 데 걸린 시간은 $\frac{5}{15} = \frac{20}{60}$ 시간(20분)이다.

따라서 총 50분이 소요되어 회사에 도착한 시각은 오전 7시 10분+50분=오전 8시이다.

04

정답 ④

A, B기차의 속력은 일정하며 두 기차가 터널 양 끝에서 동시에 출발하면 $\frac{1}{3}$ 지점에서 만난다고 했으므로 두 기차 중 하나는 다른

기차 속력의 2배인 것을 알 수 있다. 또한, A기차보다 B기차가 터널을 통과하는 시간이 짧으므로 B기차의 속력이 더 빠르다.
A기차의 길이를 xm, 속력을 ym/s라고 하자. B기차의 속력은 $2y$m/s이다.
$$570 + x = 50 \times y \cdots \bigcirc$$
$$570 + (x - 60) = 23 \times 2y \cdots \bigcirc$$
$\bigcirc$과 $\bigcirc$을 연립하면
$$60 = 4y \rightarrow y = 15$$
이를 $\bigcirc$에 대입하면
$$x = 50 \times 15 - 570 \rightarrow x = 180$$
따라서 A기차의 길이는 180m이다.

05

P점으로부터 멀리 있는 물체를 A, 가까이 있는 물체를 B라고 하자.

P로부터 B까지의 거리를 $x$km라 하면, A까지의 거리는 $4x$km이다.

13시간 후 P로부터 A까지의 거리는 $(4x+13)$km, B까지의 거리는 $(x+13)$km이므로

$(4x+13):(x+13)=7:5$

→ $7(x+13)=5(4x+13)$ → $13x=26$

∴ $x=2$

따라서 현재 P로부터 두 물체까지의 거리는 각각 $4×2=8$km, 2km이다.

06

A, B기차의 길이를 각각 a, bm라고 가정하고 터널을 지나는 시간에 대한 방정식을 세우면 다음과 같다.

• A기차 : $\dfrac{600+a}{36}=25$ → $600+a=900$ → $a=300$

• B기차 : $\dfrac{600+b}{36}=20$ → $600+b=720$ → $b=120$

따라서 A기차의 길이는 300m이며, B기차의 길이는 120m이다.

07

서울과 부산의 거리 490km에서 곡선 구간 거리를 제외한 직선 구간 거리는 $490-90=400$km이며, 걸린 시간은 $\dfrac{400}{200}=2$시간이다. 직선 구간의 이동시간과 대전역, 울산역, 광명역에서의 정차시간을 제외하면, $3-\left(2+\dfrac{5×3}{60}\right)=\dfrac{45}{60}$시간이 남는다.

따라서 남는 시간은 곡선 구간에서 이동한 시간이므로 곡선 구간에서의 속력은 $\dfrac{(거리)}{(시간)}=90÷\dfrac{45}{60}=120$km/h이다.

08

O사원이 걸어간 거리는 $1.8×0.25=0.45$km이고, 자전거를 탄 거리는 $1.8×0.75=1.35$km이다. 3km/h와 30km/h를 각각 분단위로 환산하면 각각 0.05km/분, 0.5km/분이다. 이를 기준으로 이동시간을 계산하면 O사원이 걸은 시간은 $\dfrac{0.45}{0.05}=9$분이고, 자전거를 탄 시간은 $\dfrac{1.35}{0.5}=2.7$분이다. 즉, 총 이동시간은 $9+2.7=11.7$분이고, 0.7분을 초로 환산하면 $0.7×60=42$초이다.

따라서 O사원이 출근하는 데 걸린 시간은 11분 42초이다.

09

B회사에서 C회사까지의 거리를 $x$km라고 하면 $\dfrac{1+1+x}{3}=\dfrac{5}{3}$이다.

∴ $x=3$

따라서 B회사부터 C회사까지의 거리는 3km이다.

01

5%의 묽은 염산의 양을 xg이라 하면 20%의 묽은 염산과 5%의 묽은 염산을 섞었을 때 농도가 10%보다 작거나 같아야 하므로

$$\frac{20}{100}\times300+\frac{5}{100}\times x \leq \frac{10}{100}(300+x)$$

$6,000+5x \leq 10(300+x) \rightarrow 5x \geq 3,000$

$\therefore x \geq 600$

따라서 필요한 5% 묽은 염산의 최소량은 600g이다.

02

100g의 식염수의 농도를 x%라고 하자.

$$100\times\frac{x}{100}+400\times\frac{20}{100}=(100+400)\times\frac{17}{100} \rightarrow x+80=85$$

$\therefore x=5$

따라서 100g의 식염수의 농도는 5%이다.

03

처음 소금의 양은 $0.05\times800=40$g이며, 이에 30g의 소금을 더 넣었으므로 총 소금의 양은 70g이다.

증발한 물의 양을 xg이라 하자.

$$\frac{40+30}{800+30-x}\times100=14 \rightarrow 14\times(830-x)=7,000 \rightarrow 830-x=500$$

$\therefore x=330$

따라서 증발한 물의 양은 330g이다.

04

농도가 10%, 6% 설탕물의 양을 각각 x, yg이라고 하자.

$x+y=300 \cdots \bigcirc$

$$\frac{0.1x+0.06y+20}{300+20}=0.12 \cdots \bigcirc$$

$\bigcirc$과 $\bigcirc$을 연립하면 $x=10$, $y=290$이고, 따라서 농도 6% 설탕물의 양은 290g이다.

05

처음 퍼낸 소금물의 양을 xg이라고 하자.

소금 20g과 물 80g을 섞은 소금물의 농도를 구하면 다음과 같다.

$$\frac{(600-x)\times\frac{8}{100}+20}{600-x+80+20}\times100=10$$

$\rightarrow \{(600-x)\times0.08+20\}\times100=10\times(600-x+80+20)$

$\rightarrow (600-x)\times8+2,000=7,000-10x$

$\rightarrow 6,800-8x=7,000-10x$

$\rightarrow 2x=200$

$\therefore x=100$

따라서 처음 퍼낸 소금물의 양은 100g이다.

06
정답 ④

500g의 설탕물에 녹아있는 설탕의 양은 xg이라고 하자.

3%의 설탕물 200g에 들어있는 설탕의 양은 $\frac{3}{100} \times 200 = 6$g이다.

$\frac{x+6}{500+200} \times 100 = 7 \rightarrow x+6=49$

따라서 500g의 설탕에 녹아있는 설탕의 양은 43g이다.

07
정답 ②

용질이 녹아있는 용액의 농도는 다음과 같이 구한다.

$(농도) = \frac{(용질의 양)}{(용액의 양)} \times 100$

농도=25%이고, 코코아 분말이 녹아있는 코코아용액은 700mL이므로,

코코아 분말의 양=700×0.25=175mL

따라서 코코아 분말은 175g이 들어 있음을 알 수 있다.

08
정답 ①

A소금물과 B소금물의 소금의 양을 구하면 각각 300×0.09=27g, 250×0.112=28g이다. 이에 따라 C소금물의 농도는

$\frac{27+28}{300+250} \times 100 = \frac{55}{550} \times 100 = 10\%$이다.

소금물을 덜어내도 농도는 변하지 않으므로 소금물은 550×0.8=440g이고, 소금의 양은 44g이다.

따라서 소금을 10g 더 추가했을 때의 소금물의 농도는 $\frac{44+10}{440+10} \times 100 = \frac{54}{450} \times 100 = 12\%$이다.

09
정답 ②

두 소금물을 합하면 소금물의 양은 800g이 되고, 이 소금물을 농도 10% 이상인 소금물로 만들기 위한 물의 증발량을 xg이라고 하자.

$\frac{(300 \times 0.07) + (500 \times 0.08)}{800-x} \times 100 \geq 10 \rightarrow (21+40) \times 10 \geq 800-x \rightarrow x \geq 800-610$

$\therefore x \geq 190$

따라서 800g인 소금물에서 최소 190g 이상의 물을 증발시켜야 농도 10% 이상인 소금물을 얻을 수 있다.

대표기출유형 03 ┃ 기출응용문제

01
정답 ③

A기계 1대와 B기계 1대가 한 시간에 담는 비타민제 통의 개수를 각각 a개, b개라 하자.

A기계 3대와 B기계 2대를 작동했을 때 담을 수 있는 비타민제는 1,600통이므로 $3a+2b=1,600$ … ㉠

A기계 2대와 B기계 3대를 작동했을 때 담을 수 있는 비타민제는 1,500통이므로 $2a+3b=1,500$ … ㉡

㉠×3-㉡×2를 하면

$5a=1,800 \rightarrow a=360$

구한 a값을 ㉠식에 대입하면

$3 \times 360 + 2b = 1,600 \rightarrow b=260$

$\therefore a+b=360+260=620$

따라서 한 시간 동안 담을 수 있는 개수는 620개이다.

02

정답 ②

VIP초대장을 만드는 일의 양을 1이라고 가정하자. 혼자서 만들 때 걸리는 기간은 A대리는 6일, B사원은 12일이므로 각각 하루에 끝낼 수 있는 일의 양은 $\frac{1}{6}$, $\frac{1}{12}$ 이다. 두 사람이 함께 일할 경우 하루에 끝내는 양은 $\frac{1}{6}+\frac{1}{12}=\frac{3}{12}=\frac{1}{4}$ 이다.

따라서 A대리와 B사원이 함께 초대장을 만들 경우 하루에 할 수 있는 일의 양은 $\frac{1}{4}$ 이므로 완료하는 데 걸리는 시간은 4일이다.

03

정답 ②

A트럭의 적재량을 a톤이라 하자. 하루에 두 번 옮기므로 $2a$톤씩 12일 동안 192톤을 옮기며 A트럭의 적재량은 $2a \times 12 = 192$ $\rightarrow a = \frac{192}{24} = 8$톤이 된다. A트럭과 B트럭이 동시에 운행했을 때는 8일이 걸렸으므로 A트럭이 옮긴 양은 $8 \times 2 \times 8 = 128$톤이며,

B트럭은 8일 동안 $192-128=64$톤을 옮기므로 B트럭의 적재량은 $\frac{64}{2 \times 8} = 4$톤이다. B트럭과 C트럭을 같이 운행했을 때 16일 걸렸다면 B트럭이 16일 동안 옮긴 양은 $16 \times 2 \times 4 = 128$톤이며, C트럭은 같은 기간 동안 64톤을 옮겼다.

따라서 C트럭의 적재량은 $\frac{64}{2 \times 16} = 2$톤이다.

04

정답 ②

기계마다 생산한 a부품과 b부품의 개수는 시간마다 계차수열로 늘어나고 있다.

• a부품 개수(기계 1)

100	→	210	→	330	→	460	→	(600)
	+110	→	+120	→	+130	→	+140	
		+10		+10		+10		

• b부품 개수(기계 2)

45	→	95	→	150	→	210	→	(275)
	+50	→	+55	→	+60	→	+65	
		+5		+5		+5		

각 기계에서 5시간 후 a부품은 600개, b부품은 275개가 생산되고, 만들 수 있는 완제품 개수는 a부품은 $\frac{600}{10}=60$개, b부품은 $\frac{275}{3} = 91$개이다.

따라서 5시간 후 생산한 a부품과 b부품으로 만들 수 있는 완제품은 최대 60개를 만들 수 있다.

05

정답 ③

24와 60의 최소공배수는 $2^3 \times 3 \times 5 = 120$이다.
따라서 두 톱니바퀴가 같은 톱니에서 처음으로 다시 맞물리려면 톱니바퀴 A는 $120 \div 24 = 5$바퀴를 회전해야 한다.

06

정답 ④

프로젝트를 끝내는 일의 양을 1이라고 가정한다. 혼자 할 경우 서주임이 하루에 할 수 있는 일의 양은 $\frac{1}{24}$이고, 김대리는 $\frac{1}{16}$이며, 함께 할 경우 $\frac{1}{24}+\frac{1}{16}=\frac{5}{48}$만큼 할 수 있다. 문제에서 함께 한 일수는 3일간이며, 김대리 혼자 한 날을 x일이라 하면 총 일의 양에 대한 방정식은 다음과 같다.

$$\frac{5}{48}\times3+\frac{1}{16}\times x=1 \rightarrow \frac{5}{16}+\frac{1}{16}\times x=1 \rightarrow \frac{1}{16}\times x=\frac{11}{16} \rightarrow x=11$$

따라서 김대리가 혼자 일하는 기간은 11일이고, 보고서를 제출할 때까지 3+11=14일이 걸린다.

07

정답 ③

A프린터가 한 대당 1분 동안 프린트 할 수 있는 용지매수를 x장, B프린터의 경우 y장이라 가정하고, 100장을 프린트하는 데 걸리는 시간에 대한 방정식을 세우면 다음과 같다.

$(3x+2y)\times4=100 \rightarrow 3x+2y=25 \cdots \bigcirc$

$(4x+y)\times5=100 \rightarrow 4x+y=20 \cdots \bigcirc$

$\bigcirc$과 $\bigcirc$을 연립하면 $x=3$, $y=8$이 나오므로 A프린터는 한 대당 1분에 3장, B프린터는 8장을 출력할 수 있다. 따라서 A프린터 2대와 B프린터 3대를 동시에 사용할 때 1분 동안 출력되는 용지는 $2\times3+8\times3=30$장이므로 100장을 출력하는 데 걸리는 시간은 3분 20초($=\frac{100}{30}$분)이다.

08

정답 ②

프로젝트를 완료하는 일의 양을 1이라 하면, A사원은 하루에 $\frac{1}{7}$, B사원은 하루에 $\frac{1}{9}$만큼의 일을 할 수 있다.

3일 동안 같이 한 일의 양은 $\left(\frac{1}{7}+\frac{1}{9}\right)\times3=\frac{16}{21}$이므로, A사원이 혼자 해야 할 일의 양은 $\frac{5}{21}$이 된다.

이때 프로젝트를 완료하는 데 걸리는 시간을 x일이라 하면,

$$\frac{1}{7}\times x=\frac{5}{21} \rightarrow x=\frac{5}{3}$$

따라서 A사원 혼자 프로젝트를 완료하는 데에는 총 2일이 더 걸린다.

09

정답 ②

수영장에 물이 가득 찼을 때의 물의 양을 1이라 하면, 수도관은 1분에 $\frac{1}{60}$만큼 물을 채우며, 배수로는 1분에 $\frac{1}{100}$만큼 물을 빼낸다.

따라서 $\dfrac{1}{\frac{1}{60}-\frac{1}{100}}=\dfrac{1}{\frac{1}{150}}=150$(분)으로 2시간 30분이다.

01

자두를 x개 산다고 하면 귤은 $(12-x)$개 살 수 있으므로
$1,000x+800(12-x)+2,500\leq13,000 \rightarrow x\leq4.5$
따라서 자두를 최대 4개까지 살 수 있다.

02

아르바이트생이 처음 가지고 있던 전단지 부수를 x부라 가정하고 A, B, C, D, E장소에 차례대로 나눠준 뒤, 장소마다 남은 부수의 개수는 다음 표와 같다. B, C, D장소에서는 먼저 한 부를 빼고 절반으로 나눠서 계산한다.

처음	A장소	B장소
x부	$\dfrac{x}{2}$	$\left(\dfrac{x}{2}-1\right)\times\dfrac{1}{2}=\dfrac{x-2}{4}$
C장소	D장소	E장소
$\left(\dfrac{x-2}{4}-1\right)\times\dfrac{1}{2}=\dfrac{x-6}{8}$	$\left(\dfrac{x-6}{8}-1\right)\times\dfrac{1}{2}$	$\left(\dfrac{x-6}{8}-1\right)\times\dfrac{1}{2}\times\dfrac{1}{2}=1$부

마지막 E장소까지 전단지를 나눠주고 남은 부수는 1부이므로 처음 가지고 있던 전단지 개수인 x에 관한 방정식을 풀면
$\left(\dfrac{x-6}{8}-1\right)\times\dfrac{1}{2}\times\dfrac{1}{2}=1 \rightarrow \dfrac{x-6}{8}-1=4 \rightarrow \dfrac{x-6}{8}=5 \rightarrow x-6=40 \rightarrow x=46$
따라서 A아르바이트생이 처음 받은 전단지 개수는 46부이다.

03

휴대전화까지 포함한 연결지점은 모두 12개이다.
12개의 연결 지점 중 1개의 연결 지점은 자신을 제외한 11개의 연결을 사용한다.
따라서 12가 11개씩 연결되어야 하므로, $12\times(12-1)=132$개가 연결된다.

04

5명을 한 팀으로 조직을 개편했을 때, 만들어지는 팀의 수를 x라고 하면 다음과 같은 식이 성립한다.
$5\times x+2=6\times(x-2)$
$\therefore x=14$
따라서 만들어지는 팀은 총 14팀이다.

05

아이들을 x명이라고 하면, 초콜릿의 개수는 $6(x-3)+2=4x+6$이므로 $x=11$이다.
따라서 초콜릿의 개수는 50개이고, 11명의 아이들에게 50개의 초콜릿을 5개씩 나눠주면 5개가 부족하게 된다.

06

작년 연수회에 참가한 여성의 수를 x명, 남성의 수를 y명이라고 하자.
$x=0.65(x+y) \cdots \unicode{x2E2D}$
$x-2,500=0.45(x-2,500+y+500) \rightarrow x-2,500=0.45(x+y-2,000) \rightarrow x-2,500=0.45(x+y)-900 \cdots \unicode{x24C1}$
㉠과 ㉡을 연립하면 다음과 같다.
$x-2,500=0.45(x+y)-900 \rightarrow x-2,500=\dfrac{45}{65}(x)-900 \rightarrow \dfrac{20}{65}x=1,600 \rightarrow x=5,200$
따라서 올해 연수회에 참가한 여성의 수는 $5,200-2,500=2,700$명이다.

07

사원들에게 수건을 남김없이 나누어 주기 위해서는 흰색 수건 $96-12=84$장, 하늘색 수건 $154-14=140$장, 연두색 수건 $134-22$ $=112$장이 필요하다. 이때 사원의 수는 84, 140, 112의 최대공약수인 28의 약수(1, 2, 4, 7, 14, 28) 중 하나가 된다. 사원 수의 범위는 24장의 수건을 사원들에게 나누어 주었을 때 수건이 남으므로 사원 수는 24보다 작고 세 가지 수건 중 가장 적게 남은 흰색 수건 개수인 12보다 커야 한다.

따라서 약수 중 이 범위에 14가 속하므로 L사의 사원은 총 14명이다.

08

전체 남직원과 전체 여직원의 수를 각각 x명, y명이라 가정하면 다음 두 방정식이 성립한다.

$x+y=36 \cdots \bigcirc$

$\dfrac{1}{6}x+\dfrac{1}{3}y=36\times\dfrac{2}{9} \rightarrow \dfrac{1}{6}x+\dfrac{1}{3}y=8 \rightarrow x+2y=48 \cdots \bigcirc$

두 방정식을 연립하면 $x=24$, $y=12$이므로 남직원은 24명, 여직원은 12명이다.

09

전체 합격자 수가 280명이므로 남학생 합격자는 $280\times\dfrac{5}{7}=200$명, 여학생은 $280-200=80$명이다. 불합격한 남학생과 여학생의

수를 각각 $4a$명, $3a$명이라 가정하고, 전체 학생 수에 대한 남녀 비율식을 세우면 다음과 같다.

$(200+4a):(80+3a)=3:2 \rightarrow (200+4a)\times2=(80+3a)\times3 \rightarrow 400+8a=240+9a \rightarrow a=160$

따라서 여학생 지원자는 $80+3\times160=560$명임을 알 수 있다.

대표기출유형 05 | 기출응용문제

01

- A씨(1시간 30분)의 주차요금 계산식

  $5,000=2,000+3x$

  $\therefore x=1,000$

- 거래처 직원(2시간 30분)의 주차요금 계산식

  $11,000=2,000+6\times1,000+2y=8,000+2y$

  $\therefore y=1,500$

따라서 $x+y=2,500$이다.

02

각자 낸 돈을 x원이라고 하면, 총금액은 $8x$원이다.

숙박비는 $8x\times0.3=2.4x$원, 외식비는 $2.4x\times0.4=0.96x$원, 남은 경비는 92,800원이므로 다음과 같은 식이 성립한다.

$8x-(2.4x+0.96x)=92,800$

$\rightarrow 4.64x=92,800$

$\therefore x=20,000$

따라서 각자 낸 돈은 20,000원이다.

03

정답 ③

옷의 정가를 x원이라 하자.

$x(1-0.2)(1-0.3)=280,000 \rightarrow 0.56x=280,000$

$\therefore x=500,000$

따라서 할인받은 금액은 $500,000-280,000=220,000$원이다.

04

정답 ③

5명이 입장할 때 추가 1명이 무료이기 때문에 6명씩 팀으로 계산하면 $6 \times 8=48$명으로 총 8팀이 구성된다. 53명 중 팀을 이루지 못한 5명은 할인을 받을 수 없다.

따라서 $5,000 \times 8=40,000$원의 할인을 받을 수 있게 된다.

05

정답 ②

• 0 ~ 100kW까지 10분당 지불해야 하는 비용 : $300 \div 6=50$원
• 100 ~ 200kW까지 10분당 지불해야 하는 비용 : $50 \times 1.7=85$원
• 200 ~ 240kW까지 10분당 지불해야 하는 비용 : $85 \times 1.7=144.5$원

10분에 20kW씩 증가하므로

• 0 ~ 100kW까지 비용 : $50 \times 5=250$원
• 100 ~ 200kW까지 비용 : $85 \times 5=425$원
• 200 ~ 240kW까지 비용 : $144.5 \times 2=289$원

$\therefore 250+425+289=964$원

06

정답 ③

지난 주에 주문한 생닭의 양은 $\dfrac{700,000}{1,400}=500$마리이다. 이번 주는 한 마리당 금액이 2,100원이라고 했으므로 생닭 구매로 지불한 총 비용은 $2,100 \times 500=1,050,000$원이다.

07

정답 ②

상품의 원가를 x원이라고 하자.

$a=1.1(x+1,000) \rightarrow \dfrac{10}{11}a=x+1,000$

$\therefore x=\dfrac{10}{11}a-1,000$

08

정답 ④

A, B, C, D가 저녁식사 후 지불한 금액을 각각 A, B, C, D원이라고 하자.

주어진 조건을 정리하면 다음과 같다.

• $(B+C+D) \times \dfrac{20}{100}=A \rightarrow B+C+D=5A \cdots$ ①

• $(A+B) \times \dfrac{40}{100}=C \rightarrow A+B=2.5C \cdots$ ②

• $A+B=C+D \cdots$ ③

• $D-16,000=A \cdots$ ④

②와 ③을 연립하면 $C+D=2.5C \rightarrow D=1.5C \cdots$ ㉠

㉠을 ④에 대입하면 $A=1.5C-16,000 \cdots$ ㉡

㉠, ㉡을 ③에 대입하면 $B=2.5C-A=2.5C-1.5C+16,000=C+16,000 \cdots$ ㉢

㉠, ㉡, ㉢을 이용해 ①을 정리하면

$C+16,000+C+1.5C=7.5C-80,000 \rightarrow 3.5C+16,000=7.5C-80,000$

$\rightarrow 16,000+80,000=7.5C-3.5C$

$\rightarrow 96,000=4C$

$\therefore C=24,000$

따라서 C가 낸 금액은 24,000원이다.

09

정답 ②

• 부품 구매 시 : 280원×10,000개=2,800,000원
• 자가 생산 시 : 270원×10,000개+20만 원=2,900,000원

부품 구매 시 자가 생산 대비 10만 원의 이익을 얻는다.

대표기출유형 06 기출응용문제

01

정답 ④

펜 4자루를 3개 상자로 나누는 방법은 (2, 1, 1)이고, 네 종류의 펜 중 두 종류가 같이 들어가야 하는 경우의 수이므로 $_4C_2=\dfrac{4\times3}{2}$ $=6$가지이다. 상자에 펜을 먼저 나눠 넣은 후, 지우개도 각 상자에 1개 이상 넣어야 하기 때문에 3개를 제외하고 9개를 세 상자에 배분하는 경우의 수는 중복 조합으로 구할 수 있다. 지우개 개수를 x, y, z개라고 하자.

$x+y+z=9(x, y, z$는 0 이상의 정수)이므로 중복 조합을 활용하여 구하면 $_9H_3=_{11}C_3=\dfrac{11\times10\times9}{3\times2\times1}=165$이다.

따라서 각 상자 안에 펜과 지우개를 적어도 각각 하나 이상 넣을 수 있는 경우의 수는 $6\times165=990$가지이다.

02

정답 ④

A가 선물 1개를 가질 경우 B, C가 선물 13개를 나누어 갖는 방법은 (1, 12), (2, 11), (3, 10), (4, 9), (5, 8), (6, 7), (7, 6), (8, 5), (9, 4), (10, 3), (11, 2), (12, 1)로 총 12가지이다. 같은 방법으로 A가 선물 2개를 가질 경우 B, C가 선물 12개를 나누어 갖는 방법(11가지), A가 선물 3개를 가질 경우 B, C가 선물 11개를 나누어 갖는 방법(10가지) (…) A가 선물 12개를 가질 경우 B, C가 선물 2개를 나누어 갖는 방법(1가지)을 모두 구하여 더하면 된다.

따라서 구하는 경우의 수는 $12+11+10+\cdots+3+2+1=78$가지이다.

03

정답 ②

i) 친가를 거친 후, 외가를 가는 경우

　3가지(승용차, 버스, 기차)×2가지(버스, 기차)=6가지

ii) 외가를 거친 후, 친가를 가는 경우

　3가지(비행기, 기차, 버스)×2가지(버스, 기차)=6가지

따라서 친가와 외가를 가는 방법의 경우의 수는 6+6=12가지이다.

04

정답 ④

희진이가 반죽을 만드는 데 걸리는 시간이 12분이므로, 빵을 만드는 데 쓸 수 있는 시간은 48분이다.
단팥빵을 x개, 크림빵을 y개 만들었다면, 걸린 시간은 $3x+7y=48$로 나타낼 수 있다.
이를 만족하는 x, y를 순서쌍으로 나타내면 (2, 6), (9, 3)이다.
ⅰ) $x=2$, $y=6$인 경우

   $\dfrac{8!}{2! \times 6!}=28$가지

ⅱ) $x=9$, $y=3$인 경우

   $\dfrac{12!}{9! \times 3!}=220$가지

따라서 희진이가 빵 굽는 순서를 다르게 할 수 있는 방법은 $28+220=248$가지이다.

05

정답 ④

위원회를 구성할 수 있는 경우의 수는 학생회장과 A교수가 동시에 뽑히는 경우를 제외한 것과 같다. 전체 인원 12명 중 5명을 뽑는 경우의 수는 $_{12}C_5=\dfrac{12 \times 11 \times 10 \times 9 \times 8}{5 \times 4 \times 3 \times 2 \times 1}=792$가지이다. 학생회장과 A교수가 같이 대표로 뽑힐 경우의 수는 12명 중 이 두 명을 제외하고 10명에서 3명을 뽑는 방법으로 $_{10}C_3=\dfrac{10 \times 9 \times 8}{3 \times 2 \times 1}=120$가지이다.
따라서 위원회를 구성하는 경우의 수는 $792-120=672$가지이다.

06

정답 ⑤

7일 중 4일 수영을 하는 경우의 수는 $_7C_4=_7C_3=\dfrac{7 \times 6 \times 5}{3 \times 2}=35$가지이고, 이틀은 세 종목 중 두 종목을 고르고 일주일 중 4일을 제외한 3일 중 이틀을 할 수 있기 때문에 $_3C_2 \times _3C_2 \times 2!=18$가지이다. 마지막으로 남은 하루는 세 종목에서 한 종목을 택하는 것으로 3가지 경우가 있다.
따라서 철수가 세울 수 있는 일주일간 운동 계획의 경우의 수는 $35 \times 18 \times 3=1,890$가지이다.

07

정답 ②

5개의 숫자 중 4개의 숫자를 뽑는 경우의 수는 $_5C_4=5$가지이다. 뽑힌 4개의 숫자 중 가장 큰 숫자와 가장 작은 숫자 2개를 제외하고 나머지 숫자 2개의 순서만 정하면 되므로 총 10번의 시도를 하면 비밀번호를 찾을 수 있다.

08

정답 ②

먼저 어른들이 원탁에 앉는 경우의 수는 $(3-1)!=2$가지이다. 그리고 어른들 사이에 아이들이 앉는 경우의 수는 $3!=6$가지이다.
따라서 원탁에 앉을 수 있는 모든 경우의 수는 $2 \times 6=12$가지이다.

09

정답 ⑤

ⅰ) 서로 다른 주사위 2개를 던져 나오는 눈의 수의 합이 4인 경우 : (1, 3), (2, 2), (3, 1)의 3가지
ⅱ) 서로 다른 주사위 2개를 던져 나오는 눈의 수의 합이 7인 경우 : (1, 6), (2, 5), (3, 4), (4, 3), (5, 2), (6, 1)의 6가지
따라서 나오는 눈의 수의 합이 4 또는 7이 나오는 경우의 수는 9가지이다.

01

주사위를 세 번 던져서 점 P에 대응하는 수가 1이려면 오른쪽으로 두 번, 왼쪽으로 한 번 움직여야 한다.
따라서 짝수의 눈이 두 번, 홀수의 눈이 한 번 나와야 한다.

(짝수의 눈이 나올 확률)$=\dfrac{3}{6}=\dfrac{1}{2}$

(홀수의 눈이 나올 확률)$=\dfrac{3}{6}=\dfrac{1}{2}$

짝수의 눈이 두 번, 홀수의 눈이 한 번 나오는 경우의 수는
(홀수, 짝수, 짝수), (짝수, 홀수, 짝수), (짝수, 짝수, 홀수)

모두 3가지이고 각각의 확률은 $\dfrac{1}{2}\times\dfrac{1}{2}\times\dfrac{1}{2}=\dfrac{1}{8}$로 같으므로 구하는 확률은 $3\times\dfrac{1}{8}=\dfrac{3}{8}$이다.

02

주사위를 던졌을 때 4보다 큰 수인 5와 6이 나올 확률은 $\dfrac{1}{3}$, 동전의 앞면이 나올 확률은 $\dfrac{1}{2}$이다.

따라서 구하는 확률은 $\dfrac{1}{3}\times\dfrac{1}{2}=\dfrac{1}{6}$이다.

03

ⅰ) 홀수가 적힌 공이 나오고, 주사위를 2번 던졌을 때 합이 5인 경우

- 홀수 공을 뽑았을 확률 : $\dfrac{3}{5}$

- 주사위 숫자 합이 5일 경우의 수 : (1, 4), (2, 3), (3, 2), (4, 1) → 4가지

  홀수가 적힌 공이 나오고, 주사위 2번 던졌을 때 합이 5일 확률은 $\dfrac{4}{36}\times\dfrac{3}{5}=\dfrac{1}{15}$이다.

ⅱ) 짝수 공이 나오고, 주사위 3번 던졌을 때 합이 5인 경우

- 짝수 공이 나올 확률 : $\dfrac{2}{5}$

- 주사위 숫자 합이 5일 경우 : (3, 1, 1), (1, 3, 1), (1, 1, 3), (2, 2, 1), (2, 1, 2), (1, 2, 2) → 6가지

  짝수 공이 나오고, 주사위 3번 던졌을 때 합이 5일 확률은 $\dfrac{6}{6^3}\times\dfrac{2}{5}=\dfrac{1}{90}$이다.

따라서 공을 하나를 꺼내고, 주사위를 던져 나온 숫자 총합이 5일 확률은 $\dfrac{1}{15}+\dfrac{1}{90}=\dfrac{7}{90}$이므로 $p+q=90+7=97$이다.

04

- 흰 구슬, 흰 구슬, 검은 구슬 순서로 뽑을 확률 : $\dfrac{3}{8}\times\dfrac{2}{7}\times\dfrac{5}{6}=\dfrac{5}{56}$

- 흰 구슬, 검은 구슬, 흰 구슬 순서로 뽑을 확률 : $\dfrac{3}{8}\times\dfrac{5}{7}\times\dfrac{2}{6}=\dfrac{5}{56}$

- 검은 구슬, 흰 구슬, 흰 구슬 순서로 뽑을 확률 : $\dfrac{5}{8}\times\dfrac{3}{7}\times\dfrac{2}{6}=\dfrac{5}{56}$

따라서 구하는 확률은 $\dfrac{5}{56}+\dfrac{5}{56}+\dfrac{5}{56}=\dfrac{15}{56}$이다.

05

ⅰ) 네 번째 시합에서 홍보부서가 우승할 경우는 네 경기 모두 홍보부서가 이겨야하므로 확률은 $\frac{1}{2} \times \frac{1}{2} \times \frac{1}{2} \times \frac{1}{2} = \frac{1}{16}$이다.

ⅱ) 다섯 번째 시합에서 홍보부서가 우승할 경우는 홍보부서는 네 번째 시합까지 3승 1패를 하고, 다섯 번째 시합에서 이겨야 한다. 홍보부서가 한 번 졌을 경우는 총 4가지이므로 확률은 $4 \times \left(\frac{1}{2} \times \frac{1}{2} \times \frac{1}{2} \times \frac{1}{2} \right) = \frac{1}{4}$이다.

따라서 홍보부서가 네 번째 시합 또는 다섯 번째 시합에서 결승에 우승할 확률은 $\frac{1}{16} + \frac{1}{4} = \frac{1+4}{16} = \frac{5}{16}$임을 알 수 있다.

06

전 직원의 수를 100명이라 가정하고 남직원과 여직원의 인원을 구하면 다음 표와 같다.

(단위 : 명)

구분	남직원	여직원	계
경력직	$60 \times 0.25 = 15$	$40 \times 0.15 = 6$	21
신입	$60 - 15 = 45$	$40 - 6 = 34$	79
합계	$100 \times \frac{3}{5} = 60$	$100 \times \frac{2}{5} = 40$	100

따라서 경력직 직원 중 한 명을 뽑을 때, 그 직원이 여직원일 확률은 $\frac{6}{21} = \frac{2}{7}$이다.

07

전체 당원을 120명이라고 가정하고 조건부 확률로 표로 나타내면 다음과 같다. 전체 당원 중 여당이 뽑힐 확률은 $\frac{2}{3}$이므로 여당은 80명이고, 전체 당원중 여자가 뽑힐 확률은 $\frac{3}{10}$이므로 여자는 총 36명이 된다.

여당에서 뽑혔을 때 남자일 확률이 $\frac{3}{4}$이므로 80명 중 60명이 남자임을 알 수 있다.

구분	야당	여당	합계
남자	24	60	84
여자	16	20	36
합계	40	80	120

따라서 남자가 의장으로 뽑혔을 때, 의장이 야당일 확률은 84명 중 24명이므로 $\frac{24}{84} = \frac{2}{7}$이다

08

관객 50명 중 A 또는 B영화를 관람한 인원은 $50 - 15 = 35$명이다. 또한 B영화만 관람한 관객은 A 또는 B영화를 관람한 인원에서 A영화를 본 관객을 제외하면 되므로 $35 - 28 = 7$명임을 알 수 있다.

따라서 관객 50명 중 한 명을 택할 경우 그 관객이 B영화만 관람한 관객일 확률은 $\frac{7}{50}$이다.

09

ⅰ) 첫 번째 불량품이 나오고 두 번째에 불량품이 나올 확률은 $\frac{3}{10} \times \frac{2}{9} = \frac{6}{90}$ 이다.

ⅱ) 처음에 불량품이 나오지 않고 두 번째에 불량품이 나올 확률은 $\frac{7}{10} \times \frac{3}{9} = \frac{21}{90}$ 이다.

따라서 두 번째에 불량품이 나올 확률은 $\frac{6}{90} + \frac{21}{90} = \frac{27}{90} = \frac{3}{10}$ 이다.

대표기출유형 08 기출응용문제

01

정답 ②

100대 기업까지 48.7%이고, 200대 기업까지 54.5%이다.
따라서 101 ~ 200대 기업이 차지하고 있는 비율은 54.5－48.7＝5.8%이다.

오답분석
①·③ 표를 통해 쉽게 확인할 수 있다.
④ 표를 통해 0.2%p 감소했음을 알 수 있다.
⑤ 등락률이 상승과 하락의 경향을 보이므로 올바른 판단이다.

02

정답 ①

4월 ~ 7월까지 상장주식수가 전월 대비 계속 증가하는 업종은 유통업이며, 전월 대비 증가량이 가장 적은 달은 6월(1,694－1,691 ＝3백만 주)이다.

오답분석
② 3월 ~ 7월 동안 상장주식수가 동일한 달이 있는 업종은 '통신업, 의료정밀, 화학'이다. 세 업종의 7월 상장주식수의 총합은 877＋113＋3,378＝4,368백만 주로 40억 주 이상이다.
③ 건설업의 전월 대비 4월 상장주식수 증감률은 $\frac{3,279-3,293}{3,293} \times 100 ≒ -0.4\%$이고, 전월 대비 6월의 증감률은 $\frac{3,327-3,322}{3,322}$ $\times 100 ≒ 0.2\%$이다. 따라서 두 증감률의 차이는 0.4－0.2＝0.2%p이다.
④ 매월 상장주식수가 가장 많은 두 업종은 건설업과 화학이며, 두 업종의 5월 총 상장주식수는 3,322＋3,375＝6,697백만 주이고, 나머지(통신업, 의료정밀, 유통업) 상장주식수 합은 877＋939＋1,691＝3,507백만 주이다. 따라서 화학과 건설업의 상장주식 수 합은 나머지 상장주식수 합의 2배(3,507×2＝7,014백만 주)보다 적다.
⑤ 4월 대비 5월의 의료정밀 상장주식수 증감량은 939－1,050＝－111백만 주이며, 유통업 상장주식수 증감량인 1,691－1,678＝ 13백만 주의 8배(13×8＝104백만 주)보다 많다.

03

정답 ③

첫 번째 조건에 따르면, 국가연구개발 사업비가 2021년부터 2023년까지 매년 증가한 분야는 A ~ D 중 A와 D이다. 따라서 사회질 서 및 안전 분야는 A or D이다.
두 번째 조건에 따르면, A ~ D 중 2022 ~ 2023년 동안 매년 국가연구개발 사업비가 우주개발 및 탐사 분야와 환경 분야의 국가연구 개발 사업비의 합의 2배보다 컸던 항목은 A이므로 A가 국방 분야이고, 사회질서 및 안전 분야는 D가 된다.
네 번째 조건은 C와 B가 에너지 또는 지구개발 및 탐사 분야에 해당되는 것만 추론할 수 있다.

세 번째 조건에 따르면 2021년과 2023년에 지구개발 및 탐사 분야와 우주개발 및 탐사 분야의 국가연구개발 사업비의 합은 에너지 분야의 사업비보다 작다고 했으므로 지구개발 및 탐사 분야는 C로 하여 각각 5,041+3,256=8,297억 원, 5,069+3,043=8,112억 원이 나오고, 나머지 에너지 분야를 B라고 가정하면 각각 15,311억 원, 11,911억 원으로 조건에 부합하여 B가 에너지 분야이며 C가 지구개발 및 탐사 분야임을 알 수 있다.

구분	분야
A	국방
B	에너지
C	지구개발 및 탐사
D	사회질서 및 안전

04

정답 ④

2018년 노령연금 수급자 대비 유족연금 수급자 비율은 $\dfrac{485,822}{2,748,455}\times100 ≒ 17.7\%$이며, 2020년 노령연금 수급자 대비 유족연금

수급자 비율은 $\dfrac{563,996}{2,947,422}\times100 ≒ 19.1\%$이므로 2020년이 더 높다.

오답분석

① 조사기간 동안 유족연금 수급자 수는 매년 증가했다.

② $\dfrac{563,996}{2,947,422}\times100 ≒ 19.1\%$이므로 20% 미만이다.

③ 전년 대비 2020년에는 346명, 2019년에는 301명이 증가했다. 따라서 가장 많이 증가한 해는 2020년이다.

⑤ 2023년 장애연금 수급자와 노령연금 수급자 수의 차이는 3,706,516-75,486=3,631,030명으로 가장 크다.

05

정답 ⑤

㉠ 2016년 회계상부채의 부채 중 구성비는 $\dfrac{32.8}{130.6}\times100 ≒ 25.1\%$이고, 2017년에는 $\dfrac{34.2}{138.1}\times100 ≒ 24.8\%$이다. 따라서 2017년 에 전년 대비 부채 중 구성비가 감소하였다.

㉡ 2017년의 경우 이자부담부채비율은 전년 대비 증가하였으나, 부채비율은 전년 대비 감소하였다.

㉣ C사의 금융부채 증가규모는 자료의 기간 중 2014년부터 감소세가 시작되었다. 2019년은 금융부채 증가규모의 감소가 아니라, 금융부채 증가규모가 0 이하로 하락하기 시작하며 금융부채의 감소가 시작된 시점이다.

㉤ 2014 ~ 2023년 전년 대비 금융부채 증가규모에 따르면, 2022년과 2021년에는 전년 대비 금융부채의 증가규모가 -6.8조 원으로 동일한 것이지, 감소율이 동일한 것이 아니다. 2년 연속 전년 대비 감소폭이 동일하다면, 최근 연도의 감소율이 더 높다.

오답분석

㉢ 부채비율 대비 이자부담부채비율은 2020년에 $\dfrac{252}{376}\times100 ≒ 67.0\%$이고, 2021년은 $\dfrac{213}{342}\times100 ≒ 62.3\%$로 2021년에 전년 대비 감소하였다.

06

정답 ②

2040년의 고령화율이 2010년 대비 2배 이상 증가하는 나라는 ㉠한국(3.0배), ㉣브라질(2.5배), ㉤인도(2.0배)이다.

㉠ 한국 : $\dfrac{33.0}{11.0}=3.0$배

㉡ 미국 : $\dfrac{21.2}{13.1} ≒ 1.6$배

㉢ 일본 : $\dfrac{34.5}{23.0}=1.5$배

㉣ 브라질 : $\dfrac{17.6}{7.0} ≒ 2.5$배

㉤ 인도 : $\dfrac{10.2}{5.1}=2.0$배

07

정답 ②

연도별 마늘 재배면적 및 가격 추이를 살펴보면 마늘의 재배면적이 넓어질 때, 가격이 상승하는 경우도 있다는 것을 알 수 있다.

오답분석

① 조생종의 증감률은 −6.5%이고, 중만생종의 증감률은 −1.0%이다.

③ 마늘의 재배면적은 2019년이 29,352ha로 가장 넓다.

④ 2023년 양파의 면적은 19,896ha → 19,538ha로 감소하였고, 마늘은 20,758ha → 24,864ha로 증가하였다.

⑤ 마늘 가격은 2020년 이래로 계속 증가하여 2023년에는 6,364원이 되었다.

08

정답 ④

농업에 종사하는 고령근로자 수는 $600 \times 0.2 = 120$명이고, 교육 서비스업은 $48,000 \times 0.11 = 5,280$명, 공공기관은 $92,000 \times 0.2 = 18,400$명이다. 따라서 총 $120 + 5,280 + 18,400 = 23,800$명으로 과학 및 기술업에 종사하는 고령근로자 수 $160,000 \times 0.125 = 20,000$명보다 많다.

오답분석

① 건설업에 종사하는 고령근로자 수는 $97,000 \times 0.1 = 9,700$명으로 외국기업에 종사하는 고령근로자 수의 3배인 $12,000 \times 0.35 \times 3 = 12,600$명 이하이다.

② 국가별 65세 이상 경제활동 조사 인구가 같을 경우 그래프에 나와 있는 비율로 비교하면 된다. 따라서 미국의 고령근로자 참가율 17.4%는 영국의 참가율의 3배인 $8.6 \times 3 = 25.8\%$ 이하이다.

③ 모든 업종의 전체 근로자 수에서 제조업에 종사하는 전체 근로자 비율은 $\dfrac{1,080}{0.6+1,080+97+180+125+160+48+92+12} \times 100 = \dfrac{1,080}{1,794.6} \times 100 = 60.2\%$이다. 따라서 80% 미만이다.

⑤ 독일, 네덜란드와 아이슬란드의 65세 이상 경제활동 참가율 합은 $4.0 + 5.9 + 15.2 = 25.1\%$이고, 한국은 29.4%이다. 세 국가의 참가율 합은 한국의 참가율 합의 $\dfrac{25.1}{29.4} \times 100 = 85.4\%$로 90% 미만이다.

09

정답 ④

독일과 일본의 국방예산 차액은 $461 - 411 = 50$억 원이고, 영국과 일본의 차액은 $487 - 461 = 26$억 원이다. 따라서 영국과 일본의 차액은 독일과 일본의 차액의 $\dfrac{26}{50} \times 100 = 52\%$를 차지한다.

오답분석

① 국방예산이 가장 많은 국가는 러시아(692억 원)이며, 가장 적은 국가는 한국(368억 원)으로 두 국가의 예산 차액은 $692 - 368 = 324$억 원이다.

② 사우디아라비아의 국방예산은 프랑스의 국방예산보다 $\dfrac{637 - 557}{557} \times 100 = 14.4\%$ 많다.

③ 인도보다 국방예산이 적은 국가는 영국, 일본, 독일, 한국, 프랑스이다.

⑤ 8개 국가 국방예산 총액은 $692 + 637 + 487 + 461 + 411 + 368 + 559 + 557 = 4,172$억 원이며, 한국이 차지하는 비중은 $\dfrac{368}{4,172} \times 100 = 8.8\%$이다.

01

정답 ①

설문에 응한 총 고객 수를 x명이라고 하면 연비를 장점으로 선택한 260명의 고객은 전체의 13%이므로 다음과 같은 식이 성립한다.

$\dfrac{13}{100}x=260$

$\therefore\ x=2,000$

따라서 설문에 응한 총 고객 수는 2,000명이다.

02

정답 ③

A와 D는 각각 문제해결능력과 의사소통능력에서 과락이므로 제외한다.

합격 점수 산출법에 따라 B는 39+21+22=82점, C는 36+16.5+20=72.5점, E는 54+24+19.6=97.6점이다.

따라서 B와 E가 합격자이다.

03

정답 ⑤

- (가) : $\dfrac{34,273-29,094}{29,094}\times100\fallingdotseq17.8$

- (나) : $66,652+34,273+2,729=103,654$

- (다) : $\dfrac{103,654-91,075}{91,075}\times100\fallingdotseq13.8$

04

정답 ④

퇴근시간대인 16:00~20:00에 30대 및 40대의 누락된 유동인구 비율을 찾아낸 뒤 100,000명을 곱하여 설문조사 대상 인원 수를 산출하면 된다. 우측 및 하단 합계 및 주변 정보를 통해서 다음과 같이 빈 공간의 비율을 먼저 채운다.

구분	10대	20대	30대	40대	50대	60대	70대	합계
08:00~12:00	1	1	3	4	1	0	1	11
12:00~16:00	0	2	3	4	3	1	0	13
16:00~20:00	4	3	10	11	2	1	1	32
20:00~24:00	5	6	14	13	4	2	0	44
합계	10	12	30	32	10	4	2	100

위 결과를 토대로 30~40대 퇴근시간대 유동인구 비율은 10+11=21%임을 확인할 수 있다.

따라서 100,000×0.21=21,000명이므로, 설문지는 21,000장을 준비하면 된다.

05

정답 ②

카르보나라, 알리오올리오, 마르게리타피자, 아라비아타, 고르곤졸라피자의 할인 후 금액을 각각 a원, b원, c원, d원, e원이라 하자.

- $a+b=24,000\ \cdots\ \bigcirc$
- $c+d=31,000\ \cdots\ \bigcirc\hspace-0.9em\bigcirc$
- $a+e=31,000\ \cdots\ \bigcirc\hspace-0.9em\bigcirc$
- $c+b=28,000\ \cdots\ \textcircled{ㄹ}$
- $e+d=32,000\ \cdots\ \textcircled{ㅁ}$

$\bigcirc\sim\textcircled{ㅁ}$의 좌변과 우변을 모두 더하면

$2(a+b+c+d+e)=146,000$

$a+b+c+d+e=73,000\ \cdots\ \textcircled{ㅂ}$

ⓑ에 ⓒ과 ⓓ을 대입하면

$a+b+c+d+e=(a+e)+(c+b)+d=31,000+28,000+d=73,000$

즉, $d=73,000-59,000=14,000$

따라서 아라비아타의 할인 전 금액은 $14,000+500=14,500$원이다.

06

정답 ③

사교육에 참여한 학생의 시간당 사교육비를 구하면 다음과 같다.

$$\frac{(참여\ 학생\ 1인당\ 월\ 평균\ 사교육비)}{(한\ 달간\ 사교육\ 참여\ 시간)}=\frac{(참여\ 학생\ 1인당\ 월\ 평균\ 사교육비)}{[사교육\ 참여\ 시간(주당평균)]\times4}=\frac{61.1}{4.8\times4}≒3.2$$

따라서 사교육에 참여한 학생의 시간당 사교육비는 약 32,000원이다.

07

정답 ④

ⓛ 2023년 1분기의 영업이익률은 $\frac{-278}{9,332}\times100≒-2.98\%$이며, 4분기의 영업이익률은 $\frac{-998}{9,192}\times100≒-10.86\%$이다. 따라서 2023년 4분기의 영업이익률은 1분기보다 감소하였음을 알 수 있다.

ⓔ 2023년 3분기의 당기순손실은 직전 분기 대비 $\frac{1,079-515}{515}\times100≒109.51\%$ 증가하였으므로 100% 이상 증가하였음을 알 수 있다.

[오답분석]

ⓐ 영업손실이 가장 적은 1분기의 영업이익이 가장 크다.

ⓒ 2023년 2분기와 4분기의 매출액은 직전 분기보다 증가하였으나, 3분기의 매출액은 2분기보다 감소하였다.

08

정답 ④

$\frac{70.8-64.9}{64.9}\times100≒9.1\%$

따라서 구하는 증가율은 9.1%이다.

09

정답 ③

$(17,520-10,950)\times3=19,710$

따라서 구하는 값은 19,710백만 원이다.

대표기출유형 10 | 기출응용문제

01

정답 ②

연도별 누적 막대그래프로, 각 지역의 적설량이 올바르게 나타나 있다.

[오답분석]

① 적설량의 단위는 'm'가 아니라 'cm'이다.

③ 수원과 강릉의 2020년, 2021년 적설량 수치가 서로 바뀌었다.

④ 그래프의 가로축을 지역으로 수정해야 한다.

⑤ 서울과 수원의 그래프 수치가 서로 바뀌었다.

02

4월 전월 대비 수출액은 감소했고, 5월 전월 대비 수출액은 증가했는데, 반대로 나타나 있다.

03

오답분석

① 자료보다 2020년 컴퓨터 수치가 낮다.
② 자료보다 2020년 스마트폰 수치가 높다.
④ 자료보다 2023년 스마트폰 수치가 높다.
⑤ 자료보다 2023년 스마트패드 수치가 높다.

04

오답분석

① 자료보다 2017년 남자 사망자 수의 수치가 높다.
② 자료보다 2017년 여자 사망자 수의 수치가 높다.
③ 자료보다 2020년 남자 사망자 수의 수치가 낮다.
④ 자료보다 2021년 여자 사망자 수의 수치가 높다.

05

오답분석

② 자료보다 2017년 영아의 수치가 낮다.
③ 자료보다 2018년 영아의 수치가 높다.
④ 자료보다 2021년 유아의 수치가 낮다.
⑤ 자료보다 2023년 유아의 수치가 높다.

대표기출유형 11   기출응용문제

01

앞의 항에 +4, +8, +12, …인 수열이다.

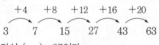

따라서 (   )=27이다.

02

앞의 항에 +0.2, +0.25, +0.3, +0.35, …씩 더해지는 수열이다.
따라서 (   )=1.8+0.4=2.2이다.

03

앞의 항에 1, 1.1, 2, 2.2, 3, 3.3, …을 더하는 수열이다.
따라서 (   )=4.4=28이다.

04

정답 ②

홀수 항은 (그 전 홀수 항+1)×3이고, 짝수 항은 (그 전 짝수 항+1)×3인 수열이다.
따라서 (   )=(30+1)×3=93이다.

05

정답 ④

첫 번째 항부터 +3, +4의 배수($4n$)가 번갈아 가며 적용되는 수열이다(n은 1부터 순서대로 커진다).
따라서 (   )=21+3=24이다.

06

정답 ③

첫 번째 항부터 −17, +5의 배수($5n$)를 번갈아 적용하는 수열이다(n은 1부터 +1씩 순서대로 커진다).
따라서 (   )=14−17=−3이다.

07

정답 ②

첫 번째 항부터 $\times \dfrac{3}{2}$, $\times \dfrac{4}{3}$를 번갈아 적용하는 수열이다.

따라서 (   )$=528 \times \dfrac{4}{3}=704$이다.

08

정답 ①

첫 번째 항부터 ×7, −11을 번갈아 적용하는 수열이다.
따라서 (   )=1,099−11=1,088이다.

09

정답 ②

- A : A에 나열되는 수들 사이에서는 특정한 관계나 증가량의 일정한 변화를 파악하기 힘들지만, 순서, B와의 관계까지 파악하면, 순서를 나타내는 수와 B의 수를 곱한 값임을 알 수 있다.
- B : 2, 3, 5, 7, 11, 13은 소수이므로, B에는 소수를 나열하고 있음을 알 수 있다.

A와 B에 대한 위의 규칙에 따라 11번째로 나열될 A와 B의 값을 구하면 다음과 같다.

순서	1	2	3	4	5	6	7	8	9	10	11
A	2	6	15	28	55	78	119	152	207	290	341
B	2	3	5	7	11	13	17	19	23	29	31

따라서 A의 11번째 자리에 오는 수는 11×31=341이고, B의 11번 째 자리에 오는 수는 31이다.

10

정답 ⑤

첫 항은 220이고 n시간($n \geq 1$)이 경과할 때마다 2^{n-1}씩 증가한다.
n시간 경과했을 때의 세포 수를 a_n개라고 하면 다음과 같은 식이 성립한다.

$$a_n = 220 + \sum_{k=1}^{n} 2^{k-1}, \quad \sum_{k=1}^{n} 2^{k-1} = \frac{2^n - 1}{2-1} = 2^n - 1$$

$\rightarrow a_n = 220 + 2^n - 1 = 219 + 2^n$

따라서 9시간 경과 후에는 $219 + 2^9 = 731$개가 된다.

대표기출유형 02 기출응용문제

01 정답 ④

출산장려금 지급 시기의 가장 우선순위인 임신일이 가장 긴 임산부는 B, D, E임산부이다. 이 중에서 만 19세 미만인 자녀 수가 많은 임산부는 D, E임산부이고, 소득 수준이 더 낮은 임산부는 D임산부이다.
따라서 D임산부가 가장 먼저 출산장려금을 받을 수 있다.

02 정답 ④

A ~ E학생이 얻는 점수는 다음과 같다.

- A : 기본 점수 80점에 오탈자 33건이므로 5점 감점, 전체 글자 수 654자이므로 3점 추가, A등급 2개와 C등급 1개이므로 15점 추가하여 총 $80-5+3+15=93$점이다.
- B : 기본 점수 80점에 오탈자 7건이므로 0점 감점, 전체 글자 수 476자이므로 0점 추가, B등급 3개이므로 5점 추가하여 총 $80+5=85$점이다.
- C : 기본 점수 80점에 오탈자 28건이므로 4점 감점, 전체 글자 수 332자이므로 10점 감점, B등급 2개와 C등급 1개이므로 0점 추가하여 총 $80-4-10=66$점이다.
- D : 기본 점수 80점에 오탈자 25건이므로 4점 감점, 전체 글자 수가 572자이므로 0점 추가, A등급 3개이므로 25점 추가하여 총 $80-4+25=101$점이다.
- E : 기본 점수 80점에 오탈자 12건이므로 1점 감점, 전체 글자 수가 786자이므로 8점 추가, A등급 1개와 B등급 1개와 C등급 1개이므로 10점 추가하여 총 $80-1+8+10=97$점이다.

따라서 점수가 가장 높은 학생은 D이다.

03 정답 ①

모든 암호는 각 자릿수의 합이 21이 되도록 구성되어 있다.

- K팀 : $9+0+2+3+x=21$
  → $x=7$
- L팀 : $7+y+3+5+2=21$
  → $y=4$
∴ $x+y=7+4=11$

04

알파벳 순서에 따라 숫자로 변환하면 다음과 같다.

a	b	c	d	e	f	g	h	i	j	k	l	m
1	2	3	4	5	6	7	8	9	10	11	12	13
n	o	p	q	r	s	t	u	v	w	x	y	z
14	15	16	17	18	19	20	21	22	23	24	25	26

intellectual의 품번을 규칙에 따라 정리하면 다음과 같다.
- 1단계 : 9, 14, 20, 5, 12, 12, 5, 3, 20, 21, 1, 12
- 2단계 : 9+14+20+5+12+12+5+3+20+21+1+12=134
- 3단계 : $(14+20+12+12+3+20+12)-(9+5+5+21+1)|=|93-41|=52$
- 4단계 : $(134+52)\div 4+134=46.5+134=180.5$
- 5단계 : 180.5의 소수점 첫째 자리에서 버림하면 180이다.

따라서 제품의 품번은 180이다.

05

네 번째 조건에서 갑의 점수가 될 수 있는 경우는 노랑 2회, 빨강 2회, 검정 1회와 노랑 2회, 빨강 1회, 파랑 2회로 두 가지이다. 병의 점수가 될 수 있는 경우를 정리하면 다음과 같다.

구분	빨강	노랑	파랑	검정
맞힌 횟수	−	−	1	4
	−	1	−	4
	1	−	−	4
	−	−	2	3

또한 을의 점수는 갑의 점수보다 높아야 하므로 빨강, 노랑에 각각 2회 파랑에 1회로 41점인 경우가 있다. 나머지 경우에서는 빨강 또는 노랑에 3회가 되어야 하므로 다섯 번째 조건에 부합하지 않는다.

따라서 갑, 을, 병의 점수 분포표에 가능한 경우의 수는 2×4=8가지이다.

06

돌이는 이미 한 주에 세 번 상담받기로 예약되어 있는데다 목요일 하루 전인 수요일에 예약이 되어 있다. 철이와 순이는 그 다음날인 금요일에 예약이 있다. 따라서 목요일 13 ~ 14시에 상담을 받을 수 있는 사람은 영이이다.

07

- 락커룸 I를 경력 선수 2명 중 한 명이 사용하는 경우
  $_2C_1$=2가지
- 왼쪽 락커룸 A, B, C에 신입 선수 2명이 배정되는 경우
  $_3P_2$=3×2=6가지
- 중간 락커룸 D, E, F에는 신입 선수 1명이 배정되는 경우
  $_3P_1$=3가지
- 나머지 4명이 남은 락커룸을 쓰는 방법
  4!=4×3×2×1=24가지

따라서 위의 경우를 다 곱하면 락커룸을 배정받을 수 있는 경우의 수는 2×6×3×24=864가지이다.

08

주어진 문제에 대해서 계속해서 원인을 물어 가장 근본이 되는 원인을 찾는 5Why의 사고법을 활용하여 푸는 문제이다. 주어진 내용을 토대로 인과 관계를 고려하여 나열하면 신입사원이 결혼을 못하는 원인은 배우자를 만날 시간이 없어서이며, 이는 매일 늦게 퇴근하기 때문이다. 또한 늦게 퇴근하는 원인은 업무를 제때 못 마치기 때문이며, 이는 신입사원이어서 업무에 대해 잘 모르기 때문이다. 따라서 그 해결방안으로 업무에 대한 OJT나 업무 매뉴얼을 활용하여 업무시간을 줄이도록 할 수 있다.

09

각 조건에 해당하는 숫자를 표로 정리해 보면 다음과 같다.

구분	A	B	C	D	E	F	G
(1) - 소	3	2	2	3	2	2	2
(2) - 대	2	1	1	2	2	2	3
(3) - 대	89	86	84	89	81	81	82
(4) - 소	33	39	36	33	32	32	30

위 표를 토대로 배달 순서를 나타내면 다음과 같다.
G → E・F → B → C → D・A
그러므로 5번째로 배달하는 집은 C이다.

10

변경된 난각 표시 개정안에 따르면 달걀의 산란 일자 4자리와 생산자 고유번호 5자리, 그리고 사육환경번호 1자리를 차례로 달걀 껍질에 표기해야 한다. 맨 뒤의 사육환경번호는 사육방식에 따라 방사 사육의 경우 1, 축사 내 평사 사육은 2, 개선된 케이지 사육은 3, 기존의 케이지 사육은 4로 표시되므로 9월 7일, 'AB38E'의 고유번호를 지닌 농장에서 방사 사육(1)된 닭이 낳은 달걀에는 ⑤와 같이 표기해야 한다.

PART 2

최종점검 모의고사

01	02	03	04	05	06	07	08	09	10	11	12	13	14	15	16	17	18	19	20
⑤	⑤	③	④	②	①	②	④	④	③	①	③	②	④	②	④	④	③	①	①
21	22	23	24	25	26	27	28	29	30	31	32	33	34	35	36	37	38	39	40
③	④	④	⑤	①	④	②	③	③	④	②	④	④	①	①	④	④	②	③	④

01

정답 ⑤

제11조 제5항에 따르면 평가자가 파견으로 평가할 수 없는 경우, 직근상급자가 대리 평가할 수 있으며, 직근상급자도 평가할 수 없는 경우에는 사장이 지명하는 자가 대리로 평가할 수 있다.

오답분석

① 제7조 제2항에 따르면 입사한 지 1개월이 된 신입 직원은 평기기간 종료일 현재 근무기간이 2개월 미만이므로 평가대상에서 제외된다.

② 제11조 제1항에 따르면 제1차 평가자는 피평가자의 직제상 직근상급자이며, 제2차 평가자는 피평가자의 직제상 직근차상급자이다. 따라서 제2차 평가자는 제1차 평가자에게 직제상 상급자가 아닌 하급자이다.

③ 제10조의2 제2항에 따르면 평가대상자인 팀원은 매년 연말이 아닌 1월 말까지 연간 업무계획서를 작성한 후 업무계획 확정을 위해 제1차 평가자와 협의하여야 한다.

④ 제11조 제2항에 따르면 업적평가는 사장의 결정에 의해 2차 평가를 생략할 수 있다.

02

정답 ⑤

• 보라 : 제7조 제5항에 따르면, 보라는 파견근무가 3개월 째에 들어서는 시기에 정기평가를 받으므로, 파견근무부서인 현장지원과에서 평가를 받는다.

• 병현 : 제10조의2 제3항에 따르면 담당업무가 변경된 날로부터 1개월 이내에 변경된 내용을 추가로 기재하여야 하므로, 3달째 되는 시기에 변경 내용을 기재하는 것은 잘못된 설명이다.

• 민영 : 제7조 제2항 2호에 따르면 2개월 이상 사외기관에서 피교육 중에 있는 자는 정기평가에서 제외된다. 하지만 민영은 이번 달 초부터 교육 중에 있으므로 교육기간이 2개월 미만이므로 정기평가 대상에 해당한다.

오답분석

• 현재 : 제11조 제3항에 따르면 평가기준일 기준으로 소속부서 근무기간이 2개월 미만인 경우 전임자가 평가하는 것을 원칙으로 하므로 옳은 설명이다.

03

정답 ③

네 번째 문단과 다섯 번째 문단에서 디지털 영상 안정화 기술은 소프트웨어를 이용하여 프레임 간 피사체의 위치 차이를 줄여 영상을 보정한다고 하였으므로 옳은 내용이다.

오답분석

① 두 번째 문단의 '화소마다 빛의 세기에 비례하여 발생한 전기 신호가 저장 매체에 영상으로 저장된다.'라는 문장과 '이미지 센서 각각의 화소에 닿는 빛의 세기'라는 문장을 통해, 디지털 카메라의 저장 매체에는 이미지 센서 각각의 화소에서 발생하는 전기 신호가 영상으로 저장된다는 것을 알 수 있다.

② 첫 번째 문단에서 '손의 미세한 떨림으로 인해 영상이 번져 흐려지고'라고 하였고, 2문단에서 '카메라가 흔들리면 이미지 센서 각각의 화소에 닿는 빛의 세기가 변한다.'라고 하였으므로, 보정 기능이 없는 상태에서 손 떨림이 있으면 이미지 센서 각각의 화소에 닿는 빛의 세기가 변한다는 것을 알 수 있다.

④ 두 번째 문단에서 '일반적으로 카메라는 렌즈를 통해 들어온 빛이 이미지 센서에 닿아 피사체의 상이 맺히고'라고 하였으므로, 광학 영상 안정화 기술을 사용하지 않는 일반적인 카메라에도 이미지 센서가 필요함을 알 수 있다.

⑤ 다섯 번째 문단에서 '위치 차이만큼 보정하여 흔들림의 영향을 줄이면 보정된 동영상은 움직임이 부드러워진다.'라고 하였으므로, 동영상의 움직임은 연속된 프레임에서 동일한 피사체의 위치 차이가 작을수록 부드러워짐을 알 수 있다.

04

정답 ④

두 번째 문단에 따르면 OIS 기술이 작동되면 자이로 센서가 카메라의 움직임을 감지하여 방향과 속도를 제어 장치에 전달한다.

오답분석

① 세 번째 문단에 따르면 카메라가 흔들리면 이미지 센서가 아닌 제어 장치에 의해 코일에 전류가 흐른다.

② 네 번째 문단에 따르면 OIS 기술은 렌즈의 이동 범위에 한계가 있어 보정할 수 있는 움직임의 폭이 좁다.

③ 세 번째 문단에 따르면 카메라가 흔들리면 자기장과 전류의 직각 방향으로 전류의 크기에 비례하는 힘이 발생한다.

⑤ 두 번째 문단에 따르면 카메라가 흔들리면 렌즈 모듈이 아닌 제어 장치가 렌즈를 이동시키면서 피사체의 상이 유지되면서 영상이 안정된다.

05

정답 ②

지난 달 A, B의 생산량을 각각 x개, y개라 하면 지난 달 두 제품 A, B를 합하여 6,000개를 생산하였으므로 총생산량은 $x+y=6,000$이다.

이번 달에 생산한 제품 A의 양은 지난달에 비하여 제품 A는 6% 증가하였으므로 증가한 생산량은 $0.06x$이고, 생산한 제품 B의 양은 지난 달에 비하여 제품 B는 4% 감소하였으므로 감소한 생산량은 $0.04y$이다.

전체 생산량은 2% 증가하였으므로 $6,000 \times 0.02=120$이다.

따라서 위의 식을 정리하면 다음과 같다.

→ $x+y=6,000 \cdots \bigcirc$

→ $0.06x-0.04y=120 \cdots \bigcirc$

위 $4 \times \bigcirc + 100 \times \bigcirc$을 하여 연립방정식의 해를 구하면 $x=3,600$, $y=2,400$이다.

지난 달 A의 생산량은 3,600개이고 B의 생산량은 2,400개이므로 이번 달 A의 생산량은 6% 증가한 $3,600 \times (1+1.06)=3,816$개이고 이번 달 B의 생산량은 4% 감소한 $2,400 \times (1-0.04)=2,304$개이다.

따라서 두 제품의 생산량의 차는 $3,816-2,304=1,512$개이다.

06

정답 ①

B와 D는 동일하게 A보다 낮은 표를 얻고 C보다는 높은 표를 얻었으나, B와 D를 서로 비교할 수 없으므로 득표수가 높은 순서대로 나열하면 'A-B-D-C-E' 또는 'A-D-B-C-E'가 된다. 어느 경우라도 A의 득표수가 가장 높으므로 A가 출시될 디자인으로 선정된다.

07

정답 ②

김어진 대리가 메일에 첨부한 파일은 사내 에너지 절약을 위해 개별 단위로 실천할 수 있는 행동을 담은 포스터로 김대리는 이를 개인 책상 앞에 부착하도록 권유하였다. 따라서 개인적인 공간에서 실천할 수 있는 ②의 오탈자 확인이 포스터에 포함될 내용으로 가장 적절하다.

오답분석

①·③·④·⑤ 공공장소에 실천할 수 있는 공동 단위의 에너지 절약 실천 행동이다.

08

제시된 다섯 가지 조건을 차례대로 수식화하면 다음과 같다.

A−C, A−B−D, B&D−C, D−E, A−E−C

이를 정리하면 진행순서는 'A−B−D−E−C'이다.

따라서 세 번째로 워크숍을 진행하는 부서는 D부서이다.

09

구서준 팀장이 예약한 숙소 방의 개수를 x개라고 가정하자. 결과에 따라 사원 총인원에 대한 방정식을 세우면 다음과 같다.

$5x+9=7(x-3)$

$\rightarrow 5x+9=7x-21$

$\rightarrow 2x=30$

$\therefore x=15$

따라서 예약한 방의 개수는 15개이며, 워크숍을 가는 총사원수는 $5 \times 15+9=84$명이다.

10

메일에서는 영업팀의 실적 미입력자의 경우 인트라넷에 영업실적을 입력하도록 요청하고 있다. 따라서 영업 2팀의 실적을 수기 입력한 파일을 송부하는 ③이 가장 관련성이 낮다.

11

기업의 입장에서 사회적 마모 기간이 짧은 게 유리하기 때문에 이를 위해 노력한다. 하지만 품질이 나빠지거나 전에 비해 발전하지 않은 것은 아니다.

12

㉠은 기업들이 더 많은 이익을 내기 위해 디자인의 향상에 몰두하는 것이 바람직하다는 판단이다. 즉, 상품의 사회적 마모를 짧게 하여 소비를 계속 증가시키기 위한 방안인데, 이것에 대한 반론이 되기 위해서는 ㉠의 주장이 지니고 있는 문제점을 비판하여야 한다. ㉠이 지니고 있는 가장 큰 문제점은 '과연 성능 향상 없는 디자인 변화가 소비를 촉진시킬 수 있는 것인가?'이다. 디자인 변화는 분명히 상품의 소비를 촉진시킬 효과적인 방법 중의 하나이지만 '성능이나 기능, 내구성'의 향상이 전제되지 않을 때는 효과를 내기 힘들기 때문이다.

13

작년 매출액을 x만 원, 올해 매출액을 y만 원이라고 하면,

$1.2x=y \cdots ㉠$

$y-0.5x=14,000 \cdots ㉡$

㉠, ㉡을 연립하면 다음과 같다.

$1.2x-0.5x=14,000$

$\rightarrow 0.7x=14,000$

$\therefore x=20,000$

따라서 올해 매출액은 $1.2x=1.2 \times 20,000=2$억 4천만 원이다.

14

정답 ④

감사위원회 운영규정 제3장(회의) 제8조 소집권자에 따르면 위원회는 위원장이 소집하며, 위원장 이외에 회장 또는 위원의 요구가 있는 경우 위원장은 위원회를 소집하여야 한다. 따라서 위원장인 J이사가 필요하다고 생각하는 경우에만 임시회의가 개최될 수 있다는 내용은 적절하지 않다.

오답분석
① 제2장 제5조 제1항
② 제2장 제6조 제3항
③ 제3장 제7조 제2항
⑤ 제3장 제9조 제1항·제2항

15

정답 ②

감사위원회 운영규정 제3장(회의) 제11조(결의방법) 제1항에 따르면 위원회의 결의에는 ㉠ 재적위원의 과반수 출석과 ㉡ 출석위원의 과반수 찬성이 필요하다. 그러나 ㉢의 경우 제2항에 따르면 감사위원과 이해관계가 있는 안건은 그 이해관계에 있는 감사위원만 의결권을 행사하지 못할 뿐이므로 결의에 반드시 필요한 조건으로 볼 수 없다.

16

정답 ④

감사위원 선정 방식에 따라 후보자들의 점수를 정리하면 다음과 같다.

(단위 : 점)

구분	학위 점수	근무 경력 점수	선정 점수
후보자 A	45	35	80
후보자 B	불인정	50	자격 미달
후보자 C	38	44	82
후보자 D	38+5(가산점)	48	91
후보자 E	31	44	75

후보자 B의 경우 자격요건인 통신, 경제, 경영, 재무, 법률 계열 학위를 보유하고 있지 않으므로 자격 미달이다.
따라서 가장 높은 점수(91점)를 받은 후보자 D가 감사위원으로 선정된다.

17

정답 ④

연도별 자본에 대한 부채비율을 정리하면 다음과 같다.

- 2019년 : $\frac{21,981,623}{12,864,910} \times 100 ≒ 170.9\%$

- 2020년 : $\frac{21,985,214}{11,790,288} \times 100 ≒ 186.5\%$

- 2021년 : $\frac{17,175,720}{12,165,465} \times 100 ≒ 141.2\%$

- 2022년 : $\frac{17,792,954}{12,794,779} \times 100 ≒ 139.1\%$

- 2023년 : $\frac{16,504,252}{13,076,376} \times 100 ≒ 126.2\%$

2020년의 부채비율은 2019년에 비해 증가하였으므로 옳지 않은 설명이다.

① $\frac{(29,580,628-30,587,733)}{30,587,733} \times 100 ≒ -3.3\%$이므로,

전년 대비 3% 이상 감소한 것을 알 수 있다.

② 2023년 부채의 총합은 16,504,252백만 원으로

2022년의 17,792,954백만 원에 비해 감소하였고,

자본의 총합은 13,076,376백만 원으로

2022년의 12,794,779백만 원에 비해 증가하였다.

③ • 2023년 자본에 대한 부채비율

: $\frac{16,504,252}{13,076,376} \times 100 ≒ 126.2\%$

• 2022년 자본에 대한 부채비율

: $\frac{17,792,954}{12,794,779} \times 100 ≒ 139.1\%$

따라서 2023년 부채비율은 2022년에 비해 감소하였다.

⑤ 주요 재무 성과표의 자본총계를 살펴보면 2021년부터 2023년까지 계속해서 증가하고 있음을 알 수 있다.

18

예술기량이 뛰어난 시립예술단원(수·차석)을 강사로 초빙하여 연중 문화예술교실을 운영하고 있다고 하였으므로 적절하다.

① 운영장소는 단체연습실 한 곳뿐이므로 각 반마다 연습실이 나누어져 있다는 말은 적절하지 않다.

② 홈페이지에서 수강신청서를 다운받아 통합사무국으로 방문 또는 우편, 팩스로 제출해야 한다.

④ 6월에 접수를 하는 것은 맞지만 강좌당 20명 내외 선착순 마감이므로 늦게 신청할 경우 수강하지 못할 수도 있다.

⑤ 단계별로 높아진다면 유아 초급, 중급, 고급반별로 수강료가 높아져야 하지만 그렇지 않고, 성인반도 초급과 중급반이 같은 가격이므로 적절하지 않다.

19

② 발레 성인 초급 A반은 매주 화·목 저녁 7:30 ~ 9:30에 진행되는 수업이지만 B씨의 화요일 저녁 7:00 ~ 9:00 레슨과 시간이 겹치므로 수강할 수 없다.

③ 발레 성인 중급반은 매주 월·수 저녁 7:30 ~ 9:30에 진행되는 수업이지만 B씨는 수요일 6시부터 가족과 함께 시간을 보내야 하므로 수강할 수 없다.

④ 발레 핏은 매주 금요일 저녁 7:30 ~ 9:30에 진행되는 수업이지만 B씨의 금요일 저녁 7:00 ~ 9:00 레슨과 시간이 겹치므로 수강할 수 없다.

⑤ 여성합창단은 매주 월·수 오후 2:00 ~ 4:00에 진행되는 수업이지만 B씨는 4시 이전에 딸을 데리러 유치원에 가야 하므로 수강할 수 없다.

20

상설(常設)은 '언제든지 이용할 수 있도록 설비와 시설을 갖추어 둠'을 뜻하는 단어로 별도의 수정이 필요 없다.

② 유아(幼兒) : 생후 1년부터 만 6세까지의 어린아이 또는 나이가 적은 아이

③ 미만(未滿) : 정한 수효나 정도에 차지 못함. 또는 그런 상태. 기준이 수량으로 제시될 경우, 그 수량이 범위에 포함되지 않으면서 그 아래인 경우

④ 선착순(先着順) : 먼저 와 닿는 차례

⑤ 수시(隨時) : 일정하게 정하여 놓은 때 없이 그때그때 상황에 따름

21

• 인자무적(仁者無敵) : 어진 사람은 널리 사람을 사랑하므로 천하에 적대할 사람이 없음

[오답분석]

① 지성감천(至誠感天) : 무엇이든 정성껏 하면 하늘이 움직여 좋은 결과를 맺음
② 백절불굴(百折不屈) : 어떤 어려움에도 굽히지 않음
④ 우공이산(愚公移山) : 남이 보기엔 어리석은 일처럼 보이지만 한 가지 일을 끝까지 밀고 나가면 언젠가는 목적을 달성할 수 있음
⑤ 유지경성(有志竟成) : 이루고자 하는 뜻이 있는 사람은 반드시 성공(成功)한다는 것을 비유하는 말

22

면접자들의 정보와 규칙에 따라 각 면접자들의 면접시간을 정리하면 다음과 같다.

(단위 : 분)

구분	공통사항	인턴경력	유학경험	해외봉사	최종학력	총 면접시간
A	5	8	-	-	10	23
B	5	-	-	3	10	18
C	5	8	-	3	10	26
D	5	-	-	3	-	8
E	5	8	6	-	-	19
F	5	-	6	-	10	21

따라서 면접을 오래 진행하는 면접자부터 나열하면 'C - A - F - E - B - D' 순서이다.

23

유학경험이 있는 면접자들끼리 연이어 면접을 실시하여야 하므로, E와 F는 연달아 면접을 본다. 이때, 최종학력이 학사인 E가 먼저 면접을 본다(E - F). 그리고 나머지 학사 학위자는 D뿐이므로, D가 E에 앞서 면접을 보게 된다(D - E - F).
또한 F와 같이 마케팅 직무에 지원한 A가 F 다음으로 면접을 보게 되고(D - E - F - A), A가 남성이므로, 나머지 B와 C 중 여성인 B가 A의 뒤를 이어 면접을 보게 된다. 따라서 면접자들의 면접순서를 나열하면 'D - E - F - A - B - C' 순서이다.
이들의 각 면접시간은 D(8분) - E(19분) - F(21분) - A(23분) - B(18분) - C(26분)으로, D부터 A까지 면접을 진행하면 소요되는 시간은 8+19+21+23=71분이다. 즉, A의 면접 종료시간은 11시 11분이 되므로, A부터는 6일에 면접을 실시해야 한다.
따라서 5일에 면접을 보는 면접자는 D, E, F이고, 6일에 면접을 볼 면접자는 A, B, C이다.

24

식당부터 회사까지의 거리를 x km라고 하면 B가 이동한 시간은 $\dfrac{x}{3}$ 시간, C가 이동한 시간은 $\dfrac{x}{3} - \dfrac{1}{6} = \dfrac{x}{4}$ 시간이다.

그러므로 식당부터 회사까지의 거리는 2km이다.

이때 A의 속도를 y라고 하면 다음과 같은 식이 성립한다.

$$\dfrac{2}{y} + \dfrac{1}{12} = \dfrac{2}{3}$$

$$\therefore y = \dfrac{24}{7}$$

따라서 A의 속도는 $\dfrac{24}{7}$ km/h이다.

25

정답 ①

A와 E의 진술이 모순이므로 두 경우를 확인한다.
- A의 진술이 참인 경우
  A와 D의 진술에 따라, 거짓말을 하는 사람이 C, D, E이다. 따라서 거짓말을 하는 사람이 1명이라는 조건에 위배된다.
- E의 진술이 참인 경우
  C의 말이 참이므로 A는 거짓말을 하고, B, D는 진실을 말하는 사람이다. 이때 D의 진술에서 전제(A의 말이 참이면)가 성립하지 않으므로, D의 진술은 참이다.

26

정답 ④

기업구조조정 촉진법 제○○조 제2항의 규정에 따른 영업양도의 경우와 상속에 의한 특허권의 이전등록료는 동일하다.

27

정답 ②

$58,000+(39-20)\times1,000=77,000$
따라서 내야 할 특허출원료는 77,000원이다.

28

정답 ③

각각의 수수료는 다음과 같다.
① 6,500원
② 43,000원
③ 38,000원
④ 5,000원
⑤ 14,000원
따라서 두 번째로 높은 수수료를 내야 하는 경우는 ③이다.

29

정답 ③

2. 특허권의 이전등록료 - '라'목에 해당하는 기타 사유로, 매건 5만 3천 원이 요구된다.

[오답분석]
①·② 법인의 분할·합병에 의한 경우로, 매건 14,000원의 이전 등록료가 필요하다.
④ 상속에 의한 경우로, 매건 14,000원의 이전등록료가 필요하다.
⑤ 기업구조조정 촉진법에 따른 약정을 체결한 기업이 경영정상화계획의 이행을 위하여 행하는 영업양도의 경우로, 매건 14,000원의 이전등록료가 필요하다.

30

정답 ④

황지원 대리는 부친 장례식, 기성용 부장은 본인 결혼식, 조현우 차장은 자녀 돌잔치, 이미연 과장은 모친 회갑으로 현금과 화환을 모두 받을 수 있다. 이외에는 화환 및 꽃다발만을 받거나, 본인과 배우자가 각각 화환 및 꽃다발, 현금을 받는다.

31

정답 ②

결혼기념일은 범위 1 ~ 2항에 속하지 않으므로 A과장은 화환 또는 꽃다발을 받을 것이다. B사원은 자녀의 돌잔치를 하므로 현금과 함께 화환을 받고, 대학교 졸업은 1 ~ 2항에 속하지 않으므로 C사원은 화환 또는 꽃다발을 받을 것이다. 따라서 B사원만 현금을 받을 수 있다.

32

정답 ④

기성용 부장은 본인 결혼식이므로 결혼식 축화화환을 제공받으며 그 금액은 82,000원이다.

[오답분석]

① 최영서 사원은 본인의 졸업식이므로 입학 및 졸업 축하화환을 제공받으며 그 금액은 56,000원이다.
② 정우영 대리는 결혼기념일이므로 결혼기념일 축하화환을 제공받으며 그 금액은 79,000원이다.
③ 이미연 과장은 모친의 회갑이므로 회갑 축하화환을 제공받으며 그 금액은 80,000원이다.
⑤ 황지원 대리는 부친의 장례식이므로 장례식 근조화환을 제공받으며 그 금액은 95,000원이다.

33

정답 ③

제시된 사례집에서는 좋은 의도로 행한 일이었지만 실수로 인하여 중요한 행사에 큰 누를 끼치게 된 사건사고들이 언급되고 있다. 따라서 사례집의 주제로 쓰일 수 있는 속담으로 가장 적절한 것은 거의 다 이루어진 일이 한순간의 실수로 인해 실패로 돌아갔음을 의미하는 '다 된 죽에 코 빠뜨린다'이다.

[오답분석]

① 말을 잘 하면 큰 빚도 갚을 수 있다는 말로, 말의 중요성을 나타낸 말
② 제 결점이 큰 줄 모르고 남의 작은 허물을 탓한다는 말
④ 힘센 사람들끼리 서로 싸우는 통에 공연히 약한 사람이 그 사이에 끼여 아무 관계없이 해를 입을 때 쓰는 말
⑤ 아무 관계없이 한 일이 공교롭게도 다른 일과 때를 같이하여 둘 사이에 무슨 관계라도 있는 듯한 의심을 받을 때 쓰는 말

34

정답 ①

박대리의 조언에서 준비물을 회수물품, 소모품, 나눠줄 물품 3분류로 나눌 수 있다.
• 회수물품(1분류) : 디지털카메라, 비디오카메라, 다과바구니, 노트북
• 소모품(2분류) : 음료수, 과자, 사탕, 커피, 종이컵, 물티슈
• 나눠줄 물품(3분류) : 볼펜, 명찰, 문화상품권, 발표파일, 수료증

35

정답 ①

창립기념일 및 세미나 준비물 및 재고 현황을 보면 명찰과 수료증이 100개로 그에 준하는 인원이 참여함을 알 수 있지만, 재고 물품 중 물티슈는 1개밖에 없기 때문에 물티슈를 가장 먼저 구매해야 한다.

36

정답 ④

세미나 준비 정보에 따라 프로그램별 정보 및 이용료를 최소화할 수 있는 강의실을 정리하면 다음과 같다.

구분	인사정책설명회	인사시스템 입찰설명회
참석인원	52명	22명
진행시간	1시간 30분×2=3시간	2시간
대관시간	4시간(휴식시간, 준비·마무리 시간 포함)	2시간 40분(준비·마무리 시간 포함)
이용료 최소 강의실	대강의실(백두실)	중강의실(한라실, 지리실 중 하나)

대강의실 대관에 있어서, 오전 3시간을 초과하므로 할인금액이 아니라 전일대관이용료를 지불해야 한다. 가장 금액이 비싸지만 수용인원에 맞춰 대여할 수밖에 없다. 또한 인사시스템 입찰설명회는 40m² 이상의 면적이 필요하므로 소강의실이 아닌 중강의실을 대관하여야 한다.
따라서 D사원은 인사정책설명회는 대강의실, 인사시스템 입찰설명회는 중강의실을 대여할 것이다.

37

정답 ④

세미나 준비 정보에 따라 공청회가 추가되었을 때, 이용료를 최소화 할 수 있는 강의실을 정리하면 다음과 같다.

구분	인사정책 설명회	인사시스템 입찰설명회	인사위원회 공청회
참석인원	52명	22명	25명
진행시간	1시간 30분×2=3시간	2시간	2시간
대관시간	4시간 (휴식시간 포함, 오전+오후, 준비·마무리 시간 포함)	2시간 40분 (오후, 준비·마무리 시간 포함)	2시간 40분 (오전)
이용료 최소 강의실	대강의실	중강의실	중강의실
이용료	150,000원	40,000원	40,000원

따라서 강의실 대여에 드는 총이용료는 150,000+40,000+40,000=230,000원이다.

38

정답 ②

보행자의 시인성을 증진시키기 위한 보행 활성화를 통해 자동차 주행 경로 등에 보행자가 직접 노출되면 보행자 사고가 발생할 가능성이 커지므로 자동차 주행 경로에서의 보행 활성화 방안은 적절하지 않다.

오답분석

① 도로에서의 사람의 이동은 사회적·경제적·정치적으로 필수 불가결하지만, 이러한 이동은 교통사고로 이어질 수 있으므로 자동차에 노출되는 보행자를 감소시켜야 한다.

③ 기존의 차량 소통 위주의 도로 운영 전략과 달리 보행 안전 우선의 시설물 설치 전략 등을 제시한다고 하였으므로 기존의 도로 운영 전략에서는 원활한 차량의 소통을 강조하였음을 알 수 있다.

④ 차량의 속도는 보행사고의 심각도에 결정적인 역할을 하므로 차량 속도 저감 기법을 통해 보행사고의 심각도를 감소시킬 수 있다.

⑤ 운전자와 보행자 모두 법규를 지켰을 때 안전한 도로가 만들어질 수 있다.

39

정답 ③

Target의 발음은 [taːrgɪt]이므로 외래어 표기법에 따라 '타깃'이 올바른 표기이다. Collaboration[kəlaebəreɪʃn] 역시 발음에 따라 '컬래버레이션'으로 표기하며, Symbol[ˈsɪmbl]과 Mania[ˈmeɪnɪə]는 각각 '심벌'과 '마니아'로 표기한다.

40

정답 ④

여직원의 평균 점수를 a점이라고 하면, 남직원의 평균 점수는 $(3a+2)$점이다.

전체 평균점수에 대한 관계식을 구하면

$200 \times 0.51 \times (3a+2) + 200 \times 0.49 \times a = 200 \times 59.6$이다.

이 방정식에서 각 항에 공통인 200을 약분하면 다음과 같다.

$0.51 \times (3a+2) + 0.49 \times a = 59.6$

$\rightarrow 1.53a + 1.02 + 0.49a = 59.6$

$\rightarrow 2.02a = 58.58$

$\therefore a = 29$

따라서 여직원의 평균점수는 29점이며, 남직원의 평균점수는 89점이다.

롯데그룹 L-TAB 온라인 직무적합진단 답안지

문번	1	2	3	4	5	문번	1	2	3	4	5	문번	1	2	3	4	5
1	①	②	③	④	⑤	16	①	②	③	④	⑤	31	①	②	③	④	⑤
2	①	②	③	④	⑤	17	①	②	③	④	⑤	32	①	②	③	④	⑤
3	①	②	③	④	⑤	18	①	②	③	④	⑤	33	①	②	③	④	⑤
4	①	②	③	④	⑤	19	①	②	③	④	⑤	34	①	②	③	④	⑤
5	①	②	③	④	⑤	20	①	②	③	④	⑤	35	①	②	③	④	⑤
6	①	②	③	④	⑤	21	①	②	③	④	⑤	36	①	②	③	④	⑤
7	①	②	③	④	⑤	22	①	②	③	④	⑤	37	①	②	③	④	⑤
8	①	②	③	④	⑤	23	①	②	③	④	⑤	38	①	②	③	④	⑤
9	①	②	③	④	⑤	24	①	②	③	④	⑤	39	①	②	③	④	⑤
10	①	②	③	④	⑤	25	①	②	③	④	⑤	40	①	②	③	④	⑤
11	①	②	③	④	⑤	26	①	②	③	④	⑤						
12	①	②	③	④	⑤	27	①	②	③	④	⑤						
13	①	②	③	④	⑤	28	①	②	③	④	⑤						
14	①	②	③	④	⑤	29	①	②	③	④	⑤						
15	①	②	③	④	⑤	30	①	②	③	④	⑤						

고사장

성 명

수험번호

⓪	⓪	⓪	⓪	⓪	⓪	⓪
①	①	①	①	①	①	①
②	②	②	②	②	②	②
③	③	③	③	③	③	③
④	④	④	④	④	④	④
⑤	⑤	⑤	⑤	⑤	⑤	⑤
⑥	⑥	⑥	⑥	⑥	⑥	⑥
⑦	⑦	⑦	⑦	⑦	⑦	⑦
⑧	⑧	⑧	⑧	⑧	⑧	⑧
⑨	⑨	⑨	⑨	⑨	⑨	⑨

감독위원 확인

㊞

롯데그룹 L-TAB 온라인 직무적합진단 답안지

고사장

성 명

수험번호

⓪	①	②	③	④	⑤	⑥	⑦	⑧	⑨
⓪	①	②	③	④	⑤	⑥	⑦	⑧	⑨
⓪	①	②	③	④	⑤	⑥	⑦	⑧	⑨
⓪	①	②	③	④	⑤	⑥	⑦	⑧	⑨
⓪	①	②	③	④	⑤	⑥	⑦	⑧	⑨
⓪	①	②	③	④	⑤	⑥	⑦	⑧	⑨
	①	②	③	④	⑤	⑥	⑦	⑧	⑨

감독위원 확인

(인)

문번	1	2	3	4	5	문번	1	2	3	4	5	문번	1	2	3	4	5
1	①	②	③	④	⑤	16	①	②	③	④	⑤	31	①	②	③	④	⑤
2	①	②	③	④	⑤	17	①	②	③	④	⑤	32	①	②	③	④	⑤
3	①	②	③	④	⑤	18	①	②	③	④	⑤	33	①	②	③	④	⑤
4	①	②	③	④	⑤	19	①	②	③	④	⑤	34	①	②	③	④	⑤
5	①	②	③	④	⑤	20	①	②	③	④	⑤	35	①	②	③	④	⑤
6	①	②	③	④	⑤	21	①	②	③	④	⑤	36	①	②	③	④	⑤
7	①	②	③	④	⑤	22	①	②	③	④	⑤	37	①	②	③	④	⑤
8	①	②	③	④	⑤	23	①	②	③	④	⑤	38	①	②	③	④	⑤
9	①	②	③	④	⑤	24	①	②	③	④	⑤	39	①	②	③	④	⑤
10	①	②	③	④	⑤	25	①	②	③	④	⑤	40	①	②	③	④	⑤
11	①	②	③	④	⑤	26	①	②	③	④	⑤						
12	①	②	③	④	⑤	27	①	②	③	④	⑤						
13	①	②	③	④	⑤	28	①	②	③	④	⑤						
14	①	②	③	④	⑤	29	①	②	③	④	⑤						
15	①	②	③	④	⑤	30	①	②	③	④	⑤						

2024 하반기 시대에듀 All-New 롯데그룹 L-TAB 온라인 조직 · 직무적합진단 최신기출유형 + 모의고사 3회 + 무료 롯데특강

개정22판1쇄 발행	2024년 08월 20일 (인쇄 2024년 06월 24일)
초 판 발 행	2013년 07월 10일 (인쇄 2013년 06월 05일)
발 행 인	박영일
책 임 편 집	이해욱
편 저	SDC(Sidae Data Center)
편 집 진 행	안희선 · 정수현
표지디자인	박수영
편집디자인	장하늬 · 장성복
발 행 처	(주)시대고시기획
출 판 등 록	제10-1521호
주 소	서울시 마포구 큰우물로 75 [도화동 538 성지 B/D] 9F
전 화	1600-3600
팩 스	02-701-8823
홈 페 이 지	www.sdedu.co.kr

I S B N	979-11-383-7394-4 (13320)
정 가	23,000원